北京市高等教育精品教材立项项目
普通高等教育铁道部规划教材

# 铁路运输安全工程

贾利民　主　编
蔡国强　副主编
陈兰华　主　审

中国铁道出版社

2013年·北京

## 内 容 简 介

本书为北京市高等教育精品教材立项项目和普通高等教育铁道部规划教材，主要内容包括：铁路运输安全的理论基础、铁路运输系统安全分析、铁路运输系统安全评价、铁路运输事故分析、铁路运输安全基础技术、铁路运输安全保障技术、铁路运输安全管理等。

本书可作为高等院校交通运输专业本科生和研究生教材，也可供铁路运输有关的人员学习参考。

**图书在版编目(CIP)数据**

铁路运输安全工程/贾利民主编. —北京：中国
铁道出版社，2013.6
北京市高等教育精品教材立项项目　普通高等教育铁
道部规划教材
　ISBN 978-7-113-13297-2

Ⅰ.①铁… Ⅱ.①贾… Ⅲ.①铁路运输－交通运输
安全－高等学校－教材 Ⅳ.①U298

中国版本图书馆 CIP 数据核字(2013)第 009441 号

书　　名：**铁路运输安全工程**
作　　者：贾利民　主编

责任编辑：金　锋　　　电话：010-51873125　　　邮箱：jinfeng88428@163.com
封面设计：崔丽芳
责任校对：胡明锋
责任印制：李　佳

出版发行：中国铁道出版社（100054，北京市西城区右安门西街 8 号）
网　　址：http://www.tdpress.com
印　　刷：三河市华丰印刷厂
版　　次：2013 年 6 月第 1 版　　2013 年 6 月第 1 次印刷
开　　本：787 mm×1 092 mm　1/16　印张：21　字数：530 千
书　　号：ISBN 978-7-113-13297-2
定　　价：40.00 元

# 前　　言

本书是普通高等教育铁道部规划教材,是由铁道部教材开发领导小组组织编写,并经铁道部相关业务部门审定,适用于高等院校铁路特色专业教学以及铁路专业技术人员使用。本书为铁道运输系列教材之一。

本书被评为北京市高等教育精品教材立项项目。

铁路运输安全是促进我国经济可持续发展的基础,是铁路运输生产活动的核心环节。铁路运输管理部门和企业为此做了大量而扎实的工作,我国铁路运输安全状况呈现出稳定良好的趋势。"中国高铁"成为享誉国际的民族品牌。但是,我们也应该清楚的认识到,世界上铁路重特大事故时有发生,安全形势依然严峻。因此,运用安全系统工程这一新兴学科,结合复杂系统理论、系统分析理论、监测预警理论和技术,解决各种安全运营问题,成为近年来国际上迅速发展的研究方向,并取得了显著的成效。本书广泛收集了铁路运输安全发展过程中的国内外科技文献,较为系统地反映了本领域国际发展水平。书中各章节内容的安排上,力争理论结合实际,深入浅出与循序渐进,并佐以典型事例和思考题,力求体现多年教学的成功经验和项目研究的最新成果,培养学生独立思考和分析解决问题的能力,解决实际问题。

本教材在知识体系上包括了铁路运输安全系统工程的理论、方法、技术和管理等内容。介绍了铁路运输安全工程的基础理论、安全分析和评价方法、事故分析与典型案例、安全基础技术与监控预警以及安全管理理论方法,力求解决铁路运输过程中的一些实际安全问题。

本书由北京交通大学贾利民任主编,蔡国强任副主编,铁道部安全监察司陈兰华担任主审。贾利民负责全书的架构设计、各章知识点的确定和全书的定稿,蔡国强协助全书统稿工作并负责完成第一、六、七章的撰写,秦勇负责完成第二章的撰写,程晓卿负责完成第三、八章的撰写,王子洋负责完成第四章的撰写,王艳辉负责完成第五章的撰写。李熙、梁瑜、姚德臣、杨晓明、王帅刚、李博文、余博、李敏、孙鹏冲、周莉茗、高云、刘晶、贾天丽、邵一琨等研究生参与了本书的资料收集和文字整理工作。

同时,本书内容安排、理论框架等诸多方面,都得益于有关铁路部门领导和专业人员的指导帮助与通力协作,这些贡献都融合在本书的各篇章中。另外,本书在编写过程中参阅了许多本领域国内外铁路的相关著作、科研成果、学术论文和期刊。除此之外,中国铁道出版社的领导和编辑为本书的出版付出了辛勤的劳动。正是在多方面的积极支持和热情帮助下,本教材才得以顺利出版。在此,向所有为本书的完成和出版给予了直接或间接帮助的朋友以及参考文献的作者表示最诚挚的谢意。

在编写本书的过程中,努力跟踪铁路运输安全的新发展,力求保持本书的先进性和实用性,然而,由于时间和水平所限,书中必然会有疏漏和不妥之处,恳请广大读者不吝指正,编者将不胜感激。

编　者

2012.12

# 目　　录

**第一章　绪　　论**……………………………………………………… 1

　　第一节　交通安全系统工程概述 ……………………………………… 1

　　第二节　铁路运输安全工程概述 …………………………………… 14

　　第三节　铁路事故概述 …………………………………………… 18

　　复习思考题 …………………………………………………………… 27

**第二章　铁路运输安全理论基础** ………………………………… 28

　　第一节　复杂系统的基本理论 …………………………………… 28

　　第二节　系统可靠性理论 ………………………………………… 34

　　第三节　事故致因理论 …………………………………………… 45

　　第四节　事故预防理论 …………………………………………… 52

　　第五节　人因工程理论 …………………………………………… 55

　　第六节　应急救援优化理论 ……………………………………… 63

　　复习思考题 ………………………………………………………… 77

**第三章　铁路运输系统安全分析** ………………………………… 78

　　第一节　系统安全分析方法概述 ………………………………… 78

　　第二节　安全检查表 ……………………………………………… 80

　　第三节　系统预先危险性分析 …………………………………… 86

　　第四节　事件树分析 ……………………………………………… 92

　　第五节　事故树分析 ……………………………………………… 97

　　复习思考题 ……………………………………………………… 113

**第四章　铁路运输系统安全评价** ……………………………… 114

　　第一节　系统安全评价方法概述 ……………………………… 114

　　第二节　货运安全评价 ………………………………………… 131

第三节　行车安全评价 ·········································· 136
复习思考题 ················································· 151

**第五章　铁路运输事故分析** ······································ 152
第一节　铁路运输事故特征 ······································ 152
第二节　铁路运输事故形成过程及模型 ····························· 158
第三节　典型事故案例分析 ······································ 172
复习思考题 ················································· 179

**第六章　铁路运输安全基础技术** ·································· 180
第一节　防冲突技术 ··········································· 180
第二节　防脱轨与颠覆技术 ······································ 182
第三节　防超载超限技术 ········································ 190
第四节　防火灾爆炸技术 ········································ 196
第五节　防环境灾害技术 ········································ 206
复习思考题 ················································· 218

**第七章　铁路运输安全保障技术** ·································· 219
第一节　安全保障技术基础 ······································ 219
第二节　监控预警技术 ········································· 262
复习思考题 ················································· 286

**第八章　铁路运输安全管理** ······································ 287
第一节　铁路运输安全管理概述 ··································· 287
第二节　安全管理的方法与措施 ··································· 293
第三节　铁路运输安全法规 ······································ 304
第四节　铁路运输企业安全文化的建设 ····························· 310
第五节　铁路运输事故调查与处理 ································· 316
复习思考题 ················································· 324

**参考文献** ···················································· 326

# 第一章 绪 论

本章系统论述了系统工程、安全工程、安全系统工程和交通运输安全工程的基本概念、基本方法及相互关系;在此基础上,介绍了铁路运输安全工程的内涵、本质、内容、作用以及铁路运输安全保障系统对铁路安全性的影响;最后,简要介绍了铁路运输事故的分类、分级、特点、常见的事故统计分析方法以及事故统计分析结果的作用。

## 第一节 交通安全系统工程概述

### 一、系统工程

#### (一)系 统

1. 系统的概念

客观世界都是由大大小小的系统组成。系统是由若干个可以相互区别、相互联系又相互作用的要素组成,彼此间保持着特定的关系,在一定阶层结构形式中分布于给定的环境约束下,为达到整体目的而存在的有机集合体。一旦相互间特定的关系遭到破坏,就会造成工作被动,导致不必要的损失。系统的组成如图 1-1 所示。

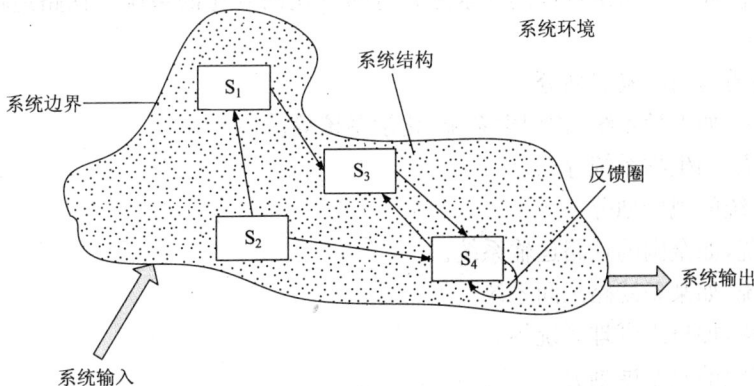

图 1-1 系统的组成

$S_1$、$S_2$、$S_3$、$S_4$—分别表示系统内部组成元素,箭头表示系统元素间的相互联系,阴影部分表示系统内部环境,系统通过边界,与外部存在着信息、能量、物质等的交换。

系统是一种由若干要素组成的集合体,完成某种特殊功能。因此,每一项工作的完成都是由人、机器、原材料、方法、环境等许多因素(元素)组成,由各因素相互之间发生作用完成工作中一个具有特殊功能的体系总和。例如,铁路运输系统是一个具有特殊功能的系统,担负不同职能的车(务)、机(务)、工(务)、电(务)、(车)辆各部门都是子系统,又是整个铁路运输系统的元素。各元素有特定的功能和目标,它们之间相互联系,分工合作,达到整体运输的共同目标。

**2. 系统的分类**

系统的形态是根据人们认识客观世界的深度、改造客观世界的需求,按照一定的分类标准进行划分的。按照不同的标准,系统可以划分为不同的类型。

(1)按照系统的起源划分

①自然系统,即由自然界存在的物体组成的系统。它是由自然现象发展而来的,如银河系、太阳系、原子结构、河流系统、森林系统等。

②人造系统,即由人类按一定的目的设计、改造而成,并由人的智能或机械的动力来完成特定目标的系统,如政府机构、交通运输系统、电力传输系统、企业系统等。

(2)按照系统与环境的关系划分

①开放性系统,即与外界环境发生联系的系统。

②封闭性系统,即与外界环境隔绝或不受外界环境影响的系统。

(3)按照组成系统要素存在的形态划分

①实体系统,即组成系统的元素是实体的、物质上存在的系统。

②概念系统,即以概念、原理、原则、方法、制度、程序等非物质存在元素所组成的系统。

(4)按照系统与时间的依赖关系划分

①静态系统,即决定系统特性的因素不会随时间变化而变化的系统。

②动态系统,即决定系统特性的因素随着时间变化而变化的系统。铁路运输系统就是一个实时动态系统。

(5)按照物质运动的发展划分

①无机系统,如力学系统、物理学系统、化学系统等。

②有机系统,如生物系统等。

(6)按照系统的规模划分

①大型系统,如全国的铁路运输系统。

②中型系统,如某条线路区间系统。

③小型系统,如班组管理系统等。

(7)按照系统的复杂度划分

①简单系统,即由性质相近的若干要素组成的系统,如物资系统等。

②复杂系统,即由人造系统和自然系统结合的系统,铁路运输系统、农业系统、武器系统和社会经济大系统等都是复杂系统。

3. 系统的特征

系统具有集合性、相关性、目的性、层次性、动态性等五个基本特征。

(1)集合性

系统是相互区别的各个要素的集合,各个要素都服从整体目标最优化的需要。

(2)相关性

系统各个要素之间相互关联,相互作用。即系统的各个要素不仅为完成某种任务而起作用,而且任一元素的变化都会影响其他元素任务的完成。例如铁路运输系统车次的增加或减少,就会导致开行方案和运行计划的变化。

(3)目的性

系统以实现某种功能为目的,有着确定的目标。

(4)层次性

整体系统由许多层次的子系统(或要素)组成,子系统之间既有纵向、横向关系,又有交叉关系。

(5)动态性

系统都是在变化的。在人类社会和自然环境的运行过程中,系统不仅作为状态而存在,系统、子系统和元素的状态都是随时间的变化而不断变化。由于受到系统外部环境的干扰或内部的扰动,系统的要素组成和结构会发生突变,使系统的特定功能受到影响,甚至造成人身伤亡和财产损失的安全生产事故。

4. 系统的结构与功能

(1)系统的结构

不同系统的具体结构千差万别,系统越大,结构往往越复杂,但从一般意义上,系统的结构可以用下式表示:

$$S = \{X|R\}$$

其中,$X$ 表示系统内部的元素,$R$ 表示元素间的关系。显然,系统是包括了若干元素的集合和元素间关系的集合。由于系统概念的相对性,系统与元素的划分不是绝对的,根据实际需要来确定。

(2)系统的功能

不同系统的特定功能是不一样的,图 1-2 从一般意义上阐述了系统的功能。

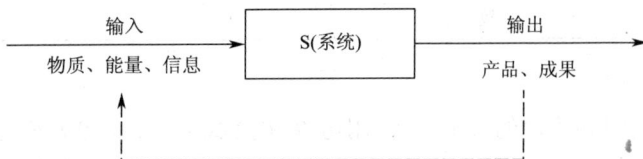

图 1-2　系统的一般功能

系统的输入是作为原材料的物质、能量与信息,系统的输出是经过处理(或转换、加工)的物质、能量与信息,如新产品、成果等。所以系统可以理解为一种处理或转换机构,它把输入转变为人们所需要的输出。狭义上讲,系统的功能就是处理或转换。广义讲,输入与输出也是系统的一种功能。对于闭环系统,反馈也是系统的一种功能。

系统的功能总是大于系统中全部元素功能的总和,即:

$$系统功能 > \sum 元素功能$$

上式的实现取决于系统的结构和元素之间的关系。当元素组合成为系统之后,元素间就有了复杂的联系,使系统的功能实现了质的飞跃和量的增加。因此,优化元素之间的关系,建立合理的系统结构,就可以达到提高和增加系统功能的目的。

(二)系统工程

1. 系统工程的定义

系统工程(System Engineering)是以系统为研究对象的一门学科,也是一种用于管理系统的规划、研究、设计、制造、实验和使用的科学方法。它用定量和定性相结合的系统思想和方法来处理大型复杂系统,利用系统理论、现代数学、控制论、信息论、电子计算机等基本工具,并有效结合自然科学和社会科学中的某些思想、理论、方法、策略、手段,对系统的构成要素、组织机构、信息交换和自动控制等功能进行分析研究,达到最优设计、最优控制和最佳管理的目的。

2. 系统工程的分类

依据学科不同,系统工程大体有十五类专业,它们各自具有不同的学科基础,见表1-1。

表1-1　系统工程的分类

| 系统工程的专业 | 特有的学科基础 | 系统工程的专业 | 特有的学科基础 |
|---|---|---|---|
| 交通系统工程 | 系统科学 | 社会系统工程 | 社会学、未来学 |
| 科研系统工程 | 科学学 | 计量系统工程 | 计量学 |
| 企业系统工程 | 生产力经济学 | 标准系统工程 | 标准学 |
| 信息系统工程 | 信息学、情报学 | 农业系统工程 | 农业学 |
| 军事系统工程 | 军事科学 | 行政系统工程 | 行政学 |
| 经济系统工程 | 政治经济学 | 政治系统工程 | 法学 |
| 环境系统工程 | 环境科学 | 安全系统工程 | 控制论、教育学 |
| 教育系统工程 | 教育学 | | |

3. 系统工程的特征

系统工程把要组织和管理的整个系统,用运筹、概率统计、模拟等方法,经过分析、推理、判断、综合,建成某种系统模型,以最优化的方法,求得最优化的结果。亦即经过工程的过程,使系统达到技术上先进、经济上合算、时间上最省、能协调运转的最优效果。因此,系统工程具有以下特征：

(1)优化的方法能使系统达到最佳。

(2)与具体的环境和条件、事物本来的性质和特征密切相关。

(3)着眼于整个系统的状态和过程，不拘泥于局部的、个别的部分，它表现出系统最佳途径并不需要所有子系统都具有最佳的特征。

(4)包含着深刻的社会性，涉及组织、政策、管理、教育等上层建筑因素。

(5)精华在于软技术，即在科学技术领域，使重视有形产品转向更加重视无形产品带来的效益。

4.系统工程的程序

一个系统按时间顺序展开时，就产生了若干个相互联系的阶段。系统工程的各个阶段如下：

(1)系统的开发阶段

系统的开发阶段，可分为开发设计阶段和开发实施阶段。

在开发设计阶段，必须对系统的开发对象进行充分调查研究，对系统开发的必要性进行审查并制定开发方针，并在此基础上，明确系统开发的目的、目标、要求事项等，制定出系统要求说明书和开发计划书。在开发实施阶段，利用上一阶段的成果对功能要求、制约条件、费用、效果、实现的可能性等进行分析，制成系统设计书、制造计划书和实施设计计划书。

(2)系统的制作阶段

系统的制作阶段，可分为实施设计阶段和制作实施阶段。

在实施设计阶段，要以系统设计书、制造计划书和实施设计计划书为基础，拟定制造说明书和制造实施计划书。在此阶段，由于要设计实际制作方法，因此要研讨和排除可能预计到的不确定因素。在制作实施阶段，要求在合理高效地制成系统工程的同时，制定、审查和决定运行和保养方法。

(3)系统的运用阶段

在系统运用阶段，要在运行和维护方法的基础上，通过实践经验总结，对系统的变更和改善进行深入研究。

**二、安全工程基本概念**

(一)安全工程的基本概念

1.基本概念

(1)安全

安全是指在生产活动中，能将人或物的损失控制在可接受水平的状态。换言之，安全意味着人或物遭受损失的可能性是可以接受的，若这种可能性超过了可接受的水平，即为不安全。该定义具有下述含义：

①安全不是瞬间的结果，而是对于过程状态的描述。

②安全是相对的,绝对安全是不存在的。

③构成安全问题的矛盾双方是安全与危险,不是安全与事故。因此,衡量一个生产系统是否安全,不应仅仅依靠事故指标。

④不同的时代,不同的生产领域,可接受的损失水平是不同的,因而衡量系统是否安全的标准也是不同的。

安全可以归纳为绝对安全和相对安全两种。

绝对安全观认为,安全是没有危险、不受威胁、不出事故,即消除能导致人员伤害,发生疾病,死亡或造成设备财产破坏、损失以及危害环境的条件。无危则安,无损则全。这种安全认为发生死亡、工伤等的概率为零,这在现实生产系统中是不可能的,它是安全的一种极为理想的状态。由于绝对安全观过分强调安全的绝对性,导致其应用范围受到了很大的限制,特别是在分析社会-技术系统的安全问题时更是如此。

与绝对安全观相对应的就是人们现在普遍接受的相对安全观。相对安全观认为,安全并非绝对无事故,安全是相对的,绝对安全是不存在的。安全是在具有一定危险条件下的不发生事故的状态。安全与是事故对立的,但安全不是瞬间的结果,而是对系统在某一时期,某一阶段过程状态的描述,换言之,安全是一个动态过程,它是关于时间的连续函数。但在现有理论和技术条件下,确定某一生产系统的具体安全函数形式是非常困难的,通常只能采用概率法来估算系统刚处于安全状态的可能性,或者利用模糊数学来说明在非概率情形下的不精确性。

(2)危险

作为安全的对立面,危险是指在生产活动中,人或物遭受损失的可能性超出了可接受范围的一种状态。危险与安全一样,也是与生产过程共存的连续的状态。危险包含了尚未被人们所认识的以及虽为人们所认识却尚未被人们所控制的各种隐患。同时,危险还包含了安全与不安全这对矛盾斗争过程中某些瞬间突变外在表现出来的事故结果。

(3)事故

事故是生产、生活中发生的意外事件。人们对事故进行了多种定义,其中以伯克霍夫(George David Birkhoff)的定义最为有影响。按伯克霍夫的定义,事故是人(个人或集体)在为实现某种意图进行的活动过程中,突然发生的、违反意志的、迫使活动暂时或永久停止的事件。

事故是在人们的行动过程中发生的,如果以人为中心考察事故后果,可以把事故分为两种情况:伤亡事故和一般事故。

伤亡事故,简称伤害,是个人或集体在行动过程中接触的外来能量,作用于人体,致使人体生理机能部分或全部丧失。这种事故的后果,严重时会决定一个人一生的命运,所以习惯称为不幸事故。在生产区域中发生的和生产有关的伤亡事故,叫工伤事故。

一般事故,是指人身没有收到伤害或受轻微伤害、不影响人的生理机能,或停工短暂的事故,由于传给人体的能量很小,尚不足以构成伤害,习惯上称为微伤;另一种是对人身而言的未遂事故,也称为无伤害事故。统计表明,事故之中无伤害的一般事故占90%以上,比伤亡事故的概率大几十倍。

根据事故发生造成的后果,在安全管理中把事故划分为伤亡事故、损坏事故和未遂事故。即把造成人员伤害的事故叫做伤害事故或伤亡事故;把造成设备、财务破坏的事故叫做损坏事故;把既没有造成人员伤亡也没有造成财务损失的事故叫做未遂事故或称之为险肇事故。

事故的发展要经历孕育阶段、生长阶段、损失阶段三个阶段。

(4)隐患

从系统安全的角度来看,隐患通常包括一切可能对人-机-环境系统带来损害的不安全因素。隐患可定义为:在生产活动过程中,由于人们受到科学知识和技术力量的限制,或者由于认识上的局限,未能有效控制并可能引起事故的一种行为(一些行为)、一种状态(一些状态)。隐患是事故发生的必要条件,隐患一旦被识别,就要予以消除。对于受客观条件所限不能立即消除的隐患,要采取措施降低其危险性或延缓危险增长的速度,降低其被触发的"几率"。

(5)风险

"风险"一词在不同场合具有不同的含义。就安全而言,风险是描述系统危险程度的客观量,这主要有两种考虑:一是把风险看成一个系统内有害事件或非正常事件出现可能性的量度;二是把风险定义为发生一次事故的后果大小与该事故出现概率的乘积。一般意义上的风险具有概率和后果的二重性,即可用损失程度 $C$ 和发生概率 $P$ 的函数来表示风险 $R$。

$$R = f(P, C)$$

式中　$R$——风险;

　　　$P$——发生概率;

　　　$C$——损失程度。

简单起见,大多数文献中将风险表达为概率与后果的乘积:

$$R = P \cdot C$$

上述风险定义中,无论损失或者后果,均是针对事故来定义的,包括已发生的事故和将会发生的事故。风险是对系统危险性的度量,仅仅用事故来衡量系统的风险是很不充分的,除非能够辨识所有可能的事故形式:

$$R = f(R_1, R_2, R_3, R_4, R_5)$$

式中　$R_1$——人的因素;

　　　$R_2$——设备因素;

　　　$R_3$——环境因素;

　　　$R_4$——管理因素;

　　　$R_5$——其他因素。

(6)危险源

系统安全中认为,危险源的存在是事故发生的根本原因,防止事故就是消除、控制系统中的危险源。

危险源一词译自英文单词 Hazard,即危险的根源。哈默(Willie Hammer)定义危险源为可能导致人员伤害或财务损失事故的、潜在的不安全因素。按此定义,生产、生活中的许多不安全因素都是危险源。根据危险源在事故发生、发展中的作用,把危险源划分为第一类危险源和第二类危险源。

第一类危险源是指系统中存在的、可能发生意外释放的能量或危险物质,实际工作中往往把产生能量的能量源或拥有能量的能量载体作为第一类危险源来处理。第一类危险源具有的能量越多,发生事故时,其后果越严重。因此,第一类危险源处于低能量状态时比较安全。同时,第一类危险源包含的危险物质的量越多,干扰人的新陈代谢越严重,其危险性越大。

第二类危险源是指导致约束、限制能量措施失效或破坏等各种不安全因素,包括人、物、环境三个方面的问题。人失误可能直接导致对第一类危险源的失控,造成能量或危险物质的释放;人失误也可能造成物的故障,进而可能直接使约束、限制能量或危险物质的措施失效而发生事故;有时一种物的故障可能导致另一种物的故障,最终造成能量或危险物质的意外释放;物的故障有时会诱发人失误;人失误会造成物的故障,实际情况比较复杂。环境因素主要指系统运行的环境,包括温度、湿度、照明、粉尘、通风换气、噪声、振动等物理环境以及企业和社会的软环境。不良的物理环境会引起物的故障或人的失误;企业的管理制度、人际关系或社会环境影响人的心理进而引起人的失误。

第二类危险源往往是一些围绕着第一类危险源随机发生的现象,它们出现的概率决定事故发生的可能性,第二类危险源出现越频繁,发生事故的可能性越大。

(7)本质安全化

本质安全化一般针对某一个系统(或设施)而言,表明该系统的安全技术与安全管理水平已达到了基本要求,系统可以较为安全可靠的运行,但并不表明该系统绝对不会发生事故。其原因是:

①本质安全化的程度是相对的,不同的技术经济条件有不同的本质安全化水平,当代本质安全化并不是绝对本质安全化。由于技术经济的原因,系统的许多方面尚未安全化,事故隐患仍然存在。事故发生的可能性也没有彻底消除,只是有了将事故损失控制在被接受程度上的可能性。

②铁路运输是一个动态过程,许多情况事先难以预料。人的作业还会因健康或心理原因引起某种失误。机器和设备会因日常检查时未能发现的缺陷产生临时性故障。环境条件会由于自然的或人为的原因而发生变化。因此,人-机-环境系统可能会发生一些随机性事故。

2. 概念间相互关系

(1)可靠性和安全性

可靠性和安全性都是判断、评价系统性能的重要指标。可靠性表明系统在规定的条件下、规定的时间内完成规定功能的性能。系统由于性能低下而不能完成规定的功能的现象,称为故障或失效。系统可靠性越高,发生故障的可能性越小,完成规定功能的可靠性越大。安全性表明系统在规定的条件、规定的时间内不发生事故,不造成人员伤害或财务损失的情况下,完成规定功能的性能。在许多情况下,系统不可靠会导致系统不安全。提高系统安全性的一个重要方面,是从提高系统可靠性入手。可靠性着眼于维持系统功能的发挥,实现系统目标;安全性着眼于防止事故发生,避免人员伤亡和财务损失。可靠性研究故障发生前到故障发生阶段的系统状态;安全性侧重于故障发生后故障对系统的影响,故障时可靠性和安全性的连接点。采取提高系统可靠性的措施,既可以保证系统的功能,又可以提高系统的安全性。

(2)安全与危险

安全与危险是一对矛盾,具有矛盾的所有特性。一方面双方互相排斥、互相否定;另一方面安全与危险两者互相依存,共同处于一个统一体中,存在着向对方转化的趋势。安全与危险这对矛盾的运动、变化和发展推动着安全科学的发展和人类安全意识的提高。

描述安全与危险的指标分别是安全性与危险性,安全性越高则危险性越低,安全性越低则危险性就越高。二者存在如下关系:

$$安全性=1-危险性$$

(3)安全与事故

事故与安全是对立的,但是事故并不是不安全的全部内容,而只是在安全与不安全矛盾斗争过程中某些瞬间突变结果的外在表现。系统处于安全状态并不一定不发生事故,系统处于不安全状态,也未必会引起事故。

(4)危险与事故

危险不仅包含了作为潜在事故条件的各种隐患,同时还包含了安全与不安全矛盾激化后表现出来的事故结果。

事故发生,系统不一定处于危险状态;事故不发生,也不能否认系统不处于危险状态。事故不能作为判别系统危险与安全状态的唯一标准。

(5)事故与隐患

事故总是发生在操作的现场,总是伴随着隐患的发展而发生在生产过程之中,事故是隐患发展的结果,而隐患则是事故发生的必要条件。

(6)危险源与事故

一起事故的发生是两类危险源共同起作用的结果。第一类危险源的存在是事故发生的前提,没有第一类危险源就谈不上能量或危险物质的意外释放,也就无所谓事故。另一方面,如果没有第二类危险源对第一类危险源的控制,也不会发生能量或危险物质的意外释放。

在事故的发生、发展过程中,两类危险源相互依存、相辅相成。第一类危险源在事故时释放出的能量是导致人员伤害或财务损失的能量主体,决定事故后果的严重程度;第二类危险源出现的难易决定事故发生的可能性的大小。两类危险源共同决定危险源的危险性。

（二）安全工程的研究对象和学科体系

1. 安全工程学

安全工程学是安全科学学科体系中的技术科学层次，与基础科学的分支学科相对应。它是由安全技术工程学、安全社会工程学、安全系统工程学和安全人体工程学四类技术科学分支学科构成，除安全系统工程学要在本层次额外为各分支学科提供科学方法外，各自都为本分支学科的工程技术层次提供理论依据，或将其工程技术成果升华为科学理论（即上升到技术科学）。根据安全因素的性质及其作用方式不同，各分支学科又细分为若干组成部分：

（1）根据设备因素对人的身心危害作用方式的不同，在安全技术工程学中又区分为针对解决直接损害人的躯体相关问题的安全技术工程学和针对解决间接破坏人的机体或危害人的心理相关问题的安全卫生工程学。

（2）根据调节人与人、人与物、物与物联系的不同原理和采取不同方法（手段或措施），达到安全的目的，在安全社会工程学中区分为安全管理工程学、安全教育（工程）学、安全法学和安全经济学等。

（3）根据安全系统内各因素的作用或功能的不同，在安全系统工程学中又区分为安全信息论、安全运筹学和安全控制论。安全系统工程学不仅是安全系统工程层次的理论基础，也为整个安全工程学层次提供安全方法论。

（4）根据外界危害因素对人的身心内在作用机制影响的不同以及人机联接的方式不同，安全人体工程学中又区分为安全生理学、安全心理学和安全人机工程学。安全人体工程学不仅为采取各种安全工程技术措施提供必要的安全人体理论依据，还是一切安全活动的出发点和归宿。

2. 安全工程

安全工程是人类在生产和防御各种灾害的过程中所采用的，保障人的身心健康和生命安全、减少物质财富损失为目的的理论、方法、技术、装备及其应用的总称。它直接为实现安全服务，是进行安全预测、设计、施工、运转、总结和反馈、提高等一系列具体安全技术活动与方法的总称。

在安全工程中的安全技术工程，按其服务对象的不同区分为：

（1）学科方法、手段均有所不同的安全设备机械工程和安全设备卫生工程。

（2）与各类专业领域的工程技术匹配的专业安全工程技术，如交通安全工程、电器安全工程、锅炉压力容器（机械）安全工程、起重搬运（机械）安全技术，焊接安全技术、核安全技术、防毒安全技术、防中安全技术、通风安全技术、噪声与振动控制技术、辐射防护技术等。

（3）具有行业特点的部门综合应用性的安全工程技术，如矿业、地质勘探、石油化工、冶金、建筑、交通运输、航海、舰空航天等。

可以说，凡是有人活动的地方，都有保障安全的工程技术需要，都可以针对本领域的特点确立专门的或综合应用性的安全工程技术，所以安全工程技术的应用领域非常广泛。但是各类专业安全工程技术和综合应用性的安全工程技术都不是单一分支学科性的,而是以安全技术工程为基础,构成的专业科学技术体系和应用科学技术体系。

### 三、安全系统工程

安全系统工程是用系统科学的方法,把安全作为一个系统,对安全进行系统分析和评价,对事故进行定性和定量分析预测,并使之达到最优化的工程学。其目的在于确保人-机系统具有很高的可靠性和安全性。

1. 安全系统工程的主要内容

(1)建立安全系统工程模型。安全系统功能模型一般是用一组规定的符号按事故因果的层次,绘制出事故发生的树状结构图,来描述事件的组合方式及其事件发生的时间、空间结构。功能模型是建立在原系统或相近系统的分析、研究及大量事故统计资料基础之上的。

(2)建立事故结构的数学模型。目前主要是用布尔代数方法建立事故结构函数,用概率论的方法建立事故发生的定量分析模型。

(3)对事故进行定性分析。目前做定性分析的数学方法主要有三种:事故等级评定法,如故障类型及影响分析;布尔代数分析法;模糊集合综合评判方法做基本事件结构重要度分析。

(4)对事故进行定量分析。事故在系统运行的过程是否发生,何时发生,事先不能准确的预计。事故的发生是个随机事件,但用概率统计的方法可以分析出随机事件的发生规律,并能做出定量的描述。所以对事故定量分析时,概率论是主要的数学工具。

(5)安全评价。安全评价分为定性评价与定量评价两种。定性评价建立在事故定性分析的基础上。定量评价是建立在对事故的定量分析的基础上。

2. 安全系统工程的特点

(1)用系统的方法,按系统可分割的属性,全面深入地揭示造成某种事故的全部基本事件(原因),不论是多大的系统都可以按所要求的水平做出分析。

(2)生产要素(人、机器、材料等)如果都各自处于静止、隔离的状态,并不具有造成人员伤亡和财产损失的危险性,一旦他们之间进行有机的结合构成动态系统时,在他们相互作用的交接部分(界面)上便潜伏着由于故障或失误造成人机事故的危险。用分析的方法能全面地找出控制事故发生的基本事件组合状态,为安全设计及安全管理提供依据。

(3)运用数学方法对事故的发生做定性和定量分析,为系统设计和运行之前提供事故预测,为运行中的系统提供最有效、最经济的安全措施方案,为事故发生后提供科学的分析总结方法。

### 四、交通运输安全工程

交通运输安全工程学科是指运用系统论、控制论、信息论等现代科学技术理论,从安全的角度,对交通运输全过程的各环节以及交通运输系统寿命期的各个阶段(开发研制、方案设计、详细设计、建造施工、日常运行、改建扩建、事故调查等)进行科学研究,以查明事故发生的原因和经过,找出灾害的本质和规律,寻求消灭、减少交通运输事故或减轻事故损失,保障交通安全、畅通的措施和办法。换言之,交通安全工程的主要解决这样一些问题:分析和研究交通事故的发生机理,总结出普遍适用的交通事故理论,提出事故预防的方法设计。

交通运输系统是由陆路、水路和航空等多种运输方式组成的一个综合系统,交通运输安全工程学科以交通运输系统的安全问题作为其研究对象。因此,从研究对象出发,可将该学科的研究内容归为以下几类:道路交通安全工程、铁路运输安全工程、水上交通安全工程、航空运输安全工程。

## 1. 道路交通安全工程

道路交通是由人、车、道路与环境控制等要素组成的复合动态系统。道路交通事故是由构成道路交通的诸要素在某一时空范围内的劣性组合而成的。导致道路交通诸要素劣性组合的原因有道路条件、车辆安全性能、驾驶员安全素质、参与交通者的安全意识以及交通安全管理的水平等。此外,缺乏对道路交通事故发生规律以及预防对策的深入研究,也是导致道路交通事故形势严峻的重要原因。因此,道路交通安全工程通过对道路状况(包括路面、线形、横纵断面、交叉路口以及事故多发地段等)、车辆的结构性能(包括驾驶视野、报警装置、碰撞保护装置、仪表、照明和信号装置、驾驶员工作环境、制动性能、操纵稳定性、车辆类型等)、驾驶适应性及其影响因素、交通环境(如交通量、特殊气候等)、交通控制(包括交通安全法规、交通执法设备系统等)以及道路交通事故发生原因等的深入研究,提出预防和减少道路交通事故的有效措施。

## 2. 铁路运输安全工程

铁路运输作为运送旅客和货物的直接生产系统,是一个高速运转的复杂动态系统,其安全问题尤为突出。高度联动的特点决定了铁路运输作业过程是由许多子系统相互作用而完成的,要求车务、机务、工务、电务、车辆等部门联合作业、协同动作。它使用的设备数量庞大、种类繁多,此外,自然环境、社会环境等环境因素的影响不容忽视。可见,铁路运输系统是一个庞大的人-机-环境动态系统。在这个系统中,任何一点疏漏都可能会诱发列车冲突、脱轨、火灾或爆炸等铁路运输事故。

铁路运输安全工程主要通过对运输安全有关人员(包括铁路运输系统内人员、旅客、货主、铁路沿线居民、机动车驾驶人员等)、设备(包括铁路线路、机车、车辆、通信信号、供电供水等铁路运输基础设备和安全监测、监控、事故救援、自然灾害预报与防治等运输安全技术设备)、环境(包括作业环境、自然环境和社会环境)、管理(包括安全组织管理、安全法制管理、安全技术管理、安全教育管理、安全信息管理和安全资金管理)的深入研究,发现安全的薄弱环节,进而提出预防和减少事故的有效措施。此外,为了确保列车运行及调车作业安全,还必须对铁路运输作业过程进行深入研究,包括行车调度指挥安全、接发列车作业安全、调车作业安全、中间站作业及运转车长作业安全、铁路装卸作业安全、旅客运输安全、机务作业安全、车辆作业安全、工务作业安全、电务作业安全、非正常情况下(如恶劣天气、设备故障、电话中断等)的作业安全以及应急处理作业安全(如列车火灾应急处理、列车冒进信号应急处理等)。

### 3. 水上交通安全工程

水上交通事故按性质可划分为火灾和爆炸、碰撞、搁浅和遇风暴,其后果轻则船只破损,重则船只沉没,非常严重。因此,水上交通安全工程主要通过对船舶性能与结构、船员行为、港口保障设施、水上交通管理等水上交通安全主要影响因素以及水上交通事故发生的原因的深入研究,提出确保水上运输安全、减少污染水域的有效措施。

水上交通安全工程的内容还包括完善的船舶消防系统、特殊场所的防火防爆、灾害险情应急技术、海底地貌测量、遇难船舶的救助和打捞技术、船舶安全停泊系统、船运政策以及船舶避碰等等。

### 4. 航空运输安全工程

航空运输是一个具有特定功能的系统,由人(机组人员、乘客)、飞机、航线、机场、航空交通管制等要素组成。各要素必须相互协调,若其中一个要素不能与其他要素协调,系统就会失去平衡,可能导致发生失控、碰撞、失火等空难事故。

航空运输安全工程主要通过对上述影响因素以及空难事故的深入调查研究,提出确保航空运输安全的有效措施。此外,还包括驾驶员操作可靠性、空中交通预警防碰管理系统、飞行人员培训理论与方法、空中导航系统、飞行近期情况(包括起火、劫机事件、客舱减压等)对策、克服飞机维修事物对策、飞机定期检修和维护的快速、可靠技术以及机场应急救援系统等。

从安全工程学科的研究对象和内容来考虑,交通安全工程学科主要包含以下几方面内容:

### 1. 交通安全理论

交通安全理论是揭示交通安全的本质和运动规律的学科知识体系,是交通安全研究的基础,主要内容包括安全科学基本理论、可靠性理论、事故致因理论、事故预防理论等。

### 2. 交通安全技术

交通安全技术主要包括交通运输中所涉及的安全技术问题,即各种交通运输设备(包括线路、港站、信号等运输基础设施以及汽车、船舶、航空器、列车等载运工具)安全化和无害化以及保障交通安全为目的的运用各种安全设备和装置的学问。它是在交通运输设备的设计、选材、制造(建设)、安装、养护、维修、使用(运营)、评价等一系列工程领域中,使交通运输设备实现本质安全化、无害化以及研制和运用各类专用安全设备和安全装置的科学理论、方法、工程技术和安全控制手段的总和。

我国规定,新建、改建、扩建的基本建设项目(工程)、技术改造项目(工程)和引进的建设项目(工程)的安全设施必须符合国家规定的标准,与主体工程同时设计、同时施工、同时投产使用。因此,借助设计消除和控制交通系统中的不安全因素,是交通安全工程的重要原则和组成部分。除了交通安全设计外,交通安全技术还包括基于事故预防和避免的安全监控和检测技术、基于设备维修养护的安全检测和诊断技术及事故救援技术等。

### 3. 交通安全(分析和评价)方法

交通安全(分析和评价)方法主要研究如何运用系统工程的原理和方法,对交通系统中的安全问题进行定性、定量的分析和评价,并采用综合安全措施予以控制,使系统产生交通事故的可能性降到最低限度,从而达到系统的最佳安全状态。

### 4. 交通安全管理

交通安全管理主要研究交通安全管理体制、政策、交通安全立法及各种交通安全法规的制定和执行,研究交通安全教育与培训等,旨在通过先进的职业安全卫生管理体制的简历和事故预防、应急措施和保险补偿三种手段的有机结合,力争达到在时间、成本、效率、技术水平等条件约束下实现系统的最佳安全水平的目的。

# 第二节　铁路运输安全工程概述

铁路运输安全工程是安全工程在铁路运输方面的应用。它是采用安全工程的方法(事故树分析、事件树分析、故障类型和影响分析等)分析、评价并控制运输过程中的安全状态,在运输过程中避免或减少事故发生,并使事故的损失降低最低限度,达到最佳安全状态的一门学科。

## 一、铁路运输安全的本质

### (一)铁路运输安全的内涵

安全是指人的身心免受外界因素危害的存在状态(包括健康状况)和保障条件。无危则安,无损则全,安全与否是从人的身心健康活动的角度提出的,是针对与人身心存在状态(包括健康状态)直接或间接相关的事或物而言的。

对于安全的认识比事故的认识难度大,因为事故比较直观,影响深刻,人们更容易在危害中加深认识。而安全给人们的印象与事故是相对的,只有社会属性,没有自然属性。长期以来,虽然人们从多方面对安全进行了深入的探讨,但多数停留在感性认识上,没有深入到安全的内在本质。

铁路运输安全是在铁路运输生产过程中,能将人或物的损失控制在可接受水平的状态,亦即人或物遭受损失的可能性是可以接受的。一旦这种可能性超出了可接受的范围,则为不安全。铁路运输安全是运输生产系统运行秩序正常、旅客生命财产平安无险、货物和运输设备完好无损的综合表现,也是运输生产过程中为达到上述目的而进行的全部生产活动协调运作的结果。铁路运输安全主要包括行车安全、货运安全、客运安全、人身安全、设备安全和路外安全等内容。

大量铁路事故的调查分析结果表明,导致事故的原因主要是由于物的不安全状态、不安全行为和不良环境所引起的,具体的说,就是人的因素、物的因素和环境条件三个要素。从系统工程观点来说,这三个要素构成了"人-机-环"系统。在这个系统中,"人"是核心、"机"是基础、"环境"是条件,它们组成的总体再加以科学的"管理"便形成了以保障铁路运输安全为目的的铁路运输安全系统。因此,为了确保系统安全,不能孤立地考虑人、机、环境这三个要素,而要从系统的总体高度上将它们看成是一个相互作用、相互依赖的整体,并运用系统工程的方法,使系统处于最佳安全状态和最佳工作状态。实现人-机-环系统最优组合的核心是以人、机、环境的各自特性为基础,进行总体分析,在明确系统总体要求的前提下,拟出若干个安全措施方案,建立有关模型并进行实验,着重分析人、机、环三个要素对铁路运输安全系统总体性能的影响,各自应具备的功能及相互关系,不断修正和完善人-机-环系统的结构方式,最终确保最优组合的实现。系统高效稳定地进行工作,既是生产系统的最根本的要求,也是铁路运输安全工程所要实现的目的。

从安全角度来说,在人-机-环系统中作为主体工作的人,理所当然处在首位,这是安全系统工程与其他工程系统存在的显著差异之处。为了确保安全,不仅要研究产生不安全的因素,采取预防措施,而且要寻找不安全的潜在隐患,力争把事故消灭在萌芽状态。

(二)铁路运输安全的普遍性和特殊性

1. 铁路运输安全的普遍性

伴随生产而存在的安全问题,对于所有的技术系统都具有普遍的意义,铁路运输系统也不例外。

(1)安全的系统性

安全涉及技术系统的各个方面,包括人员、设备、环境等因素,而这些因素又涉及政治、经济、科技、教育和管理等许多方面。特别对于像铁路运输这样的开放系统,安全既受到系统内部因素的制约,也受到系统外部环境的干扰。而安全的恶化状态,即事故,不仅可能造成系统内部的损害,而且可能造成系统外部环境的损害。因此,研究和解决安全问题应从系统观点出发,运用系统工程的方法进行综合治理。

(2)安全的相对性

凡是人类从事的生产活动,都有安全问题,所不同的只是发生事故的可能性有大有小,危害程度有轻有重而已。安全是相对的,不安全是绝对的,系统发生事故的可能性始终存在。但是,事故是可以预防的,可以利用安全系统工程的原理和技术,预先发现、鉴别、判明各种隐患,并采取安全对策,从而防患于未然。

(3)安全的依附性

安全是依附于生产而存在的,它不可能脱离具体的生产过程而独立存在,只要存在生产活动,就会出现安全问题。另外,安全是生产的前提和保障,安全工作搞得不好,生产便无法顺利进行。因此,需要经常持久地抓好安全工作。

(4)安全的间接效益性

要保证生产安全必须在人员、设备、环境和管理方面适时的安全投入,但安全投入所产生的经济和社会效益却是间接的、无形的、难以定量计算的。因此,安全投入往往被忽视,只有发生了事故造成了损失之后才会意识到安全投入的必要性和重要性。事实上,安全的效益除了减少事故的直接和间接经济损失之外,更重要的是提高人员素质,改进设备性能、改善环境质量和加强生产管理等方面所创造的积极的经济和社会效益。

(5)安全的长期性

人对安全的认识在时间上往往是滞后的,不可能预先完全认识到系统存在和面临的各种危险,而且即使认识到了,有时也会受到当时技术条件的限制而无法予以控制,随着技术进步和社会发展,旧的安全问题解决了,新的安全问题又会产生。所以安全工作是一个长期的过程,必须坚持不懈,始终如一地努力才行。

(6)安全的艰巨性

高技术总是伴随着高风险,随着现代科学技术的发展,各种技术系统的复杂化程度增加了。以现代交通运输系统为例,无论从规模、速度、设备和管理上都发生了极大的飞跃,一旦发生事故,其影响之大、伤亡之多、损失之重、补救之难都是传统运输方式不可比拟的。因此,认识事故机理,不断揭示系统安全的各种隐患是长期艰巨的任务。

2. 铁路运输安全的特殊性

由普遍性与特殊性的关系可知,普遍性寓于特殊性之中,特殊性离不开普遍性,铁路运输安全除具有上述安全的普遍性外,还有其特殊性。

(1)铁路运输安全的动态性

机车车辆在固定轨道上的定向运动,是铁路运输最显著的特点,一系列铁路运输安全问题,例如轮轨作用、弓网作用、列车速度控制和进路控制等都是围绕机车车辆在轨道上的定向运动而展开的,铁路运输的安全性是伴随着动态的运行过程而存在的。

(2)铁路运输安全失控的严重性

处于高速运动状态的列车,一旦发生设备异常或人的操作失误,可供纠正和避免事故的时间很短,可供选择的应急方式也有限,加之铁路线路、机车车辆等硬设备的成本很高,列车对旅客和货物的承载量很大,事故不仅造成巨大的财产损失、人员伤亡和环境破坏,而且由于运输中断将波及路网,打乱运输秩序,影响社会生产和运输的全局。更重要的是铁路对其运输对象——旅客和货物没有所有权和支配权,而只提供必要的运输服务,因此事故损失涉及的社会因素非常广泛,极大地损害了铁路的形象甚至政府的威信,其社会影响的严重性难以估量。

(3)铁路运输安全问题的反复性

铁路运输生产具有连续性、周期性和季节性的特点,伴随着生产的各种事故和不安全状况常常都是重复发生的,铁路年复一年的春运、暑运、防洪、防寒、防暑中的安全问题反复存在。由于受铁路总体技术和管理水平的制约,各种事故和不安全状况的产生也具有一定的"惯性"和反复性,如"两冒错排"(冒进进站和出站信号,错排列车进路)、断轨、断轴等惯性事故,成为经常困扰运输安全的主要问题。

（4）铁路运输安全对管理的依赖性

铁路是复杂的人-机动态系统,其运输生产过程涉及设备数量庞大,种类繁多。设备布局的网络状态和作业岗位的独立分散,使各工种和各环节的协同配合都离不开严格有效的管理。因此,铁路运输安全在很大程度上取决于管理的效能。

（5）铁路运输安全的复杂性

铁路运输安全受外部环境的影响很大,难以预测和控制。铁路运输生产是在一个开放的环境中进行的,其过程有较大的空间位移和较长的时间延续。自然环境的各种灾害,如雨、雾、风、雪等,对运输安全均具有不利影响。社会环境,如社会治安、社会风气及社会政治经济状况等,均与运输安全状况密切相关,而且难于预测和控制。因此,铁路运输环境安全的综合治理涉及面广、难度大。

铁路运输安全技术的发展,包括设备安全性能改进、人员安全素质提高、环境安全质量改善和安全管理水平提高,都是以上述对安全的普遍性和铁路运输安全的特殊性的认识为基础的。

### 二、铁路运输安全工程的内容与作用

铁路运输安全工程主要内容是通过对运输安全有关人员、设备、环境、管理的深入研究,发现安全的薄弱环节,进而提出预防和减少事故的有效措施。此外,为了确保列车运行及调车作业安全,还必须对铁路运输作业过程进行深入研究,包括行车调度指挥安全、接发列车作业安全、调车作业安全、中间站作业及运转车长作业安全、铁路卸装作业安全、旅客运输作业安全、机务作业安全、车辆作业安全、工务作业安全、电务作业安全、非正常情况下(如恶劣气候、设备故障、电话中断等)的作业安全以及应急处理作业安全(如列车火灾应急处理、列车冒进信号应急处理等)。

对影响铁路运输安全的人员因素、设备因素、环境因素、管理因素等方面,铁路运输安全工程做了较为深入的研究,以安全的基本理论为基础,针对铁路运输系统的特点,采用系统安全分析和评价方法对系统安全性进行深入分析与评价,找出影响铁路运输安全,导致铁路运输安全事故的关键因素及其之间相互依存和制约的关系,对铁路运输安全系统寿命期的各个阶段(开发研制、方案设计、详细设计、建造施工、日常运行、改建扩建、事故调查等)进行科学研究,查明事故发生的原因和经过,找出事故的本质和规律,寻找消除、减少铁路运输事故或减轻事故损失,保障运输安全畅通的措施和办法。换言之,铁路运输安全工程主要解决这样一些问题:分析和研究铁路运输事故的发生机理;总结出普遍适用于铁路运输事故的理论;提出事故预防的方法和技术。

### 三、铁路运输安全系统对铁路安全性的影响

随着我国铁路多次大面积提速,车流密度不断提高,多年来由于一些客观和人为的因素,

导致铁路列车运行事故时有发生,给国家和人民生命和财产造成巨大的损失。铁路作为国民经济的大动脉,其运输生产的安全显得十分重要。因此,研究影响铁路运输安全的因素和事故规律,有效地预防和控制铁路运输安全事故的发生,具有重大现实意义。

为了最大限度地保护装置和人身安全,避免铁路恶性事故的发生,需要提供一种高度可靠的安全保护手段来保证铁路运输的安全,这种手段就是铁路运输安全系统。铁路运输安全系统是针对铁路运输安全的特点及影响因素采取的所有控制方法和手段的有机结合,是一个以管理作为施控主体,以运输安全直接影响因素(人、机、环境)作为受控客体的控制系统,其目的是实现某一时期的系统安全目标。它以安全的基本理论为基础,针对铁路运输系统的特点,采用系统安全分析和评价方法对铁路的安全性进行深入分析和评价,找出影响铁路运输安全性,导致铁路运输安全事故的关键因素及其之间的相互依存和制约关系,以技术为支撑,以管理为保障,发现存在的不安全隐患,加强监管,预防安全事故的发生。

为建立统一、有效地的铁路运输安全系统,分析其对铁路安全性的影响,还要了解影响铁路运输安全工作的特点。

(1)多源性。铁路运输生产活动都是在开放和露天条件下进行全天候作业的,外界自然环境、社会环境以及铁路运输系统内部环境等多方面的因素对运输安全的干扰和影响较大。

(2)动态性。铁路运输生产"位移"的过程处于时空的巨大变换之中,影响安全问题的不可预料的因素很多,稍有不慎,就将发生差错,都将产生不可挽回的损失。

(3)伴随性。安全依附于生产而存在,只要铁路运输生产活动,运输安全问题就必然会发生;从另一角度看,由于市场机制的作用,企业间的竞争性在不断加剧,伴随竞争而引发的隐患也在不断增加。

(4)高风险性。伴随现代科学技术的发展,铁路运输生产活动广泛采用高新技术,客运高速化、货运重载化正使铁路各种技术系统的复杂程度在增加,而相应的安全事故的风险性也在随之增加,铁路运输安全工作的艰巨性越来越大。

(5)系统性。铁路运输系统是一个开放系统,安全问题涉及到铁路运输生产的各个环节以及铁路运输技术系统的各个方面,包括人员、设备、环境、管理等诸多因素,需要用系统工程的方法加以分析、综合和处理,才能收到更好的效果。

# 第三节　铁路事故概述

## 一、铁路事故的分类与分级

### (一)铁路运输事故分类与分级

铁路企业在运输旅客和货物的过程中,由于技术设备的不良或故障、业务工作上的过失以及自然灾害等其他原因,造成人员伤亡、货物破损、设备损坏、影响正常行车等各种事件,都属于铁路运输事故的范畴。

铁路运输事故一般分为行车事故、旅客伤亡事故、行李包裹事故、货运事故和路外伤亡事故(包括道口事故),部分举例见表1-2。

**表1-2 铁路事故分类**(部分)

| 种类 | 分 类 | 等级 | 条 件 |
|---|---|---|---|
| 旅客伤亡事故 | ①死亡<br>②重伤:肢体残疾,容貌损毁,视觉、听觉丧失及其他器官损失和功能丧失<br>③轻伤:伤害程度不及重伤者 | 重大事故 | 同一事故造成3人死亡或5人重伤或二者合计伤亡6人及其以上事故 |
| | | 大事故 | 同一事故造成1人死亡或2人重伤及其以上但不及重大事故的 |
| | | 一般事故 | 同一事故造成旅客伤害程度不及大事故的 |
| 行李包裹事故 | 火灾;被盗(有被盗痕迹);丢失(全批未到或部分短少,没有被盗痕迹);损坏(破裂、变形磨伤、摔损、湿损、部分破损等);误交付;票货分离或不符[有行包(车)无运送票据,有运送票据无货物(车),如已查明下落者];其他(误运送、件数不符、腐坏、污染、误编记录、伪编记录、违反营业办理限制及其他造成影响而不属于以上各类事故的) | 重大事故 | ①由于承运的行李、包裹发生火灾、爆炸造成人员死亡或重伤达3人的<br>②物品损失(包括其他直接损失,以下同)价值超过3万元(不含3万元)的<br>③尖端保密物品、放射性物品灭失 |
| | | 大事故 | ①由于承运的行李、包裹发生火灾、爆炸造成人员重伤的<br>②物品损失价值1万元以上(不含1万元)至3万元的 |
| | | 一般事故 | ①承运的行李、包裹发生火灾、爆炸的<br>②物品损失价值200元以上(不含200元)至1万元的 |

行车事故,不论是列车运行事故还是调车事故,都是机车、车辆和列车在运行过程中发生的事故,由于铁路运输生产的特点,旅客和货物必须依附并伴随着列车的运行才能实现位移,因此,行车事故往往会直接牵连或波及到旅客和货物的安全。有相当一部分的旅客伤亡事故、行李包裹事故和货运事故都是因为行车事故引起的。各国铁路实践表明:行车事故是铁路运输事故中最主要的部分,而行车安全也是铁路运输安全中最主要的部分,最重要的内容。几乎所有国家的铁路都把保证行车安全放在运输安全工作的首位。

行车事故主要有冲突(包括列车冲突、调车冲突和其他冲突)、脱轨(包括列车脱轨、调车脱轨和机车车辆脱轨)、列车火灾等。各国铁路对于行车事故的分类统计方法和标准并不完全一致,许多国家根据自己实际情况和历史习惯来规定,同一个国家在不同年代也有所变化、修改。

旅客伤亡事故是旅客在运输过程中发生的人身事故,各国铁路对于旅客死亡事故都非常重视,中国铁路对旅客伤亡事故分为死亡、重伤和轻伤三种。行李包裹事故分为火灾、被盗、丢失、损坏、误交付、票货分离或不符和其他七种,并按损失程度,分为重大事故、大事故和一般事故三类。旅客伤亡事故和行李包裹事故统称为铁路客运事故。

运输过程中所发生的货运事故往往给铁路造成巨大的损失,并使铁路信誉受损,因此货运事故也是各国铁路普遍重视和关心的问题。中国铁路把货运事故分为火灾、被盗、丢失、损坏、变质、污染和其他七种,并按损失程度分为重大事故、大事故和一般事故三类。

表 1-3　铁路货运事故分类说明

| 事故种类 | 严重等级 | 构成条件 |
|---|---|---|
| ①火灾<br>②被盗(有被盗痕迹)<br>③丢失(全批未到或部分短少,没有被盗痕迹的)<br>④损坏(破裂、变形、磨伤、摔损、部件破损、湿损、漏失) | 重大事故 | ①由于货物染毒或危险货物发生事故,造成人员死亡 3 人或死亡重伤合计 5 人以上的<br>②货物损失及其他直接损失(下同)款额 30 万元以上的 |
| ⑤变质(腐烂、植物枯死、活动物非中毒死亡)<br>⑥污染(污损、染毒、活动物中毒死亡)<br>⑦其他(整车、零整车、集装箱车的票货分离和误运送、误交付、误编、伪编记录以及其他造成影响而不属于以上各类的事故) | 大事故 | ①由于货物染毒或危险货物发生事故,造成人员死亡不足 3 人或重伤 2 人以上的<br>②损失款额 10 万元以上未满 30 万元的 |
| | 一般事故 | ①未构成重大、大事故的人员重伤事故<br>②损失款额在 2 000 元以上未满 10 万元的 |

路外伤亡事故,包括道口事故在内,是路外交通肇事导致的事故。铁路机车、车辆、列车与路外其他车辆或人员碰撞,涉及面广,而且不是铁路单方面所能防止的。所有这些事故以及其他原因造成的路外伤亡,都统一在路外伤亡事故中统计,并合理区别铁路责任和非铁路责任。

(二)铁路交通事故等级划分

铁路交通事故是指铁路机车车辆在运行过程中发生冲突、脱轨、火灾、爆炸等影响铁路正常行车的事故,包括相关作业过程中发生的影响铁路正常行车的事故;或者铁路机车车辆在运行过程中与行人、机动车、非机动车、牲畜及其他障碍物相撞的事故。

依据《铁路交通事故应急救援和调查处理条例》和《铁路交通事故调查处理规则》规定,铁路交通事故分为特别重大事故、重大事故、较大事故和一般事故四个等级,其构成条件见表 1-4。

表 1-4　铁路交通事故分级

| 事故等级 | 构成条件 |
|---|---|
| 特别重大事故 | 1. 造成 30 人以上死亡<br>2. 造成 100 人以上重伤(包括急性工业中毒,下同)<br>3. 造成 1 亿元以上直接经济损失<br>4. 繁忙干线客运列车脱轨 18 辆以上并中断铁路行车 48 h 以上<br>5. 繁忙干线货运列车脱轨 60 辆以上并中断铁路行车 48 h 以上 |

续上表

| 事故等级 | | 构成条件 |
|---|---|---|
| 重大事故 | | 1. 造成 10 人以上 30 人以下死亡<br>2. 造成 50 人以上 100 人以下重伤<br>3. 造成 5 000 万元以上 1 亿元以下直接经济损失<br>4. 客运列车脱轨 18 辆以上<br>5. 货运列车脱轨 60 辆以上<br>6. 客运列车脱轨 2 辆以上 18 辆以下,并中断繁忙干线铁路行车 24 h 以上或者中断其他线路行车 48 h 以上<br>7. 货运列车脱轨 6 辆以上 60 辆以下,并中断繁忙干线铁路行车 24 h 以上或者中断其他线路铁路行车 48 h 以上 |
| 较大事故 | | 1. 造成 3 人以上 10 人以下死亡<br>2. 造成 10 人以上 50 人以下重伤<br>3. 造成 1 000 万元以上 5 000 万元以下直接经济损失<br>4. 客运列车脱轨 2 辆以上 18 辆以下<br>5. 货运列车脱轨 6 辆以上 60 辆以下<br>6. 中断繁忙干线铁路行车 6 h 以上<br>7. 中断其他线路铁路行车 10 h 以上 |
| 一般事故 | A 类 | A1. 造成 2 人死亡<br>A2. 造成 5 人以上 10 人以下重伤<br>A3. 造成 500 万元以上 1 000 万元以下直接经济损失<br>A4. 列车及调车作业中发生冲突、脱轨、火灾、爆炸、相撞,造成下列后果之一的:<br>　　A4.1 繁忙干线双线之一线或单线行车中断 3 h 以上 6 h 以下,双线行车中断 2 h 以上 6 h 以下<br>　　A4.2 其他线路双线之一线或单线行车中断 6 h 以上 10 h 以下,双线行车中断 3 h 以上 10 h 以下<br>　　A4.3 客运列车耽误本列 4 h 以上<br>　　A4.4 客运列车脱轨 1 辆<br>　　A4.5 客运列车中途摘车 2 辆以上<br>　　A4.6 客车报废 1 辆或大破 2 辆以上<br>　　A4.7 机车大破 1 台以上<br>　　A4.8 动车组中破 1 辆以上<br>　　A4.9 货运列车脱轨 4 辆以上 6 辆以下 |
| | B 类 | B1. 造成 1 人死亡<br>B2. 造成 5 人以下重伤<br>B3. 造成 100 万元以上 500 万元以下直接经济损失<br>B4. 列车及调车作业中发生冲突、脱轨、火灾、爆炸、相撞,造成下列后果之一的:<br>　　B4.1 繁忙干线行车中断 1 h 以上<br>　　B4.2 其他线路行车中断 2 h 以上<br>　　B4.3 客运列车耽误本列 1 h 以上<br>　　B4.4 客运列车中途摘车 1 辆<br>　　B4.5 客车大破 1 辆<br>　　B4.6 机车中破 1 台<br>　　B4.7 货运列车脱轨 2 辆以上 4 辆以下 |

| 事故等级 | | 构成条件 |
|---|---|---|
| 一般事故 | C类 | C1. 列车冲突 |
| | | C2. 货运列车脱轨 |
| | | C3. 列车火灾 |
| | | C4. 列车爆炸 |
| | | C5. 列车相撞 |
| | | C6. 向占用区间发出列车 |
| | | C7. 向占用线接入列车 |
| | | C8. 未准备好进路接、发列车 |
| | | C9. 未办或错办闭塞发出列车 |
| | | C10. 列车冒进信号或越过警冲标 |
| | | C11. 机车车辆溜入区间或站内 |
| | | C12. 列车中机车车辆断轴,车轮崩裂,制动梁、下拉杆、交叉杆等部件脱落 |
| | | C13. 列车运行中碰撞轻型车辆、小车、施工机械、机具、防护栅栏等设备设施或路料、坍体、落石 |
| | | C14. 接触网接触线断线、倒杆或塌网 |
| | | C15. 关闭折角塞门发出列车或运行中关闭折角塞门 |
| | | C16. 列车运行中刮坏行车设备设施 |
| | | C17. 列车运行中设备设施、装载货物(包括行包、邮件)、装载加固材料(或装置)超限(含按超限货物办理超过电报批准尺寸的)或坠落 |
| | | C18. 装载超限货物的车辆按装载普通货物的车辆编入列车 |
| | | C19. 电力机车、动车组带电进入停电区 |
| | | C20. 错误向停电区段的接触网供电 |
| | | C21. 电气化区段攀爬车顶耽误列车 |
| | | C22. 客运列车分离 |
| | | C23. 发生冲突、脱轨的机车车辆未按规定检查鉴定编入列车 |
| | | C24. 无调度命令施工,超范围施工,超范围维修作业 |
| | | C25. 漏发、错发、漏传、错传调度命令导致列车超速运行 |
| | D类 | D1. 调车冲突 |
| | | D2. 调车脱轨 |
| | | D3. 挤道岔 |
| | | D4. 调车相撞 |
| | | D5. 错办或未及时办理信号致使列车停车 |
| | | D6. 错办行车凭证发车或耽误列车 |
| | | D7. 调车作业碰轧脱轨器、防护信号或未撤防护信号动车 |
| | | D8. 货运列车分离 |
| | | D9. 施工、检修、清扫设备误列车 |
| | | D10. 作业人员违反劳动纪律、作业纪律耽误列车 |
| | | D11. 滥用紧急制动阀耽误列车 |
| | | D12. 擅自发车、开车、停车、错办通过或在区间乘降所错误通过 |
| | | D13. 列车拉铁鞋开车 |

| 事故等级 | | 构成条件 |
|---|---|---|
| 一般事故 | D 类 | D14. 漏发、错发、漏传、错传调度命令耽误列车 |
| | | D15. 错误操纵、使用行车设备耽误列车 |
| | | D16. 使用轻型车辆、小车及施工机械耽误列车 |
| | | D17. 应安装列尾装置而未安装发出列车 |
| | | D18. 行包、邮件装卸作业耽误列车 |
| | | D19. 电力机车、动车组错误进入无接触网线路 |
| | | D20. 列车上工作人员往外抛掷物体造成人员伤害或设备损坏 |
| | | D21. 行车设备故障耽误本列客运列车 1 h 以上,或耽误本列货运列车 2 h 以上;固定设备故障延时影响正常行车 2 h 以上(仅指正线) |

注:(1)可把影响行车安全的其他情形,列入一般事故。

(2)因事故死亡、重伤人数 7 d 内发生变化,导致事故等级变化的,相应改变事故等级。

## 二、铁路运输事故的特点

由于铁路运输系统本身所具有的行车速度高、作业环节多、昼夜连续运转、运行控制自由度小等特点,铁路运输事故具有以下特点:事故的动态性、严重性、反复性和复杂性。

1. 事故的动态性

由于事故是始于危险的激化,一系列原因事件按一定的时间和逻辑顺序流经系统,造成系统损坏和人员伤亡。铁路运输系统是一个时刻处于运动变化中的动态系统,因此铁路运输系统的事故也存在动态性。

2. 事故的严重性

处在高速运动状态的列车,一旦发生设备异常或人的操作失误,可供纠正和避免事故的时间很短暂,可供选择的应急方式也很有限。另外,铁路线路、机车车辆等硬设备的成本很高,列车对旅客和货物承载量很大,事故不仅造成巨大的财产损失、人员伤亡和环境破坏,而且由于运输中断将波及路网,打乱运输秩序,影响社会生产和运输的全局。更重要的是,铁路对其运输对象——旅客和货物没有所有权和支配权,而只提供必要的运输服务,因此事故损失涉及广泛的社会因素,会极大地损害铁路的形象甚至政府的威信,造成严重的社会影响。

3. 事故的反复性

事故一经发生,就成为过去。时间的不可逆性,决定了完全相同的事故不会再次显现。然而,由于铁路运输系统庞大而复杂,随着科学发展、技术进步以及社会经济发展对铁路运输需求的变化,铁路运输系统也在不断地发生变化,如果没有真正的了解事故发生的原因,并采取有效的措施消除这些原因,就会再次出现类似的事故,使铁路运输事故呈现出反复性。

4. 事故的复杂性

铁路运输事故的发生,取决于人员(包括铁路运输系统内人员、旅客、货主、铁路沿线居民、机动车驾驶人员等)、设备(包括铁路线路、机车、车辆、通信信号、供电供水等铁路运输基础设备和安全监测、监控、事故救援、自然灾害预报与防治等运输安全技术设备)、环境(包括作业环境、自然环境和社会环境)、管理等因素以及这些因素间的相互关系,因此,铁路运输事故具有复杂性的特点。

### 三、铁路运输事故的统计分析

事故统计分析就是根据统计学原理,对大量的事故资料、数据进行加工整理和综合分析,从中揭示出事故发生的某些必然规律和事故的分布特征。它是安全管理工作的一项重要内容。科学准确的统计分析结果,可以为各级管理人员及有关部门制定工作计划、政策法规和指导安全生产提供依据。通过数据比较各行各业的安全生产水平,考核各企业的安全工作情况,并同国外进行比较,可促进安全工作的现代化。同时,事故的科学统计分析可以为安全教育培训及科学研究提供准确的数据,为安全工作者掌握情况、明确问题、解决问题提供方便,特别是对分析系统中事故原因的内在联系和事故分析的量化起着至关重要的作用。

(一)事故统计分析的内容和作用

事故统计分析可以概括为两个方面,一是对过去的事故资料、数据进行整理、分析,称为事故描述性统计分析;二是对已有的事故资料、数据进行总体推测,称为推理性统计分析。无论哪种统计分析,都要经过统计调查、归纳整理和综合分析三个步骤才能取得结果。

事故统计调查是采用各种有效的手段,收集事故资料,将大量零星的事故原始资料,按照事故统计分析的要求集中起来。全面完整地将统计范围内应当收集的资料、数据收集起来,是保证统计分析结果的准确性、可靠性的基础。

统计调查,首先要确定调查方案,包括:

(1)确定调查目的。统计调查是为一定的统计分析任务服务的。因此,制订方案的首要任务是明确调查目的,收集哪些资料。

(2)确定调查对象。调查对象就是调查统计研究现象的总体,它是客观存在的,由若干个别现象在一组共同特征上综合起来的集合,如某一行业在某一时期发生的所有伤亡事故。

(3)确定调查项目。它是总体所具有的特征的名称,如事故发生的时间、地点、直接原因及间接原因,事故对象的性别、年龄、工种、文化程度、伤害部位等。确定调查项目时,一是要考虑需要和可能,凡是调查目的需要又可以取得的,要充分满足;二是项目表达应明确,如数字式、是否式、文字式等;三是项目之间应尽可能相互联系,以便于对照和检查。调查项目要以表格形式列出。调查表分单一表和一览表两种形式,把调查项目分类设置成各种调查表格,以便登记和汇总处理。为了使填表无误,应附以简明易懂的填表说明。事故统计分析方法,是以研究工伤事故统计为基础的分析方法。在事故统计分析中,为了直观地展示同时期伤亡事故指标和事故发生的趋势,研究分析事故发生规律,有针对性地采取预防事故对策的目的,不仅要对每一起工伤事故进行调查分析,而且还要对已发生的事故,应用事故统计分析方法进行统计分析。

事故统计分析对铁路运输安全具有重要作用,统计分析的结果,可以作为各级铁路运输部门安全生产情况的考核标准,检验安全政策和措施的落实情况和实际效果,为铁路各级部门安全管理提供统计资料,为制定铁路运输法规、政策和运输安全措施提供重要依据;同时,也为铁路安全教育和安全研究提供资料。

铁路运输部门,铁道部、安全监管办、铁路运输企业及基层单位,应当按照《铁路交通事故调查处理规则》,建立事故统计分析制度,健全统计分析资料,并按规定及时报送。各级安全监察部门负责事故统计分析报告的日常工作,并负责监督指导有关部门(单位)做好事故统计分析报告工作。铁路各级安全监察部门应建立《铁路交通事故登记簿》(安监统1)、《铁路交通事故统计簿》(安监统2)、《铁路运输企业安全天数登记簿》(安监统3)、《铁路作业人员伤亡登记簿》(安监统4)和《铁路交通事故分析会记录簿》。铁路运输企业专业部门、各基层站段应分别填记《铁路交通事故登记簿》(安监统1),并建立《铁路交通事故分析会记录簿》。各级安全监察部门须建立《铁路交通事故(设备故障)概况表》(安监报1)和《铁路交通事故基本情况表》(安监报3)的管理制度,规范统计、分析、总结、报送及保管工作。要及时补充填记"安监报3"各项内容,事故结案后,必须准确填写。铁路运输企业调度部门应当及时、如实填写《铁路交通事故(设备故障)概况表》(安监报1),建立登记簿,进行统计分析,并制定管理制度。铁路运输企业的专业部门应当建立"安监报1"登记簿,认真统计分析。

在对各类事故进行统计分析的基础上,可以得出铁路运输安全事故的时空分布(包括各类事故的高发时期、高发地区等),并以此为依据,从政策、管理、方法、技术等方面,制定相应的应对措施,以保障铁路运输系统的安全运营,防止和减少各类事故,尤其是重大恶性事故的发生,提高整个系统的安全性。

(二)常用事故统计方法

铁路运输事故统计分析是对铁路运输事故总体进行的调查研究活动,目的是查明事故总体的分布状况、发展动向及各种影响因素对事故总体的作用和相互关系,以便从宏观上定量地认识事故现象的本质和内在的规律性。事故统计与分析必须是总体性的,而且需要有明确的数量概念。

1. 综合分析方法

综合分析方法是对大量的事故资料进行总结分类,进行综合统计分析,从各种变化的影响中找出事故发生的规律。

2. 统计分析法

用这种分析法,可以比较各地方、各行业以及企业之间、车间、工段之间的事故频率。

3. 统计图表法

统计图表法是将事故资料数字变成图或表格,利用表中的绝对指标或者相对指标、或者平均指标来表示各类事故统计数学的比例关系。统计图表是用点的位置、线的转向、面积的大小来形象地表达伤亡事故的统计分析结果。通过事故统计图表来直观地展示事故的趋势或规律,是事故统计分析的重要方法。

**4. 趋势图法**

趋势图是事故统计分析中常用的一种方法,它可以帮助我们掌握事故发展的规律和趋势,还可以和其他数理统计方法(如分层法、相关图等)联用进行趋势分析。

**5. 圆形分布方法**

应用圆形分布方法对铁路交通伤害时间、原因及流行病学特征进行分析,可以探讨事故发生时间的周期节律性分布差异。

**(三)事故报告**

事故发生后,事故现场的铁路运输企业工作人员或者其他人员应当立即报告邻近铁路车站、列车调度员或者公安机关。有关单位和人员接到报告后,应当立即将事故情况报告事故发生地的铁路管理机构。

铁路管理机构接到事故报告,应当尽快核实有关情况,并立即报告国务院铁路主管部门;对特别重大事故、重大事故,国务院铁路主管部门应当立即报告国务院并通报国家安全生产监督管理等有关部门。

对于发生的特别重大事故、重大事故、较大事故、有人员伤亡的一般事故,铁路管理机构还应当通报事故发生地县级以上地方人民政府及其安全生产监督管理部门。

铁路运输事故报送流程如图 1-3 所示。

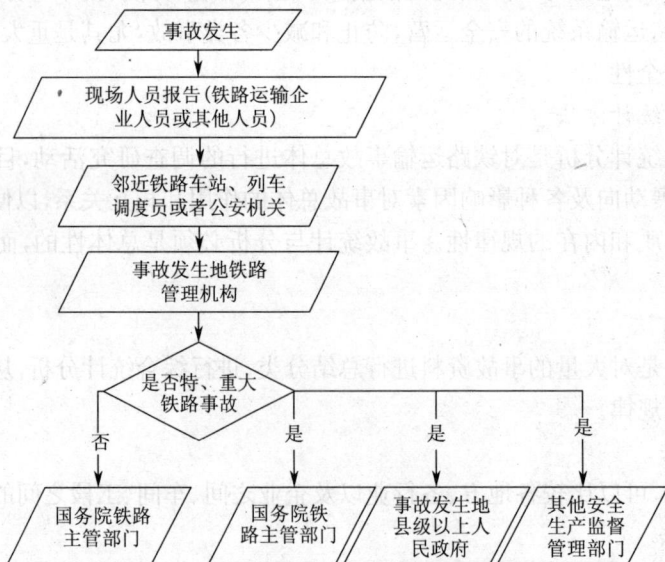

图 1-3　铁路运输事故报送流程

事故报告应当包括下列内容：

(1)事故发生的时间、地点、区间(线名、公里、米)、事故相关单位和人员。

(2)发生事故的列车种类、车次、部位、计长、机车型号、牵引辆数、吨数。

(3)承运旅客人数或者货物品名、装载情况。

(4)人员伤亡情况，机车车辆、线路设施、道路车辆的损坏情况，对铁路行车的影响情况。

(5)事故原因的初步判断。

(6)事故发生后采取的措施及事故控制情况。

(7)具体救援请求。

事故报告后出现新情况的，应当及时补报。

## ？ 复习思考题

1. 什么是系统工程、安全工程、安全系统工程？请简述它们相互之间的区别和联系。

2. 试分析交通运输安全工程的研究对象、研究目的、研究方法以及与其他学科间的关系。

3. 查阅相关材料，用图示的方式，画出铁路运输安全保障系统的体系结构图。

# 第二章　铁路运输安全理论基础

现代铁路运输的特点是高速度、高密度、技术构成复杂、功能综合、运输组织统一、指挥集中,这决定了安全在轨道交通无与伦比的重要性。认识铁路运输事故的本质特点,事故产生及发展的内在规律,对于保障铁路安全,显得尤为迫切。本章探索了铁路运输系统的复杂性根源,阐明了事故发生的原因和机理,探讨了铁路运输安全可靠性理论和人因工程理论,介绍了事故预防和应急资源布局优化理论,为采取针对性的安全保障措施,防止事故发生和实施快速应急救援方案奠定了基础。

## 第一节　复杂系统的基本理论

### 一、复杂性与复杂系统分析

#### (一)复杂性科学

复杂性科学是研究复杂系统和复杂性的一门交叉学科。它以 20 世纪 60 年代末耗散结构理论的创立为起点,经过几十年发展,衍生了协同、突变、超循环、混沌、分形、自组织等一系列理论,这些理论已经广泛应用于自然、政治、经济、文化等多个领域并取得了瞩目的成果。

复杂性是许多系统固有的属性,是系统诸多要素相互作用产生的一系列复杂的、多样的现象及特征。复杂性相对于简单性而言,可做如下解释:

(1)复杂性出现在混沌的边缘,介于随机和有序之间。

(2)复杂性寓于系统之中,是开放复杂巨系统的演化动力学特征。

(3)复杂系统在演化过程中和环境相互作用,呈现出复杂的动态行为特征和整体特性,这些特性具有难以预知的特点,因此一般很难用已有的系统特征理论来解释和确定。

(4)复杂形式是多样的。主要表现为:结构复杂性、功能复杂性和组织复杂性;物理复杂性、生物复杂性及经济社会复杂性;算法复杂性、集成复杂性等。其中,集成复杂性又称集聚复杂性,它反映了组成成分之间的相互作用对新信息产生、进化的本质影响。

#### (二)复杂系统

定义 2-1　复杂系统

复杂系统是具有中等数目基于局部信息做出行动的智能性、自适应性主体的系统。海斯(J. A. Highsmith)描述复杂系统的复杂行为时给出下述公式:

$$复杂行为＝简单规则＋丰富关联 \tag{2-1}$$

式(2-1)描述了构成复杂系统的组成成分、组成成分间的相互作用及整体行为(功能或特征)三要素之间的深刻关系。

1. 复杂系统的特点

复杂系统具有非线性、多样性、多层性、涌现性、不可逆性、自适应性、自组织临界性、自相似性、开放性以及动态性等特征。其中,涌现性和非线性是复杂系统的本质特征。

2. 复杂系统的研究对象

复杂系统的研究对象是具有以下特性的系统:

(1)不关心系统由哪些物质组成,而只关心组成成分的功能、行为及组成成分间的相互关系。

(2)尽管组成成分间相互关系的规则比较简单,但通过规则的迭代性重复,使系统整体产生复杂的行为。虽然其中不存在规定整体行为的规则,但系统会产生整体的行为,并维持整体的功能。

(3)组成成分之间彼此非线性、并行和分散地相互影响,作为整体会产生特殊的行为及现象,然后整体的行为再反馈给各个组成成分,这称为涌现特性。

(4)系统的行为受组成成分及其相互作用影响,它不能用来独立地描述整个系统,而且系统的行为是难以预测的。

(三)复杂系统的主要理论与方法

1. 混沌理论

所谓混沌是由确定的非线性动力学系统产生的一种貌似无规则的、类似随机的现象。

一个随机系统,从某一特定时刻的量无法知道以后任何时刻量的确定值,即状态在短期内是不可预测的。非线性科学中的混沌现象有别于随机系统,指的是一种确定的但不可预测的运动状态。它的外在表现和纯粹的随机运动很相似,即都不可预测。但和随机运动不同的是,混沌运动在动力学上是确定的,它的不可预测性是来源于运动的不稳定性。或者说混沌系统对无限小的初值变动也具于敏感性,无论多小的扰动在长时间以后,也会使系统彻底偏离原来的演化方向。混沌系统具有三个关键要素:一是对初始条件的敏感依赖性;二是临界水平,这里是非线性事件的发生点;三是分形维,它表明有序和无序的统一。混沌系统经常是自反馈系统,出来的东西会回去经过变换再出来,循环往复,没完没了,任何初始值的微小差别都会按指数放大,因此导致系统内在地不可长期预测。

2. 分形理论

与混沌学紧密联系的另一门学科是分形理论。分形与混沌的起源不同,发展过程也不相同,但它们的研究内容从本质上讲存在着极大的相似性,混沌主要在于研究过程的行为特征,分形更注重于本身结构的研究。

分形理论是从整体的角度定量描述具有无规则结构复杂系统形态的一门新兴科学。从自然界分形形成的动力学机制来看,它是规律性和随机性共同作用的结果,即随机性和规律性的统一。它能描述、解决经典几何学难以分析的很多非规则现象,这些现象不仅在自然界中普遍存在,而且在社会科学领域中也十分常见。近年来分形理论在物理学、化学、生物科学、地理学甚至社会科学的许多研究领域得到了广泛的应用。从分形学角度看,许多貌似复杂、不规则的现象,往往以某种方式表现出实质的规整性。

### 3. 耗散结构理论

比利时布鲁塞尔学派的著名统计物理学家普里戈金,通过二十多年对非平衡热力学和非平衡统计物理学研究,于1969年在理论物理和生物学国际会议上提出了耗散结构的概念。耗散结构理论是指一个远离平衡态的非线性的开放系统通过不断地与外界交换物质和能量,在系统内部某个参量的变化达到一定的阈值时,通过涨落,系统可能发生突变即非平衡相变,由原来的混沌无序状态转变为一种在时间上、空间上或功能上的有序状态。这种在远离平衡的非线性区形成的新的稳定的宏观有序结构,由于需要不断与外界交换物质或能量才能维持,因此称之为"耗散结构"。可见,系统形成耗散结构的五个基本条件是:远离平衡态、非线性、开放系统、涨落、突变。

### 4. 协同学

20世纪70年代初原联邦德国理论物理学家哈肯提出了协同学的概念。协同学以现代系统控制科学的最新成果——系统论、信息论、控制论、突变论等为基础,同时吸取了耗散结构理论的精华,采用系统动力学的综合思维模式,通过对不同学科、不同系统的同构类比,提出了多维相空间理论,并且建立了一整套的统一的数学模型和处理方案,在从微观到宏观的过渡过程中,描述了各类具有不同特殊性质的系统从无序到有序转变的共性。

协同学的突出贡献在于哈肯发现了在分支点附近慢变量支配快变量的普遍原理——支配原理,概括地说是在系统自组织过程中,一方A的属性支配着另一方B的属性,使B丧失自己原有的某一属性,而以A的属性为自己的新属性或A的属性同化了B的某一属性,使B的属性与自己的属性相同。

### (四)我国铁路运输系统复杂性分析

铁路运输是个复杂动态系统,其影响因素包括人员、设施、管理、环境等方面,涉及土壤、路轨、加固设备、桥梁和隧道、安装、使用、维护、检查和保护等诸多元素,任何环节的失控和事故都可能造成严重的不安全后果。然而如墨菲定律所言,铁路运输的运营过程总会有某个环节出错,总会有某个差错最终导致事故的发生。尽管各种安全防护手段不断改进,但各种安全隐患不可能被完全消除。列车脱轨、碰撞和人员伤亡事故仍然会不断发生。可靠性理论也指出,机件的基本可靠性等于其各个部件的可靠性之积。因而,系统越复杂,出错的概率将越大,可靠性相对越低。

铁路运输的特征包括复杂性、动态性和模糊性。

### 1. 复杂性

铁路运输是高度集成的系统,具有大量相互依赖的组成部分,各部分之间的作用不是局部而是全局性的。横向的集成关系使得系统的各部分是相互作用和相互联系的,事故的原因和结果之间不是显然和直接的关系,造成事故的初始点和中间因素很复杂,弱小的因素可能产生系统级的影响,很难理解和预测系统安全状态的变化。同时,铁路网络作为一个整体,不同区域部分,包括车、机、工、电、辆、人等要素条件以及管理机制又都必须针对当地环境的一些特殊条件和要求进行调整,体现铁路网络内部不同区域部分的灵活性和地方性,使得铁路运输网络系统具有系统环境和管理机制上的复杂性特点。为解决这一问题,可以建立一定的层次关系,在不同的层次上,系统的局部行为规律具有一致性。例如,铁路运输系统包括基础设施、移动设施、人员和环境等诸多部分,但抽象到一个较高层次上则可忽略其物理形态,只考虑安全相关要素的可测特征空间与模型,这是一个典型的复杂系统辨识问题。

2.动态性

铁路运输系统分布在城市、农村、山区不同的区域,运行约束随时空的变化而变化,同一个区间、同一段线路也可能面临不同的安全条件。安全是伴随生产过程而存在的,它是与生产过程共存的。安全状态与系统的运营动态全过程相关,安全状态随运输行为的影响存在着不断变化的趋势。大量相互作用的成分向安全的临界态演变;当系统达到安全临界态时,即使小的干扰事件也可以引起系统进入不安全状态,产生一系列灾变。再者,铁路运输系统是一个开放的系统,时刻与外界进行着物质、能量的交换,外界对其影响不是一元的、线性的,而是多元的、非线性的。还有社会、经济、人文等因素对铁路运输的影响也是不可忽略的。因此,在动态的系统中,明确系统的动态演变趋势是至关重要的。需要确定系统内外部因素在整个过程中是如何变化的以及整个系统的演变结果,而不是在一个独立的时间点来评估安全状态。

3.模糊性

模糊性指的是系统的某些方面的不确定性和人对系统认知的不精确性。在铁路运输系统中,只有部分安全要素是可以直接观察的。对系统的模糊性的定义,取决于不同控制和决策的多层次性问题的处理方法。影响系统安全的不确定性因素很多,由于自然条件的不断恶化,铁路运输面临着更多的气候灾害和地质灾害,即以空间参数为变量的外部环境动态约束。因此,综合时间和空间为主要分析参数对运营全过程进行全面的分析,揭示安全运行的规律,科学处理各种不确定性,是变被动安全为主动安全的有效保障机制。

**二、事故致因的复杂性**

(一)事故致因复杂性分析

事故的发生是指某一隐患因素由量变到质变达到一定的临界点而最终导致事件的发生这一过程规律。一般来讲,事故从其酝酿到发生发展是一个演化的过程,可以分为蔓延、转化、衍生和耦合四种形式。

(二)铁路事故致因复杂性分析

铁路运输事故是由人的不安全行为、设备的不安全状态、环境的动态变化和管理不到位等不安全因素相互作用而造成的后果。一方面,构成铁路运输安全系统的"人"、"机"、"环"、"管"基本要素实体体现出的分布性、差异性、关联性、高度动态性和巨量性的特点;另一方面,铁路运输安全系统本质上是非线性系统,系统内部结构要素之间以及它们与外部环境之间的关系是高度非线性;另外,安全系统演化和动态特征需要涉及管理决策和其他所谓的"软变量",以上这些特点决定了铁路事故致因的复杂性。

**1. 人员影响因素**

由于人在运输中的重要地位,使得人的因素在安全运输中起关键的作用。影响铁路运输安全的人员包括运输系统内人员和运输系统外人员。运输系统内人员主要指车务、机务、工务、车辆、安监、客运、货运等部门各级领导人员、专职管理人员和基层工作人员。

**2. 设备因素**

影响运输安全的铁路运输设备主要包括铁路运输基础设备和运输安全技术设备两类。运输基础设备有线路、车站、信号设备、机车、车辆、通信设备等;运输安全技术设备包括安全监控设备、检测设备、自然灾害预报与防治设备、事故救援设备等。设备之所以成为铁路运输事故的成因,是由于设备的固有属性及其潜在的破坏能力造成的。例如,对机车车辆、轨道、信号通信、电力等设备,在调整使用的最初,都具有较高的可靠性和安全性。经过一定时间的使用运转后,由于物理和化学因素(如磨损、腐蚀、疲劳、老化等),随着使用时间增加,其安全性能逐渐降低。

**3. 环境因素**

影响运输安全的环境条件包括内部小环境和外部大环境。

**(1)内部小环境**

对于一般微观的人-机环境系统而言,内部环境通常指作业环境,即作业场所人为形成的环境条件,包括周围的一切生产设施所构成的人工环境。铁路运输系统是一个非常复杂的宏观大系统,因此除了作业环境,影响运输安全的内部环境还包括通过管理所营造的运输系统内部社会环境等。

**(2)外部大环境**

外部大环境的不安全状态主要来源于各种自然灾害产生的危险对铁路运输安全的影响。自然灾害可分为骤发自然灾害和长期自然灾害两大类。常见的骤发自然灾害包括地震、塌陷、地裂、崩塌、滑坡、泥石流、暴雨、洪水、海啸、气旋流、沙暴、尘暴等。这些自然灾害组合构成了铁路运输自然环境的不安全状态。一旦铁路运输过程中面临的自然灾害尤其是骤发性自然灾害时,安全事故将不可避免的发生。

一方面,系统与外部环境无时无刻不在进行物质、信息和能量的交换,环境因子作用于系统内部要素,有可能诱发危险性。另一方面,环境和人的行为之间存在相互作用。环境的不安全状态会干扰人的正常思维,使其失去应有的判断力,刺激并诱发人的不安全行为,从而导致安全事故的发生。当人的不安全行为和环境的不安全状态发生于同一时间和同一空间时,也就是人的一切不安全行为与运输环境的不安全状态交叉相遇时,铁路运输安全事故将会在该时间和空间内发生。

4.管理因素

管理上的缺陷也是导致铁路运输事故发生的原因。例如,部分领导安全责任不强、安全管理机构待完善、安全教育与培训制度待增强、安全标准不明确等都可能诱发事故。

### 三、演化动力学

演化动力学是以非线性动力学为分析手段来研究进化机理、属性和行为的分布状况随时间变化的关系。

1.状态变量和控制变量

系统的状态可用一组状态变量来描述。所谓状态变量是指能识别系统所处状况、态势和特征的一些可以改变的物理量。状态变量的选择要满足以下两个要求:

(1)完备性,即选择的状态变量要足够多,这样才能全面刻画系统状态。

(2)独立性,即任一状态变量都不能作为其他状态变量的函数。

如果用 $x$ 表示某一系统的状态,用 $x_1,x_2,\cdots,x_n$ 分别表示系统状态变量集中的每一个状态变量,那么,该系统的状态便可由以下变量集来规定:

$$x = \{x_1,x_2,\cdots,x_n\} \tag{2-2}$$

环境中系统状态变化起控制作用的物理变量称为控制变量或控制参量。

2.非线性动力学系统

在系统分析的基础上,按照系统结构、关系和演化特点,所建立的包括系统状态变量和控制变量在内的数学模型称为动力学系统,它以微分方程或微分方程组的形式出现。设某一系统有 $n$ 个状态变量 $x_1,x_2,\cdots,x_n$ ,$m$ 个控制变量 $\lambda_1,\lambda_2,\cdots,\lambda_m$ ,那么该动力学系统的数学表达式可写为:

$$\begin{cases} \dfrac{\mathrm{d}x_1}{\mathrm{d}t} = f_1(x_1,x_2,\cdots,x_n;\lambda_1,\lambda_2,\cdots,\lambda_m) \\[2mm] \dfrac{\mathrm{d}x_2}{\mathrm{d}t} = f_2(x_1,x_2,\cdots,x_n;\lambda_1,\lambda_2,\cdots,\lambda_m) \\[2mm] \vdots \\[2mm] \dfrac{\mathrm{d}x_n}{\mathrm{d}t} = f_n(x_1,x_2,\cdots,x_n;\lambda_1,\lambda_2,\cdots,\lambda_m) \end{cases} \tag{2-3}$$

式(2-3)中的 $f_1,f_2,\cdots,f_n$ 都是线性函数,那么称该动力学系统是线性动力学系统;如果式中 $f_1,f_2,\cdots,f_n$ 中至少由一个是非线性函数,那么该动力学系统是非线性动力学系统。

在现实世界中,几乎全部的系统都是非线性的,所以非线性动力学系统是最常见的动力学系统。在系统科学中,通常是通过解析式(2-3)来研究系统演化信息的,因此式(2-3)也常常被称为系统演化方程或系统发展方程。

# 第二节　系统可靠性理论

## 一、系统可靠性理论概述

系统安全科学的发展与可靠性理论及工程密切相关。系统可靠性理论体系包含可靠性建模、可靠性预计、可靠性分配、故障模式、影响及危害性分析和可靠性评估。

定义 2-2　可靠性

可靠性是指系统（或者产品）在规定的条件下和在规定的时间内完成规定的功能的能力。一个设备或者系统本身不出故障的概率称为"结构可靠性"，满足精度要求的概率称为"性能可靠性"。

定义 2-3　可靠度

可靠度是衡量可靠性的尺度，它是指系统（或者产品）在规定条件和规定时间内完成规定功能的概率。时间越长，可靠性越低，时间越短，可靠性越高，时间为零时，可靠性最高，即为1。因此可靠性是时间的函数，用 $R$ 表示可靠性，则 $R(t)$ 为可靠性函数，即可靠度。

$$R(t) = P(T > t) \tag{2-4}$$

式中　$t$——规定时间；

$P$——在 $[0, t]$ 内完成规定功能的概率。

定义 2-4　不可靠度

不可靠度是指产品在 $[0, t]$ 内发生故障的概率 $F(t)$。

$$F(t) = 1 - R(t) \tag{2-5}$$

定义 2-5　失效率函数

失效率表示工作某时刻尚未失效的系统（或者产品），在该时刻后单位时间内发生失效的概率，记为 $\lambda(t)$，称为失效率函数，表示为

$$\lambda(t) = \frac{\mathrm{d}r}{N_s \mathrm{d}t} \tag{2-6}$$

式中　$\lambda(t)$——瞬时失效率；

$\mathrm{d}r$——失效数的增量；

$N_s$——剩余系统（产品）数；

$\mathrm{d}t$——时间增量。

## 二、可靠性建模

对于可靠性建模来说，一般存在以下四种常用的基本模型：

### （一）串联系统

可靠性串联系统是常见的基本形式，很多工程系统是可靠性串联系统或者以串联为基础

的系统。组成系统的所有单元中任何一个单元故障都会导致整个系统发生故障,其可靠性框图如图 2-1 所示。

图 2-1 串联系统的可靠性框图

根据串联系统的定义以及假设条件,各单元之间相互独立,系统要正常工作必须是组成它的所有单元都能正常工作。按概率论,系统可靠度的计算公式为

$$R_S(t_S) = R_1(t_1)R_2(t_2)\cdots R_n(t_n) = \prod_{i=1}^{n} R_i(t) \tag{2-7}$$

式中　$R_S(t_S)$ ——系统可靠度;

　　$R_n(t_n)$ ——第 $n$ 个单元的可靠度。

由于 $R_i(t)$ 是一个小于 1 的值,它的连乘积越来越小,所以串联的单元越来越多,系统的可靠性越低。

若系统中所有单元的故障都服从指数分布,即 $R_i(t) = e^{-\lambda_i t}$ $(1,2,\cdots,n)$,则有

$$R_S(t) = \prod_{i=1}^{n} R_i(t) = e^{-\sum_{i=1}^{n} \lambda_i t} = e^{-\lambda_S t} \tag{2-8}$$

这说明指数分布的单元组成的串联系统仍然服从指数分布,系统失效率等于各单元故障率之和,即

$$\lambda_S = \lambda_1 + \lambda_2 + \cdots + \lambda_n = \sum_{i=1}^{n} \lambda_i \tag{2-9}$$

由此可见,从设计角度考虑,要提高串联系统的可靠性,就应:(1)提高单元可靠度,即减少 $\lambda$;(2)尽可能减少串联单元数目;(3)等效地缩短任务时间 $t$。

(二)并联系统

并联系统属于工作储备系统。由 $n$ 个单元组成的并联系统具有如下特征:系统中只要有一个单元正常工作,系统就能正常工作;只有系统中所有单元都失效,系统才失效。图 2-2 是由 $n$ 个相互独立的单元组成的并联系统。

假定第 $i$ 个单元的可靠度为 $R_i(t)$,不可靠度为 $F_i(t) = 1 - R_i(t)$,根据定义,若系统中所有单元均失效,系统才失效,所以

$$F_S(t) = \prod_{i=1}^{n} F_i(t) \tag{2-10}$$

根据可靠度与不可靠度的关系有

$$R_S(t) = 1 - \prod_{i=1}^{n} F_i(t) = 1 - \prod_{i=1}^{n} [1 - R_i(t)] \tag{2-11}$$

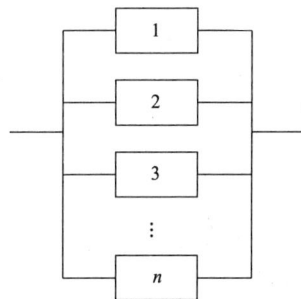

图 2-2 并联系统的可靠性框图

可见,并联系统可靠度大于或至少等于各单元可靠度的最大值。

若系统中所有单元的故障都服从指数分布,并且失效率为常数 $\lambda$,则

$$R_S(t) = 1 - (1 - e^{-\lambda t})^n \tag{2-12}$$

式中　　$\lambda$——单元故障率;

　　　　$n$——系统中单元数。

(三)混联系统

实际系统中多为串并联的组合,称为混联系统,如图 2-3 所示。在这种情况下,可以先把每一组成单元(串联与并联)的可靠度求出,转换成单纯的串联或者并联系统,然后求出系统的可靠度。

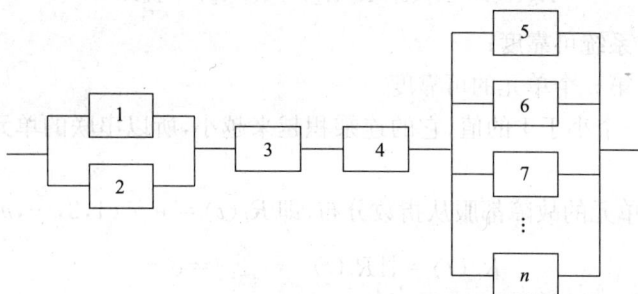

图 2-3　混联系统的可靠性框图

(四)复杂系统

有的系统单元之间的构成既非串联又非并联,它是一种网络结构的可靠性问题,这类系统称为复杂系统(如具有桥形结构或含桥结构),如图 2-4 所示。

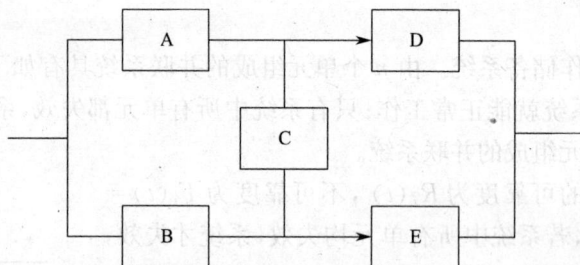

图 2-4　复杂系统的可靠性框图

计算复杂系统的可靠度可用布尔真值法、结构函数法、最小径集法、概率分解法、联络矩阵法等。

系统的状态是由组成元件的状态及其组合决定的。将各元件状态的组合一一列举出来,算出使系统正常的那些组合状态的概率,并求其和,得出系统可靠度。

### 三、可靠性预计

系统可靠性预计是在系统初步设计阶段,根据系统的功能和使用环境条件,初步、逐级计算分机、分系统、系统的可靠性参数,并与可靠性指标相比较,预计系统能否满足可靠性要求的工程工作。可靠性预计流程如图 2-5 所示。

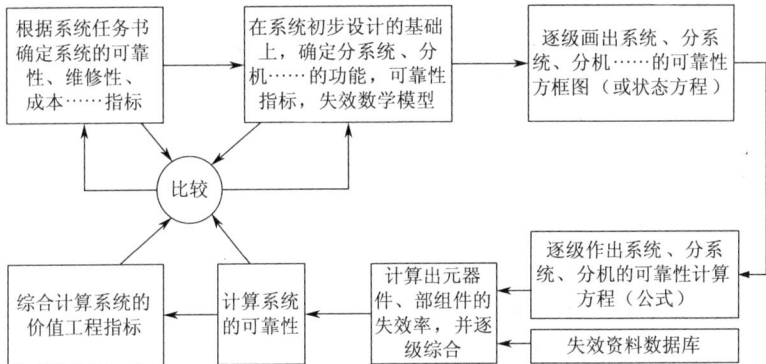

图 2-5　系统可靠性预计流程

### 四、可靠性分配

系统可靠性分配是将规定的系统可靠性指标,自上而下,由大到小,从整体到局部,逐步分解,将系统的可靠度分配各子系统、设备或元件。可靠性分配实际上是个优化问题。常用的可靠性分配方法有以下几种:

1. 等分配法

本方法的适应范围虽仅适应于设计初期,但理论简单,故假设各单元的条件相同,并且以系统可靠度最高作为分配目标。

(1)串联系统

如果系统中 $n$ 个单元的复杂程度与重要性都比较接近,当把它们串联起来工作时,系统的可靠度则为 $R_S$,各单元的可靠度为 $R_i$,则有

$$R_S = \prod_{i=1}^{n} R_i \tag{2-13}$$

$$R_i = \sqrt[n]{R_S} \tag{2-14}$$

(2)并联系统

当系统的可靠度要求很高(如 $R_S > 0.99$),而选用的单元又不能满足要求时,往往选用 $n$ 个相同元件并联的系统,这时元件可靠度大大低于系统度 $R_S$

$$R_S = 1 - (1 - R_i)^n \tag{2-15}$$

第 $i$ 单元分配的可靠度

$$R = 1 - (1 - R_S)^{\sqrt{n}} \tag{2-16}$$

**2. 再分配法**

可靠性再分配是把原来可靠度较低的分系统的可靠度提高到某个满足要求的值,而对原来可靠度较高的分系统的可靠度保持不变。具体有以下几步:

(1)将单元的可靠度从低到高依次排序,即

$$R_1 < R_2 < R_3 < \cdots < R_k < R_{k+1} < \cdots < R_n \tag{2-17}$$

(2)把可靠度较低的 $R_1 \sim R_k$ 都提到 $R_0$,而原来的 $R_{k+1} \sim R_n$ 保持不变,则系统可靠度 $R_S$ 为

$$R_S = R_0^k \prod_{i=k+1}^{n} R_i \tag{2-18}$$

同时,又要满足规定的系统可靠度指标的要求,即

$$R_S = R_S^* \tag{2-19}$$

式中 $R_S^*$ ——系统规定的可靠性指标,则

$$R_S = R_S^* = R_0^k \prod_{i=k+1}^{n} R_i \tag{2-20}$$

(3)确定 $k$ 及 $R_0$,确定哪些分系统的可靠度需要提高,提高到什么程度,可由以下不等式给出:

$$\left( \frac{R_S^*}{\prod_{i=j+1}^{n+1} R_i} \right)^{1/j} > R_j \tag{2-21}$$

令 $R_{n+1} = 1$,$k$ 为满足该不等式 $j$ 中的最大值。$k$ 值已知后即可求出 $R_0$,即

$$R_0 = \left( \frac{R_S^*}{\prod_{i=k+1}^{n+1} R_i} \right)^{1/k} \tag{2-22}$$

**3. 失效率加权分配法**

在寿命服从指数分布的串联系统中,采用失效率加权的办法进行可靠性分配,也是较常用的方法。这种方法的分配的具体步骤是:

(1)首先给出各单元的失效率值 $\hat{\lambda}_i$(该值可以查阅有关表格或根据经验给定)

(2)计算出各单元的权值 $\omega_i$,即

$$\omega_i = \frac{\hat{\lambda}_i}{\sum \hat{\lambda}_i} \qquad (i = 1, 2, \cdots, n) \tag{2-23}$$

(3)确定分配给各单元的失效率 $\lambda_i$,即

$$\lambda_i = \omega_i \lambda_S \qquad (i = 1, 2, \cdots, n)$$

$$R_i = e^{-\lambda_i t} \qquad (i = 1, 2, \cdots, n) \tag{2-24}$$

其中,$\lambda_S$ 是相同的总失效率,最后,进行验证,即

$$\omega_1\lambda_S+\omega_2\lambda_S+\cdots+\omega_n\lambda_S=\sum_{i=1}^{n}\omega_i\cdot\lambda_S=\overset{\wedge}{\lambda}_i\leqslant\lambda_S \tag{2-25}$$

即 $\overset{\wedge}{R}_S\geqslant R_S$ 满足要求，否则重新设计。

4. 重要度与复杂度分配法

这种方法是一种考虑分配单元的重要度与复杂度以及工作时间等多种综合因素的方法，是比较完善的分配方法，适用于指数分布的串联系统。

定义 2-6　单元重要度

单元重要度是表示单元的故障引起的系统故障的概率，即

$$K_{0i}=\frac{N_i}{r_i} \tag{2-26}$$

式中　$K_{0i}$——第 $i$ 个单元的重要度（权值）；

$\quad\quad N_i$——第 $i$ 个单元故障引起的系统故障次数；

$\quad\quad r_i$——第 $i$ 个单元故障总次数。

定义 2-7　单元的复杂度

单元的复杂度为单元中所含重要零部件数与系统中重要零部件总数之比，即

$$K_i=\frac{n_i}{N}=\frac{n_i}{\sum n_i} \tag{2-27}$$

式中　$K_i$——第 $i$ 个单元的复杂度；

$\quad\quad n_i$——第 $i$ 个单元的重要零部件数；

$\quad\quad N$——系统中重要零部件数。

由上面公式之间的关系可以看到，分配到各单元的失效率应该与单元的复杂度成正比，而与重要度（即权值）成反比，即

$$\frac{\lambda_i}{\lambda_S}\sim\frac{n_i}{N}\frac{1}{K_i} \tag{2-28}$$

式中　$\lambda_i$——分配给第 $i$ 个单元的失效率；

$\quad\quad \lambda_S$——系统的失效率。

一般情况下

$$\lambda_i=\frac{N_i}{N}\frac{\lambda_S}{K_i} \tag{2-29}$$

对于指数分布

$$\lambda_i=-\frac{N_i}{N}\frac{\ln R_S}{K_i t} \tag{2-30}$$

### 五、故障模式、影响及致命度分析

故障模式、影响及致命度分析，即 FMECA 法（Failure Mode，Effect and Criticality Analysis)是把失效模式分析(FMA)、失效影响分析(FEA)和失效致命度分析(FCA)三种分析方法综合在一起。

1.前期准备工作

实施FMECA时必须掌握被分析对象系统的有关资料,以确定分析的详细程度。

2.FMECA法的基本步骤

FMECA法的基本步骤是按照FMECA表格逐项分析和填表。其典型表格如表2-1所示。

表2-1　FMECA典型格式

| 系统名称 | 分系统(或单元名称) | | | | | | | |
|---|---|---|---|---|---|---|---|---|
| 序号 | 零件名称 | 功能 | 失效模式 | 失效后果等级 | 概率等级 | 致命度 | 预防措施 | 备注 |
| | (1) | (2) | (3) | (4) | (5) | (6) | (7) | |

(1)零件名称。将进行FMECA分析的零部件的名标列出一张清单。

(2)功能。应给零部件所执行的功能编写一个简要说明。这个说明既要包括部件的固有功能,也应包括其有关接口设备的相互关系。

(3)失效模式。零件所有可能的失效表现形式。

(4)失效后果等级。把各种失效模式的后果进行定性分类,一般分成以下四类:

Ⅰ——灾难性的,可能造成人身伤亡或全系统损坏。

Ⅱ——关键性的,导致系统不能完成规定的功能。

Ⅲ——临界的,可能造成次要损坏或系统性能下降。

Ⅳ——可忽略的,不造成系统损坏,但可能要求计划外的维修。

(5)概率等级。用失效模式出现的概率可定性反映零部件失效率,出现的概率是以某一失效模式出现次数除以全系统的失效次数来计算。可将这一概率划分为五个等级,见表2-2。

表2-2　概率等级划分

| 等级 | 发生程度 | 概率 |
|---|---|---|
| A级 | 经常的 | $P \geqslant 20\%$ |
| B级 | 相当可能的 | $10\% < P \leqslant 20\%$ |
| C级 | 偶然的 | $1\% \leqslant P < 10\%$ |
| D级 | 小的 | $0.1\% \leqslant P < 1\%$ |
| E级 | 极不可能的 | $P < 0.1\%$ |

(6)致命度。根据失效后果等级和概率等级,致命度分为以下四级:

1级——ⅠA;

2级——ⅠB、ⅡA;

3级——ⅠC、ⅡB、ⅢA;

4级——ⅠD、ⅡC、ⅡD、ⅢB、ⅢC、ⅢD、ⅣA、ⅣB、ⅣC、ⅣD、ⅠE、ⅡE、ⅢE、ⅣE。

## 六、可靠性评估

所谓可靠性评估就是根据系统的可靠性结构(即系统与单元间的可靠性关系)、系统的寿命分布模型以及现有的与系统可靠性有关的所有信息(包括试验数据和验前信息),利用概率统计方法针对系统可靠性特征量进行统计推断和决策,包括点估计、区间估计等。它可以在系统研制的任一阶段进行,既可以是设计阶段的可靠性预计,也可以是定型阶段的可靠性评估。

进行系统可靠性评估的一般过程是:

(1)建立系统可靠性模型(如串、并联等)。

(2)确定所用的系统可靠性评估模型及估计方法。

(3)获取试验数据或验前信息。

(4)运用评估模型对系统的可靠性特性进行估计,可能时给出置信区间。

常用的可靠性评估方法包括故障树法、GO 法、Bayes 方法等。

1.故障树法

故障树分析(FTA)是进行可靠性和安全性分析的重要手段之一。它采用演绎推理法,把系统可能发生的某种事故与导致事故发生的各种原因之间的逻辑关系用一种称为故障树的树图形表示,通过对故障树的定性定量分析得到系统的可靠性特征。故障树分析评估法可以实现顶事件故障概率、各种重要度计算等定量分析和最小割集等定型分析,是一种较为传统的、经典的可靠性评估方法,另外故障树法也应用于事故安全分析,详述请见第三章。

2.GO 法

GO 法是一种以成功为导向的可靠性分析方法。GO 的基本思想是把系统图、流程图或者工程图直接翻译成 GO 图,按操作符的运算规则进行 GO 运算,得到系统的可靠性参数,最终完成系统的可靠性分析。GO 法的主要步骤就是建立 GO 图和进行 GO 运算,而 GO 图和 GO 运算的两大要素就是操作符和信号流。

在 GO 法分析中,系统的元件部件用操作符来代表。操作符的属性有类型、数据和运算规则,类型是操作符的主要属性,操作符类型反映了操作符所代表的单元功能和特征。数据和运算规则是从属于类型的属性。各类型的操作符都有规定的单元数据要求和规定的状态运算规则。

目前 GO 操作符共有 17 种,如图 2-6 所示,其中 S 表示输入,R 表示输出。

GO 图中通过信号流联接 GO 操作符,使系统中的输入、输出信号以及各单元相关联。信号流的属性是状态值和状态概率,用 $0,1,\cdots,N$ 整数状态值代表($N+1$)状态,状态值 0 代表一种提前状态,状态值 $1,\cdots,N-1$ 表示多种成功状态,最大值 $N$ 表示故障状态,相应状态值的概率为 $P(0),P(1),\cdots,P(N)$,其相应状态值的概率应满足:

$$\sum_{i=0}^{N} P(i) = 1 \tag{2-31}$$

两单元状态　　　　　　　　或门　　　　　　　　触发发生器

$S \rightarrow \boxed{1} \rightarrow R$　　　$S_1, S_2, S_N \rightarrow \boxed{2} \rightarrow R$　　　$S \rightarrow \boxed{3} \rightarrow R$

多信号发生器　　　　　　信号发生器　　　　　有信号而导通的元件

$\boxed{4} \begin{array}{l} R_1 \\ R_2 \\ R_3 \end{array}$　　　$\boxed{5} \rightarrow R$　　　$S_1 \rightarrow \boxed{6} \rightarrow R \quad (S_2 \downarrow)$

有信号而关断的元件　　　延迟发生器　　　　　功能操作器

$S_1 \rightarrow \boxed{7} \rightarrow R \quad (S_2 \downarrow)$　　　$S \rightarrow \boxed{8} \rightarrow R$　　　$S_1, S_2 \rightarrow \boxed{9} \rightarrow R$

与门　　　　　　　　　M取K门　　　　　　　路径分离器

$S_1, S_N \rightarrow \boxed{10} \rightarrow R$　　　$S_1, S_2, S_N \rightarrow \boxed{11} \rightarrow R$　　　$S \rightarrow \boxed{12} \begin{array}{l} R_1 \\ R_2 \end{array}$

多路输入输出器　　　　　线性组合发生器　　　　限值概率门

$S_1, S_2, S_N \rightarrow \boxed{13} \begin{array}{l} R_1 \\ R_2 \\ R_N \end{array}$　　　$S_1, S_N \rightarrow \boxed{14} \rightarrow R$　　　$S \rightarrow \boxed{15} \rightarrow R$

要求恢复已导通元件　　　　要求恢复已关断元件

$S_1 \rightarrow \boxed{16} \rightarrow R \quad (S_2 \downarrow)$　　　$S_1 \rightarrow \boxed{17} \rightarrow R \quad (S_2 \downarrow)$

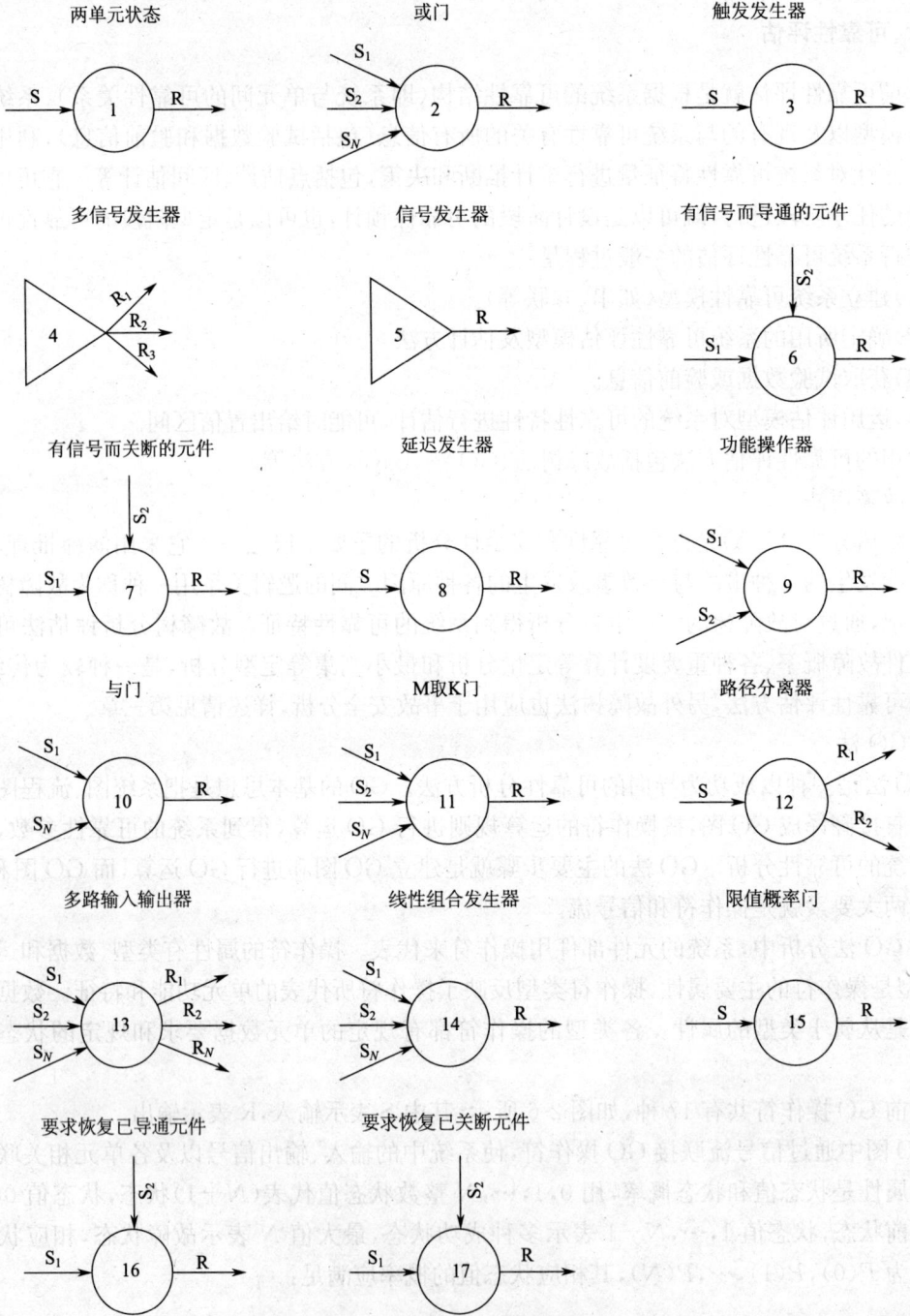

图 2-6　GO 法基本操作符

以常见的两单元状态(类型 1)、有信号而导通的元件(类型 6)为例,它们的的运算规则见表 2-3、表 2-4,其中 $V_S$、$V_C$、$V_R$ 分别表示输入信号状态值、操作符状态值和输出信号状态值。

表 2-3　两状态单元运算规则

| $V_S$ | $V_C$ | $V_R$ |
|---|---|---|
| $0,\cdots,N-1$ | 1 | $0,\cdots,N-1$ |
| $N$ | 1 | $N$ |
| $0,\cdots,N$ | 2 | $N$ |

表 2-4　有信号而导通的元件运算规则

| $V_{S1}$ | $V_{S2}$ | $V_C$ | $V_R$ |
|---|---|---|---|
| $I_1(0,\cdots,N)$ | $I_2(0,\cdots,N)$ | 0 | $I_1$ |
| $I_1(0,\cdots,N)$ | $I_2(0,\cdots,N)$ | 1 | $\mathrm{Max}(I_1,I_2)$ |
| $I_1(0,\cdots,N)$ | $I_2(0,\cdots,N)$ | 2 | $N$ |

GO 法用于系统可靠性分析的具体步骤如下:

(1)定义分析系统,规定系统范围,明确系统的可靠性指标。

(2)确定系统的输入、输出,确定系统和其他系统的接口。

(3)要明确什么是系统的正常运行状态,确定系统正常运行所要求的最小的输出信号处于成功状态的集合。

(4)从系统原理图、结构图、工程图或流程图直接模拟来建立 GO 图。

(5)确定系统所有单元的状态概率数据,按操作符编号输入数据。

(6)根据 GO 图和数据,从输入操作符开始,按操作符的运算规则,逐步运算至系统的输出信号。

(7)GO 运算结果和系统成功准则用以计算系统的可靠度或可用度,根据系统的功能和要求对系统进行评价。

3. Bayes 方法

Bayes 方法的基本思想即认为概率统计分布中的参数是未知的随机变量,在试验前可根据一定的先验信息来确定参数先验分布,再利用试验失效数据确定参数的后验分布。这种方法是与样本相关的,它充分利用先验信息,可解决小子样试验或没有失效数据情况下的统计分析问题。

把未知参数 $\theta$ 看成随机变量,于是,样本的联合分布密度就可看成是样本对未知参数 $\theta$ 的条件密度 $P(x|\theta)$。另外,Bayes 理论还认为,在获得观察数据之前,人们对未知参数的取值已经有了一定的认识,这种认识用概率分布来概括,称为 $\theta$ 的先验分布。下面将具体论述 Bayes 理论方法。

假定随机变量 $x$ 的似然函数(联合分布密度函数)为 $P(x|\theta)$,其参数 $\theta$ 有先验分布密度 $P(\theta)$,则后验分布密度为给了样本之后的条件分布密度:

$$P(\theta|x) = \frac{P(\theta) \cdot P(x|\theta)}{\int P(\theta) \cdot P(x|\theta)\mathrm{d}\theta} \tag{2-32}$$

此即 Bayes 定理的一般形式。

对 Bayes 定理的解释为:试验者在试验 $X=x$ 之前(即获得样本 $X$ 之前)对未知参数 $\theta$ 的认识总结于先验分布 $P(\theta)$ 中,而 $P(x|\theta)$ 则是在得到样本 $X$ 的条件下,试验者对 $\theta$ 的重新认识,称为 $\theta$ 的后验分布,它综合了 $\theta$ 的先验信息和样本带来的关于 $\theta$ 的新信息,前者蕴含了在先验分布 $P(\theta)$ 中,后者蕴含在 $P(x|\theta)$ 中,如果把 $P(x|\theta)$ 视为 $\theta$ 的函数,则称为似然函数 $L(\theta|x)$ ,习惯上记为 $L(\theta|x)=P(x|\theta)$ , $P(\theta)$ 经 $L(\theta|x)$ 修正后, $P(\theta)$ 变为 $P(x|\theta)$ ,即经实践后,修正了原有的认识,达到了更高一级的认识,于是,Bayes 公式可改为:

$$P(\theta|x) \propto L(\theta|x)P(\theta) \tag{2-33}$$

该公式表明:在得到样本之后,$\theta$ 的后验分布与先验分布跟似然函数的乘积成正比。因为先验分布代表了先验信息,似然函数代表了样本信息,因此 Bayes 公式是综合先验信息与样本信息的一种工具,即:先验分布+样本信息=后验分布。这样,后验分布综合了先验分布的信息和样本的信息。在应用上,往往根据求出的后验分布作出推断,后验分布是 Bayes 学派进行统计推断的基础。

系统可靠性具有分布特征,因此可采用 Bayes 对可靠性分布特征量如可靠度、失效率等进行分析评估。系统可靠度的 Bayes 估计的一般步骤为:

(1)将未知参数看成随机变量(或随机向量),记它为 $\theta$,于是当 $\theta$ 已知时,样本 $x_1,x_2,\cdots,x_n$ 的联合分布密度 $P(x_1,x_2,\cdots,x_n|\theta)$ 看成是 $x_1,x_2,\cdots,x_n$ 对 $\theta$ 的条件密度,记为 $P(x_1,x_2,\cdots,x_n|\theta)$ 或简写为 $P(x|\theta)$ 。

(2)设法确定先验分布 $P(\theta)$,这是根据以往对参数 $\theta$ 的知识来确定的。

(3)利用条件密度 $P(x|\theta)$ 和先验分布 $P(\theta)$,可以求出后验分布密度 $P(\theta|x)$。

(4)利用后验分布密度 $P(\theta|x)$ 作出对 $\theta$ 的推断(估计 $\theta$ 或对 $\theta$ 作检验),此时,作为 $\theta$ 的估计可选用后验分布 $P(\theta|x)$ 的某个位置特征量,如后验分布的众数、中位数或期望值。

Bayes 估计是将 Bayes 理论应用于参数估计的结果。参数估计是一种基本的统计推断形式,可以有很多不同方法得到具有各自特色的估计,比如矩估计、极大似然估计等。由于系统可靠性评定的精确限一般相当复杂,不易给出明显的物理解释,而且计算比较困难复杂,不易为工程人员所采用,在复杂系统的可靠性评定中,由于试验经费、时间、保密等原因,每次试验的样本量较小,利用经典统计方法很难对系统的可靠性参数给出精确估计。因此,即使在有精确限的场合,也仍然需要近似限,才能满足工程需要。

可靠度点估计反映的是可靠性分布的数学期望。按照经典观点,一般而言,可靠度点估计并不完全是系统可靠性的真实反映,除非可靠性统计试验次数十分庞大。而区间估计的本质是该区间以大于等于 $\lambda$ 的概率包含着真实可靠性,它在一定程度上反映了系统或部件可靠的精度。系统可靠性指标应同时给出可靠度点估计和区间估计,这样才能使系统可靠性评价更准确、有效。

# 第三节　事故致因理论

**一、传统事故致因理论**

传统事故致因理论包括事故频发倾向论和事故遭遇倾向论。事故频发倾向论主要从人的不安全行为角度认识事故并把事故归因于人;事故遭遇倾向论主要从物的不安全状态角度认识事故并把事故发生归因于物。

1.事故频发倾向论

事故频发倾向论是阐述企业工人中存在着个别人容易发生事故的、稳定的、个人的内在倾向的一种理论。1919年,格林伍德和伍慈对许多工厂里伤害事故次数按如下三种统计分布进行了统计检验。

(1)泊松分布

当员工发生事故的概率不存在个体差异时,即不存在事故频发倾向者时,一定时间内事故发生的次数服从泊松分布。此时,事故的发生是由于工厂里的生产条件、机械设备方面的问题以及一些其他偶然因素所导致的。

(2)偏倚分布

一些工人由于存在着精神或心理方面的问题,如果在生产操作过程中发生过一次事故,则会造成胆怯或神经过敏,当再继续操作时,就有重复发生第二次、第三次事故的倾向。这种情况主要是人员中存在少数有精神或心理缺陷的人。

(3)非均等分布

当工厂中存在着许多特别容易发生事故的人员时,发生不同次数事故的人数服从非均等分布,即每个人发生事故的概率各不相同。在这种情况下,事故的发生主要是由于人的因素引起的。

对于发生事故次数较多、可能是事故频发倾向者的人,可以通过一系列的心理学测试来判别。一般来说,事故频发倾向者往往有如下的性格特征:①感情冲动,容易兴奋;②脾气暴躁;③厌倦工作、没有耐心;④慌慌张张、不沉着;⑤动作生硬而工作效率低;⑥喜怒无常、感情多变;⑦理解能力低,判断和思考能力差;⑧极度喜悦和悲伤;⑨缺乏自制力;⑩处理问题轻率、冒失。日本的丰原恒男发现容易冲动的人、不协调的人、不守规矩的人、缺乏同情心的人和心理不平衡的人发生事故次数较多。

2.事故遭遇倾向论

事故遭遇倾向论是阐述企业工人中某些人员在某些生产作业条件下存在着容易发生事故的倾向的一种理论。

事故遭遇倾向就是事故频发倾向理论的修正,它认为事故的发生不仅与个人因素有关,而且与生产条件有关。比如说分析电子工厂中个人因素及生产作业条件因素与事故发生频度和伤害严重度之间的关系,发现影响事故发生频度的主要因素有搬运距离短、噪声严重、临时工多、工人自觉性差等；与事故后果严重度有关的主要因素是工人的"男子汉"作风，其次是缺乏自觉性、缺乏指导、老年职工多、不连续出勤等，证明事故发生情况与生产作业条件有着密切关系。此外，事故的发生与工人的年龄、工作经验、熟练程度有关。对于一些高危险性的职业，工人在适应期期间容易发生事故。经过技能训练达到熟练后，可以大大减少事故。

### 二、事故因果连锁论

事故因果连锁论是分析导致伤亡事故原因和事故之间关系的理论，其主要思想是一系列因果关联的事件导致伤害事故的发生。

1. 海因里希事故连锁论

海因里希事故因果连锁论认为，伤害事故的发生不是一个孤立的事件，而是一系列互为因果的原因事件相继发生的结果，即伤害与各原因之间具有连锁关系。

海因里希最初提出的事故因果连锁过程包括如下五种因素：

（1）遗传及社会环境，是造成人的性格上缺点的原因，遗传因素可能造成鲁莽、固执、粗心等不良性格；社会环境可能妨碍人的素质培养、助长性格上的缺点发展。

（2）人的缺点，是使人产生不安全行为或造成物的不安全状态的原因，它包括鲁莽、固执、过激等性格上的先天缺陷，以及缺乏安全生产知识和技能等所导致的后天不足。

（3）人的不安全行为或物的不安全状态，是造成事故的直接原因。

（4）事故，是由于物体、物质或放射线作用于人体使人员受到伤害的、出乎意料的、失去控制的事件。

（5）伤害，直接由事故导致的人身伤害。

该理论通过多米诺骨牌来描述这种事故因果连锁关系，如图 2-7 所示。

2. 博德的事故因果连锁

博德在海因里希因果连锁的基础上，提出了反映现代安全观点的事故因果连锁，如图 2-8 所示。该理论认为：

（1）事故因果连锁中的一个最重要的因素是安全管理，主要包括对人的不安全行为、物的不安全状态的控制。管理失误是导致事故发生的重要原因。

（2）为了从根本上预防事故，必须查明事故的基本原因，并针对查明的基本原因采取对策。

（3）不安全行为或不安全状态是事故的基本原因，必须加以追究。

（4）防止事故就是防止接触，可以通过改进装置、材料及设施来防止能量释放等来实现。

（5）事故造成的伤害包括工伤、职业病以及对人员精神方面、神经方面或全身性的不利影响，人员伤害及财产损坏统称为损失。

3. 亚当斯的事故因果连锁

亚当斯提出了与博德的事故因果连锁论类似的事故因素连锁模型。把人的不安全行为和物的不安全状态称作现场失误，其目的在于提醒人们注意不安全行为和不安全状态的性质，见表 2-5。

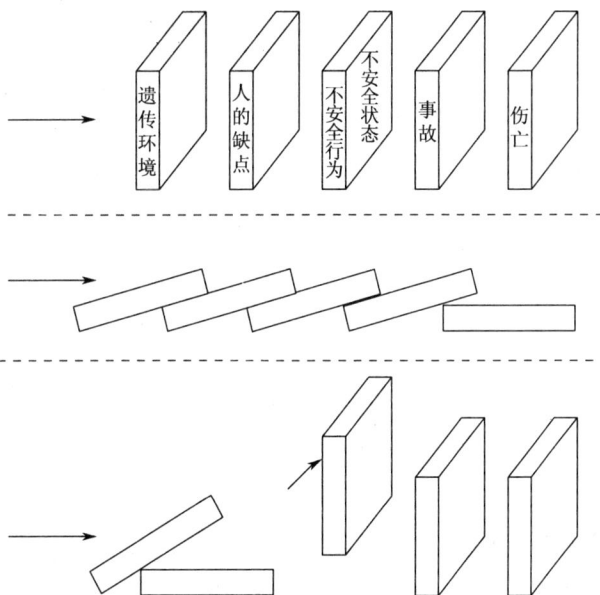

图 2-7　海因里希事故因果连锁

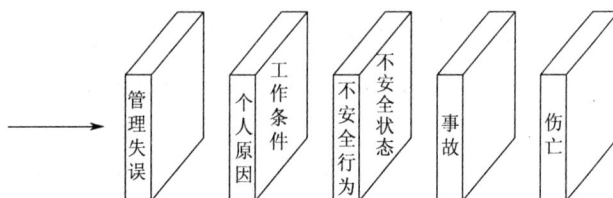

图 2-8　博德的事故因果连锁

### 4.北川彻三事故因果连锁

考虑到工业伤害事故发生的原因是很复杂的,一个国家、一个地区的政治、经济、文化、科技发展水平等诸多社会因素都可能对伤害事故的发生和预防造成重要影响。北川彻三修正了海因里希的理论提出了另一种事故因果连锁理论,见表 2-6。

**表 2-5　亚当斯连锁论**

| 管理体制 | 管理失误 | | 现场失误 | 事故 | 伤害或损坏 |
|---|---|---|---|---|---|
| 目标<br>组织<br>机能 | 领导者在下述方面决策错误<br>或没有做决策:<br>政策、目标、权威、责任、职责<br>注意范围、权限授予 | 技术人员在下述方面管理失<br>误或疏忽:<br>行为、责任、权威、规则、指导<br>主动性、积极性、业务活动 | 不安全行为<br>不安全状态 | 伤亡事故<br>损坏事故<br>无伤害事故 | 对人<br>对物 |

表2-6　北川彻三事故因果连锁理论

| 基本原因 | 间接原因 | 直接原因 | | |
|---|---|---|---|---|
| 学校教育的原因<br>社会的原因<br>历史的原因 | 技术的原因<br>教育的原因<br>身体的原因<br>精神的原因<br>管理的原因 | 不安全行为<br>不安全状态 | 事故 | 伤害 |

事故的基本原因包括管理、学校教育、社会或历史三个方面的原因,管理原因可以由企业内部解决,而后两种原因需要全社会的努力才能解决。事故发生的间接原因有:①技术原因;②教育原因;③身体原因;④精神原因。在工业伤害事故的上述四个方面的原因中,前两种原因经常出现,后两种原因相对较少出现。

**三、系统观点的事故致因理论**

系统观点的事故致因理论把人、机和环境作为一个系统(整体),有多种事故致因模型,它们涉及的内容大体相同。其中瑟利模型和安德森模型较有代表性。

1. 瑟利模型

瑟利模型以人对信息的处理过程为基础描述了事故发生的因果关系。该模型是把事故的发生过程分为危险出现和危险释放两个阶段,这两个阶段各自包括一组类似人的认知过程,即感觉、认识和行为响应。在危险出现阶段,如果人处理信息的每个环节都正确,危险就能够被消除或得到控制;反之则会使操作者直接面临危险。在危险释放阶段,如果人处理信息的各个环节都是正确的,则虽然面临着已经显现出来的危险,但仍然可以避免危险释放造成伤害或损害;反之,危险就会转化成伤害或损害。瑟利模型如图2-9所示。

根据瑟利模型,要想预防和控制事故,可以通过采取以下手段:①采用技术的手段使危险状态充分地显现出来;②通过培训和教育的手段,提高人感觉危险信号的敏感性;③通过教育和培训的手段使操作者在感觉到警告之后,准确地理解其含义,并知道应采取何种措施避免危险发生或控制其后果;④通过系统及其辅助设施的设计使人在做出正确的决策后,有足够的时间和条件做出行为响应,并通过培训的手段使人能够迅速、敏捷、正确地做出行为响应。

2. 安德森模型

安德森等人曾在分析60件工业事故中应用瑟利模型,发现了瑟利模型没有探究何以会产生潜在危险,没有涉及机械及其周围环境的运行过程。安德森模型对瑟利模型进行了扩展,进一步提高了理论性和实用性,如图2-10所示。

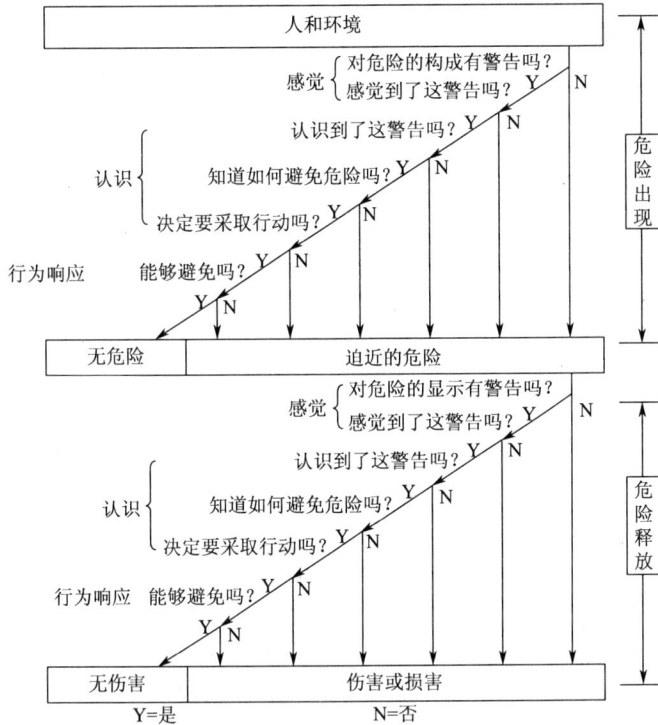

图 2-9　瑟利模型

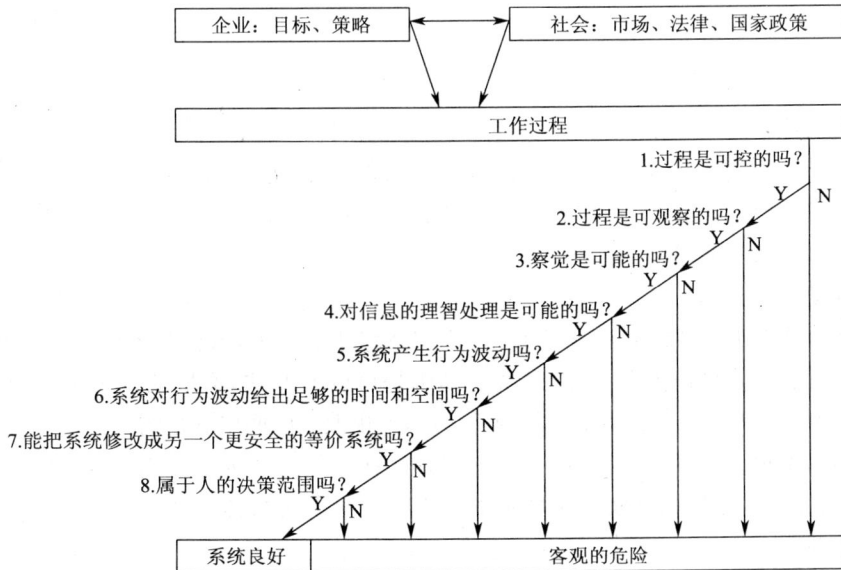

图 2-10　安德森模型

## 四、其他事故致因理论

### 1. 能量意外释放论

在能量意外释放论中,把能量引起的伤害分为两大类。第一类伤害由于施加了超过局部或全身性的损伤阈值的能量而产生的。第二类伤害则是由于影响局部或全身性能量交换引起的。

根据能量意外释放论,预防伤害事故就是防止能量或危险物质的意外释放,防止人体与过量的能力或危险物质接触。

### 2. 轨迹交叉论

轨迹交叉论是指在事故发展过程中,人的因素的运动轨迹与物的因素的运动轨迹的交点,就是事故发生的时间和空间,如图 2-11 所示。

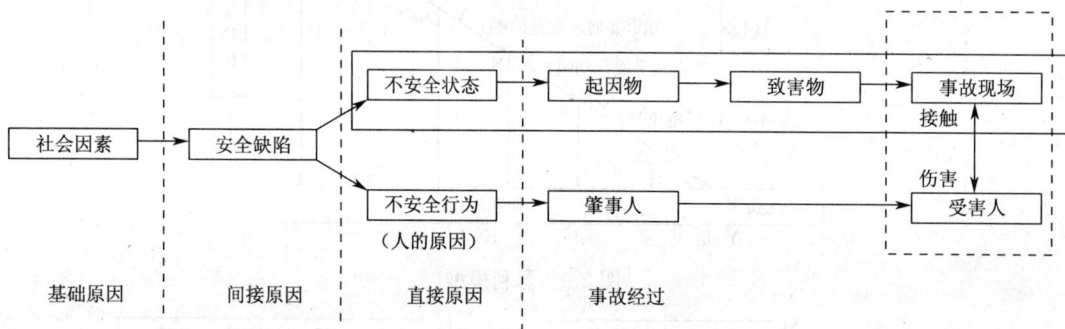

图 2-11 轨迹交叉论事故模型

轨迹交叉论描述事故发生的过程为:基本原因→间接原因→直接原因→事故→伤害,即事故致因因素导致事故的运动轨迹,具体包括人的因素运动轨迹和物的因素运动轨迹。按照该理论,可以通过避免人与物两种因素运动轨迹交叉,即避免人的不安全行为和物的不安全状态同时、同地出现,来预防事故的发生。

### 3. 心理动力理论

心理动力理论认为事故是一种无意识的希望或愿望的结果,这种希望或愿望是通过事故象征性地得到满足。它明确指出:①无意识的动机是可以改变的,不是某个人本身固有的特性;②控制由人的心理因素而导致的事故的两类方法,即更改人的愿望满足的方式或进行心理分析。

与海因里希模型等理论一样,心理动力理论存在着只关注人的因素对事故的影响的片面性的问题,无法提供手段去证实某个特定的动机与特定事故的必然联系。

### 4. 变化的观点

(1)变化-失误理论

变化-失误理论是指运行系统中与能量和失误相对应的变化是事故发生的根本原因,如图 2-12 所示。

（2）P 理论

P 理论把事故看作是由相继事件过程中的扰动开始,以伤害或损坏为结束的过程,如图 2-13 所示。

（3）作用-变化与作用连锁

作用-变化与作用连锁模型（Action-Change and Action Chain Model)是从系统安全的观点出发,提出的一种新的事故致因理论。该理论认为,系统元素在其他元素或环境因素的作用下发生变化,这种变化主要表现为元素的功能发生变化——性能降低。作为系统元素的人或物的变化可能是人失误或物的障碍。该元素的变化又以某种形态作用于相邻元素,引起相邻元素的变化。于是,在系统元素之间产生一种作用连锁。系统中作用连锁可能造成系统中人的失误和物的故障的传播,最终导致系统故障或事故。该模型简称 A-C 模型。

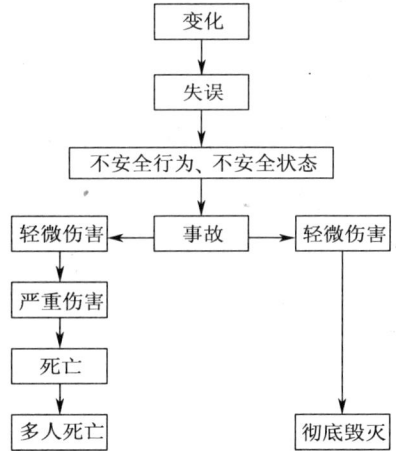

图 2-12　变化-失误理论的事故因果连锁模型

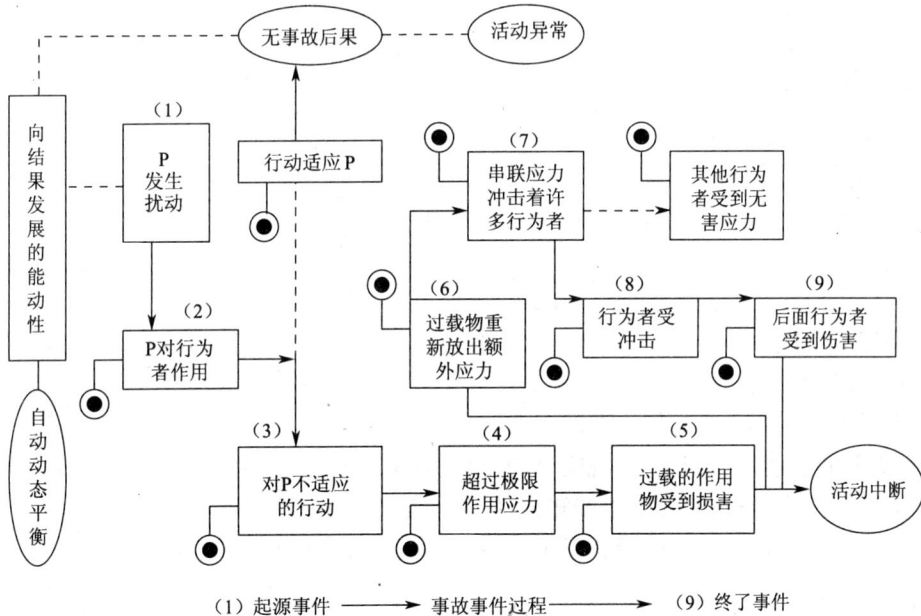

（1）起源事件 ——→ 事故事件过程——→ （9）终了事件

图 2-13　P 理论

根据 A-C 模型,可以从以下四个方面采取措施来预防事故:①排除作用源;②抑制变化;③防止系统进入危险状态;④使系统脱离危险状态。

# 第四节　事故预防理论

## 一、事故预防基本理论

### 1.事故金字塔

事故法则即事故统计规律,又称1∶29∶300,同时也称为事故金字塔。即在每330次事故中,可能会造成死亡或重伤事故1次,轻伤、微伤事故29次,无伤事故300次。这一法则是美国安全工程师海因里希统计分析了55万起工伤事故提出的,如图2-14所示。

事故法则说明,要消除1次死亡或重伤事故以及29次轻伤事故,必须首先消除300次无伤害事故。也就是说,防止灾害的关键,不在于防止伤害,而是要从根本上防止事故。

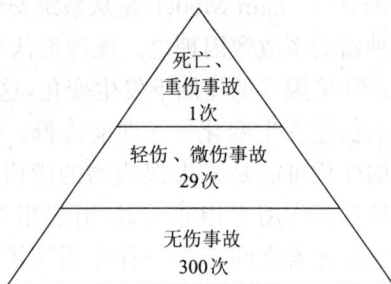

图 2-14　事故金字塔

### 2.海因里希工业安全公理

海因里希对事故预防工作进行了深入研究,提出了工业事故预防的10项原则,称为海因里希工业安全公理(Axioms of Industrial Safety)。

具体内容如下:

(1)工业生产过程中人员伤亡的发生,往往是处于一系列因果连锁之末端的事故的结果;而事故常常起因于人的不安全行为或(和)机械、物质(统称为物)的不安全状态。

(2)人的不安全行为是大多数工业事故的原因。

(3)由于不安全行为而受到了伤害的人,几乎重复了300次以上没有造成伤害的同样事故。换言之,人员在受到伤害之前,已经数百次面临来自物方面的危险。

(4)在工业事故中,人员受到伤害的严重程度具有随机性质。大多数情况下,人员在事故发生时可以免遭伤害。

(5)人员产生不安全行为的主要原因有:

①不正确的态度,个别职工忽视安全,甚至故意采取不安全行为。

②技术、知识不足,缺乏安全生产知识、缺乏经验或技术不熟练。

③身体不适,生理状态或健康状态不佳,如听力、视力不良,反应迟钝、疾病、醉酒或其他生理障碍。

④物的不安全状态及不良的物理环境,照明、温度、湿度不适宜,通风不良,强烈的噪声、振动,物料堆放杂乱,作业空间狭小,设备、工具缺陷等不良的物理环境,以及操作规程不合适、没有安全规程和其他妨碍贯彻安全规程的事物。

这些原因因素是采取预防不安全行为产生措施的依据。

（6）防止工业事故的四种有效的方法是：工程技术方面的改进，对人员进行说服、教育，人员调整，惩戒。

（7）防止事故的方法与企业生产管理、成本管理及质量管理的方法类似。

（8）企业领导者有进行事故预防工作的能力，并且能把握进行事故预防工作的时机，因而应该承担预防事故工作的责任。

（9）专业安全人员及车间干部、班组长是预防事故的关键，他们工作的好坏对能否做好事故预防工作有影响。

（10）除了人道主义动机之外，下面两种强有力的经济因素也是促进企业事故预防工作的动力：

①安全的企业生产效率也高，不安全的企业生产效率也低；

②事故后用于赔偿及医疗费用的直接经济损失，只不过占事故总经济损失的五分之一。

尽管随着时代的前进和人们认识的深化，该"公理"中的一些观点已经不再是"自明之理"了，许多新观点、新理论相继问世。但该理论中的许多内容仍然具有强大的生命力，在现今的事故预防工作中仍产生重大影响。

**二、事故预防方法**

**1. 事故预防的 3E 准则**

海因里希把造成人的不安全行为和物的不安全状态的主要原因归结为四个：①不正确的态度；②技术、知识不足；③身体不适；④不良的工作环境。针对这四个方面的原因，海因里希提出工程技术方面改进、说服教育、人事调整和惩戒四种对策。这四种安全对策后来被归纳为众所周知的 3E 原则，即：

（1）工程技术（Engineering），即利用工程技术手段消除不安全因素，实现生产工艺、机械设备等生产条件的安全。

（2）教育（Education），即利用各种形式的教育和训练，使职工树立"安全第一"的思想，掌握安全生产所必须的知识和技能。

（3）强制（Enforcement），即借助于规章制度、法规等必要的行政乃至法律的手段约束人们的行为。

**2. 事故预防工作五阶段模型**

具体如图 2-15 所示。

该模型包括了企业事故预防工作的基本内容。但由于它以实施改进措施作为事故预防的最后阶段，不符合"认识—实践—再认识—再实践"的认识规律以及事故预防工作永无止境的客观规律。因此，事故预防工作五阶段模型得到了进一步改进，改进的模型如图 2-16 所示。

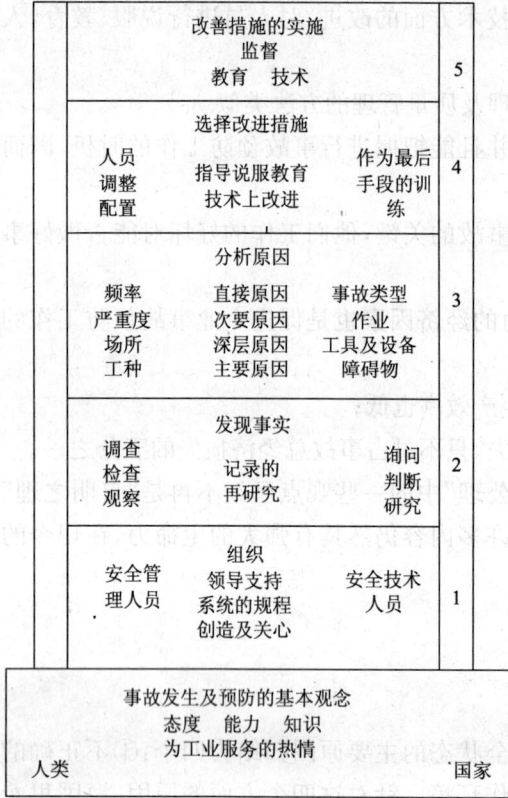

图 2-15　事故预防五阶段模型

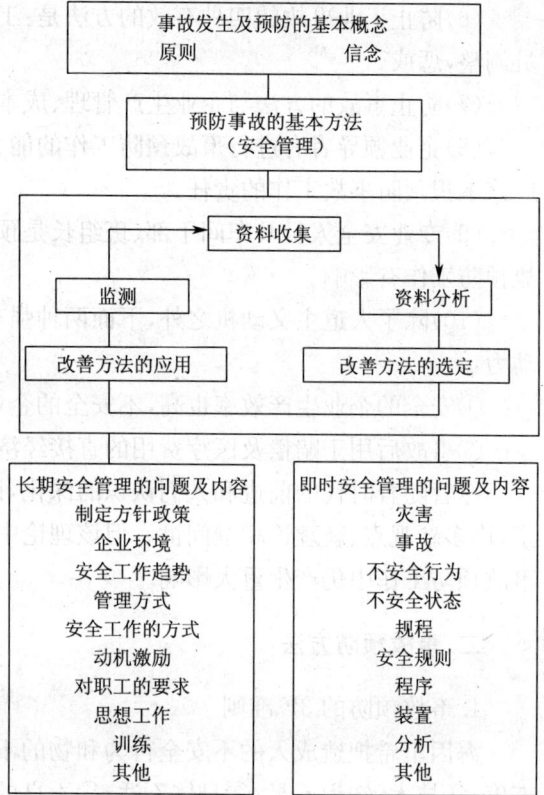

图 2-16　改进的事故预防模型

## 三、事故预防技术

防止事故发生的安全技术的基本目的是采取措施约束、限制能量或危险物质的意外释放。

1. 减少事故损失的安全技术

减少事故损失的安全技术的目的,是在事故由于种种原因没能控制而发生事故之后,减少事故严重后果。选取的优先次序如下:

(1)隔离

避免或减少事故损失的隔离措施,其作用在于把被保护的人或物与意外释放的能量或危险物质隔开,其具体措施包括远离、封闭、缓冲。

(2)薄弱环节

利用事先设计好的薄弱环节使能量或危险物质按照人们的意图释放,防止能量或危险物质作用于被保护的人或物。一般情况下,即使设备的薄弱环节被破坏了,也可以较小的代价避免大的损失。因此,这项技术又称为"接受小的损失"。

（3）个体防护

佩戴对个人人身起到保护作用的装备从本质上说是一种隔离措施。它把个体与危险物质隔开。个体防护是保护人体免遭伤害的最后屏障。

（4）避难和救生设备

当判明事态已经发展到不可控制的地步时,应迅速避难,利用救生装备,撤离危险区域。

（5）救援

救援分为灾区内部人员的自我救援和来自外部的公共救援两种情况。

2.以安全文化为基础的事故预防

1988 年,国际核安全咨询小组(International Nuclear safety Advisory Group)提出了以安全文化为基础的事故预防原则,如图 2-17 所示。

图 2-17　以安全文化为基础的事故预防

# 第五节　人因工程理论

## 一、人为失误

### 1.人为失误的定义及分类

近年来,由于人机系统大型化、复杂化,人的失误成为事故的主要原因。据美国军队的有关报告统计,系统发生故障的原因大约有 40% 是人为失误。因此分析人为失误成为人机系统安全性、可靠性的主要内容。

（1）人为失误定义

对某一具体的人机系统而言，人为失误是指对系统已设定的目标及系统的构成、模式、运行发生影响，使之逆转运行或遭受破坏的人的因素造成的各种活动。人为失误一方面影响系统的安全性，另一方面影响系统的可靠性。它是造成系统故障与性能不良、可靠性降低的原因，也是诱发事故的主要因素。

由于人的行为具有多变、灵活、机动的特征，实际生产中的人为失误表现多种多样。通过对各种生产操作活动进行分析，人为失误的表现大致分为以下几个方面：①操作错误，忽视安全、警告；②人为造成安全装置失效；③使用不安全设备；④手代替工具操作；⑤物体（指成品、半成品、材料、工具、切屑等）存放不当；⑥冒险进入危险场所；⑦攀坐不安全位置，在起吊物下作业；⑧机器运转时加油、修理、检查、调整、焊接、清扫等；⑨有分散注意力的行为；⑩在必须使用个人防护用品用具的场合中忽视使用，或穿不安全装束；⑪对易燃易爆危险品处理错误。

（2）人为失误分类

人为失误分类对于判明差错原因以及采取对策都是非常必要的。人为失误通常有以下几种分类方法。

①按作业要求分类，人为失误可划分为：遗漏差错（遗漏了必须做的事情或任务、步骤）、代办差错（把规定的任务做错了）、无关行动（在工作中导入无关的、不必要的任务或步骤）、顺序差错（把完成任务的顺序做错了）、时间差错（没有按规定的时间完成任务）。

②按发生人为失误的工作阶段分类，人为失误可划分为：设计失误（发生在设计阶段的人为失误）、操作失误（指操作者在作业过程中违反安全操作规程的不安全行为）、检查或监测差错（指发生在检查、检验、监视、控制等作用工作中的人为失误）、制造失误（指影响产品加工质量的人为失误）。

③按人体因素和环境因素分类，人为失误可划分为：操作者个人特有的因素造成的人为失误（如操作者个人心理状态、生理素质、教育、培训、知识、能力、积极性等因素影响造成的人为失误）、环境影响造成的人为失误（如机器、设备、设施、器具、环境条件、作业方式、作业空间、车间的组织与管理等因素影响造成的人的失误）。

④按大脑信息处理程序分类，人为失误可划分为：认识、确认失误（指从接受外界信息到大脑感觉中枢认知过程所发生的人为失误），判断、记忆失误（指从判断状况并在运动中枢做出相应行动决定到发出指令的大脑活动过程所发生的人为失误），动作、操作失误（指从大脑运动中枢发出动作指令到动作完成过程中所发生的人的误操作）。

2.人为失误产生的原因

（1）生理原因

生理原因主要包括：近视、色盲、疲劳、醉酒、疾病及其他生理缺陷等。

（2）心理原因

心理原因主要包括：注意力的心理特性、主观臆测、心理环境、急迫时的行动、忘却意图和其他心理因素。

（3）人的作业姿势和动作原因

人的作业姿势和动作方面原因主要包括：

①姿势。正确的姿势有利于动作的控制。

②非主要意识动作。像步行那样的习惯动作，可以认为是非主要意识的动作，即不是明确有意识的动作，几乎是反射性地、机械地进行。

③场面行动。在我们活动的场所，如果在某个方向上有相当强烈的欲求的话，人们往往会不顾前后左右，而向该方向立即行动，这种行动称为场面行动。

（4）工作环境原因

温度、湿度、照明、噪声、粉尘、振动等物理环境条件，应在作业者适宜范围内。不良的物理环境易使作业者疲劳、引起意识水平下降，反应能力降低而增加人为失误频率。

（5）作业能力原因

一个系统对操作者的要求必须在操作者作业能力限度内，否则工作负担过重会增加出现错误的可能性。这种负担过重表现在许多方面，主要包括：

①系统要求操作者做普通人做不到的事。

②系统可能是为精心选择或严格训练的人设计的，而不是为实际上使用该系统的人设计的，因而使操作者负担过重。

③系统要求操作者对过多的输入信号应答，或要求操作者操纵过多的控制器，或要求操作者过于迅速地做出反应，因而使作业者感到力不从心，负担过重。

（6）设施和信息原因

当人们必须在权宜的条件下工作，或者得不到准确信息时，更可能发生错误。许多错误是在没有适当设施情况下进行工作或不准确的信息传递情况下发生的。下面列出易使操作者发生操作失误的相关方面原因：

①信号的形态和含义难以区分，显示手段的变化难以识别。

②相关的现实装置分布设置，显示方向和操作方向不一致，操作工具的形态难以识别，尺寸设计不当。

③设备布置缺乏充裕的空间，作业者作业空间狭小。

④装置和作业设计得容易使作业者产生人为失误。

除此之外，人为失误与作业者个性也有关系，例如作业者的知识、经验不足、道德品质较差、对社会和群体的适应性不好、协调合作精神差、法纪观念淡薄等。

**二、人机相互作用**

1. 人机系统

人机系统是指一个或多个人与一个或多个物件交互，由输入到生产输出的系统。系统中的人是主要研究对象，但又并非孤立地研究人，它同时研究系统的其他组成部分，并根据人的特性和能力来设计和改造系统。

（1）人机系统的组成

在一定的环境条件下，人机系统包括人和机两个基本组成部分，它们互相联系构成一个整体。人机系统的模型如图 2-18 所示。

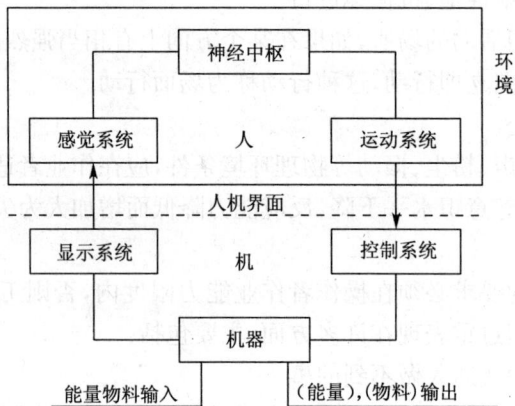

图 2-18　人机系统模型

人机之间存在着信息环路，人机相互联系。这个系统能否正常工作，取决于信息传递过程能够持续有效地进行。

在人机系统中，人起着主导作用。这主要反映在人的决策功能上，因为人的决策错误是导致事故发生的主要原因之一。

（2）人机界面

人与机之间存在一个相互作用的"面"，所有人机交流的信息都发生在这个作用面上，通常称为人机界面。显示器将机器的工作信息传递给人，实现机→人的信息传递。因此，人机界面主要指显示和控制系统。合理的人机界面要符合人机信息交流的规律和特性。

（3）人机系统功能的分配

一个高效率的人机系统必须是一个整体。因此，人机系统首要的问题是人与机器间的功能分配。人机系统中人是更好的决策者，特别是预料之外的事件发生时，人具有良好的应变能力和综合决策的能力。另一方面，机器是具有高效率计算特性（积分和微分）的装置，它用一种可靠的方式工作，在管理的环境中十分有用。

表 2-7 和表 2-8 具体比较了人与机器的不同特征和能力。

根据人和机器的比较分析，人机功能分配可以参考以下建议：

①对于系统中的不确定性因素、不可预料事件以及要求进行综合决策的情况，应该安排人去完成。

②人误概率随着人的任务负担加重而增加，当人的负荷达到他的绩效极限时，应考虑让某

些功能自动进行。

表 2-7　人与机器的特征

| 人擅长于 | 机器擅长于 |
|---|---|
| (1)处理未预料到的事件<br>(2)从经验中吸取益处<br>(3)对应急的条件变化形式具有敏感性<br>(4)使用固有的创造力的人的智能<br>(5)应变处理与调整灵活的程序<br>(6)选择性输入<br>(7)诱导性地论证 | (1)长期连续工作<br>(2)执行日常、重复性工作,具有完好的稳定性<br>(3)迅速计算与处理大量的信息<br>(4)对信号做出快速反应<br>(5)演绎推理 |

表 2-8　人和机器能力的比较

| 比较内容 | 人的特征机能 | 机器的特征机能 |
|---|---|---|
| 感知能力 | 人可识别物体的大小、形状、位置和颜色等特征,对不同音色和某些化学物质也有一定的分辨能力 | 接受超声、辐射、微波、电磁波、磁声等信号,能超过人的感受能力 |
| 控制能力 | 可进行各种控制,且在自由度、调解和联系能力等方面优于机器;同时,其动力源和响应运动完全合为一体,能"独立自主" | 操纵力、速度、精确度、操作数量等方面都超过人的能力;但不能"独立自主",必须外加动力源才能发挥作用 |
| 工作效能 | 可依次完成多种功能作业,但不能进行高阶运算,不能同时完成多种操纵,不能在恶劣的环境条件下作业 | 能在恶劣的环境条件下工作,可进行高阶运算和同时完成多种操纵,控制单调、重复的工作也不能降低效率 |
| 信息处理 | 人的信息传递率一般为 6 bit/s,短时间内能同时记住的信息约 10 个,每次只能处理一个信息 | 能迅速储存信息和取出信息,能长期储存,也能一次废除,信息传递能力、记忆速度和保持能力都比人高得多 |
| 可靠性 | 就人脑而言,应变能力和自动结合能力都远远超过机器;但工作过程中,人的技术高低、生理及心理等对可靠性都有影响,可处理意外的紧急事态 | 经可靠性设计后,其可靠性高,且质量保持不变;但本身的检查和维修能力非常微薄,不能处理意外的紧急事态 |
| 耐久性 | 容易产生疲劳,不能长时间连续工作,且受年龄、性别与健康状况等因素的影响 | 耐久性高,能长期连续工作,并大大超过人的能力 |

③人误概率正比于人所涉及的相互关联的系统数目,它直接与任务的大小、程序的长短、控制的数目、显示单元的运行、运行通信的数目、决策以及系统要求的计算量等因素有关。此外,操作人员的冗余度也会在一定程度上有利于减少操作的失误概率。

④由于高度自动化机器的可靠性易受到操作条件的影响而有所降低,因此明智的做法是

增加系统备用人员的功能。人不适宜做那些失误率很高的操作。

2. 人机系统中人的特性

(1)人的行为模型:S-O-R

在许多人机系统中,要求人的活动是监视、调整、维护以及消除系统的异常干扰。一般来说,每一个单独个人或作为小组成员之一,都必须接受关于他们负责的系统或子系统状态的信息(来自显示器、环境条件或程序指令),他必须处理这些信息,以确定他是否要采取某种行为,然后实施它。这只是粗略地描述人在人机系统中扮演的角色,人与机器交互作用的细节并不是很容易抓住或给予描述。

人的行为心理要素是所有行为特性的基础,包括感知、信息处理和动作。传统行为心理学称之为 S-O-R(刺激-组织-反应)公式。这三种心理学元素是大多数人活动的原则。

①刺激输入 S:是指环境中的任何物理变化,它可由器官察觉出来。刺激经常来自器官外部,例如一个显示器闪烁或一个报警信号。有些情况刺激产生于器官内,例如一个认识过程意味着"到了该采取某种行为的时间了"。

②组织调解 O:是指在被接收了的物理刺激 S 后器官的全部活动,即记忆、决策和解释。

③输出反应 R:指对于 O 器官的物理反应也是对 S 器官的反应,交谈、按键和压下阀门等都属于输出反应。

Meister 认为,所有的人的行为都是这三种要素的联合,即 S-O-R,这样,复杂的行为被认为是许多 S-O-R 环节的交织并且同时进行。一个事件环节中的任何一个要素出问题,就可能发生人误,例如:①感知刺激过程中发生故障;②没有能力鉴别各种类型的刺激;③错误解释刺激的意义;④不知道对于某特定刺激采取何种反应;⑤体力上不能实施某种需要的反应;⑥反应顺序混乱。S-O-R 的一些具体活动和行为见表 2-9。

表 2-9  作业行为的分类实例

| 过程 | 活动 | 具体行为 |
|---|---|---|
| 感知 | 搜索和接收信息 | 观察,读,接收 |
| | 识别目标、动作事件 | 鉴别,辨识,定位 |
| 调解 | 信息处理 | 编码,内插,翻译 |
| | 解决问题和制定策略 | 计算,比较,评估 |
| 交流 | — | 回答,指导,指示,要求,传达 |
| 动作 | 简单/断续 | 关闭,连接,移动,安置 |
| | 复杂/连续 | 调节,校准,调整,跟踪 |

(2)人的基本功能

人与机器之间交互作用的典型类型如图 2-19 所示。

首先是机器提供给人刺激信号,这种刺激激发人的某种信息处理和制定决策,从而促使人采取某种动作来控制机器的运行。在这个事件环节中，人基本上提供三种功能，并有第四种功能——人的记忆力作为支持。

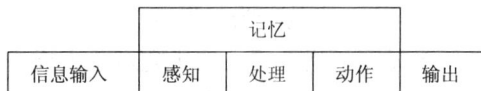

| 记忆 | | | |
|------|------|------|------|
| 信息输入 | 感知 | 处理 | 动作 | 输出 |

图 2-19　在人机系统中人部件的简化模型

①信息感知

人通过使用不同的形式（例如视觉、听觉和触觉）对来自外界的信息给予感知、鉴别和领悟。总体上，由于人具有活跃的悟性，因此他能筛选、识别和组织信息。

②信息处理与决策

信息处理包括多种操作类型。其运行根据被感知和记忆的信息完成。不同学派的心理学家对这一过程给出了不同的解释。例如，称它为调解过程、机体作用过程，或称它为认知过程。就一般认知性概念而言，这些提法都是相同的，其定义为"认识的作用或过程，包括意识和判断"。这个过程，不论其简单或复杂，总要产生一种行为决策（或者不产生行为）。认识过程影响一个人领悟到什么、如何领悟、所接触信息的意义以及他对此领悟采用的决策等。

③记忆

记忆信息的能力是人处理信息的一种基本特征。目前，人的记忆理论将记忆分为三种不同的存储子系统。感知记忆将从眼睛（形象记忆）和耳朵（四声记忆）得到的信息保留短暂时间（通常少于 1 s），在这之后它必须进入短时间记忆或被丢失。短时记忆能将记忆保持更长的时间，如复述，保持信息于短时记忆中，如果复述停止，信息也就被丢失了。

一旦信息从短时记忆转化成长时记忆，就无需不断复述以保持信息了。然而，大量的信息储存在长时记忆中，因而内容的提取并不总是可能的。记忆力与其他三种功能相互作用。训练（特别是考虑到某工作中某些目标或功能的重要性时）将有效地影响人对信息内容的领悟与决定采取什么行动。

④动作功能

作为决策制定后所产生的反应，动作功能可以被分为两类：第一类是身体发生的控制行为，例如启动机器控制器或对某个部件的处理；另一类是联络行为，例如通过声音、键盘或其他信号。

**三、人的可靠性分析**

人的行为的可靠性是一个非常复杂的问题。一个活生生的人本身就是一个随时随地都在变化着的系统。这样一个巨系统被大量的、多维的自身变量制约着，同时又受到系统中机器与环境方面的无数变量的牵涉和影响。

1. 人的可靠性模型

人为失误的定量分析可以用人的失误率来表示：

$$F = 1 - R \tag{2-34}$$

式中　$F$——人的失误率；

$R$——人的行为可靠度。

可靠度是指系统中的研究对象人或机器在规定条件下和规定时间内能正常工作的概率。

当一组作业序中有多个作业单元时，其可靠度为每个作业单元可靠度的乘积，即

$$R = R_1 R_2 R_3 \cdots R_i \tag{2-35}$$

例如，读电流表时，人的可靠度为 0.994 5，把读数记录下来可靠度为 0.996 6，若作业序中仅有这两个作业，那么其可靠度为 $R = 0.994\ 5 \times 0.996\ 6$。这时人的失误率为 $F = 1 - (0.994\ 5 \times 0.996\ 6) = 0.008\ 8$。这里每一个作业单元的可靠度数值都需要大量试验数据为依据。

从上例可以看出，一个作业序中作业单元越多，其可靠度就越低，即人的失误率也就越大。

在连续作业的情况下，人为失误是随时间变化的，所以瞬时失误率可表示为：

$$F(t) = \int_0^t f(t)\mathrm{d}t \tag{2-36}$$

人的可靠性模型可由工程可靠性引起，即将人作为硬件对待，导出人的可靠性模型：

$$R(t) = \mathrm{e}^{-\int_0^t n(t)\mathrm{d}t} \tag{2-37}$$

式中　$R(t)$——任一时刻人作业的可靠度；

　　　$t$——特定任务的失误率。

系统运行中人为失误的各种可能的原因及类型，主要包括以下几方面：①信息感知；②信息处理；③操作实施。

2. 人的不安全行为

人的不安全行为分析，是从人的行为、动机和心理状态开始，研究产生人为失误造成不安全动作的主要原因。

(1) 产生不安全动作的原因

产生不安全动作的原因有：①缺乏对危险性的认识，由于安全教育训练不够，不懂危险，从而进行不安全作业；②在操作方法上不合理、不均衡或做无用功；③准备不充分、安排不周密就开始作业，因仓促而导致危险作业；④作业程序不当，监督不严格，致使违章作业自由泛滥；⑤取下安全装置，使机器、设备处于不安全状态；⑥走捷径、图方便，忽略了安全程序；⑦不安全地放置物件，使工作环境存在不安全因素；⑧在运行的机器和设备上检修、清扫、注油等；⑨接近危险场所时无防护装置。

人为失误而产生的不安全后果，除与操作人员本身的因素有关外，指挥不利或违章指挥也是重要的原因，并且在大多数情况下是引起不安全后果的基本原因。因此，在安全生产中，除建立严格的作业标准外，还需加强企业领导的安全管理水平。

(2) 不安全行为分析

由于千差万别的个性，人的自由度比机器大得多。每个人的心理特征和心理状态要在人机系统中得到协调一致，是一个非常复杂的问题。为此，要根据人的共性和人的信息特征来深

人研究和分析操作人员容易产生不安全行为的基本原因以及事故发生的一般规律,从而采取必要措施来减少人为失误,保证安全生产。

3. 人的可靠性分析方法

人的可靠性分析(HRA)以分析、预测、减少与防止人误为研究核心,对人的可靠性进行定性与定量分析和评价。

HRA 的发展过程大致可分为两个阶段。第一个阶段产生的 HRA 模型的基础是人的行为理论,即以人的输出行为为着眼点,较少探究行为的内在历程。在这类模型中,对人的处理方式类似于对机器的处理,因此将这一阶段的 HRA 方法称为静态的基于专家判断与统计分析相结合的第一代 HRA 方法。第二阶段是以认知心理学、行为科学为基础,研究人的认识活动,建立人的认识可靠性模型,将认知可靠性分析评估与动作执行可靠性评估相结合,最终产生一种总体的 HRA 评估方法,此类方法被称为第二代 HRA 方法。

目前常见的人的认识可靠性分析模型有:GEMS 模型、CES 模型、IDA 模型、ATHEANA 模型以及 CREAM 模型等。第二代 HRA 方法将认知可靠性分析评估与动作执行可靠性评估相结合,最终产生一类总体的 HRA 评估方法。

# 第六节 应急救援优化理论

## 一、应急资源布局及优化

应急资源布局是指根据各种潜在危险源的分布,在综合时间、成本和能力等因素的基础上,按照一定的规划方式,预先把一定种类和数量的应急保障资源(如救护车、医疗机构、消防点、巡逻警车、警力等应急资源)置于选定地点,使得在应急管理中资源的供应量达到最大或最优。应急资源布局直接关系到救灾效果的好坏,是灾害应急体系规划的重点对象,应遵循覆盖性、匹配性、易达性、速达性、多级性和合理性原则。

应急资源布局包括救援点选址和资源配置两个方面,二者相互关联。在选址时要考虑配置问题,在配置时要考虑选址问题。应对和处理突发事件时,只在应急资源需求分析的基础上,综合分析应急资源需求的结构和数量,在平战结合和全社会资源统筹协调原则下,对有限的应急资源合理选址与配置,才能及时有效地调动全社会资源,提高资源保障能力,从而使事故损失减到最少。

1. 应急资源选址模型

应急资源选址包括单个应急服务设施点和多个应急服务设施点的选址问题。近年来,随着选址理论的发展,形成了多种选址方法包括解析方法、最优化线性规划方法、启发式方法、模拟法、综合因素评价法以及遗传算法等。

(1)单个应急服务设施点选址优化

铁路运输是由众多铁路局、站段和一些特殊部门组成的大系统,如果将他们看成网络中的顶点，他们发生事故的频率作为顶点的权重，连接他们的铁路线看成网络中的弧，那么整个应急救援系统可以抽象为一无向赋权图 $G=\{V,E\}$，其中 $V=\{v_1,v_2,\cdots,v_n\}$ 为 $G$ 的点集，$E=\{e_1,e_2,\cdots,e_n\}$ 为连接 $G$ 各点间的弧集，$h_i$ 为顶点 $v_i$ 的权重，$b(e_i)$ 为弧的长度。如果弧 $e_i$ 连接顶点 $v_p$ 和 $v_q$，那么弧 $e_i$ 可以表示成 $e_i=(v_p,v_q)$，$b(e_i)$ 可以表示成 $s$。$G$ 中的任何两个点 $x$、$y$，$d(x,y)$ 代表连接 $x$ 点和 $y$ 点的最短路径。因此 $d(v_i,x)$，$x\in(v_p,v_q)$ 具有以下性质：

$$d(v_i,x)=\min\{d(v_i,v_p)+b(v_p,x),d(v_i,v_q)+b(v_q,x)\} \qquad (2-38)$$

上述问题转换为以下数学模型：

$$\min\max_{1\leqslant i\leqslant n}d(v_i,x)$$
$$\text{s. t. } x\in G \qquad (2-39)$$

其实质就是求网络中的绝对中心点。在实际问题的选址中，以上的数学模型是基础，在此基础上还需要考虑其他因素。

因此，以上问题转化为以下数学模型：

$$\min\sum_{i=1}^{n}h_i d(v_i,x)$$
$$\text{s. t. } \max_{1\leqslant i\leqslant n}d(v_i,x)\leqslant\lambda$$
$$x\in G \qquad (2-40)$$

由于距离函数 $d(v_i,x):G\rightarrow R$ 仅仅当 $G$ 为树时，是一个凸函数，求解此类选址问题比较简单。$\lambda$ 的有意义的取值范围

$$z_m(x)=\sum_{i=1}^{n}h_i d(v_i,x) \qquad (2-41)$$

记：使 $z_m(x)$ 最小的点 $x_m$ 叫做 $G$ 的绝对中位点；$z_c(x)=\max_{1\leqslant i\leqslant n}d(v_i,x)$，使 $z_c(x)$ 最小的点 $x_c$ 叫做 $G$ 的绝对中心点，$r(x_c)$ 叫做 $G$ 的绝对半径。

如果 $\lambda\in[0,z_c(x_c)]$，根据绝对中心点的定义，那么上述模型没有可行解。如果 $\lambda\in[z_c(x_m),+\infty)$，根据绝对中心点的定义，那么 $x_m$ 就是一个最优可行解，其实际意义是将其服务设施选址在该网络的绝对中位点。

算法步骤如下：

步骤1：令 $j=1$。

步骤2：从距离矩阵 $S$ 的第 $i$ 行中找出最大元素 $d(v_j,v_k)$，然后根据最短路径矩阵 $P$ 判断从距离矩阵中找出不在路径 $p(v_j,v_k)$ 上次最大元素 $d(v_j,v_l)$。

步骤3：计算局部半径 $r(x_j)=\dfrac{d(v_j,v_k)+d(v_j,v_l)}{2}$，如果 $r(x_j)>\lambda$ 转步骤6；否则转步骤4。

步骤4：从局部中心点 $x_j$ 沿方向 $p(x_j,v_k)$ 和 $p(x_j,v_l)$ 移动 $\lambda-r(x_j)$ 个距离单位，作为

新的顶点,分别标记 $v'_j$ 和 $v''_j$。

步骤5:计算 $\sum_{i=1}^{n} h_i d(v_i, v'_j)$,$\sum_{i=1}^{n} h_i d(v_i, v''_j)$,$\sum_{i=1}^{n} h_i d(v_i, v_{j_1})$,$\cdots$,$\sum_{i=1}^{n} h_i d(v_i, v_{j_m})$。

步骤6:$j = j + 1$,如果 $j < n$ 转步骤2,否则取步骤5中计算出的最小值的新标记顶点为模型的最优解。

(2)多个应急服务设施点选址优化

在单个应急服务设施选址的基础上研究多个应急服务设施的选址优化问题。

设 $X_p = \{x_1, x_2, \cdots, x_n\}$ 为网络 $G$ 中的 $p$ 个待确定的应急服务设施点集,则有:

定义2-8 网络 $G$ 中的一个顶点 $v$ 到点集 $X_p$ 的距离为 $d(v, X_p) = \min_{1 \leqslant i \leqslant p} \{d(v, X_p^*)\}$。

定义2-9 如果网络中 $G$ 的点集 $X_p^*$,对于 $G$ 上的任何点集 $X_p$,都存在 $\max_{v \in V} d(v, X_p) \geqslant \max_{v \in V} d(v, X_p^*)$,则称为网络 $G$ 的 $p$- 绝对中心点。

定义2-10 当 $X_p^*$ 为网络 $G$ 的 $p$- 绝对中心点,记 $r_p(G) = \max_{v \in V} d(v, X_p^*)$,称为网络 $G$ 的- $p$ 绝对半径。

多个应急服务设施点选址模型是

$$F(X_p^*) = \min_{X_p \in G} \max_{v \in V} d(v, X_p) \tag{2-42}$$

其实质就是求网络中的绝对中心点。该选址模型仅仅考虑了如何确定 $p$ 个应急服务施的点的位置,以使 $\max_{1 \leqslant i \leqslant n} d(v_i, X_p)$。由于服务设施一旦建立就将长时间运营,因此从系统的运营费用考虑,费用大大提高。因此在满足时间紧迫性的前提下,考虑把 $X_p$ 中离各个应急地点 $i$ 距离最近的 $k$ 个应急服务设施到各个应急地点 $i$ 的距离之和最小作为系统的优化目标更具有实际的意义。

因此上述问题转化为以下数学模型:

$$\min \sum_{i=1}^{n} h_i d(v_i, X_p)$$
$$\text{s. t. } \max_{1 \leqslant i \leqslant n} d(v_i, X_p) \leqslant \lambda$$
$$X_p \in G \tag{2-43}$$

由于距离函数 $d(v_i, x): G \rightarrow R$ 仅当 $G$ 为树时,是一个凸函数,求解此类选址问题比较简单。

$\lambda$ 的有意义的取值范围

$$F_m(X_p) = \sum_{i=1}^{n} h_i d(v_i, X_p) \tag{2-44}$$

记:$F_m(X_p)$ 最小的点集 $X_m^*$ 叫做 $G$ 的 $p$-绝对中心点;$F_c(X_p) = \max_{1 \leqslant i \leqslant n} d(v_i, X_p)$ 使 $F_c(X_p)$ 最小的点集 $X_c^*$ 叫做 $G$ 的 $p$-绝对中心点。如果 $\lambda < F_c(X_m^*)$,则无解。如果 $\lambda = F_c(x_m^*)$ 那么 $X_m^*$ 就是一个可行解。如果 $\lambda > F_c(X_m^*)$,那么 $X_m^*$ 就是一个可行解并且提供了最优解,$\lambda \in [F_c(X_c^*), F_c(X_m^*)]$。

算法步骤如下：

步骤1：令 $j=1$。

步骤2：从距离矩阵 $S$ 的第 $j$ 行中找出最大的元素 $d(v_j,v_k^1)$，然后根据最短路径 $P$ 判断从矩阵 $S$ 中找出不在路径 $p(v_j,v_k)$ 上次最大元素 $d(v_j,v_k^2)$，依次类推找出第 $p+1$ 各最大元素 $d(v_j,v_k^{p+1})$。

$$r(x_1^i) = \frac{d(v_j,v_k^1) + d(v_j,v_k^{p+1})}{2}$$

$$r(x_2^i) = \frac{d(v_j,v_2^p) + d(v_j,v_k^{p+1})}{2} \qquad (2\text{-}45)$$

$$\vdots$$

$$r(x_p^j) = \frac{d(v_j,v_k^p) + d(v_j,v_k^{p+1})}{2}$$

步骤3：计算局部半径 $r(X_p^j) = \dfrac{d(v_j,v_k^1) + d(v_j,v_k^{p+1})}{2}$，如果 $(X_p^j) > \lambda$，转步骤5，否则转步骤4。

步骤4：从局部中心点 $x_1^i,x_2^i,\cdots,x_p^j$ 分别沿方向 $p(x_1^i,v_k^k)$ 和 $p(x_1^i,v_k^{p+1})$，$p(x_2^i,v_k^k)$ 和 $p(x_2^i,v_k^{p+1})$，$\cdots$，$p(x_p^j,v_k^p)$ 和 $p(x_p^j,v_k^{p+1})$，移动 $\lambda-r(x_1^i),\lambda-r(x_2^i),\cdots,\lambda-r(x_p^j)$ 个距离单位作为新顶点，分别标记 $v_j^{[1]'}$ 和 $v_j^{[1]''}$，$v_j^{[2]'}$ 和 $v_j^{[2]''}$，$\cdots$，$v_j^{[p]'}$ 和 $v_j^{[p]''}$。

步骤5：$j=j+1$，如果 $j<n$，转步骤2，否则转步骤6。

步骤6：从上述新标记的顶点和连线上的 $G$ 的原有顶点（假设共有 $k$ 对顶点），从中取出 $p$ 对顶点，分别计算出 $\sum\limits_{i=1}^{n}h_id(v_i,X_p)$，使其最小值 $X_p$ 的就是最优解 $X_p^*$。

**2. 资源优化配置模型**

一旦应急服务中心的地址已经确定，接下来就需要对每个应急服务中心分配资源。应急管理不可忽视的一个约束就是成本，不可能也没有必要向每个应急服务中心提供无穷多的资源以应付应急事件。因此如何在满足一定服务水平的前提下，合理有效分配资源就显得非常重要。

在资源的优化配置中，静态的资源配置问题相对而言比较简单，只需要考虑资源的配置费用，根据资源的可支配总量和各个应急服务中需要配置的资源量，满足应急的需求条件即可，例如应急服务车辆的派遣或车辆的再定位问题（Vehicle Relocation）。在应急管理中，大多情况下更多考虑的是一种动态的资源配置。因为突发事件的发展是一个渐进的过程，规模、速度和影响程度是不断的变化，使得应急资源的配置变得复杂，是一个多阶段的资源配置问题，需要用动态的思想来进行资源的配置，使得资源达到优化配置的目的。这里简要介绍一下基于动态规划的资源优化配置模型。

动态规划是解决多阶段决策过程最优化的一种问题，它将多阶段决策问题转化为一系列简单的最优化问题。动态规划首先将复杂的问题分解成相互的若干阶段,每个阶段都是一个最优化子问题,然后逐阶段进行决策(与下阶段的关联),当所有阶段决策都确定了,整个问题的决策也就确定了。

(1)基于动态规划的决策模型

运用动态规划方法,依据应急点的数目(设为 $N$),将应急资源配置过程划分为相应的 $N$ 个阶段,在此基础上构造数学模型,对应急资源进行优化配置。在应急过程中调配一定数量的资源满足应急需求,各参数变量表示如下:

$k$ 为应急阶段 ($k=1,2,\cdots,N$);$x_k$ 是动态规划模型中的状态变量,表示到 $k$ 阶段时已经调用的应急资源总量;$u_k$ 是模型中的决策变量,表示可供选择的决策方案;$\omega_k$ 表示 $k$ 阶段的应急资源需求量,具有给定的概率分布。$D_k$ 为由 1 阶段到 $k$ 阶段所有决策变量的集合。

假定 $\omega_1,\omega_2,\cdots,\omega_N$ 为独立随机变量,由应急点的灾害情况决定。应急过程可调用资源量 $x_k$,应急资源需求量 $\omega_k$ 以及应急决策变量 $u_k$ 之间关系如图 2-20 所示。

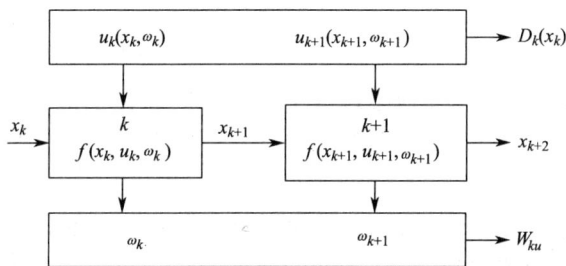

图 2-20 基于动态规划的应急阶段之间的关系

对于第 $k+1$ 个阶段,动态系统具有 $x_{k+1}=f(x_k,u_k,\omega_k)(k=0,1,2,\cdots,N-1)$。

式中 $N$ 为应急过程中应急点的数目。

由每阶段的决策 $u_k(x_k)(k=1,2,\cdots,N-1)$ 组成的决策函数序列称为全过程策略,简称策略。策略是指在应急任意阶段制定出的所有应急资源配置决策的集合,仅与阶段及该阶段过程中的状态有关,用 $p(x_k)$ 表示。

$$p(x_k)=(u_1(x_1),u_2(x_2),\cdots,u_N(x_N)) \tag{2-46}$$

对于已给出状态和决策的目标函数 $J$,可表示为:

$$J=J(x(0),x(1),\cdots,x(N);u(0),u(1),\cdots,u(N)) \tag{2-47}$$

选择适当的 $u$ 值(即适当的决策序列),使得 $J$ 为最小(也可用 $J$ 的其他评价基准,例如使 $J$ 最大)、实现了目标函数的最优化,函数 $J$ 称为准则函数。

(2)资源优化配置模型

用下列元素确定 $N$ 阶段的决策过程:

$$(x(0),x(1),\cdots,x(N);u(0),u(1),\cdots,u(N)) \tag{2-48}$$

因 $x_{k+1}=f(x_k,u_k,\omega_k)(k=0,1,2,\cdots,N-1)$，$x(0)$ 是已知的初始状态，假设所有的 $x(k)(k=1,2,\cdots,N)$ 均可用 $x(0)$ 和 $u(k)(k=1,2,\cdots,N-1)$ 来表示。因此，准则函数

$$J=J(x(0),u(0),u(1),\cdots,u(N)) \qquad (2-49)$$

$x(0)$ 为已经给定的初始状态，决策 $u(k)(k=1,2,\cdots,N)$ 为自由变量，可得到联立的非线性方程式

$$\frac{\partial J}{\partial u(k)}=0 \quad (k=1,2,\cdots,N) \qquad (2-50)$$

为解决实际问题，在多阶段决策过程中，对限制准则函数 $J$ 的形式进行分析和计算是必须的。在模型中

$$u(k)=u(x(k),\omega(k),k) \qquad (2-51)$$

即现有的决策仅仅是现有状态和随机扰动的函数。

应急资源配置的准则函数具有马尔科夫特性，即目标函数具有以下属性：

$$J=\sum_{k=0}^{N}L(x(k),u(k),\omega(k)) \qquad (2-52)$$

式中 $L(x(k),u(k),\omega(k))$ 是应急过程中各阶段的目标函数，在该模型中，$L$ 是非负函数。函数 $L$ 取决于单个阶段状态和决策项的总和。$J$ 为整个应急过程的目标函数，等于所有阶段目标函数的相加的和。

一般情况下，已知一组状态 $(k)\in X$，$X$ 为可用应急资源，则新的一组状态 $x(k+1)$ 就可以根据 $x(k)$ 求出，计算公式为：

$$x(k+1)=f(x(k),u(k),\omega(k)) \qquad (2-53)$$

同时还可以计算出 $J(x(k+1),k+1)$：

$$J(x(k+1),k+1)=L(x(k+1),u(k+1),\omega(k+1))+J(x(k),k)$$

故任意系统样本的应急过程总代价函数可以表示为：

$$\begin{cases} J_{k+1}(x_{k+1})=\min\sum_{k=1}^{N-1}L_k=\min(L_{k+1}(x_{k+1},u_{k+1},\omega_{k+1})) \\ \text{s.t. } u_k\in p_k(x(k)) \\ L_0(x_1)=0 \\ \dfrac{\partial J}{\partial u(k)}=0 \end{cases} \qquad (2-54)$$

## 二、应急资源调度及优化

应急资源调度是应急决策和应急响应的重要内容。当突发事件发生后，有关部门根据指挥调度系统的指令，根据现阶段救助资源的需求情况，确定调度的资源数量，制定运输资源的路线以及根据突发事件的发展变化情况，多阶段地跟踪调度资源等。应急资源调度与一般资

源调度相比具有紧迫性、动态实效性和多阶段性的特点,需要社会资源的整合与协作。

目前应急资源调度相关研究主要集中在以下几个方面:①资源调度在路径或时间上的最短问题;②在救援时间最短的条件下考虑最小费用问题;③针对应急资源调度的可靠路径搜索问题等。这些都是在总体目标最优上进行研究,但忽略了各个灾点对应急资源的竞争关系,也没有体现应急资源调度的社会公平性。博弈论作为研究竞争与冲突条件下决策分析的科学,目前已用于各领域的资源调配或最优化问题中,也为解决该应急资源调配问题提供了有效方法。Gupta 和 Shetty 将博弈论方法运用到多个危机事件管理的研究中,取得了初步成果。

从方法论角度看,博弈理论是一个包含目标函数向量和策略向量的向量优化问题;从对策论角度看,则主要研究在相关约束下,决策主体行为发生相互作用时的决策以及决策所形成的均衡问题。根据决策者行为方式不同,博弈可分为合作博弈与非合作博弈。合作博弈强调通过合作实现集体理性,博弈各方可通过某种合作与协商,获得满足某些理性行为和合理性的Pareto 解;非合作博弈强调在竞争中实现个体理性,博弈各方在一定的博弈环境和规则下有各自的目标函数,而这些目标函数在实现上常相互矛盾。在个体行为理性假设下,它们通过各自的最优决策以获取自身目标函数的最优,最终形成均衡的结果。称为博弈的"Nash 均衡点"(Nash EquilibriUrn,NE),NE 可理解为竞争各方中没有人有激励去打破的均衡。此时,每个竞争者已在现有情况下最优化自己的目标函数。

博弈论的基本概念包括:参与人、行动、信息、战略、支付函数、结果、均衡。参与人是指博弈中以自身效用最大化为目的来选择行动的决策主体,参与人可以是个人,也可以是团体;行动是指参与人的决策变量;战略亦称策略,是指参与人选择行动的规则,它告诉参与人在什么条件下采取什么行动;信息是指参与人在博弈中的知识,特别是有关其他参与人的特征和行动的知识;支付函数是参与人从博弈中获得的效用水平,它是所有参与人战略或行动的函数;结果是指博弈分析者感兴趣的要素的集合;均衡是所有参与人的最优战略或行动的组合。

**三、应急能力评估**

1. 铁路应急能力评价指标体系

(1)评价指标的选择

铁路应急救援体系是一个多层次、多因素的系统,为了对此进行一个科学的评价,必须合理地构建一个评价指标体系,使大量相互关联、相互制约的因素条理化、层次化。

①评价指标建立的原则及流程

构建一个完整客观、科学合理的目标评价指标体系是一件系统化的项目,指标的选取应遵循可测性、实用性、一致性、完备性、可比性、独立性和可操作性等原则。在评价指标内容的确定上需要考虑各方面的综合因素,保证其建立的科学性、适用性才能对评价目标作出更贴切的评价。指标体系建立的流程具体如图 2-21 所示。

```
                    步骤                              目标

              ┌──────────┐              ┌────────────────────┐
              │ 文献综述 │─────────────▶│   确定指标来源      │
              └──────────┘              └────────────────────┘
                                                   │
              ┌──────────┐                          ▼
              │ 实践考察 │──────┐       ┌────────────────────┐
              └──────────┘      ├──────▶│ 确定应急体系影响因素集│
              ┌──────────┐      │       └────────────────────┘
              │ 专家意见 │──────┘                   │
              └──────────┘                          ▼
              ┌──────────┐              ┌────────────────────┐
              │ 指标初选 │─────────────▶│   拟定评价指标内容   │
              └──────────┘              └────────────────────┘
                                                   │
              ┌──────────┐                          ▼
              │ 指标精选 │─────────────▶│   确定最终评价指标   │
              └──────────┘              └────────────────────┘
                                                   │
              ┌────────────┐                        ▼
              │ 指标关系分析 │────────────▶│ 确定指标体系层级结构│
              └────────────┘              └────────────────────┘
                                                   │
              ┌──────────┐                          ▼
              │ 权重的分配 │─────────────▶│   得到明确的权重    │
              └──────────┘              └────────────────────┘
                                                   │
                                                   ▼
                                        ┌────────────────────┐
                                        │ 构建完整的指标评估体系│
                                        └────────────────────┘
```

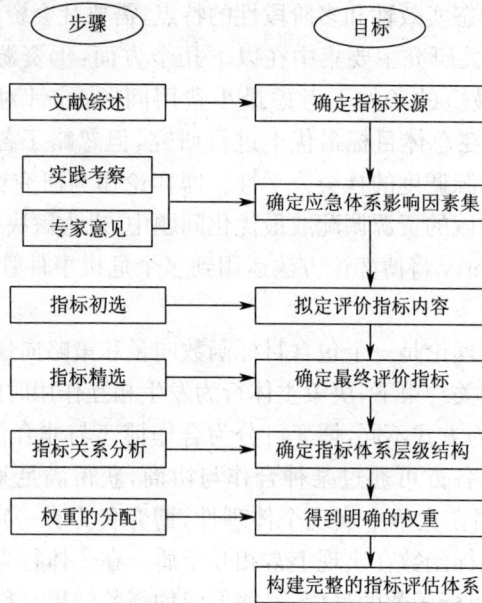

图 2-21　指标体系构建流程

②评价指标的类型

我国幅员辽阔,各铁路所处区位不同,自然环境不同,灾害因子不同,诱发因素也不尽相同,铁路应急救援体系的多样性和复杂性决定了评价指标的类型是多种多样的,按照统计形式可以分为定性指标和定量指标;按作用可以划分为绝对指标和相对指标;按功能,可分为描述性指标和分析性指标;按内容可以分为人员、法律法规、培训、演练、医疗、物资、装备、公众宣传教育等多个方面。

③指标筛选方法

在实际的评价中,并非是评价指标越多越好,但也不是越少越好,关键在于评价指标在评价中所起的作用的大小。基本的原则就是以尽量少的"主要"评价指标用于实际评价。虽然在初步建立的评价指标集合当中也可能存在一些"次要"的评价指标,这就需要按某种原则进行筛选,分清主次,合理组成评价指标集。对于具体的评价问题,如果确定评价目标及选择评价指标是一个非常重要的问题,一般采用专家调查法(Delphi 法)、最小均方差法、极大极小离差法来进行评价指标的筛选。

(2)铁路应急能力评价指标体系

铁路应急能力是一项全方位的工作,涉及日常建设工作、预案管理及演练实施、应急救援行动、应急资源装备及支持、恢复阶段共五个方面评价指标,如图 2-22 所示。

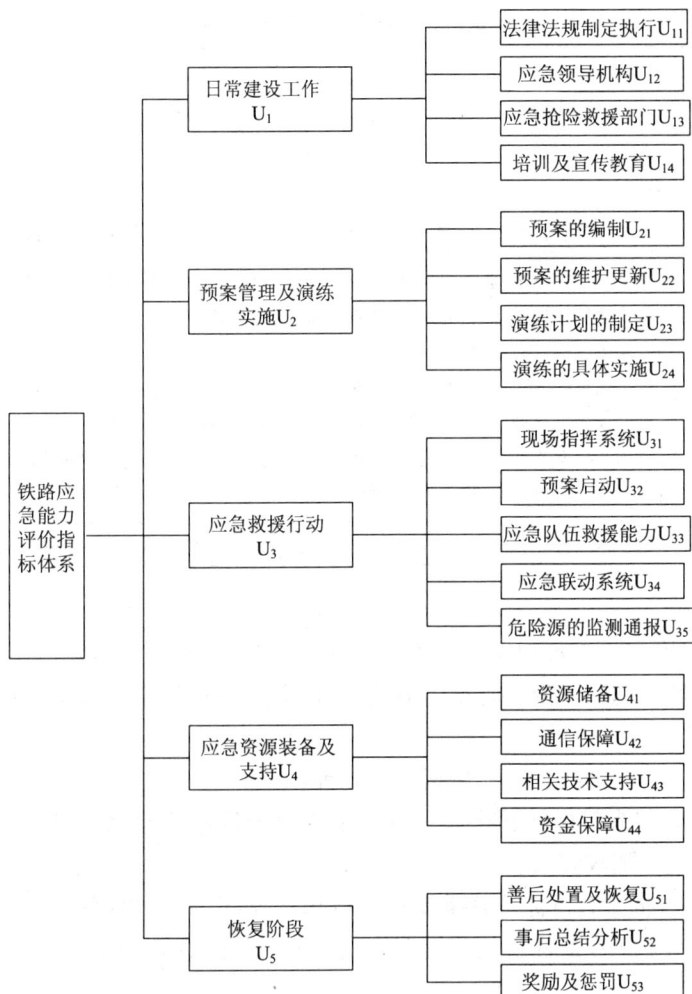

图 2-22　铁路应急能力评价层次结构

## 2.铁路应急能力综合评价方法

### (1)评价方法简介

目前用于铁路应急能力评价的方法已达到几十种,综合起来可分为四大类:常规综合评价方法、经济分析法、数学方法及基于计算机技术的方法。每类方法中包含的具体评价方法在表 2-10进行了列举。

其中,在铁路应急能力评估方面,常用的有专家评分法、多目标决策法、经济分析法、层次分析法、数据包络分析法、投影寻踪法、模糊数学法、灰色系统法、人工神经网络法等,下面对各方法及其优缺点进行简单介绍。

表 2-10　铁路应急能力评价方法

| 类别 | 方　法 |
|---|---|
| 常规综合评价方法 | (1)多因素加权平均法；(2)德尔菲法；(3)约束法；(4)优序法；(5)视图法；(6)线性分配法；(7)逻辑选择法；(8)专家评分法；(9)两两比较法；(10)多目标决策(理想解法 TOPSIS、功效系数法) |
| 经济分析法 | (1)综合效益指数法；(2)费用效益分析；(3)投入产出分析；(4)生产函数法 |
| 数学方法 | (1)运筹学方法：数学规划、层次分析法 AHP、数据包络分析 DEA、排队论<br>(2)数理统计法：回归分析、相关系数检验法、投影寻踪法、多元统计分析(主成分分析、因子分析、聚类分析、判别分析)<br>(3)信息论方法：绝对熵值法、相对熵值法<br>(4)模糊数学理论：模糊评判、模糊序、模糊聚类、模糊距离模型<br>(5)灰色系统理论：灰色统计、灰色聚类、灰色关联分析、灰色局势决策法、灰色层次评价等<br>(6)物元分析理论：物元神经网络、可拓聚类分析、模糊灰色物元等 |
| 基于计算机技术的方法 | (1)人工神经网络；(2)小波网络；(3)专家系统；(4)计算机仿真；(5)系统动力学 |

①专家评分法

专家评分法以专家的主观判断为基础，通常以"分数""指数""序数""评语"等作为评价的标准，对评价对象做出总的评价。常用的方法有：评分法、分等方法、加权评分法和优序法等。

②多目标决策

多目标决策自身具有许多方法，包括以下几种：

a. 化多为少法，将多目标问题化成只有一个或两个目标的问题，然后用简单的决策方法求解，最常用的是线性加权和法。

b. 分层序列法，将所有目标按其重要性程度依次排序，先求出第一个最重要的目标的最优解，然后在保证前一目标最优解的前提下依次求下一目标的最优解，一直求到最后一个目标为止。

c. 直接求非劣解法，先求出一组非劣解，然后按事先确定好的评价标准从中找出一个满意的解。

d. 目标规划法，对于每一个目标都事先给定一个期望值，然后在满足系统一定约束条件下，找出与目标期望值最近的解。

e. 多属性效用法，各个目标均用表示效用程度大小的效用函数表示，通过效用函数构成多目标的综合效用函数，以此来评价各个可行方案的优劣。

f. 重排序法，把原来的不好比较的非劣解通过其他办法使其排出优劣次序来。

③经济分析法

经济分析法是事先议定好的某个综合经济指标来评价不同对象的综合方法，常用的有：综合效益指数法、费用效益分析、投入产出分析、生产函数法等。

④层次分析法

层次分析法(The Analysis Hierarchy Process,AHP)是指将决策问题的有关元素分解成目标、准则、方案等层次,在此基础上进行定性分析和定量分析的一种决策方法。层次分析法的特点是在对复杂决策问题的本质、影响因素及其内在关系等进行深入分析之后,构建一个层次分析结构模型,然后利用较少的定量信息,把决策的思维过程数学化,从而求解多目标、多准则或无结构性的复杂决策问题,提供一种简便的决策方法。

⑤数据包络分析

数据包络分析(Data Envelopment Analysis,DEA)是美国著名运筹学家 A. Charnes 等人以相对效率概念为基础发展起来的一种效率评价方法。它不但可以对同一类型的各决策单元(DMU)的相对有效性进行评定、排序,而且还可利用 DEA"投影原理"进一步分析各决策单元非 DEA 有效的原因及其改进方向,从而为决策者提供重要的管理决策信息。

⑥投影寻踪法

投影寻踪法(Projection Pursuit,PP)是一类直接由样本数据驱动的探索性数据分析方法。它的基本思想是把高维数据通过某种组合投影到低维子空间上,对于投影得到的构形,采用投影指标函数来描述投影值暴露原系统综合评价问题某种分类排序结构的可能性大小,寻找出使投影指标函数达到最优的投影值,然后根据投影寻踪聚类或等级评价模型模拟系统的评价输出。

⑦模糊数学法

模糊性是指某些事物或概念的边界不清楚,这种边界不清的模糊概念,不是由于人的主观认识达不到客观实际所造成的,而是事物的一种客观属性,是事物的差异之间存在着中间过渡过程的结果。模糊集合用隶属函数作为桥梁,将不确定性在形式上转化为确定性,即将模糊性加以量化,从而可以利用传统数学方法进行分析和处理。

⑧灰色系统法

灰色系统是指系统中既有白色参数(已知参数)又有黑色参数(未知参数)的系统,其研究内容包括客观事物的量化、建模、预测、决策、控制等。灰色系统理论是从信息的非完备性出发研究和处理复杂系统的理论,它不是从系统内部特殊的规律出发去研究系统,而是通过对系统某一层次的观测资料加以数学处理,达到在更高层次上了解系统内部变化趋势、相互关系等机制。

⑨人工神经网络

人工神经网络(Artificial Neural Network,ANN)是人类在对大脑神经网络认识的基础上,人工构造的能够实现某种功能的神经网络。它是理论化的人脑神经网络的数学模型,是基于模仿大脑神经网络结构和功能而建立的一种信息处理系统。它具有高度的非线性,能够进行复杂的逻辑操作和非线性关系,与人类的大脑相似,其结构和处理顺序都是并行的。

应用在应急能力评价领域中,上述每种方法都有其各自的优缺点见表 2-11。

表 2-11  评价方法分析

| 管理评价方法 | 优　点 | 缺　点 |
|---|---|---|
| 专家评分法 | 简单方便,易于使用 | 主观性强 |
| 多目标决策法 | 方法严谨,评价者能明确表达自己的偏好 | 对于某些涉及模糊因素、评价者难于确切表达自己的偏好和判断的评价问题的求解有一定的困难 |
| 经济分析法 | 含义明确,便于不同对象的对比 | 计算公式或模型不易建立,对于涉及较多评价因素的评价对象,很难给出一个统一于一种量纲的公式 |
| 层次分析法 | 定性与定量相结合,便于决策者之间的沟通;消除了权重确定的随意性,可靠性高、误差性小 | 对于因素众多、规模较大的情况,容易出现问题 |
| 数据包络分析 | 避免了确定各指标在优先意义下的权重,排除了主观因素,具有很强的客观性 | 计算过程复杂,不便于进行大规模的频繁批量计算,容易出现与现实严重脱节的评价结果 |
| 投影寻踪法 | 能通过样本数据驱动探索性数据分析 | 不适于使用定性评价数据进行评价,采用样本数据挖掘指标权重的局限性 |
| 模糊数学法 | 较好地解决综合评价中模糊性问题,可最大限度的减少人为因素,较好反映方案的实际情况 | 不能解决评价指标之间的相关性而造成的评价信息重复问题 |
| 灰色系统法 | 善于在信息缺乏的情况下,加深对系统的认识,获取更多信息 | 缺乏定量分析,主观性较强 |
| 人工神经网络 | 适合用来处理涉及模拟量、不精确的计算以及只需要好的近似解的这类问题 | 需要大量数据进行验证,如果数据缺乏,则可能失效 |

(2)评价方法选择

①选择评价方法的考虑因素

各种评价方法都有其优缺点,因此针对具体的评价对象,要选用合适的方法才能取得良好的评价效果。在铁路应急管理评价中,由于辨识、评价对象不同,所采用的评价方法是不同的。在选用评价方法之时,应考虑下述几个因素:

a. 评价的目的。选用评价方法之前,首先要考虑评价结果是否能达到评价目的和动机。

b. 需要的评价结果表现形式,根据不同的评价目的形成不同的评价结果表现形式。如对各种危险要素的危险性进行评价,可将结果汇总成危险性一览表;评价各种潜在突发事件萌发的状态或发生的场景时,可形成突发事件情景一览表等。

c. 进行评价时可用的信息资料,如生产活动的技术水平、各种资料的数量和质量、评价对象的复杂程度和规模大小、生产方式、操作方式、固有危险的性质、可能发生的突发事件类型等。

d. 评价对象已经显现的危险,如铁路突发事件的历史情况、铁路设施设备新旧情况、运行状况、使用年限、易损件的更换情况、管理的现状等。

e. 可投入评价的技术人员及其素质、评价费用、完成期限、评价专家和管理人员的知识结构及水平等。

在选择评价方法时,除考虑上述的因素外,还要对评价方法可提供的评价结果及其适应范围作进一步分析。

②评价方法的选择过程

不同的被评价系统,安全评价方法选择过程有所不同,一般可按图 2-23 所示的步骤选择安全评价方法。

选择评价方法时应根据评价的特点、具体条件和需要,针对被评价系统的实际情况、特点和评价目标,经过认真地分析、比较。必要时,要根据评价目标的要求,选择几种评价方法进行评价,互相补充、分析综合和相互验证,以提高评价结果的可靠性。在选择评价方法时应该充分考虑被评价系统的特点、评价的具体目标和要求的最终结果、评价资料的占有情况和评价人员几个方面。

3. 铁路应急能力综合评价过程

铁路应急能力评价首先须明确评价的对象和范围,收集相关法规和标准,了解同类系统、设备、设施的运作和铁路突发事件发生情况以及评价对象的地理、气候条件及社会环境状况等。对收集到的资料应进行深入研究,在对相关指标进行定量分析的基础上,根据一定的评价模型,对现代铁路应急管理系统进行全面地、综合地反映与描述。铁路应急能力评价的一般过程如图 2-24 所示。

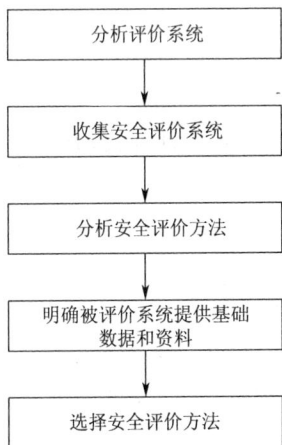

图 2-23　安全评价方法选择过程

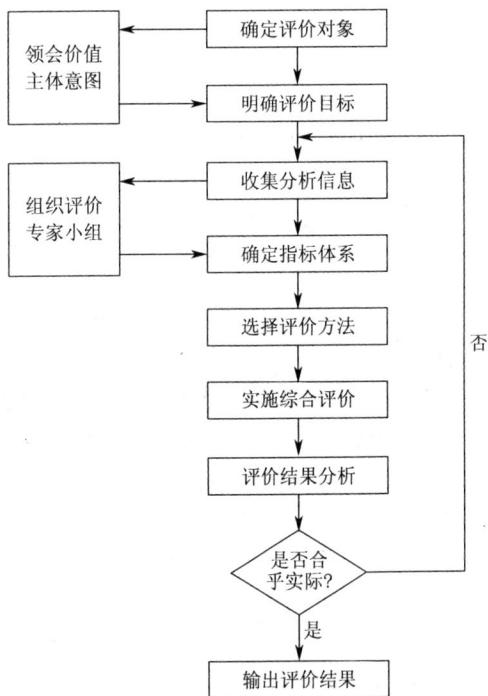

图 2-24　铁路应急能力评价流程

（1）确立评价对象

评价对象可能是针对组织管理水平、危险源辨识能力、应急救援水平或是应急预案的绩效。

（2）明确评价目标

评价目标不同，所考虑的因素就有所不同。为了进行科学的评价，必须反复了解每次评价的目标及为达到此目标应注意的具体事项，熟悉评价方法，进一步分析和讨论考虑到的因素。

（3）收集分析信息

主要包括有关价值主体信息、价值客体信息、参照客体信息的获取。所谓"获取"包括收集、搜索、筛选和正确处理的过程。

（4）组织评价小组

评价小组通常由技术专家、管理专家和评价专家组成。参加评价工作的专家资格、组成以及工作方式等都应满足评价目标的要求，以保证评价结论的有效性和权威性。

（5）确定评价指标

指标是衡量系统总体目标的具体标志，对于所评价的系统，必须建立指标体系。指标体系是综合评价对象系统的结构框架，是综合反映评价对象的状态、发展趋势的一组具有内在联系的指标。指标体系可以从总的或一系列目标出发，逐级发展子目标，最终确定各专项指标。

（6）选择评价方法

评价方法根据评价对象的具体要求不同而有所不同，一般应按系统目标与系统分析结果恰当选择成熟、公认的评价方法，并注意评价方法与评价目的的匹配，注意评价方法的内在约束，掌握不同方法的评价角度与评价途径。

（7）实施综合评价

评价方法及模型确定后，即可请相关领域评价专家对评价对象进行评价。

（8）分析评价结果

专家评价完成后，评价组织者根据专家评价的结果，进行综合分析处理，以判别评价结果，以及所选取的评价模型、有关标准、甚至指标体系合理与否。若不符合要求，则需要返回到前述的某一环节，进行一些修改，然后重新进行评价。

（9）得出评价结果

若评价结果符合要求，则输出评价结果，储备相关资料。

铁路应急能力评价的基本过程给出了评价的一般程序和步骤，但并不是一成不变的，在实际评价过程中，应根据不同的评价对象、评价系统、评价准则、评价方法以及被评价项目的不同而做出适当的修正。

# ？复习思考题

1. 什么是复杂性、复杂系统？

2. 如何分析事故致因的复杂性？

3. 可靠性评估主要从几个方面进行？

4. 举例说明事故预防方法如何应用于事故预防。

5. 什么是事故指引理论？事故致因理论有何用途？

6. 什么是多米诺骨牌效应？根据多米诺骨牌理论如何预防事故的发生？

7. 什么是瑟利模型？什么是安德森模型？怎样对两者进行区分？

8. 什么是人为失误？举例说明。

9. 人的可靠性模型是什么？如何应用？

10. 人机之间是如何进行相互作用的？

11. 应急资源布局有几种方式？分别如何进行优化？

12. 举例说明一种应急能力评估方法。

# 第三章　铁路运输系统安全分析

铁路运输系统安全分析是利用系统工程的原理和方法,分析研究铁路运输系统中存在的危险因素,并根据实际需要对其进行定性、定量描述。其根本目的是为了认识系统中的危险因素,以便采取相应措施控制危险,保证系统安全运行。本章从安全管理的实际需要出发,首先简要介绍了安全分析的内容与分类,然后对因果分析方法、安全检查表法、系统预先危险性分析法、事件树分析法以及事故树分析法等常用的安全分析方法分别进行详细叙述,并结合铁路运输系统中的安全分析实例进行总结分析。

## 第一节　系统安全分析方法概述

铁路运输系统安全分析主要从事故的预防和预测角度出发,通过对运输事故的发生原因、发生可能性及各种隐患进行定性和定量分析,对系统的安全性和危险性进行评估。

### 一、安全分析的内容

安全分析是从安全角度,对系统中的危险因素进行分析,主要分析导致系统故障或事故的各种因素及其相关关系,通常包括如下内容:

(1)对可能出现的初始的、诱发的及直接引起事故的各种危险因素及其相互关系进行调查和分析。

(2)对与系统有关的环境条件、设备、人员及其他有关因素进行调查和分析。

(3)对能够利用适当的设备、规程、工艺或材料来控制甚至根除某些特殊危险因素的措施进行分析。

(4)对可能出现的危险因素的控制措施及措施实行的方法进行调查和分析。

(5)对不能根除的危险因素在失去控制或控制减弱时可能出现的后果进行调查分析。

(6)对当危险因素失去控制时为防止伤害和损害可采取的安全防护措施进行调查分析。

### 二、安全分析方法的分类

安全分析方法有很多种,比较常用的主要有以下几种方法:

1. 事件树分析( Event Tree Analysis,ETA)

由初始(希望或不希望)的事件出发,按照逻辑推理方法,推导分析其发展过程及结果,即由此引起的不同事件链。事件树分析广泛用于各种系统,它能够分析出各种事件发展的可能结果,是一种动态的宏观分析方法。

2. 事故树分析( Fault Tree Analysis,FTA)

由不希望事件(顶事件)开始,找出引起顶事件失效的各种事件及事件组合,适用于分析各种失效事件之间的关系,即寻找系统失效的可能方式。这种分析方法考虑了人、环境和部件之间相互作用等因素,并且简明、形象,因此已成为安全系统工程的主要分析方法。

3. 预先危险性分析(Preliminary Hazard Analysis,PHA)

确定系统的危险性,尽量防止采用不安全的技术路线、危险性物质、工艺及设备等。其特点是把分析工作做在行动之前,避免由于考虑不周而造成损失。当然,在系统运转周期的其他阶段(如检修后开车、制定操作规程、技术改造之后、使用新工艺等),都可以采用该方法。

4. 安全检查表分析技术(Safety Check List,SCL)

按照一定方式(检查表)检查设计、系统和工艺过程,查出危险性所在,此方法简单、用途广泛,没有任何限制。

5. 因果分析图( Cause-Consequence Analysis,CCA)

将引发事故的重要因素分层(枝)加以分析,分层(枝)的多少取决于安全分析的广度和深度要求,分析结果可供安全检查表和事故树的编制工作利用。此方法简单、用途广泛,但难以揭示各因素之间的组合关系。

### 三、交通安全分析方法的选择

在进行交通安全分析方法选择时应根据实际情况,并考虑如下几个问题:

1. 分析的目的

交通安全分析所选择的方法应该满足分析要求,达到交通安全分析的最终目的。例如,对系统所有危险源,查明并列出清单,掌握危险源可能导致的事故,列出潜在事故隐患清单,列出降低危险性的措施和需要深入研究部位的清单,将所有危险源按危险大小排序;为定量的危险性评价提供依据。

由于每种方法都有其自身的特点和局限性,使用时应综合应用多种方法,取长补短、相互比对,验证分析结果的正确性。

2. 资料的影响

相关资料收集的数量、详细程度及内容新旧等,都会对系统安全分析方法的选择有着至关重要的影响。

一般来说,资料的获取与被分析的系统所处的阶段有着直接关系。例如,在方案设计阶段，采用危险性和可操作性研究或故障类型和影响分析的方法就难以获取详细的资料，随着系统的发展，可获得的资料越来越多、越来越详细。为了能够正确分析，应该收集最新的、高质量的资料。

**3. 系统的特点**

要针对被分析系统的特点选择交通安全分析方法。

对于复杂、规模较大的系统，由于需要的工作量和时间较多，应先用较简捷的方法进行筛选，然后根据分析的详细程度选择相应的分析方法。

对于不同类型的操作过程，若事故的发生是由单一故障引起的，则可以选择危险性与可操作性研究；若事故发生是由许多危险因素共同引起的，则可以选择事件树分析、事故树分析等方法。

**4. 系统的危险性**

当系统的危险性较高时，通常采用系统的、严格的、预测性的方法，如事件树分析、事故树分析等方法；当危险性较低时，一般采用经验的、简单的分析方法，如安全检查表法等。

在使用交通安全分析方法时应注意：使用现有分析方法不能生搬硬套，必要时应进行改造或简化；不能局限于已有分析方法的应用，而应从系统原理出发，研究新的分析方法。

# 第二节　安全检查表

安全检查表(Safety Check list)是铁路运输系统安全分析中一种常用的分析方法，可用于发现和查明系统的各种危险和隐患，监督各项安全法规、制度、标准的实施，制止违章行为，预防事故，消除危险，保障安全。本节首先介绍安全检查表的内容和分类，然后阐述安全检查表的编制程序和要求，最后举例说明安全检查表在铁路运输安全中的应用。

## 一、安全检查表的内容和分类

**1. 安全检查表的定义**

为了系统地发现工厂、车间、工序或者机器、设备、装置以及各种操作管理和组织措施中的不安全因素，事先对检查对象加以剖析，把大系统分割成子系统甚至各个元素，查出不安全因素所在，然后根据理论知识、事件经验、标准、规范和事故情报等进行周密细致的思考，确定检查项目，以提问的方式，将检查项目按系统顺序编制成表，以便进行检查。这种表就叫安全检查表。

现代安全系统工程中的许多分析方法，如危险性预先分析、事故类型和影响分析、事故树分析、事件树分析等都是在安全检查表的基础上发展起来的。安全检查表之所以能够在安全管理工作中发挥重大的作用，是因为安全检查表采用系统工程的观点，进行全面的科学分析，明确检查项目和各方责任，使检查工作做到尽量避免遗漏和不流于形式。

**2.安全检查表的内容**

安全检查表的检查项目,应列举需要查明的所有能导致事故的不安全状态和行为,要求尽可能做到无遗漏,检查项目越全面,检查得越彻底,遗漏的安全隐患就越少。对于不同的安全检查对象,安全检查表内容将有所不同。对于一个系统来讲,安全检查表的内容的编制通常从人、机、环境、管理四个方面考虑,一般应该包含总体要求、生产工艺、机械设备、电器装备、操作和管理、人机工程、防灾措施等几方面的内容。

**3.安全检查表的格式**

安全检查表采用提问的方式并以"是"、"否"或者打分的方式来回答问题,"是"或者高分表示符合要求,"否"或者低分表示还存在问题,有待进一步改进。其常见格式见表3-1。

**表3-1 安全检查基本表格式**

| 序号 | 安全检查项目 | 检查结果 | | 整改措施 | 参考标准 | 备注 |
|---|---|---|---|---|---|---|
| | | 是 | 否 | | | |
| 1 | | | | | | |
| 2 | | | | | | |
| 3 | | | | | | |
| 检查对象 | 被检查单位 | 被检查单位负责人 | | 整改负责人 | 检查人 | 检查时间 |
| | | | | | | 年 月 日 |

安全检查表根据具体的检查对象的不同,可以做相应修改。例如,对于各个安全检查项目,为了突出其重要性可以加以标记(如加＊号,突出检查项目重要等级),便于检查者发现项目的危险。

**4.安全检查表的分类**

安全检查表的分类方法有很多种,例如可以按照基本类型、用途以及使用场合等分类。

(1)按照基本类型分类,安全检查表可以分为定性检测表、半定量检查和否决型检查表三类。

定性安全检查表是列出检查要点逐项检查,检查结果以"是"或"否"表示,检查结果不能量化。

半定量检查表是给每个检查要点赋以分值,检查结果以总分表示,有了量的概念。这样,不同的检查对象可相互比较,但缺点是对检查要点的准确赋值比较困难,而且个别十分突出的危险因素不能充分地表现出来。

否决型安全检查表是给一些特别重要的检查要点做出标记,这些检查要点如不满足,检查结果视为不合格,即具一票否决的作用,这样,可以做到重点突出。

(2)安全检查表按其使用场合大致可分为设计用安全检查表、厂级安全检查表、车间用安全检查表、工段及岗位用安全检查表、专业性安全检查表。

设计用安全检查表主要供设计人员进行安全设计时使用,也以此作为审查设计的依据。如果在设计阶段就能够设法把不安全的因素除掉,则可取得事半功倍的效果。设计前,为设计者提供国家有关规程、规范、规定、标准的检查表,设计者参照此安全检查进行设计,可提高设备、设施、产品的本质安全性。

设计用安全检查表在机车、车辆、危险品货物存储与运输、操作的安全性、安全装置与设施、建筑物与构筑物等各方面设计应用中都取得了很好的效果。

厂级安全检查表供全厂安全检查时使用,也可供安技、防火部门进行日常巡回检查时使用。其内容主要是厂区各个产品的工艺和装置的安全性、要害部位、主要安全装置与设施、特种设备的特种作业、危险物品的储存与使用、消防通道与设施、现场操作管理、遵章守纪情况、规章制度的执行情况等。

车间用安全检查表供基层生产单位定期安全检查或预防性检查时使用。其内容包括工艺安全、设备布置、安全通道、通风照明、安全标志、尘毒及有害气体浓度、消防设施及操作管理等。

工段及岗位用安全检查表供工段及岗位进行自查、互查及安全教育使用。主要集中在防止误操作引起的事故方面,其内容应根据岗位的工艺与设备的防灾控制要点确定,要求内容具体易行。

专业性安全检查表由专业机构或职能部门编制和使用,主要用于进行定期的安全检查或季节性检查,如对车辆、电气设备、压力容器、起重机械、特殊装置与设施、管理系统等的专业检查。

事故类别安全检查表是一种以事故特点分类的安全检查表,如防火安全检查表、防水安全检查表、防中毒安全检查表等,主要用于社会安全的管理。

**二、安全检查表的编制与使用**

1. 编制安全检查表的依据

为了使安全检查表在内容上既能切合实际、突出重点,又符合安全要求,在编制安全检查表之前要参考各项安全标准、安全规范和各种事故资料,并组织有关人员认真学习安全系统工程等相关知识。一般来讲,编制安全检查表的依据主要有以下三方面内容:

(1)有关法规、规定、规程和标准

编制各种安全检查表应首先考虑按各种相关的法规、规定、规程和标准进行编制,使检查表在内容及实施中均能做到科学、合理并符合法规的要求。

(2)国内外相关事故案例

编制安全检查表时,应该认真收集国内外同行业以往发生的事故案例或者曾出现过的安全问题,从中吸取教训,并结合本部门实际情况,把那些可能导致事故的不安全因素都一一列举出来。另外,还应该参照事故树和其他安全评价等得出的分析结果,把有关的基本事件列入到检查项目中。

（3）本单位的经验

由本单位的工程技术人员、管理人员、操作人员和安全技术人员一起总结生产操作的实践经验，分析各种潜在的危险因素和外界环境条件，从而编制出一套完整的安全检查表。

在编制中要结合目前的实际情况，充分听取基层单位一线工人意见和要求，以求编制出符合系统安全要求并实用有效的安全检查表。

编制安全检查表时重点需要搜集以下材料：本企业及国内外同行业历年来事故案例及分析资料、本企业及国内外同行业历年来安全生产先进经验、本企业所有危险源点的分布状况、本企业管理体系和人员结构状况、本企业的生产装置和设施布局状况、国家和行业部分颁发的有关技术标准、规程和有关工艺技术资料、国家和上级颁布的有关安全生产法规、政策、文件及本企业的有关规章制度及有关设计资料和其他资料。

2.安全检查表的编制程序

安全检查表是用系统的观点编制的，其编制的一般程序有以下三个步骤：

（1）分割大系统为子系统

安全检查表一般是以一个具体的系统作为检查对象，如一个部门、一个工厂、一个车间、一个设备、一个操作、一个程序、一个计划、一个设计、一个岗位、一个行动等等。不论是什么对象都可以按照其自身的特点及外界的环境影响，将其发生的机器故障、人的工作失误及管理失误，详细划分为不同层次的子系统或元素。分析到什么水平为止，取决于对安全检查表的要求，一般对于较大的系统分析得较粗，较小的系统分析得较细。

（2）对每个子系统进行事故分析

事故有两类：一类是显事故，另一类是潜事故，为制定出较为全面的安全检查表，要对两类事故进行全面的分析。分析的内容包括：

① 按发生的时间、地点、环境条件进行分组，找出事故分布的特点。

② 对异常事件的具体触发原因进行分类统计。

③ 对显事故或者潜事故发生的全过程中，人的因素、物的因素及环境的因素的异常变化作详细的归纳统计。

④ 找出各次显事故或潜事故的直接原因和间接原因，其中包括：分析肇事者的个人因素、分析机器故障的因素、分析管理失误的因素、分析环境肇事的因素、统计各项事故的直接损伤情况和间接损失量值。

上述分析可以用鱼骨数模型进行，也可以采用事件数模型进行逻辑推演或者用事故树分析，以求尽量把主要到事故致因分析清楚。

如果对可能发生的事故或事故的致因损伤情况一时不能确定，可以采用专题实验室的方法做模拟试验。或者用事故演习的方法模拟灾害的过程，最简单的方法是请有经验的若干专家进行估量。对于一般灾害可以采用专家估量的方法取得初步预测，作为编制检查表的初步依据,然后在使用的过程中再注意收集资料,逐步修正初始确定的内容。对于估计灾害十分严重的项目,则需要通过实验确定,不能单凭经验作结论。

3. 编制安全检查表

根据分析结果按一定的顺序编制安全检查表。安全检查表虽有一种基本格式,但是随着检查对象不同,检查的安全管理方法不同,也有多种形式。在实际制定过程中应该根据自己的工作特点创造出更适合于具体场合的表格形式。安全检查表的编制程序如图 3-1 所示。

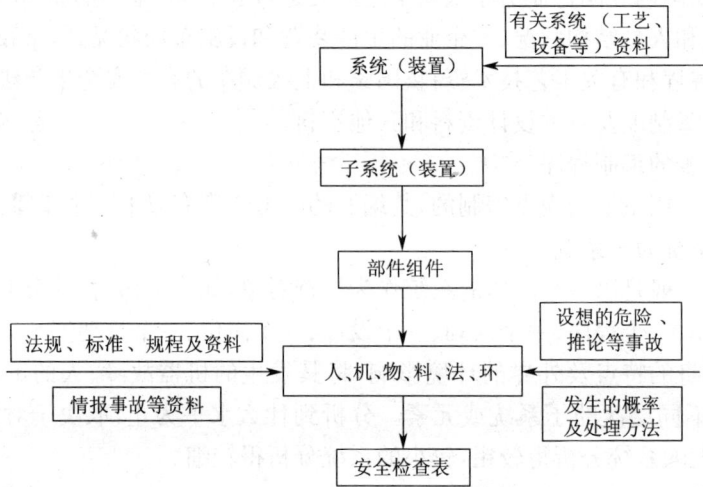

图 3-1　安全检查表编制程序图

4. 编制安全检查表应注意的问题

编制安全检查表时要注意检查表中所列的项目,应该简明扼要、突出重点、抓住要害。各类安全检查表都有其适用对象,而且各级安全检查项目应各有侧重。对于危险部位应仔细检查,确保一切隐患在造成严重后果之前就被发现。实施人员要落实安全检查工作,发现问题要及时处理或者向上级反映。

5. 安全检查表的使用

一旦确定检查范围。安全检查表分析应包括三个主要步骤:

(1)选择安全检查表

安全检查表分析方法是一种以经验为主的方法。安全评价人员可以从现有的检查表中选取一种适宜的检查表(例如已有的调车作业安全检查表、车号员侵入邻线被撞安全检查表等),如果没有备案的或者具体的安全检查表可用,安全分析人员必须借助已有的规范材料和经验,编制出适宜的安全检查表。

编制安全检查表的人员应有丰富的经验,熟悉相关的法规、标准和规程。安全检查表的条款应尽可能的完善,以便有针对性的对系统安全进行检查,最大限度的找出安全隐患,做到防患于未然。

(2)安全检查

对现有系统设备、操作流程、生产过程等的安全检查。检查应该包括巡视检查和自检检查,在巡视检查过程中检查人员按照检查表的项目条款对设备、操作、生产过程等情况逐项比较检查。

在整个自检检查过程中,检查人员依据系统的资料,对现场的巡视检查、与员工的交谈以及凭个人主观感觉来回答检查条款。当检查系统特性或者操作有不符合检查表条款上具体要求时,分析人员应该做详细记录。

(3)评价检查结果

检查完成后,将检查的结果汇总计算,最后列出具体的安全建议和措施。

### 三、应用实例

安全检查表在铁路运输系统的安全生产管理、设备管理、人身安全等方面都很有实用价值。在预测事故方面发挥了积极有效的作用。例如,铁路调车作业安全检查及车号员侵入邻线被撞的安全检查表见表3-2、表3-3。

表3-2　调车作业安全检查表

| 序号 | 安全检查项目 | 检查结果 | | 整改措施 | 备注 |
|---|---|---|---|---|---|
| | | 是 | 否 | | |
| 1 | 接班前班组长是否从行动、外表检查了职工的思想精神状态? | | | | |
| 2 | 接班前班组长是否检查了职工的着装、工具等上岗准备情况? | | | | |
| 3 | 作业前是否召开了安全预想会,并布置了安全注意事项? | | | | |
| 4 | 作业前是否明确分工并强调了作业纪律? | | | | |
| 5 | 是否做到了调车长、提钩组长、铁鞋组长负责全组的安全工作? | | | | |
| 6 | 对危及安全生产的关键因素是否反复强调并对职工进行了布置,做到相互监督确保安全? | | | | |
| 7 | 对喝酒上岗身体不适的职工是否采取了有效措施? | | | | |
| 8 | 当发现有危险安全的情况时,是否立即采取果断措施及时制止? | | | | |
| 9 | 是否按规定巡视了线路、车辆和货物情况等? | | | | |
| 检查对象 | 被检查单位及其负责人 | 检查时间 | | 整改负责人 | 检查人 |
| | | 年　月　日 | | | |

表 3-3　车号员侵入邻线被撞

| 序号 | 安全检查项目 | 检查结果 | | 整改措施 | 参考标准 | 备注 |
|---|---|---|---|---|---|---|
| | | 是 | 否 | | | |
| 1 | 核对车号时侵入邻线吗？ | | | | 注意侵线 | |
| 2 | 核对到达列车时侵入邻线吗？ | | | | 注意侵线 | |
| 3 | 后退时误入邻线吗？ | | | | 应向后瞭望 | |
| 4 | 疏忽大意吗？ | | | | 不准 | |
| 5 | 未接受安全教育吗？ | | | | 不准 | |
| 6 | 未经安全考试上岗吗？ | | | | 不准 | |
| 7 | 无人制止吗？ | | | | 建立提示应答制度 | |
| 8 | 未发现邻线来车吗？ | | | | 经常瞭望 | |
| 9 | 对来车入线判断有错误吗？ | | | | 应熟悉股道 | |
| 10 | 发现来车太迟吗？ | | | | 经常瞭望 | |
| 11 | 来车未鸣笛吗？ | | | | 必须鸣笛 | |
| 检查对象 | 被检查单位及其负责人 | | | 整改负责人 | 检查时间 | 检查人 |
| | | | | | 年　月　日 | |

# 第三节　系统预先危险性分析

系统预先危险性分析主要用于危险物质及装置的主要工艺领域等的危险分析,也称为初步危险性分析。该方法常常用于评价建设项目、装置等开发初期阶段的物料、工艺过程以及能量失控时可能出现的危险性类别、条件及可能造成的后果,为进一步分析提供依据。本节首先介绍系统预先危险性分析的内容,然后分析系统预先危险性分析的程序和步骤,最后举例说明预先危险性分析法在铁路运输安全中的应用。

## 一、系统预先危险性分析的内容

### 1. 预先危险性分析的含义

预先危险性分析(Preliminary Hazard Analysis,PHA),又称初步危险分析、快速风险排序(Rapid Risk Ranking)、危险辨识(Hazard Identification),是一种定性分析系统危险因素和危险程度的方法,主要应用于生产或工程活动(包括设计、施工、生产、改造)的初级阶段,在还未掌握该系统详细资料之前,对系统存在的可能导致事故的危险类型、危险源、出现条件、事故后果进行宏观分析,在付诸实施之前,评价出系统潜在的危险性,找出预防和补救的方法,消除或控制危险因素。

预先危险性分析的主要目的是在系统设计阶段(初级阶段)识别危险,确定安全性关键部位,对各种危险程度进行评价和风险评估,确定安全性设计准则,提出消除和控制危险的方法和措施,防止使用危险性物质、工艺、设备设施,以便从设计和模式上采取有效措施,以保证这些危险性不发展成为事故。此外,预先危险性分析,还可以提供下述信息:为制(修)定安全工作计划提供信息;确定安全性工作安排的优先顺序;确定进行安全性试验的范围;确定进一步分析的范围,特别是为故障树分析确定不希望发生的事情;确定系统或设备安全要求,编制系统或设备的性能及设计说明书。

2. 预先危险性分析的内容

根据安全系统工程的方法,运输生产系统的安全必须从人-机-环境的角度进行分析。在进行预先危险性分析时,应对偶然事件、不可避免事件、不可知事件等进行剖析、尽可能的把它变为必然事件、可避免事件、可知事件,并通过分析评价来实现事故的控制。由于预先危险性分析是从系统寿命周期的早期阶段开始,因此,分析中的信息仅是一般性的,并能提醒设计师们要通过设计加以纠正。预先危险性分析需要考虑以下内容:

①识别危险的区段、设备、零部件,并分析其发生事故的可能性条件。

②与安全相关的系统各要素(包括软件在内)间的接口及其关系和相互影响。

③包括操作运行环境在内的环境约束条件,如温度、噪声、雷击、大雾、大风、雨雪、洪水等。

④分析货物、特别是有毒有害物质的性能及其储运。

⑤与安全有关的设备、保险装置和应急装置等,如安全监控系统、应急指挥系统、联锁装置、硬件或软件故障安全设计、灭火系统、人员防护设备等。

⑥操作、试验、维修和应急规程等。

3. 预先危险性分析的应用

(1)在系统设计的早期阶段进行初步风险分析

事故主要是由于能量的意外释放所引起的。预先危险性分析(PHA)可以在早期判断出处于哪些位置或阶段的能量可能发生意外释放以及哪些意外事件发生的可能导致能量意外释放,并给出能量意外释放造成事故的严重性估计。预先危险性分析的结果主要用于:对主要危险因素和危险源进行比对,关注关键的风险事件以及为更加细化的风险分析做准备。

(2)作为概念系统或现存系统的风险细化分析的第一步

预先危险性分析的目的是找出那些可能导致事故的危险,这些危险客观上需要进一步进行更加细化的风险分析。

(3)对于极简单系统,则可作为完整的危险性分析方法

预先危险性分析法对于进行风险分析是否完全可行,取决于系统的复杂程度和分析的目标。

4. 预先危险性分析方法的特点

预先危险性分析方法作为在项目发展初期使用的一种半定量的分析方法,简单易行,经济有效,其优点如下:

(1)分析工作做在行动之前,可及早采取措施排除、降低或控制危害,避免由于考虑不周造

成损失。

(2)对系统开发、初步设计、制造、安装、检修等做的分析结果,可以提供应遵循的注意事项和指导方针。

(3)因为是在项目发展的早期阶段,所以其所作的改动花费较少,并且易于实现。

(4)分析结果可为制定标准、规范和技术文献提供必要的资料。

(5)根据分析结果可编制安全检查表以保证实施安全,并可作为安全教育的材料。

## 二、系统预先危险性分析的程序

1. 主要步骤

(1)明确系统、搜集资料

①明确所分析系统的功能及分析范围。

②搜集进行分析的各项资料,包括:各种设计方案的系统和分系统部件的设计图纸和资料;在系统预期的寿命周期内,系统各组成部分的活动、功能和工作顺序的功能流程图及有关资料;在预期的试验、制造、存储、修理 、使用等活动中与安全要求有关的背景材料。

③成立分析小组,确定小组成员及明确责任分工。

(2)系统功能分解

一个系统往往由若干个功能不同的子系统组成,如铁路运输系统由车务系统、机务系统、工务系统、电务系统、车辆系统等组成,为了便于分析,应将系统进行分解,弄清各部分的功能、构造、主要作业过程等。

(3)危险性分析、识别

明确系统中存在的主要危险因素以及危险的类型,研究其产生原因、可能产生的事故及伤害,对潜在的危险点要仔细判定。

(4)危险等级划分

使用现有的技术对危险因素的后果进行风险评估,并认识到对人的影响这些相关性来估计影响结果。为了评判危险、有害因素的危害等级以及它们对系统破坏性的影响大小,预先危险性分析法给出了各类危险性的划分标准。该法将危险性划分为 4 个等级,见表 3-4。

表 3-4  危险等级划分

| 级别 | 危险程度 | 可能的事故后果 |
|---|---|---|
| I | 安全的 | 不会造成人员伤亡及系统损坏 |
| II | 临界的 | 处于事故的边缘状态,暂时还不至于造成人员伤亡、系统损坏或降低系统性能,但应予以排除或采取控制措施 |
| III | 危险的 | 会造成人员伤亡和系统损坏,要立即采取防范措施 |
| IV | 灾难的 | 造成人员重大伤亡及系统严重破坏的灾难性事故,必须予以果断的排除并进行重点防范 |

（5）频率分析（分级）

在一些有重大影响的事件上，无论对人、财产或者物理环境，总是根据历史数据来估计事件发生的频率。

事件频率可以划分为非常宽泛的级别，其中一种分级方法见表 3-5。

**表 3-5　概率分级表**

| 1 | 不太可能 | 每 1 000 年一次或者更少 |
|---|---|---|
| 2 | 概率很小 | 每 100 年一次 |
| 3 | 偶然发生 | 每 10 年一次 |
| 4 | 很有可能 | 每年一次 |
| 5 | 频繁发生 | 一个月一次或者更加频繁 |

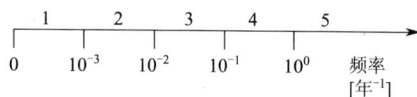

（6）定量风险分析

定量风险分析的目的是量化系统的输出及其可能性，评估达成特定的系统目的的可能性。通过量化每个风险相对系统总体风险的贡献来识别最主要的风险。按照系统风险情况，制定切实可行的费用预算、进度安排计划等。在某些结果不确定的情况下，做出最有利的管理决策。系统风险的计算可根据下式计算：

$$风险 = 事件频率 \times 事件严重等级$$

风险等级表见表 3-6。

**表 3-6　风险等级表**

| 频率/后果 | 1 不太可能 | 2 概率很小 | 3 偶然发生 | 4 很有可能 | 5 频繁发生 |
|---|---|---|---|---|---|
| 灾难性的 | | | | | |
| 危险的 | | | | | |
| 临界的 | | | | | |
| 安全的 | | | | | |

表示可接受的，采取基于 ALARP 原则（As Low As Reasonable Practical 安全风险处在最低合理可行状态）的行动

表示可接受的，使用 ALARP 原则，并进行进一步调研

表示不可接受的，必须采取降低风险的方法

（7）制定预防事故发生的安全对策措施

事故防范措施的制定根据事故的原因，提出有针对性的具体措施。这些措施，既要考虑技术的、经济的可行性，又要注重其有效性、可靠性；既要考虑防止事故发生的措施，又要考虑防止事故扩大的措施。

（8）按照检查表格汇总分析结果

典型的结果汇总表包括主要事故及其产生原因、可能的后果、危险性级别以及应采取的相应措施等，见表 3-7。

表 3-7　安全检查结果汇总表的一般格式

| 危险因素 | 触发事件 | 现象 | 事故原因 | 事故情况 | 事故后果 | 危险等级 | 建议的安全措施 |
|---|---|---|---|---|---|---|---|
|  |  |  |  |  |  |  |  |
|  |  |  |  |  |  |  |  |
|  |  |  |  |  |  |  |  |

**2. 危险性的辨识**

危险性具有潜在的特点,只有在一定的条件下才能发展为事故。危险性的辨识,可以从能量的转换概念入手。生活生产都离不开能源,一般情况下,能量所作的功为有用功,制造产品和提供服务。但能量如果失去控制,便会转化为破坏力量,造成人员伤害和财务损失。

能够转化为破坏的有以下各种能量和形式:电能、原子能、机械能(机械运动和旋转运动)、压力和拉力、势能、燃烧和爆炸等。

另一类具有破坏性因素的能量和形式有:加速度、污染、腐蚀、电气(电感、电加热、误动作、电源故障)、爆炸、氧化、压力(高压、低压、压力急剧变化)、机械冲击等。

系统、子系统、元件中都有能量存在,在具备一定的基础知识和实践经验后,辨识这些危险和能量是可以实现的。

**三、实例应用**

采用预先危险性分析(PHA)方法,可以对机车牵引系统潜在的安全事故进行分析。从人员、电气设备和线路等角度,运用 PHA 方法进行分析,列出各部分的危险源清单及其可能产生的事故后果。针对各种主要的潜在危险和事故提出预防措施,建立并健全安全管理体制,并采用先进的技术装备保证系统安全运行。

**1. 初步危害分析**

PHA 的基本原理是基于事故致因连锁链理论的。它认为,在一定环境条件下,存在着人的不安全行为和物(车辆、电气设备、线路等)的不安全状态,危险源并不一定发生事故,却可能通过触发相关事件导致事故的发生。事故发生后,针对事故的类型启动相应的应急救援预案,使人员伤亡和财产损失降低到最低。其基本逻辑关系如图 3-2 所示。

**2. 潜在危险因素分析**

进行 PHA 分析,可以对机车牵引系统的每个部分做合理的假设与分析,找出其潜在的危险源,对系统的人、车、线路和环境等因素进行安全预评价,各部分潜在危险因素如下:

(1)人员潜在危险

人员主要包括乘务人员、乘客以及列车运营管理人员等。人员危险源清单见表 3-8。

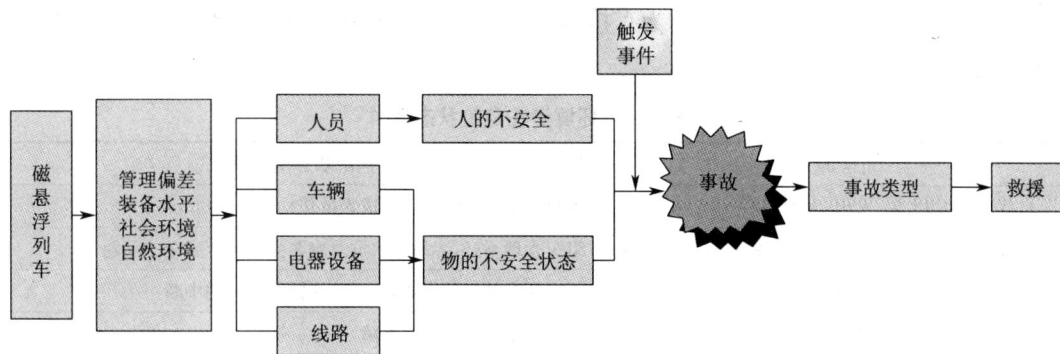

图 3-2　PHA 分析步骤和原理图

**表 3-8　人员危险行为清单**

| 危 险 源 | 危 险 状 态 |
|---|---|
| 列车监控人员 | 疏忽大意,错误操作仪表等 |
| 乘务人员 | 违章操作、安全意识差、责任心不强等 |
| 乘客 | 携带危险物品、吸烟引起火灾、不遵守乘车规则嬉戏打闹等 |
| 列车控制指挥人员 | 错误的信号调度指挥等 |

(2)电气设备潜在危险

车载电气设备包括牵引电机、风压、导向、紧急制动、车载控制系统、照明、空调和车载电源设备等。每项设备都是保证车辆正常运行的必需设备,只有各个设备协调运作才能保证列车在高速运行下的安全性和舒适性。任何一个设备出了问题,都可能影响到整个系统的正常工作。电气设备危险源清单见表 3-9。

**表 3-9　电气设备潜在危险状态清单**

| 危险源 | 危险状态及后果 | 危险源 | 危险状态及后果 |
|---|---|---|---|
| 牵引电机 | 无法驱动 | 空调 | 无法工作,带来不利影响 |
| 机械设备运转 | 着火或者高温引起火灾 | 车载电源 | 紧急情况下无法提供备用 |
| 通信信号设备 | 信息发送、接收、传递 | 变电站/供电电缆/开关站 | 无法保证区间列车供电运行 |
| 制动器 | 制动距离过长 | 电磁辐射 | 接触网、回流电流 |
| 照明设备 | 停电,给夜间旅行带来不方便 | | |

(3)环境潜在危险

环境因素包括内部小环境和外部大环境两部分。铁路运输内部小环境包括作业环境,以及通过管理所营造的运输系统内部的社会环境,即运输系统外部社会环境因素在运输系统内的反映,包括运输系统内部的政治、经济、文化、法律等环境。外部大环境包括自然环境(洪水、大风、振动、湿度等)和社会环境(较为直接的是铁路沿线治安和车站秩序状况)。环境潜在危险源清单见表 3-10。

表 3-10 环境潜在危险状态清单

| 危险源 | 危险状态及后果 |
| --- | --- |
| 自然环境(如大风、大雨、大雪等) | 冰封铁路,损坏列车,造成人员伤亡 |
| 外部社会环境(如沿线治安和车站秩序等) | 组织管理不好,容易发生危及旅客生命财产安全的问题 |
| 作业环境(如电务作业环境等) | 影响列车的接发作业,甚至造成铁路运输的中断 |
| 内部社会环境(如运输系统内部法律等) | 使运输系统安全失去保障 |

# 第四节 事件树分析

事件树分析是从一个初始事件开始,按顺序分析事件向前发展中各环节成功与失败的过程及结果,是一种基于时序逻辑的事件分析方法。本节首先介绍事件树分析步骤,然后对事件树的定性分析和定量分析方法进行阐述,并举例说明事件树在铁路运输安全中的应用。

## 一、事件树分析的基本概念

事件树分析(Event Tree Analysis,ETA)是在给定一个初因事件的情况下,分析此初因事件可能导致的各种事件序列的结构,从而定性与定量地评价系统的特性,并帮助分析人员做出正确的决策,常用于系统的事故安全分析和可靠性分析。由于事件序列是以图形表示,并且呈扇状,故称为事件树,是一种既能定性又能定量分析的方法。

事件树分析是由决策树演化而来的,最初是用于可靠性分析。它的原理是每个系统都是由若干个元件组成的,每一个元件对规定的功能都存在具有和不具有两种可能。元件具有其规定的功能,表明正常(成功);不具有规定功能,表明失常(失败)。按照系统的构成顺序,从初始元件开始,由左向右分析各元件成功与失败两种可能,直到最后一个元件为止。分析的过程用图形表示出来,就得到近似水平的树形图。

通过事件树分析,可以把事故发生发展的过程直观地展现出来,如果在事件(隐患)发展的不同阶段采取恰当措施阻断其向前发展,就可达到预防事故的目的。事件树分析法具有如下功能:

(1)通过事件树分析可以清楚的看到系统的变化过程,从而查明系统中各个构成要素对导致事故发生的作用及其相互关系,对已发生事故进行原因分析。

(2)由于事件树分析时,只有成功或者失败两种状态,因此,可以方便地查找出系统的事故,并能指出避免事故发生的有效途径,从而寻求最经济的预防手段和方法。

(3)通过系统中的定量计算方法,可以预测系统中各个要素发生的故障概率以及大致地计算出不希望事件发生的概率。

（4）当积累了大量事故资料时，可采用计算机模拟，使 ETA 对事故的预测更为有效。

（5）ETA 的分析资料既可作为直观的安全教育资料，也有助于推测类似事故的预防对策。

**二、事件树分析步骤**

一起事故的发生，是许多原因事件相继发生的结果。其中，一些事件的发生是以另一些事件首先发生为条件的，而某一事件的出现，又会引起另一些事件的出现。在事件发生的顺序上，存在着因果的逻辑关系。事件树分析法是一种时序逻辑的事故分析方法，它以一初始事件为起点，按照事故的发展顺序，分成阶段，一步一步地进行分析，每一事件可能的后续事件只能取完全对立的两种状态（成功或失败，正常或故障，安全或危险等）之一，逐步向结果方面发展，直到达到系统故障或事故为止。事件树分析的步骤如下：

1. 确定初始事件

事件树分析是一种系统地研究作为危险源的初始事件如何与后续事件形成时序逻辑关系而最终导致事故的方法。正确选择初始事件十分重要。初始事件是事故在未发生时，其发展过程中的危害事件或危险事件，如机器故障、设备损坏、能量外逸或失控、人的误动作等。可以用两种方法确定初始事件：

（1）根据系统设计、系统危险性评价、系统运行经验或事故经验等确定。

（2）根据系统重大故障或事故树分析，从其中间事件或初始事件中选择。

2. 判定安全功能

系统中包含许多安全功能，在初始事件发生时消除或减轻其影响以维持系统的安全运行。常见的安全功能列举如下：

（1）对初始事件自动采取控制措施的系统，如自动停车系统等。

（2）提醒操作者初始事件发生了的报警系统。

（3）根据报警或工作程序要求操作者采取的措施。

（4）缓冲装置，如减振、压力泄放系统或排放系统等。

（5）局限或屏蔽措施等。

3. 绘制事件树

把初始事件写在最左边，各种环节事件按顺序写在右面。从初始事件绘制一条水平线到第一个环节事件，在水平线末端画一条垂直线段，一般情况下，选取垂直线段上端为成功，下端为失败；再从垂直线两端分别向右绘制水平线到下一个环节事件，同样用垂直线段表示成功和失败两种状态；以此类推，直到最后一个环节事件为止。如果某一个环节事件不需要往下分析，则水平线延伸下去，不发生分支，这样事件树绘制完毕。通常，我们会在事件树最后面写明由事件引起的各种事故结果或后果。事件树的一般形式如图 3-3 所示。

A 代表初始事件，B 代表 A 的一个环节事件，C 代表 B 的一个环节事件，D 代表 C 的一个环节事件。

#### 4. 简化事件树

从原则上讲，一个因素有两种状态，若系统中有 $n$ 个因素，则其结果会有 $2^n$ 个可能结果。一个系统中包含因素较多时，不仅事件树中分支很多，而且有些分支在没有发展到最后的功能时，事件的发展已经结束，因此，事件树可以简化，其简化原则有：①失败概率极低的系统可以不列入事件树中；②当系统已经失败，从物理效果来看，在其后继的各系统不能减缓后果时，或后继系统已由于前置系统的失败而同时失败，则以后的系统就不必再分支。例如，图 3-4 的事件树(a)可以简化为(b)的形式。

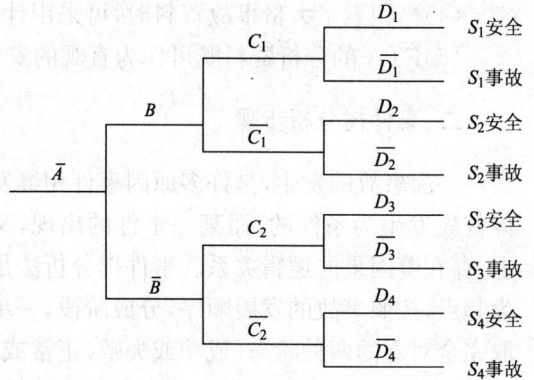

图 3-3　事件树的一般形式

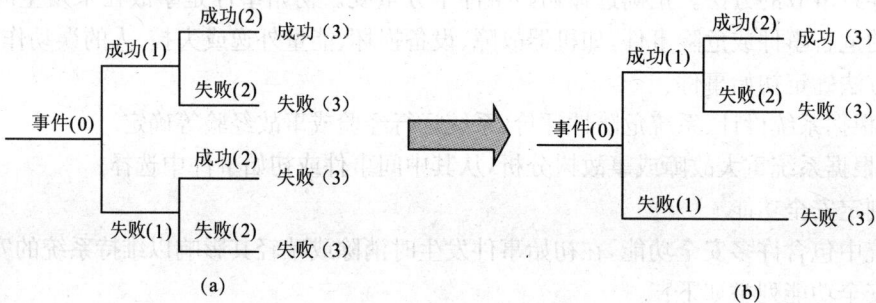

图 3-4　事件树的简化

在进行事件树分析时，应首先了解系统构成和功能，特别要注意以下几点：

(1)在确定和寻找可能导致系统严重事故的初因事件和系统事件时，要有效地利用平时的安全检查表、巡视结果、未遂事件故障信息以及相关领域、类似系统和相似系统的数据资料。

(2)选择初因事件时，重点应放在对系统安全影响大、发生频率高的事件上；而在根据事件树分析结果制定对策时，要优先考虑事故发生概率高、事故影响大的项目。

(3)对开始阶段选择的初因事件应进行分类整理，对于可能导致相同事件树的初因事件要划分为一类，然后分析各类初因事件对系统影响的严重性，应优先做出严重性最大的初因事件的事件树。

(4)当系统的事故发生概率是由组成系统的作业过程中各阶段安全措施的程序错误或失败概率的逻辑乘积表示时，其对应的措施是使发生事故的各阶段中任何一项安全措施成功即可，并且对策的时机越早越好。

(5)系统中事故发生概率是由系统的作业过程中各事故发生的逻辑和表示时，须采取的对策是使可能发生事故的所有阶段中的安全措施都成功。

**三、定性和定量分析**

事件树既可以定性地了解整个事件的动态变化过程,又可以定量计算出各阶段的概率,最终了解事故发展过程中各种状态的发生概率。

1.事件树的定性分析

事件树定性分析在绘制事件树的过程中就已进行,绘制事件树必须根据事件的客观条件和事件的特征做出符合科学性的逻辑推理,用与事件有关的技术知识确认事件可能状态,所以在绘制事件树的过程中就已对每一发展过程和事件发展的途径作了可能性的分析。

事件树绘制完之后的工作,就是找出发生事故的途径和类型以及预防事故的对策。

(1)找出事故连锁

事件树的各分枝代表初始事件一旦发生其可能的发展途径。其中,最终导致事故的途径即为事故连锁。一般地,导致系统事故的途径有很多,即有许多事故连锁。事故连锁中包含的初始事件和安全功能故障的后续事件之间具有"逻辑与"的关系,显然,事故连锁越多,系统越危险;事故连锁中事件树越少,系统越危险。

(2)找出预防事故的途径

事件树中最终达到安全的途径指导我们如何采取措施预防事故。在达到安全的途径中,发挥安全功能的事件构成事件树的成功连锁。如果能保证这些安全功能发挥作用,则可以防止事故。一般地,事件树中包含的成功连锁可能有多个,即可以通过若干途径来防止事故发生。显然,成功连锁越多,系统越安全,成功连锁中事件树越少,系统越安全。

由于事件树反映了事件之间的时间顺序,所以应该尽可能地从最先发挥功能的安全功能着手。

2.事件树的定量分析

事件树定量分析是指根据每一事件的发生概率,计算各种途径的事故发生概率,比较各个途径概率值的大小,做出事故发生可能性序列,确定最易发生事故的途径。一般地,当各事件之间相互统计独立时,其定量分析比较简单。若事件之间相互不独立(如共同原因故障,顺序运行等),则定量分析变得非常复杂。这里仅讨论前一种情况。

(1)各发展途径的概率

各发展途径的概率等于自初始事件开始的各事件发生概率的乘积。以图 3-3 的事件树为例,达成 $S_1$ 成功的途径概率为:

$$P(S_1) = P(\overline{A}) \times P(B) \times P(C_1) \times P(D_1) \tag{3-1}$$

其中, $P(\overline{A}) = 1 - P(A)$ 。

(2)事故发生概率

事件树定量分析中,事故发生概率等于导致事故的各发展途径的概率和。以图 3-3 的事件树为例,整个系统成功的概率为:

$$P(S) = P(S_1) + P(S_2) + P(S_3) + P(S_4) \tag{3-2}$$

定量分析以事件概率数据作为计算量,但事件过程的状态多种多样,所以一般都因缺少概率数据而难以实现定量分析。

**3. 事故预防**

事件树分析对事故发生发展过程的表述条理很清楚,对于设计事故预防方案和制定事故预防措施能够提供有力的依据。

从事件树上可以看出,最后的事故是一系列危害和危险的发展结果,如果中断这种发展过程就可以避免事故发生。因此,在事故发展过程的各阶段,应采取各种可能措施,减小危害状态的出现概率,增大安全状态的出现概率,把事件发展过程引向安全的发展途径。

采取在事件不同发展阶段阻截事件向危险状态转化的措施,最好在事件发展前期过程实现,从而产生阻截多种事故发生的效果。但有时因为技术经济等原因无法控制,这时就要在事件发展后期过程采取控制措施。显然,要在各条事件发展途径上都采取措施才行。

**四、实例应用**

【**例 3-1**】 在铁路旅客运输中严禁旅客携带易燃品上车,以确保旅客运输安全。但有的旅客违反规定携带易燃品,进站时未查出,将其带上列车,这就可能引起火灾事故,造成人员伤亡和财物损失;但处理得当,也可以避免火灾事故的发生。

具体分析如图 3-5 所示。

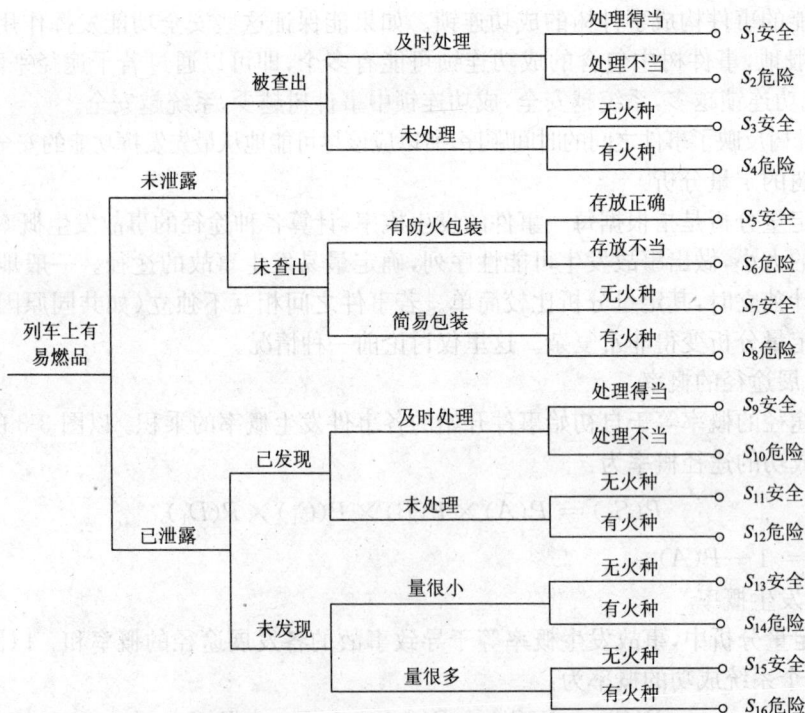

图 3-5 列车上有易燃品引起火灾的事件树

**【例3-2】** 假设列车上有可燃物质,因泄露而引起火灾,试进行事件树分析。

设火灾事故过程如下:有可燃物质泄漏、是否有火源、会不会着火、如果着火能不能即使报警、报警后或能否被熄灭、人员能否安全脱离。建造事件树如图3-6所示。

其中 $F(A)=0.05$,$F(B)=0.6$,$F(C)=0.1$,$F(D)=0.2$,$F(E)=0.15$,$P=1-F$。

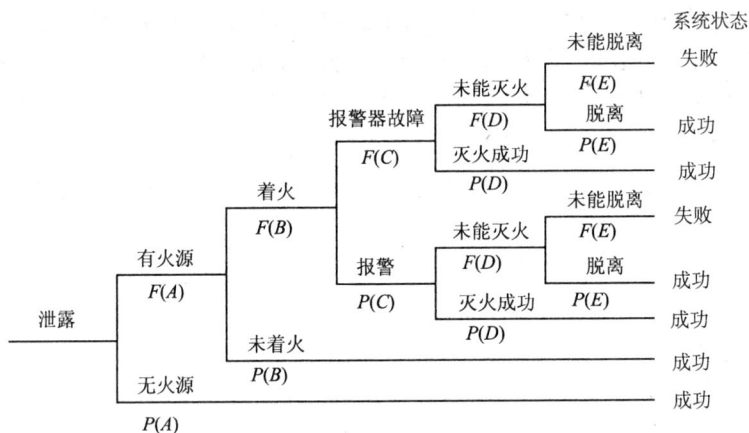

图 3-6  事件树

由此,我们可以通过定量分析计算系统失败的概率:

$$P(S)=F(A)\times F(B)\times F(C)\times F(D)\times F(E)+F(A)\times F(B)\times P(C)\times F(D)\times F(E)$$
$$=0.05\times0.6\times0.1\times0.2\times0.15+0.05\times0.6\times0.9\times0.2\times0.15$$
$$=0.000\ 9$$

系统成功的概率:

$$P(S)=F(A)\times F(B)\times F(C)\times F(D)\times P(E)+F(A)\times F(B)\times F(C)\times P(D)+$$
$$F(A)\times F(B)\times P(C)\times F(D)\times P(E)+F(A)\times F(B)\times P(C)\times P(D)+$$
$$F(A)\times P(B)+P(A)$$
$$=0.05\times0.6\times0.1\times0.2\times0.85+0.05\times0.6\times0.1\times0.8+0.05\times0.6\times0.9\times$$
$$0.2\times0.85+0.05\times0.6\times0.9\times0.8+0.05\times0.4+0.95$$
$$=0.999\ 1$$

# 第五节  事故树分析

事故树是一种图形演绎的事故分析方法,是事故事件在一定条件下的逻辑推理方法。它将系统事故形成的原因进行分析,绘制逻辑关系图,从而确定系统事故的原因和发生的概率。本节首先介绍事故树分析步骤,然后分别对事故树的定性分析和定量分析方法进行阐述,最后举例说明事故树在铁路运输安全中的应用。

**一、事故树分析的基本概念**

事故树分析(Fault Tree Analysis,FTA) 又称作故障树分析或事故逻辑分析,是安全系统工程的重要分析方法, 它是从一个可能的事故开始一层一层地逐步寻找引起事故的触发事件、直接原因和间接原因,并分析这些事故原因之间的相互逻辑关系,用逻辑树图把这些原因以及它们的逻辑关系表示出来。事故树分析是一种演绎分析方法,即从结果分析原因的分析方法。事故树应用逻辑推理方法,可以对系统中各种危险进行定性分析以及预测和评价,它具有广泛的实用范围。事故树还可以借助计算机进行分析、计算。

事故树是“树”的一种特殊形式。在系统工程里,对于复杂系统中各个元素的结合情况,通常把它的结构和功能加以抽象,用“○”表示元素,即“节点”,用“→”表示流过节点的信息,即“边”,由若干个节点和边连接成的图像,就是网络图。图也就是节点和边的集合,如图 3-7 所示。不封闭的图就称作“树”,如图 3-8 所示。事故树也就是在元素(事件)的边上加进了逻辑门的一种特殊的“树”。

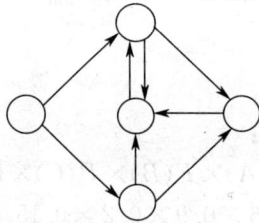
图 3-7　网络图

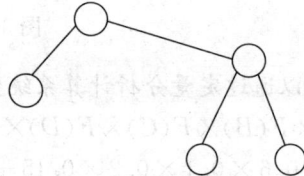
图 3-8　树

事故树是由各种事件符号、逻辑门符号和转移符号组成的,如图 3-9、图 3-10、图 3-11所示。

1. 事件符号

(1)矩形符号

矩形符号表示顶事件或中间事件,也就是还需要往下分析的事件。具体作树图过程中是将事件的具体内容扼要的记入矩形方框内。必须注意,由于事故树分析是对具体系统做具体分析,所以顶事件一定要清楚、明了,不能笼统、含糊。

(2)圆形符号

圆形符号用来表示基本原因事件,即最基本的、具体的、不再往下分析的事件。

(3)菱形符号

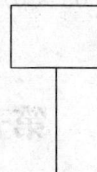
矩形符号

圆形符号

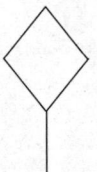
菱形符号

图 3-9　事件符号

菱形符号有两种意义。其一,表示可省略事件,即没有必要详细分析或其原因尚不明确的事件;其二,表示二次事件,即不是本系统的事故原因事件,而是来自系统之外的原因事件。

2.逻辑门符号

逻辑门符号是事故树图的关键要素,用以表明所连接事件之间的逻辑关系。常见的逻辑门符号包括与门、或门、条件与门、条件或门等。

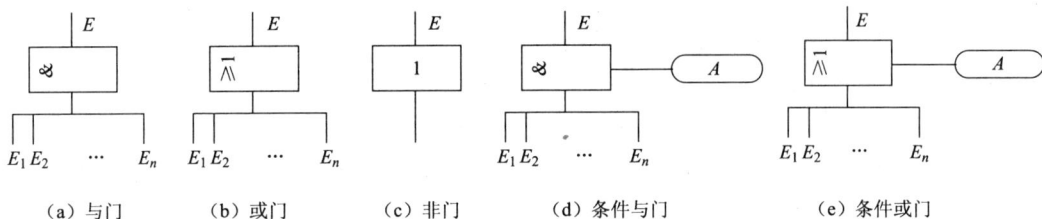

（a）与门　　　（b）或门　　　（c）非门　　　（d）条件与门　　　（e）条件或门

图3-10　逻辑门符号

3.转移符号

转移符号用来表示在同一事故树中,某中间事件下面所连接的子树(分支)的转移。它的作用有两个:一是可避免相同的子树在作图上的重复;二是大的事故树在一张图纸上画不开时,作为在不同图纸上子树之间相互衔接的标志。分为转出符号和转入符号两种。

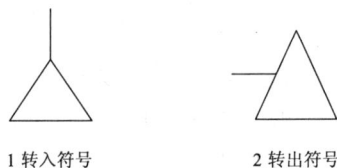

1 转入符号　　　　　　2 转出符号

图3-11　转移符号

1—转入符号:表示此处的子树与有相同字母或数字标志的转出符号处相接。

2—转出符号:表示此处的子树在有相同字母或数字标志的转入符号处展开或相接。

**二、事故树的编制**

事故树编制是FTA分析中的关键环节。编制工作一般应由系统设计人员、操作人员和可靠性分析人员组成的编制小组来完成。深入了解系统,发现系统中的薄弱环节,这是编制事故树的首要目的。事故树的编制是否完善直接影响到定性分析与定量分析的结果是否正确,关系到运用FTA分析的成败。所以,编制事故树必须反复研究,不断深入,并充分利用实践经验。

1.**编制事故树的规则**

事故树的编制过程是一个严密的逻辑推理过程,应遵循以下原则:

(1)确定顶事件时应优先考虑风险较大的事件。能否正确选择顶事件,直接关系到分析结果,是事故树分析的关键。系统中危险性事件不止一个,应当把发生频率高且后果较严重的事件优先作为分析对象,即作为顶事件。也可以把发生频率不高但后果非常严重或者后果虽然不严重但发生频率非常频繁的事故作为顶事件。

(2)合理确定边界条件。在确定了顶事件后,为了避免事故树过于庞大,应明确规定所分析系统与其他系统的界限,作一些必要的合理的假设。

(3)保持门的完整性,避免门与门直接相连。事故树编制时应逐级进行,不允许跳跃,任何一个逻辑门的输出都必须是一个结果事件,门与门不能直接相连,以免影响逻辑关系的准确性。

(4)确切描述顶事件。明确的给出顶事件的定义,即确切的描述出其状态、发生时间和发生条件。

(5)编制过程中及编成后,需进行合理的简化。

2.编制事故树的方法

编制事故树的常用方法为演绎法,即首先确定系统的顶事件,找出直接导致顶事件发生的各种可能因素或因素的组合即中间事件。在顶事件与其紧连的中间事件之间,根据其逻辑关系选择逻辑门符号来连接;然后对每个中间事件进行类似的分析,找出其直接原因,逐级向下演绎,直到基本事件为止。

### 三、事故树分析步骤

完整的事故树分析一般遵循以下程序:调查—分析—作图—图上作业及计算—提出方案—方案分析及决策—方案实施。其中方案分析和决策是决策部门的工作,方案实施是业务部门的工作,本书不作过多阐述。

1.步骤一:调查

在调查这一步工作中,必须对对象系统有清晰的认识,包括弄清系统的边界范围、系统的性能、系统运行的各种参数等等。在此基础上调查系统发生过的事故,考虑可能发生而必须预防的事故,确定事故树的顶事件,并进一步调查相关事件以及基本事件。在交通安全管理领域,顶事件一般都是各类交通事故。而影响顶事件发生与否的基本事件可归为人、机、环境三大方面。

2.步骤二:分析

主要分析事件之间关系,即顶事件、中间事件及基本事件之间的逻辑关系。

3.步骤三:作图

经过前两步工作,就可以进行作图,作图过程中出现需要再调查再分析然后再修改的情况。比较复杂的事故树可借助关系矩阵及系统结构分析法等数学手段辅助作图。

4.步骤四:图上作业及计算

在事故树图基础之上,利用图论方法和布尔代数进行简化及运算,得到简化的事故树以及事故树的危险集和安全集。

从属于危险性的某些基本事件的集合称之为危险集。事故树中任何一个危险集中的基本事件同时发生,顶事件必定发生。显然,危险集越多越小,则顶事件发生的可能性越大。有几个危险集就有几种发生顶事故的可能性。某个危险集中只有一个事件,则该事件的发生将直接引发顶事件,这样的基本事件就万万不能发生。对复杂的交通安全管理而言,危险集的数量往往是庞大的。

事故树中某些基本事件组成安全集。任何一个安全集,如其中事件都不发生,则顶事件不可能发生。安全集越多越小,则顶上事故不发生的可能性越大。有几个安全集就意味着有几种安全控制方案。如某个安全集仅有一个基本事件,则只要保证该基本事件不发生,刚顶事件就不会发生。

5. 步骤五:根据安全集与危险集提出多种可行的处理方案

对复杂的交通安全管理而言,危险集的数量往往是庞大的,相应安全集的数量也是庞大的。理论上,一个安全集对应一个控制方案,但不是所有方案都是可行的。因此不可行方案要予以剔除。经过这样的处理,可行方案并不是很多。

6. 步骤六:方案的分析及决策

在多种方案可行的情况下必然要进行技术经济对比分析,以选取最经济、最可靠的方案。要保证交通安全是必须花费成本的,分析和决策阶段就应当考虑成本这个重要因素,在具体决策过程中可借助决策论等理论方法来辅助决策。

7. 步骤七:方案的实施

方案的实施具体涉及生产与运行的管理,这方面有大量的书籍可以参考,本书不再涉及相关内容。

### 四、定性和定量分析

1. 事故树的定性分析

事故树的定性分析是以"0"或"1"来表示事件发生与否,分析事故树的结构函数、最小径集、最小割集等基本特征的分析方法。其中事件发生为"1",不发生则为"0"。定性分析不考虑事件的发生概率、故障率等数量指标。

这里首先介绍事故树结构函数的定义。

若事故树有 $n$ 个相互独立的基本事件,$X_i$ 表示基本事件的状态变量,$X_i$ 仅取 1 或 0 两种状态;$y$ 表示事故树顶事件的状态变量,$y$ 也仅取 1 或 0 两种状态,则有如下定义:因为顶事件的状态完全取决于基本事件 $X_i$ 的状态变量($i=1,2,\cdots,n$),所以 $y$ 是 $X$ 的函数,即 $y=\Phi(X)$,其中 $X=(X_1,X_2,\cdots,X_n)$,称 $\Phi(X)$ 为事故树的结构函数。

结构函数 $\Phi(X)$ 具有如下性质:

①当事故树中基本事件都发生时,顶事件必然发生;当所有基本事件都不发生时,顶事件必然不发生。

②当基本事件 $X_i$ 以外的其他基本事件固定为某一状态,基本事件 $X_i$ 由不发生转变为发生时,顶事件可能维持不发生状态,也有可能由不发生状态转变为发生状态。

对事故树进行定性分析的主要目的是找出它的所有最小割集和最小径集。

①割集和最小割集

割集:事故树中一些底事件的集合。当这些事件同时发生时,顶事件必然发生。

最小割集:若将割集中所含底事件任意去掉一个就不再成为割集,这样的割集就是最小割集。

例如:一个事故树底事件集合为 $\{x_1, x_2, \cdots, x_n\}$,如有一个子集 $\{x_{i1}, x_{i2}, \cdots, x_{il}\}$ $(l \leqslant n)$,当 $x_{i1} = x_{i2} = \cdots = x_{il} = 1$ 时,$\Phi(X) = 1$,则 $\{x_{i1}, x_{i2}, \cdots, x_{il}\}$ 是该事故树的一个割集。当 $\{x_{i1}, x_{i2}, \cdots, x_{il}\}$ 中去掉任意一个底事件,剩下状态变量同时取 1 时,$\Phi(X) \neq 1$,则 $\{x_{i1}, x_{i2}, \cdots, x_{il}\}$ 是该事故树的一个最小割集。

②径集和最小径集

径集:事故树中一些底事件的集合。当这些事件不发生时,顶事件必然不发生。

最小径集:若将径集中所含底事件任意去掉一个就不再成为径集,这样的径集就是最小径集。

例如:一个事故树底事件集合为 $\{x_1, x_2, \cdots, x_n\}$,如有一个子集 $\{x_{j1}, x_{j2}, \cdots, x_{jl}\}$ $(l \leqslant n)$,当 $x_{i1} = x_{i2} = \cdots = x_{il} = 0$ 时,$\Phi(X) = 0$,则该子集是一个径集。若径集 $\{x_{j1}, x_{j2}, \cdots, x_{jl}\}$ 中任意去掉一个底事件,剩下的底事件状态变量同时取 0 时,$\Phi(X) \neq 0$,则这样的径集就是最小径集。

(1)最小割集计算方法

最小割集计算方法很多,常用的有上行法和下行法。

①下行法

这种方法又称为 Fussell-Vesely 法,基本思路是由顶事件开始逐级向下,区别不同逻辑关系分别表示。紧接顶事件的若是或门,则把输入事件分别列入不同的行;紧接顶事件的若是与门,则把每个输入事件排在同一行。依次从上到下分解,直到不能再分解的基本事件为止,最后通过全面分析比较,剔除非最小割集,求得最小割集。

【例 3-3】 如图 3-12 所示的事故树,采用下行法求割集、最小割集。

【解】 对于图所给的事故树,下行法的步骤见表 3-11。

**表 3-11 下行法求割集、最小割集的步骤**

| 步 骤 | | | | | |
|---|---|---|---|---|---|
| 0 | 1 | 2 | 3 | 4 | 5 |
| $T$ | $E_1$ | $E_3$ | $X_1 X_2 X_3$ | $X_1 X_2 X_3$ | $X_1 X_2 X_3$ |
| | $E_2$ | $E_4$ | $X_3 X_4$ | $X_3 X_4$ | $X_3 X_4$ |
| | | $E_5 E_6$ | $X_4 E_6$ | $X_4 X_5$ | $X_4 X_5$ |
| | | | $X_6 E_6$ | $X_4 X_6$ | $X_6$ |
| | | | | $X_6 X_5$ | |
| | | | | $X_6 X_6 = X_6$ | |

步骤 1.顶事件 $T$ 下面是或门,将门下的输入事件 $E_1$ 和 $E_2$ 各自排成一行。

步骤 2. 事件 $E_1$ 下面是或门,将该门下的输入事件 $E_3$ 和 $E_4$ 各自排成一行;事件 $E_2$ 下面是与门,将该门下的输入事件 $E_5$ 和 $E_6$ 排在同一行。

步骤 3. 事件 $E_3$ 下面是与门,将该门下的输入事件 $X_1$、$X_2$ 和 $X_3$ 排在同一行;事件 $E_4$ 下面是与门,将该门下的输入事件 $X_3$ 和 $X_4$ 排在同一行;事件 $E_5$ 下面是或门,将该门下的输入事件 $X_4$ 和 $X_6$ 各自排成一行,并与事件 $E_6$ 组合成 $X_4E_6$ 和 $X_6E_6$。

步骤 4. 事件 $E_6$ 下面是或门,将该门下的输入事件 $X_5$ 和 $X_6$ 各自排成一行,并与事件 $X_4$ 组合成 $X_4X_5$ 和 $X_4X_6$;与事件 $X_6$ 组合成 $X_5X_6$ 和 $X_6X_6$。

至此,事故树的所有结果事件都已被处理。步骤 4 所得的每行均为一个割集。

步骤 5. 进行两两比较,因为 $\{X_6\}$ 是割集,故 $\{X_4,X_6\}$ 和 $\{X_5,X_6\}$ 不是最小割集,必须划去。最后得该事故树的所有最小割集为:$\{X_6\}$,$\{X_3,X_4\}$,$\{X_4,X_5\}$,$\{X_1,X_2,X_3\}$。

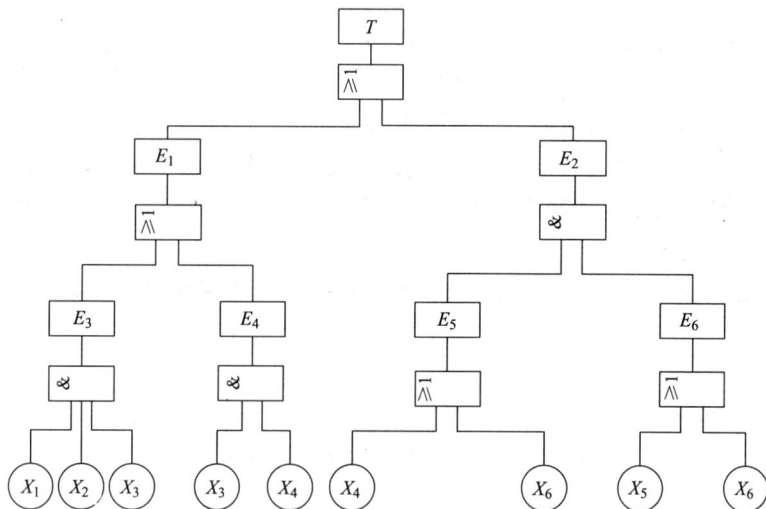

图 3-12　事故树示意图

②上行法

这种方法又称为 Semandeses 法,基本思路是由底事件开始逐级向上,利用逻辑与门和或门逻辑运算法则,对每个结果事件,若下面是或门,则将此结果事件表示为该或门下的各输入事件的布尔和(事件并);若下面是与门,则将此结果事件表示为该与门下的输入事件的布尔积(事件交)。依次从下到上运算,直到所有结果事件均被处理为止。最后通过简化、吸收得到最小割集。

【例 3-4】　事故树如图 3-12 所示,采用上行法求割集、最小割集。

【解】　对于上图所给的事故树,从底事件开始,有:

$$E_3 = X_1X_2X_3 \quad E_4 = X_3X_4 \quad E_5 = X_4 + X_6 \quad E_6 = X_6 + X_5$$
$$E_1 = E_3 + E_4 = X_1X_2X_3 + X_3X_4$$

$$E_2 = E_5 E_6 = (X_4 + X_6)(X_6 + X_5) = X_4 X_6 + X_4 X_5 + X_6 X_5 + X_6 X_6 = X_4 X_5 + X_6$$

$$T = E_1 + E_2 = X_4 X_5 + X_6 + X_1 X_2 X_3 + X_3 X_4$$

故得事故树的所有最小割集:$\{X_6\}$,$\{X_3,X_4\}$,$\{X_4,X_5\}$,$\{X_1,X_2,X_3\}$。

(2)最小径集计算方法

在此先引入事故树的对偶树的概念。

设事故树 $T$ 的结构函数为 $\Phi(X)$,另有一个事故树 $T^D$,其结构函数为 $\Phi^D(X)$,若 $\Phi^D(X) = 1 - \Phi(1-X)$ 则称事故树 $T^D$ 为事故树 $T$ 的对偶树。其中,

$$(1-X) = (1-x_1, 1-x_2, \cdots, 1-x_n)$$

显然,

$$1 - \Phi^D(1-X) = 1 - [1 - \Phi(X)] = \Phi(X)$$

即事故树与其对偶树之间相互对偶。由对偶系统的定义可知,对偶系统具有以下性质:

①事故树的径集(最小径集)是对偶树的割集(最小割集),反之亦然。

②事故树的割集(最小割集)是对偶树的径集(最小径集),反之亦然。

利用以上性质,把原事故树的与门改为或门,或门改为与门,底事件 $x_i$ 改为其逆事件 $\overline{x}_i$,其他不变,即可得到事故树的对偶树。通过求对偶数的割集与最小割集,得到原事故树的径集与最小径集。对偶树的割集和最小割集计算方法,可采用前面介绍的事故树的割集和最小割集计算方法。

【例 3-5】 图 3-13 是图 3-12 事故树的对偶树,试确定原事故树的径集、最小径集。

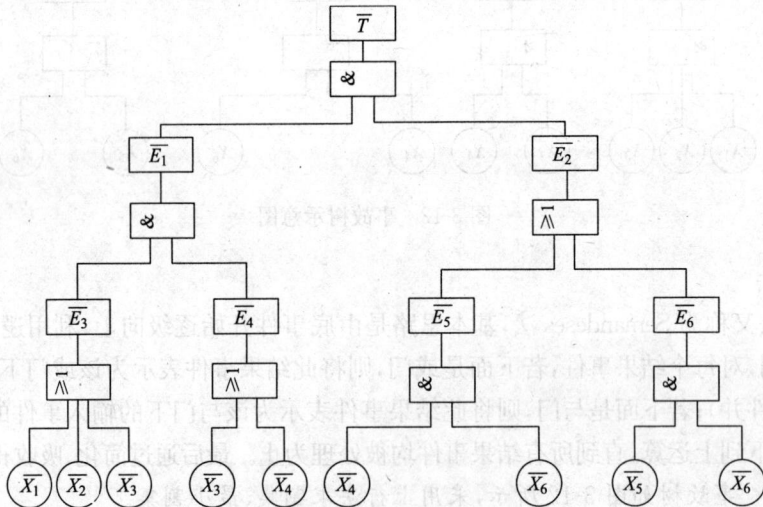

图 3-13 事故树的对偶树

【解】 径集和最小径集确定,采用上行法,即

$$\overline{E_3} = \overline{X_1} + \overline{X_2} + \overline{X_3} \qquad\qquad \overline{E_4} = \overline{X_3} + \overline{X_4}$$

$$\overline{E_5} = \overline{X_4}\,\overline{X_6} \qquad\qquad \overline{E_6} = \overline{X_5}\,\overline{X_6}$$

$$\overline{E_1} = \overline{E_3}\,\overline{E_4}$$
$$= (\overline{X_1} + \overline{X_2} + \overline{X_3})(\overline{X_3} + \overline{X_4})$$
$$= \overline{X_1}\,\overline{X_3} + \overline{X_1}\,\overline{X_4} + \overline{X_2}\,\overline{X_3} + \overline{X_2}\,\overline{X_4} + \overline{X_3} + \overline{X_3}\,\overline{X_4}$$
$$= \overline{X_1}\,\overline{X_4} + \overline{X_2}\,\overline{X_4} + \overline{X_3}$$

$$\overline{E_2} = \overline{E_5} + \overline{E_6} = \overline{X_4}\,\overline{X_6} + \overline{X_5}\,\overline{X_6}$$

$$\overline{T} = \overline{E_1}\,\overline{E_2}$$
$$= (\overline{X_1}\,\overline{X_4} + \overline{X_2}\,\overline{X_4} + \overline{X_3})(\overline{X_4}\,\overline{X_6} + \overline{X_5}\,\overline{X_6})$$
$$= \overline{X_1}\,\overline{X_4}\,\overline{X_6} + \overline{X_1}\,\overline{X_4}\,\overline{X_5}\,\overline{X_6} + \overline{X_2}\,\overline{X_4}\,\overline{X_6} + \overline{X_2}\,\overline{X_4}\,\overline{X_5}\,\overline{X_6} + \overline{X_3}\,\overline{X_4}\,\overline{X_6} + \overline{X_3}\,\overline{X_5}\,\overline{X_6}$$
$$= \overline{X_1}\,\overline{X_4}\,\overline{X_6} + \overline{X_2}\,\overline{X_4}\,\overline{X_6} + \overline{X_3}\,\overline{X_4}\,\overline{X_6} + \overline{X_3}\,\overline{X_5}\,\overline{X_6}$$

故原事故树有 4 个最小径集。最小径集 $\{\overline{X_1},\overline{X_4},\overline{X_6}\}$ 表示事件 $X_1X_4X_6$ 都不发生，系统就正常。

（3）事故树的最小割集、最小径集

事故树的一个最小割集，代表一个系统故障模式，只要有一个最小割集存在，系统就处于故障状态。因此，如果事故树有 $k$ 个最小割集中只要有一个最小割集发生，顶事件就发生，所以事故树的结构函数 $\Phi(X)$ 可以表示为

$$\Phi(X) = \bigcup_{j=1}^{k} K_j(X) \tag{3-3}$$

事故树中一个最小径集，代表一个系统正常工作模式，只要一个最小径集存在，系统就处于正常工作状态。因此，已知事故树有 $m$ 个最小径集 $C = (C_1, C_2, \cdots, C_m)$，则

$$\overline{\Phi(X)} = \bigcup_{i=1}^{m} C_i(\overline{X}) \tag{3-4}$$

或

$$\overline{\Phi(X)} = \overline{\bigcup_{j=1}^{k} K_j(X)} \tag{3-5}$$

与网络系统一样，事故树结构函数既可以用最小径集表示，也可以用最小割集表示，而且通过结构函数的逆运算，可以由最小径集求最小割集，由最小割集求最小径集。

【例 3-6】　事故树系统的最小割集为 $\{x_1, x_2\}\{x_1, x_3\}\{x_2, x_3\}$，结构函数为 $T = x_1 x_2 + x_1 x_3 + x_2 x_3$，求该事故树系统的最小径集。

系统正常事件为 $T$ 的逆事件 $\overline{T}$，则

$$\overline{T} = \overline{x_1 x_2 + x_1 x_3 + x_2 x_3}$$
$$= \overline{x_1 x_2} \cdot \overline{x_1 x_3} \cdot \overline{x_2 x_3}$$

$$= (\overline{x_1} + \overline{x_2})(\overline{x_1} + \overline{x_3})(\overline{x_2} + \overline{x_3})$$
$$= (\overline{x_1} + \overline{x_2}\overline{x_3})(\overline{x_2} + \overline{x_3})$$
$$= \overline{x_1}\overline{x_2} + \overline{x_2}\overline{x_3} + \overline{x_1}\overline{x_3}$$

系统的最小径集为 $\{\overline{x_1}, \overline{x_2}\}$、$\{\overline{x_2}, \overline{x_3}\}$、$\{\overline{x_1}, \overline{x_3}\}$。

2.事故树的定量分析

在进行事故树定量计算时,一般要做以下假设:

①底事件之间相互独立;

②底事件和顶事件只考虑两种状态,即正常或故障。

(1)采用最小割集求顶事件发生的概率(不可靠度)

设事故树有 $k$ 个最小割集 $K_i(1 \leqslant i \leqslant k)$,系统故障事件的事故树结构函数表示为

$$T = \Phi(X) = K_1 + K_2 + \cdots + K_k \tag{3-6}$$

式中,每个最小割集 $K_i(1 \leqslant i \leqslant k)$ 是其所包含的底事件 $x_j(1 \leqslant j \leqslant n)$ 的积事件,即所包含底事件同时发生最小割集才发生。

一般情况下,最小割集彼此相交,根据相容事件的概率计算公式,顶事件发生概率为 $P(T)$;系统不可靠度为 $F$,则

$$F = P(T)$$
$$= P(K_1 + K_2 + \cdots + K_k) \tag{3-7}$$
$$= \sum_{i=1}^{k} P(K_i) - \sum_{i<j=2}^{k} P(K_i K_j) + \sum_{i<j<l=3}^{k} P(K_i K_j K_l) + \cdots + (-1)^{k-1} P(K_1 K_2 \cdots K_k)$$

上式具有 $(2^k - 1)$ 个项,当最小割集数目 $k$ 达到一定程度时,产生组合爆炸问题。如果某事故树有 40 个最小割集,则上式有 $2^{40} - 1 \approx 1.1 \times 10^{12}$ 个项,每一项又是许多事件的乘积求和,如此大的计算量即使是大型计算机也难以胜任。

解决定量分析中组合爆炸问题的有效方法是把最小割集(或最小径集)的相交和,通过不交化方法变成不交和,再求顶事件发生概率。

设事故树有 $k$ 个最小割集 $K_i(1 \leqslant i \leqslant k)$,事故树结构函数的不交型表达式为

$$T = K_1 + K_1 + \cdots + K_k = K_1 + \overline{K_1} K_2 + \overline{K_1}\overline{K_2} K_3 + \cdots + \overline{K_1}\overline{K_2} \cdots \overline{K_{k-1}} K_k \tag{3-8}$$

事故树最小割集不交化与网络系统最小径集不交化运算完全相同。系统的不可靠度 $F$ 为:

$$F = P(T) \tag{3-9}$$

不交化计算时,经常采用以下集合的运算规则

$$A_1 + A_2 + \cdots + A_n = A_1 + \overline{A_1} A_2 + \overline{A_1}\overline{A_2} A_3 + \cdots + \overline{A_1}\overline{A_2} \cdots \overline{A_{n-1}} A_n$$

$$\overline{A_1 A_2 \cdots A_n} = \overline{A_1} + A_1 \overline{A_2} + A_1 A_2 \overline{A_3} + \cdots + A_1 A_2 \cdots A_{n-1}\overline{A_n}$$

式中 $A_i(1 \leqslant i \leqslant n)$ 为逻辑事件。

(2)采用最小径集求顶事件不发生的概率(可靠度)

与网络系统不同,事故树即可以先求最小割集,也可以先求最小径集(利用对偶树概念)。事故树采用最小径集求顶事件不发生的概率(即可靠度),顶事件不发生的事件为

$$\bar{T} = S_1 + S_2 + \cdots + S_m \tag{3-10}$$

式中 $S_i(i = 1, 2, \cdots, m)$ 指事故树系统的最小径集,$m$ 为最小径集的总数目。

不交化计算过程与网络系统最小径集不交化过程相同。事故树系统的可靠度为

$$R = P(\bar{T}) \tag{3-11}$$

通过以上分析可知:

①事故树系统计算最小径集和最小割集比网络系统方便,可以根据最小径集和最小割集数目比较,即可以先求最小径集,也可以先求最小割集。

②事故树系统最小径集不交化和最小割集不交化计算过程与网络系统最小径集不交化过程完全相同。

【例 3-7】 图 3-14 所示,已知底事件发生概率(不可靠度)$F_A = F_B = 0.2$,$F_C = F_D = 0.3$,$F_E = 0.36$,求顶事件发生概率的精确解。

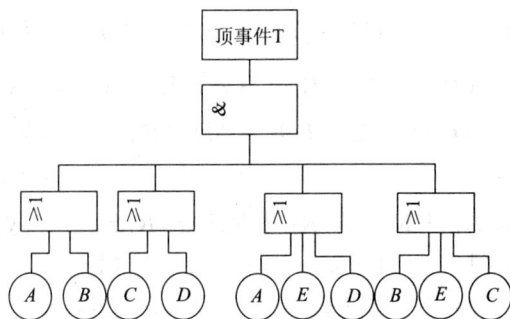

图 3-14 事故树示意图

【解】 (1)采用最小割集不交化方法

该事故树有 4 个最小割集,分别为 $\{B, D\}$、$\{A, C\}$、$\{B, C, E\}$、$\{A, D, E\}$。

不交型结构函数为:

$$T = BD + \overline{BD} \cdot AC + \overline{BD} \cdot \overline{AC} \cdot BCE + \overline{BD} \cdot \overline{AC} \cdot \overline{BCE} + ADE$$

$$\overline{BD} \cdot AC = (\bar{B} + B\bar{D})AC = A\bar{B}C + ABC\bar{D}$$

$$\overline{BD} \cdot \overline{AC} \cdot BCE = \bar{D} \cdot \bar{A} \cdot BCE = \overline{ABC}\overline{DE} \text{（去除相同元素）}$$

$$\overline{BD} \cdot \overline{AC} \cdot \overline{BCE} \cdot ADE = \bar{B} \cdot \bar{C} \cdot \overline{BC} \cdot ADE$$

$$= \bar{B} \cdot \bar{C} \cdot ADE$$

$$= (BC \subset B)A\bar{B}\bar{C}DE$$

从而结构函数的不交型表达式为:

$$T = BD + A\bar{B}C + ABC\bar{D} + \overline{ABC}\overline{DE} + A\bar{B}\bar{C}DE$$

故顶事件发生概率为:

$$P(T) = F_B F_D + F_A R_B F_C + F_A F_B F_C R_D + R_A F_B F_C R_D F_E + F_A R_B R_C F_D F_E$$
$$= 0.2 \times 0.3 + 0.2 \times (1 - 0.2) \times 0.3 + 0.2 \times 0.2 \times 0.3 \times (1 - 0.3) +$$
$$(1 - 0.2) \times 0.2 \times 0.3 \times (1 - 0.3) \times 0.36 + 0.2 \times (1 - 0.2) \times$$
$$(1 - 0.3) \times 0.3 \times 0.36$$
$$= 0.140\ 592$$

(2)采用最小径集不交化方法

利用最小径集求解。把事故树中与门变换为或门,或门变换为与门,求原事故树对偶的最小割集。对偶树的顶事件为 $T'$,则

$$T' = \overline{A}\,\overline{B} + \overline{C}\,\overline{D} + \overline{A}\,\overline{E}\,\overline{D} + \overline{B}\,\overline{E}\,\overline{C}$$

所以原事故树有 4 个最小径集,分别为 $\{\overline{A}, \overline{B}\}$、$\{\overline{C}, \overline{D}\}$、$\{\overline{A}, \overline{E}, \overline{D}\}$、$\{\overline{B}, \overline{E}, \overline{C}\}$。

从而原事故树顶事件 $T$ 不发生事件 $\overline{T}$ 不交化表示为:

$$\overline{T} = \overline{A}\,\overline{B} + \overline{C}\,\overline{D} + \overline{A}\,\overline{E}\,\overline{D} + \overline{B}\,\overline{E}\,\overline{C}$$
$$= \overline{A}\,\overline{B} + \overline{\overline{A}\,\overline{B}} \cdot \overline{C}\,\overline{D} + \overline{\overline{A}\,\overline{B}} \cdot \overline{\overline{C}\,\overline{D}} \cdot \overline{A}\,\overline{E}\,\overline{D} + \overline{\overline{A}\,\overline{B}} \cdot \overline{\overline{C}\,\overline{D}} \cdot \overline{\overline{A}\,\overline{E}\,\overline{D}} + \overline{B}\,\overline{E}\,\overline{C}$$
$$= \overline{A}\,\overline{B} + (\overline{A} + \overline{A} + \overline{A}\,\overline{B}) \cdot \overline{C}\,\overline{D} + \overline{B} \cdot \overline{C} \cdot \overline{A}\,\overline{E}\,\overline{D} + \overline{A} \cdot \overline{D} \cdot \overline{A}\,\overline{D} \cdot \overline{B}\,\overline{E}\,\overline{C}$$
$$= \overline{A}\,\overline{B} + A\overline{C}\,\overline{D} + \overline{A}B\overline{C}\,\overline{D} + \overline{A}BC\overline{D}\,\overline{E} + AD\,\overline{B}\,\overline{E}\,\overline{C}(\overline{A} \supset \overline{A}\,\overline{D})$$

顶事件不发生概率为:

$$P(\overline{T}) = R_A R_B + F_A R_C R_D + R_A F_B R_C R_D + R_A F_B F_C R_D F_E + F_A R_B R_C F_D R_E$$
$$= (1 - 0.2) \times (1 - 0.2) + 0.2 \times (1 - 0.3) \times (1 - 0.3) + (1 - 0.2) \times 0.2 \times$$
$$(1 - 0.3) \times (1 - 0.3) + (1 - 0.2) \times 0.2 \times 0.3 \times (1 - 0.3) \times (1 - 0.36) +$$
$$0.2 \times (1 - 0.2) \times (1 - 0.3) \times 0.3 \times (1 - 0.36)$$
$$= 0.859\ 408$$

所以,$P(T) = (1 - P(\overline{T})) = 1 - 0.859\ 408 = 0.140\ 592$。

所以,无论采用最小割集或采用最小径集进行定量分析计算,都能得到正确结论。对于本例最小割集数目与最小径集数目相同,因此采用最小割集计算或采用最小径集计算,计算量差别不大。

同网络系统可靠性定性分析时相同,已知最小割集,通过逆运算可求最小径集,已知最小径集,通过逆运算可求最小割集。

【例3-8】 已知事故树系统的最小割集为 $\{A, C\}$、$\{B, D\}$、$\{A, D, E\}$、$\{B, C, E\}$,求最小径集。

【解】 设顶事件发生时间为 $T$,则结构函数为

$$T = AC + BD + ADE + BCE$$
$$\overline{T} = \overline{AC + BD + ADE + BCE}$$

$$= \overline{AC} \cdot \overline{BD} \cdot \overline{ADE} \cdot \overline{BCE}$$
$$= (\overline{A} + \overline{C}) \cdot (\overline{B} + \overline{D}) \cdot (\overline{A} + \overline{D} + \overline{E}) \cdot (\overline{B} + \overline{C} + \overline{E})$$
$$= [\overline{A} + \overline{C}(\overline{D} + \overline{E})][\overline{B} + \overline{D}(\overline{C} + \overline{E})]$$
$$= (\overline{A} + \overline{CD} + \overline{CE})(\overline{B} + \overline{CD} + \overline{DE})$$
$$= \overline{CD} + (\overline{A} + \overline{CE})(\overline{B} + \overline{DE})$$
$$= \overline{CD} + \overline{AB} + \overline{BCE} + \overline{ADE} + \overline{CDE}$$
$$= \overline{CD} + \overline{AB} + \overline{BCE} + \overline{ADE}$$

事故树的最小径集为$\{\overline{C}, \overline{D}\}$，$\{\overline{A}, \overline{B}\}$，$\{\overline{B}, \overline{C}, \overline{E}\}$，$\{\overline{A}, \overline{D}, \overline{E}\}$。

**【例3-9】** 已知事故树的最小径集为$\{\overline{C}, \overline{D}\}$，$\{\overline{A}, \overline{B}\}$，$\{\overline{B}, \overline{C}, \overline{E}\}$，$\{\overline{A}, \overline{D}, \overline{E}\}$，求最小割集。

**【解】** 设定事件为$T$，顶事件不发生为$\overline{T}$，则

$$\overline{T} = \overline{CD} + \overline{AB} + \overline{BCE} + \overline{ADE}$$
$$\overline{\overline{T}} = T = \overline{\overline{CD} + \overline{AB} + \overline{BCE} + \overline{ADE}}$$
$$= \overline{\overline{CD}} \cdot \overline{\overline{AB}} \cdot \overline{\overline{BCE}} \cdot \overline{\overline{ADE}}$$
$$= (C + D)(A + B)(B + C + E)(A + D + E)$$
$$= [C + D(B + E)][A + B(D + E)]$$
$$= (C + BD + DE)(A + BD + BE)$$
$$= BD + (C + DE)(A + BE)$$
$$= BD + AC + ADE + BCE + BDE$$
$$= BD + AC + ADE + BCE \text{（吸收，} BD \supset BDE\text{）}$$

事故树的最小割集为$\{B、D\}$，$\{A、C\}$，$\{A、D、E\}$，$\{B、C、E\}$。

3. 结构重要度分析

结构重要度分析是从事故树的结构上研究各基本事件对顶事件的影响程度。一般可以利用事故树的最小割集或最小径集，按以下准则定性判断基本事件的结构重要度：

(1)单事件最小割(径)集中的基本事件结构重要度最大。

(2)仅在同一最小割(径)集中出现的所有基本事件结构重要度相等。

(3)两个基本事件仅出现在基本事件个数相等的若干最小割(径)集中，这时在不同最小割(径)集中出现次数相等的基本事件其结构重要度相等；出现次数多的结构重要度大，出现次数少的结构重要度小。

(4)两个基本事件仅出现在基本事件个数不等的若干最小割(径)集中。在这种情况下，基本事件结构重要度大小依下列不同条件而定：

①若它们重复在各最小割(径)集中出现的次数相等，则少事件最小割(径)集中出现的基本事件结构重要度大。

②在少事件最小割(径)集中出现次数少的，与多事件最小割(径)集中出现次数多的基本事件比较，应用下式计算近似判别值：

$$I(i) = \sum_{X_i \in E_r} \frac{1}{2^{n_i-1}}$$

式中　$I(i)$——基本事件 $X_i$ 结构重要度系数；

　　　$E_r$——基本事件 $X_i$ 所属最小割集；

　　　$n_i$——基本事件 $X_i$ 所属最小割集包含的基本事件数。

4. 事故树与可靠性框图

可靠性框图(或网络图)是从系统正常工作角度分析问题，即可靠性框图(或网络图)反映各个元、部件与系统正常工作的功能关系。

事故树是从系统故障角度分析问题，即事故树反映了各个底事件、中间事件与系统故障之间的逻辑关系。对于给定的系统，系统的不可靠度就是事故树的顶事件发生概率。

因此，对于给定系统，给定可靠性框图时，通过可靠性框图计算系统的最小径集，最小径集逻辑和求逆，得到最小割集，根据最小割集构造系统的事故树。

如图 3-14 所示可靠性框图，根据节点遍历法可知，存在 6 个最小径集，分别为 $\{1,4,6\}$、$\{1,5,6\}$、$\{2,4,6\}$、$\{2,5,6\}$、$\{3,4,6\}$、$\{3,5,6\}$，系统正常事件为：

$$\overline{S} = \overline{1 \cdot 4 \cdot 6} \cdot \overline{1 \cdot 5 \cdot 6} \cdot \overline{2 \cdot 4 \cdot 6} \cdot \overline{2 \cdot 5 \cdot 6} \cdot \overline{3 \cdot 4 \cdot 6} \cdot \overline{3 \cdot 5 \cdot 6}$$

$$\overline{S} = (\overline{1}+\overline{4}+\overline{6}) \cdot (\overline{1}+\overline{5}+\overline{6}) \cdot (\overline{2}+\overline{4}+\overline{6}) \cdot (\overline{2}+\overline{5}+\overline{6}) \cdot (\overline{3}+\overline{4}+\overline{6}) \cdot (\overline{3}+\overline{5}+\overline{6})$$

$$= (\overline{1}+\overline{6}+\overline{4} \cdot \overline{5})(\overline{2}+\overline{6}+\overline{4} \cdot \overline{5})(\overline{3}+\overline{6}+\overline{4} \cdot \overline{5})$$

$$= (\overline{6}+\overline{4} \cdot \overline{5}+\overline{1} \cdot \overline{2})(\overline{3}+\overline{6}+\overline{4} \cdot \overline{5})$$

$$= \overline{6}+\overline{4} \cdot \overline{5}+\overline{1} \cdot \overline{2} \cdot \overline{3}$$

系统的最小割集有 3 个，分别为 $\{\overline{1},\overline{2},\overline{3}\}$、$\{\overline{4},\overline{5}\}$、$\{\overline{6}\}$，从图 3-14 可以看出 3 个最小割集是正确的。

从上述分析可以看出，根据可靠性框图，计算得到的最小割集是唯一的(如图 3-15 所示)，得到的事故树不是唯一的，还可以有如图 3-16 所示的事故树，但是都能表示元、部件故障与系统故障之间的逻辑关系。采用上述方法建造事故树，在可能的事故树中，应该选择具有实际工程意义的事故树。

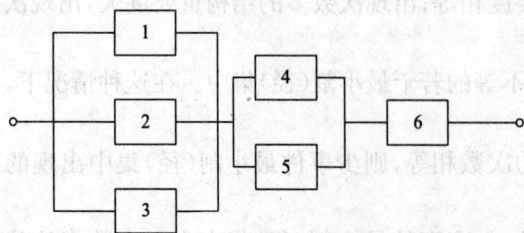

图 3-15　可靠性框图

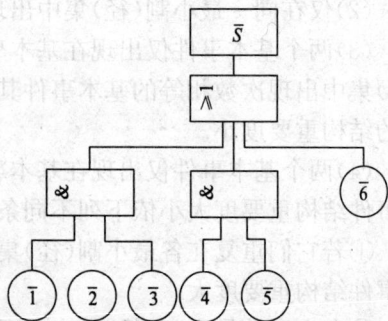

图 3-16　系统的最小割集表示的事故树

**五、实例应用**

目前，铁路行车事故中平交道口事故占了很大比重，尤其是在铁路提速后的这几年，平交道口的事故率呈现出大幅上升的趋势，给人民生命财产和铁路运输造成很大的损失。因此对平交道口事故进行分析，找出其中的关键影响因素，进而采取合理可行的安全对策措施提高平交道口的安全可靠性是很有必要的。

**1.铁路平交道口事故树构建**

根据铁路平交道口事故发生后搜集到的资料，在进行详细分析的基础上，构建了道口机动车和列车相撞事故树如图 3-17 所示。

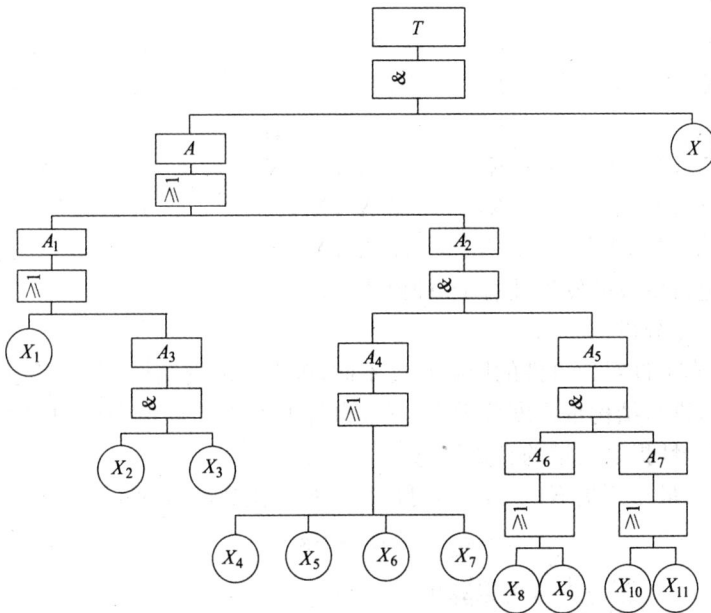

图 3-17　铁路平交道口事故树

$T$—铁路道口机动车、火车相撞；$A$—机动车在路口；$A_1$—机动车停在道口；$A_2$—机动车道口运行；$A_3$—机动车司机操作失误；$A_4$—机动车司机抢路；$A_5$—安全防护未起作用；$A_6$—安全防护装置未起作用；$A_7$—道口工作人员未起作用；$X_1$—机动车故障；$X_2$—机动车司机心理紧张；$X_3$—机动车司机技术不熟练；$X_4$—机动车司机没有瞭望；$X_5$—机动车司机视力不好；$X_6$—道口环境不良；$X_7$—机动车司机判断失误；$X_8$—安全防护装置故障；$X_9$—没有安装安全防护装置；$X_{10}$—道口工作人员知识不熟练；$X_{11}$—道口工作人员不在岗位；$X$—列车正常运行。

**2.事故树分析**

**(1)求最小割集**

每个最小割集都是导致顶事件发生的可能途径，它代表了系统的危险集合。最小割集的数目

越多,所分析系统的危险性就越大。根据图 3-18 事故
树的逻辑表达式对其进行化简,求其最小割集。

$$T = AX = (A_1 + A_2)X = (X_1 + X_2 X_3 + A_5 A_6)X$$
$$= [(X_1 + X_2 X_3) + (X_4 + X_5 + X_6 + X_7)$$
$$(X_8 + X_9)(X_{10} + X_{11})]X$$
$$= X(X_1 + X_2 X_3 + X_4 X_8 X_{10} + X_4 X_8 X_{11} +$$
$$X_4 X_9 X_{10} + X_4 X_9 X_{11} + X_5 X_8 X_{10}$$
$$+ X_5 X_8 X_{11} + X_5 X_9 X_{10} + X_5 X_9 X_{11} + X_6 X_9 X_{10}$$
$$+ X_6 X_9 X_{11} + X_6 X_8 X_{10} + X_6 X_8 X_{11}$$
$$+ X_7 X_9 X_{10} + X_7 X_9 X_{11} + X_7 X_8 X_{10} + X_7 X_8 X_{11})$$

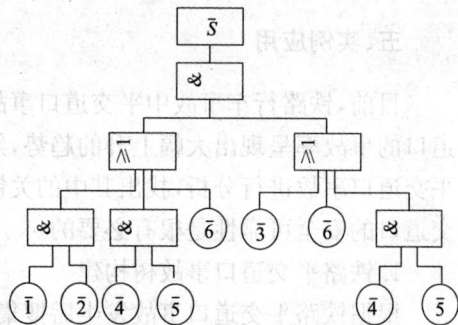

图 3-18　系统的非最小割集表示的事故树

最小割集为:

$$K_1 = \{X, X_1\} \qquad K_2 = \{X, X_2, X_3\} \qquad K_3 = \{X, X_4, X_8, X_{10}\}$$
$$K_4 = \{X, X_4, X_8, X_{11}\} \qquad K_5 = \{X, X_4, X_9, X_{10}\} \qquad K_6 = \{X, X_4, X_9, X_{11}\}$$
$$K_7 = \{X, X_5, X_8, X_{10}\} \qquad K_8 = \{X, X_5, X_8, X_{11}\} \qquad K_9 = \{X, X_5, X_9, X_{10}\}$$
$$K_{10} = \{X, X_5, X_9, X_{11}\} \qquad K_{11} = \{X, X_6, X_8, X_{10}\} \qquad K_{12} = \{X, X_6, X_8, X_{11}\}$$
$$K_{13} = \{X, X_5, X_9, X_{10}\} \qquad K_{14} = \{X, X_5, X_9, X_{11}\} \qquad K_{15} = \{X, X_7, X_9, X_{10}\}$$
$$K_{16} = \{X, X_7, X_9, X_{11}\} \qquad K_{17} = \{X, X_7, X_8, X_{10}\} \qquad K_{18} = \{X, X_7, X_8, X_{11}\}$$

可知,铁路道口事故的发生共有 18 种模式。

(2)结构重要度分析

故障树中基本事件对顶事件的影响程度不同,根据事故树结构,在不考虑基本事件自身发
生概率的基础上,进行结构重要度分析,对基本事件的发生影响顶事件的程度进行分析,可以
为改进系统的安全性提供大量的有益信息。

根据上面所求最小割集 $K_1 \sim K_{18}$,可以得到最小割集阶数 $R$:

$$R_{K_1} = 2, \cdots, R_{K_{18}} = 4$$

根据公式 $I(i) = \sum\limits_{X_i \in E_r} \dfrac{1}{2^{n_i - 1}}$,可以算出:

$$I(0) = 2.75$$
$$I(1) = 0.5$$
$$I(2) = I(3) = 0.25$$
$$I(4) = I(5) = I(6) = I(7) = 0.5$$
$$I(8) = I(9) = I(10) = I(11) = 1$$

所以,铁路平交道口事故基本事件结构重要度大小的排列顺序是:

$$I(0) > I(8) = I(9) = I(10) = I(11) > I(1) = I(4) = I(5) = I(6) = I(7) > I(2) = I(3)$$

(3)结论

①铁路平交道口事故树的最小割集有 18 个,说明事故的发生途径很多。事故的基本致因

因素可以归纳为以下三个方面：机动车人机系统、道口安全防护装置及其道口铁路工作人员，根据致因因素采取针对性的措施可以有效的防止铁路平交道口事故的发生。

②从结构重要度分析结果可知，基本事件 $X$（火车运行）的结构重要度最大，但事件 $X$ 是正常事件，在此不作分析；除 $X$ 外，$X_8$，$X_9$，$X_{10}$，$X_{11}$ 的结构重要度最大，对其采取措施进行控制，可以有效的降低铁路道口事故的发生概率。也就是说安装道口安全防范装置和道口工作人员尽职工作是防范道口事故的一个重要的方法。

## ？复习思考题

1. 简述选择安全分析方法时应考虑的因素。
2. 安全检查表的作用及优点有哪些？试结合运输实例编制安全检查表。
3. 预先危险性分析的目的及程序是什么？
4. 简述事件树分析方法，并结合实例编制事件树。
5. 如何进行事故树的定性分析和定量分析？两者之间有何内在联系？
6. 试结合运输事故实例编制事故树，并求出最小割集和最小径集。
7. 以图 3-19 的简单事故树为例，求顶事件 $T$ 的发生概率表达式。
8. 某事故树有最小割集：$\{X_1, X_2\}$、$\{X_2, X_3, X_4\}$、$\{X_4, X_5\}$、$\{X_3, X_5, X_6\}$，设各基本事件的发生概率为：$q_1=0.05$，$q_2=0.03$，$q_3=0.01$，$q_4=0.06$，$q_5=0.04$，$q_6=0.02$，试用不同算法计算顶事件的发生概率（精确到 $10^{-6}$）。
9. 求图 3-20 所示事故树的割集和径集数目，并求出最小割集或最小径集，然后画出等效事故树。

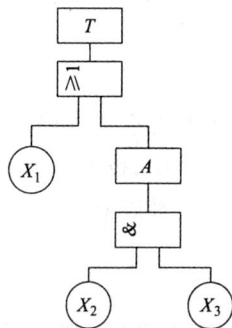

图 3-19　事故树

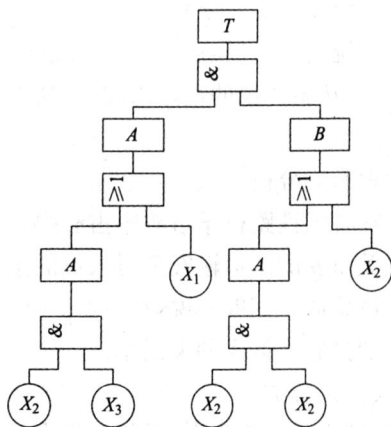

图　3-20

# 第四章 铁路运输系统安全评价

铁路运输系统是一个由车务、机务、工务、电务、车辆等系统要素组成的一个庞大系统。铁路运输系统安全评价是分析系统中存在的危险有害因素及可能导致事故的严重程度，提出合理可行的安全对策，指导危险源的监控和事故预防，达到降低事故率，减少损失和最优的安全投资效益。本章首先介绍了系统安全评价的方法，接着分别从客运、货运、行车三个方面分析铁路运输安全的影响因素以及相应的评价方法。

## 第一节 系统安全评价方法概述

铁路运输系统具有结构复杂、设备繁多、高速运转等特性，影响其安全的要素涉及人-机-环境-管理四个层面。铁路运输是在一个开放的环境中进行的，有较大的空间位移和较长的时间延续。运输系统处于动态的平衡态中，当安全要素之间由于相互作用打破平衡态时，就可能导致事故发生。本节给出铁路运输安全要素，安全相关要素的动态演变过程，以及相应的评价方法。

### 一、铁路运输安全要素及评价方法

#### （一）铁路运输安全要素分析

铁路运输系统是一个任意时间、空间分布广泛的动态系统，影响运输安全的因素错综复杂，涉及面很广。从系统论的观点出发，应从人员、设备、环境和管理四个方面及其相互关系入手进行分析。

1. 人员因素影响分析

人的因素在各国铁路行车事故中占有很大比重，因此，分析人为事故的原因、控制人的不安全行为时至关重要的。运输安全对人员的素质要求包括思想素质、技术业务素质、生理、心理素质以及群体素质。一般来说，在生产、工作过程中人为失误是难以避免的，但是可以通过管理和技术上的措施降低人的失误率。

（1）人为失误及分类

人为失误，即人的行为失误，是指工作人员在生产、工作过程中导致实际要实现的功能与所要求的功能不一致，其结果可能以某种形式给生产、工作带来不良影响的行为。

人为失误可能发生在计划制定、工程设计、制造加工、设备安装、设备使用、设备维修以至于管理工作等各种工作过程之中，人为失误可能导致物的不安全状态或人的不安全行为。其实人的不安全行为本身也就是一种人为失误，所不同的是不安全行为往往是事故直接责任者当事者的行为失误，是人为失误的特例。另外，管理失误也是一种人为失误，并且是一种更危险的人为失误。

一般来说，在生产、工作过程中人为失误是难以避免的，但是可以通过管理和技术上的措施降低人的失误率。按照人为失误产生的原因可以分为随机失误、系统失误和偶发失误三种类型。

①随机失误

它是由于人的动作、行为的随机性质引起的人的失误。例如，手工操作时用力的大小，精确度的变化，操作的时间差，简单的错误或一时的遗忘等。随机失误往往是不可预测的，但是，是不会重复发生的。

②系统失误

它是由于工作条件设计方面的问题，或人员的不正常状态引起的。系统失误主要与工作条件有关，设计不合理的工作条件很容易诱发人为失误。易于引起人为失误的工作条件大体上分两个方面的问题：其一是工作任务的要求超出常人的承受能力；其二是规定操作程序方面的问题，在正常工作条件下形成意识的行动和习惯使人们不能应付突如其来的紧急情况。

在类似情况下，系统失误可能重复发生，通过改善工作条件及教育训练，能够有效地防止此类失误。

③偶发失误

它是由于某种偶然出现的意外情况引起的过失行为，或者事先难以预料的意外行为。例如，违反操作规程，违反劳动纪律的行为。人为失误与人的素质和能力具有密不可分的关系。

(2)预防人为失误及其危害的技术措施

从预防事故和防止损失的角度，如图 4-1 所示，可以从以下三个阶段采取技术措施，防止人为失误，减少人为失误及损失。

第一阶段是采取防止人为失误的技术措施。控制、减少可能引起人为失误的各种因素，防止出现人为失误或有效地降低人为失误率。

第二阶段是采取防止人为失误的无害化技术措施。由于人们在生产和工作过程中，产生失误是在所难免的，所以在易于发生人为失误的场合或地点采取有效措施，即使

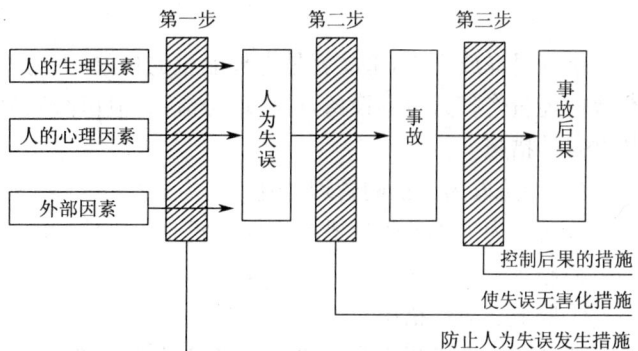

图 4-1　防止人为失误的途径

人为失误发生也不至于发生事放,造成损失,使人为失误无害化。

第三阶段是采取控制人为失误的后果技术措施。在因人为失误容易引起事故的情况下,采取有效措施限制事故的进一步发展,努力减少事故造成的损失。

①防止人为失误的技术措施

a. 采用机器代替工作人员作业。用机器代替工人作业是彻底防止作业中人为失误的最好办法。通常机器的故障率为 $10^{-6} \sim 10^{-4}$ 之间,而人为失误率在 $10^{-3} \sim 10^{-2}$ 之间。可见,机器的故障率远远小于人为失误率。

b. 采用冗余系统预防人为失误。冗余就是把若干个元素并联附加在系统功能元素上,以提高系统的可靠性。附加的元素称为冗余元素,含有冗余元素的系统称为冗余系统。其具体方法上要有双人操作、人机并行操作、设计审查等。

c. 采取安全设计预防人为失误。采取安全设计措施,使操作人员不出现人为失误或出现人为失误也不会导致事故发生。

d. 采取警告措施预防人为失误。警告包括视觉警告(亮度、颜色、信号灯、标志等)、听觉警告(如警铃、警报等)、气味警告(如不同的气味等)和感(触)觉警告(如温度、阻挡物等)。

e. 人、机、环境匹配预防人为失误。主要包括人机动作的合理匹配、机器设备的人机学设计以及生产作业环境的人机学要求等,如显示器的人机学设计、操纵设备的人机学设计、生产环节的人机学设计。

②防止人为失误无害化的技术措施

a. 设立事故预防装置,保证在人失误的情况下也能确保系统处于安全状态。

b. 设立失误保护系统,当个别部件或子系统发生故障时,仍可保证系统可靠地工作。

c. 设立连锁装置,当操作失误时,设备不能启动。

③防止人为失误后果的技术控制措施

事故通常是由小到大、由近而远。为了控制由人为失误导致的事故危害范围,对危险作业地点(如易发火的车间)应事先做好准备(如设立自动灭火器),一旦出现事故,将之控制在发生地。

由能量释放理论,事故就是失控能量的释放,人为失误引起的事故也不例外。为防止失控释放的能量伤害人员和设备,可采取分流(如泄压阀)、隔离(防爆墙)、安全出口或通道、发放自救器材等措施。

(3)预防人为失误的管理措施

预防人为失误的管理措施主要有职业适应性措施、作业标准化措施、安全教育措施和技能训练措施等。

①职业适应性措施

职业适应性是指人员从事某种职业应具备的基本条件。它着重于职业对人员能力的要求。职业适应性措施主要包括以下几个方面:

a. 职业适应性的分析。首先,分析确定特定职业的特性,如工作条件、工作空间、物理环境、使用工具、操作特点、所需训练时间、判断难度、安全状况、作业姿势、体力消耗等特性;然后,在分析了职业特性的基础上,进行人员职业适应性的分折,确定从事该职业人员应具备的条件,如所负责任、知识水平、技术水平、创造能力、灵活性、体力消耗、所受训练和具备的经验等。

b. 职业适应性的测试。职业适应性测试就是指在人们初步选定自己的职业之后,测试其具备的能力,分析是否符合所从事职业的要求。

c. 职业适应性人员的选择。对于特定的职业,选择能力过高或过低的人员都不利于事故的预防。一个人的能力低于操作要求时,可能会由于没有能力正确处理操作中的各种信息而不能胜任,从而出现人为失误;反之,当一个人的能力超过操作水平时,可能会由于心理紧张度过低,产生厌倦和懈怠情绪,从而引发人为失误。

②作业标准化措施

根据对人为失误原因的调查可发现下列三种原因占有很大的比例:

a. 不知道正确的操作方法。

b. 为了省事,省略必要的操作步骤。

c. 按自己的习惯操作。

为了克服这些问题,应积极推广标准化作业,用科学的作业标准来规范人的行为。作业标准化应满足如下要求:

a. 应明确规定操作步骤和程序。例如,关于人力搬运作业中,应具体地规定如何搬、搬往何处等。

b. 不应给操作者增加负担。例如,对操作者的技能和注意力不能要求过高,操作尽可能简单化、专业化,尽量减少使用卡具或其他工具的次数,采用自动化设备等。

c. 符合现场实际情况。由于同样的生产过程在具体实施中变化很大,所以结合通用标准,针对具体情况制定切实可行的作业标准是十分必要的。

在制定作业标准时,首先把操作过程分解为若干单元,逐一设计各单元的动作,然后相互衔接成为整体。一般地,制定作业标准要考虑人体运动、作业场所布置以及使用的设备、工具等应符合人机学原理。

在制定作业标准时,应该有管理人员、技术人员和操作者共同研究,经反复实践后才可确定。

③教育与训练措施

安全教育与技能训练是预防操作者不安全行为和人为失误的重要途径。首先,能使企业领导和职工提高事故预防的自觉性和责任感。其次,可以使干部和职工掌握安全技术知识,掌握安全技能和生产技能,保证生产能够安全可靠地进行。

a. 教育措施。这里所提及的教育是指安全教育,主要包括安全知识教育(要使操作者掌握有关事故预防的基本知识,使操作者了解和掌握生产操作过程中潜在的危险因素及防范措施等)、安全技能教育(在熟练掌握安全知识的基础上,使操作者学习掌握保证操作安全的基本技能)和安全态度教育(在既掌握了安全知识又掌握了安全技能的基础上,使操作者自觉地运用安全知识和安全技能,变被动的"要我安全"为主动的"我要安全")三个方面。

b. 训练措施。这里所提及的训练是指技能训练,主要包括安全技能训练和生产技能训练两个方面。

安全技能训练就是使操作者在学习掌握了安全知识和安全基本技能的基础上,反复实践和实际训练,完全熟练地掌握安全技能的操作要领。保证在作业过程中,遇到安全问题时能果断熟练地运用安全技能采取安全措施。生产技能训练就是使操作者掌握了安全生产知识和安全技能以及安全态度端正的基础上,对其生产技能按标准要求进行严格的训练,使之熟练掌握生产技能。往往具有较高生产技能操作者,也具有较高的安全技能和较好的安全意识。

2.设备因素影响分析

(1)铁路运输设备类型

运输基础设备包括固定设备、移动设备。

运输安全技术设备包括安全监控设备、安全监测设备、自然灾害预确报与防治设备、事故救援设备及其他安全设备。

(2)铁路运输设备特点以及改进安全性的途径

铁路运输设备特点是种类多、数量大、整体性强、延伸面广、配置分散、连续运转、冲击剧烈、自然力影响大、设备有形损耗严重、运用中设备监控难度大、故障处理时间紧。

改进运输设备安全性的途径有:强化运输基础设备,加大其安全系数,使之适应列车重量、密度、速度提高的要求。研制和采用先进的运输安全技术设备。

(3)影响运输安全的设备因素

影响运输安全的设备因素主要指运输基础设备和运输安全技术设备的安全性能,包括设计安全性和使用安全性。

①设计安全性

设备的设计安全性是指设备的可靠性、可维修性、可操作性(人机工程设计)以及先进性等。

设备可靠性是指设备在规定条件下、规定时间内处于正常工作的能力,它可以用可靠度、故障前平均时间,故障率等来衡量。在整个寿命期过程中,设备的故障率可以用浴盆曲线表示,从图4-2中可以看出机器设备在调整后的开始阶段通常具有较高的可靠性、而经过一段时间的使用和运转后,由于物理和化学因素的影响,如磨损、老化等。其可靠性会逐渐降低,且随着时间的延长,最终必然会发生故障。因此,无论从生产上还是从安全上考虑,均希望可靠性越高越好,而且设备使用人员应充分了解设备的可靠性,保证及时修理或更换。

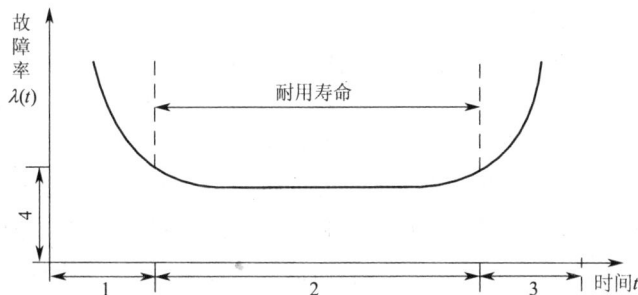

图 4-2　机器故障率典型曲线(浴盆曲线)
1—早期故障率(调整期故障率);2—使用期偶发故障率;3—晚期故障率;4—容许故障率。

设备可维修性是指设备易于维修的特性,即设备发生故障后容易排除故障的能力。可维修性与维修的含义不同,维修是指设备保持和恢复功能的作业活动,是在使用中设备发生故障后,由设备维修部门采取的行动;而可维修性则是设备的固有特性之一,可维修性好,可使设备在需要维修时以最少的资源(人力、技术、测试设备、工具、备件、材料等)在最短的时间内顺利地完成任务。交通运输系统长期不间断地运行,对设备可维修性的要求较高,尤其希望维修时间越短越好。

可操作性是指机器设计要便于人进行操纵。因此,机器设备在设计过程中,要同时考虑人与机器两方面的因素,要着眼于人,落实在机。机器设计中凡要求人进行操作时,其操作速度要求低于人的反应速度,凡要求操作者以感官作用下的间歇操作,必须留出足够的间隔时间,这样才能获得人机设计的综合最佳效果。可操作性主要指人机界面设计应保证,显示器与人的信息通道匹配,操纵器与人的效应器匹配,人机与环境要素之间的匹配。在生产过程中,信息流要从界面通过,如果人机两个子系统匹配得好,信息流畅通,人机系统就会处于较佳状态。因此,人机界面的设计应满足:

a. 显示器要具有可识别性。

b. 控制器要具有可控性。

c. 显示器与控制器应合理布局。

d. 人机恰当分工。

设备先进性是指尽量利用最新科技成果,采用先进的装备,淘汰落后的设备。对于铁路运输系统来说,越是先进的设备,通常其安全性也较高。例如平交道口改立交后,道口事故将会大幅度下降。当然,先进的设备要求有先进性的安全技术设备与之相匹配,否则一旦发生事故,后果将难以预料。

②使用安全性

设备的使用安全性包括设备的运行时间、维护保养情况等。设备运行时间越短,即设备越新,其使用安全性就越好;设备维修保养得越好,其使用安全性也就越好。反之,则相反。

(4)设备安全保障评价指标

设备安全保障包括设备安全设计、设备维护保养以及故障安全对策。对设备安全保障的评价包括设备安全保障措施实施情况及实施效果的评价。而且,由于评价对象是宏观的行车安全保障系统,评价指标应该针对设备整体而非单个设备的具体性能。设备安全保障评价指标包括设备安全管理水平、行车基础设备安全性能以及行车安全技术设备性能。

设备安全管理水平是一定性指标,可以反映出设备的维护保养以及使用情况。

行车基础设备主要包括线路、机车、车辆、通信信号设备,其性能指标可从设备安全性能及先进程度两个方面来衡量。例如信号设备的安全性能可从信号设备可靠性及瞭望条件、先进性等方面来考察。

行车安全技术设备包括线路安全设备,机车安全设备,车辆安全设备,电务安全设备,车务安全设备,自然灾害预报与防治设备,事故救援设备等。其性能指标可从各类安全设备的配备情况及保安全的实际效果两个方面来衡量。

设备安全保障评价指标如图 4-3 所示。

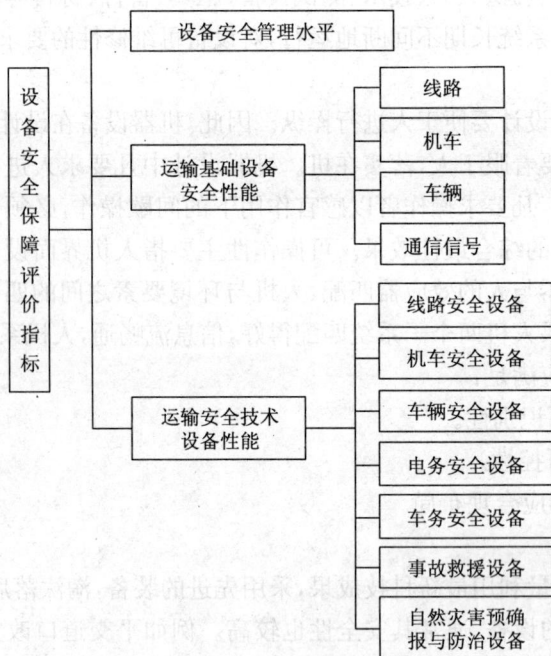

图 4-3  设备安全保障评价指标体系

(5)提高设备可靠性途径

①积极采用新设备

从车辆检修行业来看,近年来,采用微机超声波探伤仪、多通道超探仪、轴承不分解故障诊断仪等先进设备,对于提高车辆检修质量、确保行车安全起到了至关重要的作用。随着铁路运输的普遍提速,安全生产检修、检测设备快速增加。然而,这些新增设备,质量参差不齐。采购新设备,要严格执行招投标制度,加大采购合同对质量的约束力度,建立经济赔偿制度,严格落实经济质量保证责任,鉴定、验收、采购、使用等有关部门要按照职责分工,承担相应的安全责任,增强责任感,减少人为因素造成的安全隐患。

②加大对旧设备的更新改造

当前,一些旧设备仍在使用,由于所使用的维修材料或更换的备件存在质量问题,会导致一定的安全隐患。对于旧设备,应该首先把好维修材料或更换备件的采购质量关,同时严格把好设备维修、鉴定和验收关,不符合技术标准或存在安全隐患的设备严禁使用。同时加大对旧设备的更新、改造力度,充分提高设备的使用性能和技术性能,为铁路运输安全提供可靠的保障。

③加大对各种设备隐患的整治力度

要把对铁路运输安全威胁较大的设备病害和隐患整治摆在重要位置,把一切可能发生的事故消灭在萌芽状态。对主要行车设备隐患进行全面排查,制定整治计划,明确完成时间,落实整治责任。对于一时难以解决问题的重点处所要加强检查看护,确保运输安全,并积极创造条件,争取早日解决。要提高对设备隐患的动态检查水平,按规定程序做好日常巡检,并做好分析记录,加大对发现重大隐患有功人员的奖励力度,充分调动职工保安全的积极性。

④提高技术装备养护维修质量

严格按标准投入、施工和验收,确保大中修质量。搞好设备日常养护维修,通过精检细修提高设备质量,积极探索修制改革,提高专业化集中修的水平。多年来机务、车辆实行专业化集中修,对于提高机车车辆检修质量发挥了很好的作用,今后有待于进一步提高。进一步完善设备和配件的使用管理,结合新技术、新设备的运用和生产布局调整,合理确定维修周期。明确设备"用、管、修"的责任,对不认真执行维修标准或管理失职、造成设备故障或事故的,要追究责任。

⑤积极推进铁路安全技术装备现代化

设备陈旧、技术薄弱等问题是制约铁路运行安全的"瓶颈"。如何解决运行制约安全的"瓶颈"问题,关键要依靠科学技术。近年来,铁路安全技术装备有了较大改善,如近年来先后购置了滚动轴承转动检查仪、滚动轴承磨合机等先进设备对保证铁路运输安全发挥了很大作用。但从总体上看,铁路安全技术装备水平还不高,控制网络不完善,系统集成度不高,对危及运输安全的一些问题还未得到彻底解决,有些惯性事故还未得到有效控制,因此,要从实际出发,应积极探索建立运输安全监测、监控和管理网络体系,提高人机联控水平,全面提高运输安全综合防范能力,建立安全技术装备的投入保障机制,在安全技术装备的投入上,集中有限资金,统筹规则,系统实施,有计划、有步骤地采用一些先进技术装备,为运输生产安全运行提供有力的保障。

⑥加强职工教育提高职工队伍素质

积极采用先进设备,需要培养一支高素质的职工队伍。

a. 对全员职工进行高科技新知识的普及教育。提高全员职工科技进步的意识和产生强烈的靠科技兴企业的共鸣。

b. 抓好重点岗位的在职技术培训。职工文化水平低与掌握先进技术设备之间的矛盾日益突出,在职学习培训是提高职工技术水平的必由之路。这就要求正确处理好工学矛盾,保证脱产培训时间,统筹安排好职工培训,真正使职工的技术业务素质得到提高。

c. 在进行新技术装备"用、管、修"的技术培训时,要抓好系统培训与应急培训的结合。注意点和面、深度和广度的结合,真正培养出一批技术骨干队伍。

d. 加强日常学习教育,重视段长和车间主任的技术业务培训,切实提高生产一线"指挥员"的技术业务素质和现场管理控制能力。新设备、新技术的采用,对设备管理工作提出了更高的要求,对运输生产工作也提出了许多新问题,要特别重视这些问题并认真加以解决,才能确实提高设备安全可靠度,才能适应新时期铁路运输的工作要求。

3. 环境因素影响分析

(1)影响因素分析

影响运输安全环境包括内部小环境和外部大环境。铁路运输内部小环境包括作业环境,以及通过管理所营造的运输系统内部的社会环境,即运输系统外部社会环境因素在运输系统内的反映,包括运输系统内部的政治、经济、文化、法律等环境。外部大环境包括自然环境和社会环境(较为直接的是铁路沿线治安和车站秩序状况),如图 4-4 所示。

①内部小环境

对于一般微观的人-机-环境系统而言,内部环境通常是指作业环境,即作业场所人为形成的环境条件,包括周围的空间和一切生产设施所构成的人工环境。然而,交通运输系统是一个非常复杂的宏观大系统,它是由系统硬件(运输基础设备和运输安全技术设备)、系统工作人员(运输系统内的各级管理人员和基层作业人员)、组织机构管理(运行机构、维修机构等)以及社会经济因素(政治、经济、文化、法律等)等相互作用而构成的社会-技术系统。因此,影响运输

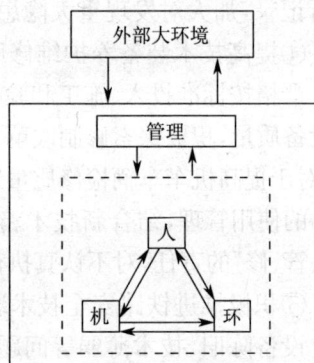

图 4-4 交通运输人-机-环境系统

安全的内部环境绝非是作业环境,它还包括通过管理所营造的运输系统内部的社会环境,即运输系统外部社会环境因素在运输系统内的反映,它涉及面很广,包括运输系统内部的政治、经济、文化、法律等环境。

②外部大环境

影响运输安全的外部环境包括自然环境和社会环境。自然环境是指自然界提供的、人类难以改变的生产环境。自然环境对运输安全的影响很大。运输线路暴露在大自然中,经常遭受洪水、雷雨、风沙、泥石流以及台风、地震等自然灾害的威胁。在各种自然灾害中,最常见的

是暴雨、洪水,严重影响运输安全,危害极大。此外,气候因素(风、雨、雷、电、雾、雨、冰等)、季节因素(春、夏、秋、冬)、时间因素(白天、黑夜)以及运输线路沿线的地形地貌等也是不容忽视的事故致因。

社会环境包括社会的政治环境、经济环境、技术环境、管理环境、法律环境以及社会风气、家庭环境等等,它们对交通运输安全均有不同程度的彩响,较为直接的运输线路沿线治安和站场秩序状况。

影响运输安全的环境因素如图 4-5 所示。

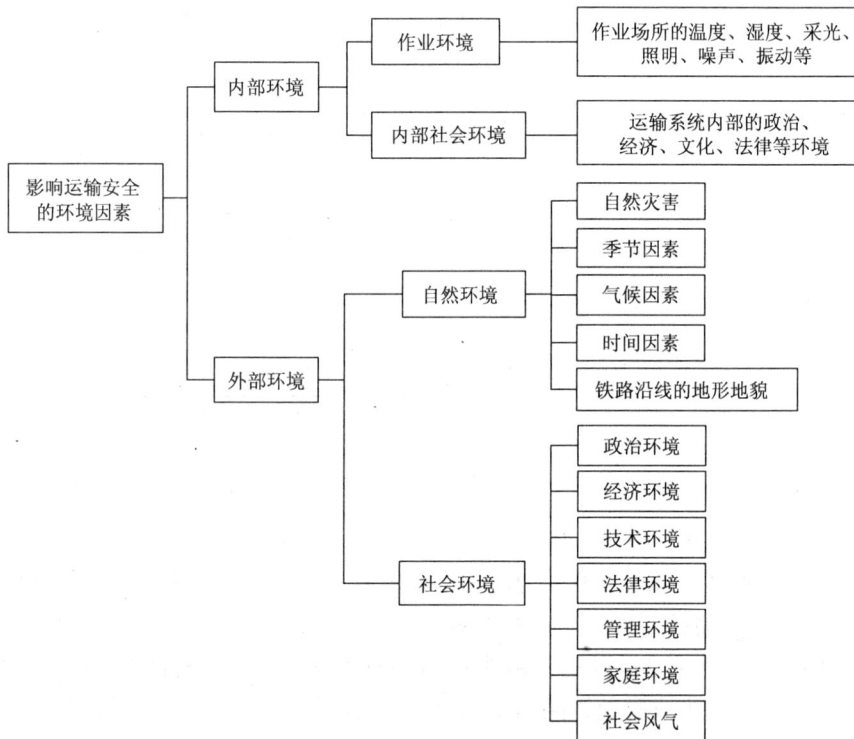

图 4-5 影响运输安全的环境因素

(2)环境社会安全评价指标

影响行车安全的环境条件包括内部小环境和外部大环境,相应地,环境安全保障评价指标分为内部环境安全保障和外部环境安全保障两部分(如图 4-6 所示)。其中,内部环境安全保障评价指标包括作业环境安全保障和内部社会环境安全保障,外部环境安全保障评价指标包括自然环境安全保障和外部社会环境安全保障。作业环境安全保障评价指标,包括作业空间布置,温、湿度调节,采光照明设置;噪声振动控制,有毒有害气体的排除等,应分别对车站、机务、工务、电务、车辆等不同作业部门进行考核;内部社会环境安全保障评价指标可从对铁路内部社会环境的改善程度,亦即内部社会环境对铁路行车安全的保障程度来衡量;自然环境安全保障评价指标包括自然灾害的预确预报与防治,恶劣气候下安全作业方法的完善与落实;外部社会环境安全保障评价指标包括路外宣传教育,改善社会治安和适应外部社会的政治、经济等环境条件(削弱其负效应,强化其正效应)。

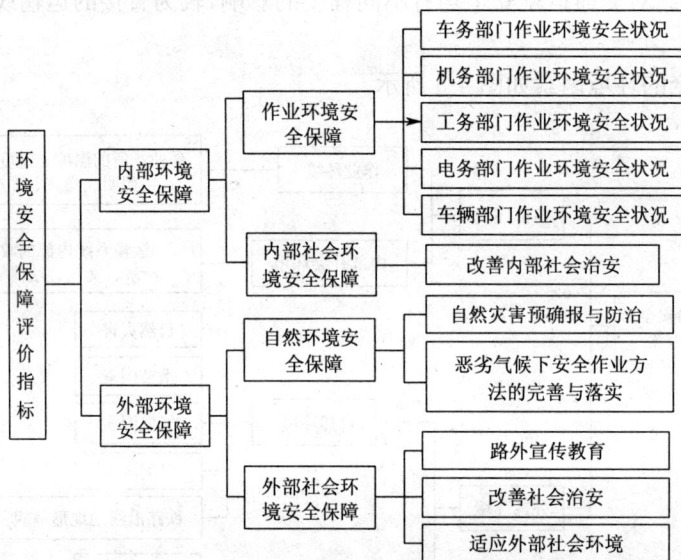

图 4-6 环境安全保障评价指标体系

### 4.管理因素影响分析

铁路运输安全管理是指为了有效地减免运输事故及由此引起人和物的损失而进行危险控制的一切活动,是管理者按照安全生产的客观规律,对运输系统的人、财、物、信息等资源进行计划、组织、指挥、协调和控制,以达到减少或避免铁路运输事故的目的。包含五方面含义:①运输安全的目的是减少或避免铁路运输事故;②主体是运输系统的各级管理人员;③对象是人(基层作业人员)、财(安全技术经费等)、物(运输基础设施和运输安全技术设备等)、信息(安全信息);④方法是计划、组织、指挥、协调和控制;⑤本质是充分发挥人的积极性和创造性,调动一切积极因素,促使各种矛盾向有利于运输安全的方面转化。

### (二)评价方法分析

安全评价也称危险性评价或风险评价。它以实现铁路运输安全为目的,用系统科学的方法,对铁路运输系统中的危险因素进行预先识别、分析和评价,确认铁路运输系统存在的危险性,根据其形成事故的风险大小,采取相应的安全措施,以达到运输安全的全过程。安全评价方法有:

### 1. 安全检查表评价法

安全检查表评价法是根据经验或系统分析的结果,把评价项目自身及周围环境的危险集中起来,列成检查项目的清单,评价时依照清单,逐项检查和确定,为了使评价工作得到关于系统安全程度方面的概念,根据评价计算方法的不同,安全检查表评价法又分为逐项赋值法、加权平均法、单项定性加权计分法和单项否定计分法。

(1)逐项赋值法

针对安全检查表的每一项检查内容,按其重要程度不同,由专家讨论赋予一定的分值。评价时,合格者给满分,部分合格按规定标准给分,完全不合格者给零分。逐项检查评分,最后累计各项得分,就是系统评价的总分。

$$L = \sum_{i=1}^{n} l_i \qquad (4\text{-}1)$$

式中 $L$——铁路运输安全评价的结果值;

$l_i$——第 $i$ 个评价项目的输出值;

$n$——总的评价项目的个数。

(2)加权平均法

将安全评价按专业分成若干评价表。各评价表均采用统一记分体系评价记分,按照各评价表的内容对总体安全评价的重要程度,分别赋予权重系数。按各评价表的分值,分别乘以各自的权重系数并求和,就得出了评价结果值。

$$L = \sum_{i=1}^{n} m_i l_i \quad \text{且} \quad \sum_{i=1}^{n} m_i = 1 \qquad (4\text{-}2)$$

式中 $L$——铁路运输安全评价的结果值;

$l_i$——按某一评价表评价的实际测量值;

$m_i$——按某一评价表实际测量值的相应权重系数;

$n$——评价表个数。

(3)单项定性加权计分法

把安全检查表的所有检查评价项目都视为同等重要。评价时,对检查表中的检查项目分别给以不同定性等级的评价,例如"优""良""可""差"或者是"可靠""基本可靠""基本不可靠""不可靠"等定性等级的评价,同时赋予不同定性等级以相应的权重值,累计求和就是实际评价值。

$$M = \sum_{i=1}^{n} w_i k_i \qquad (4\text{-}3)$$

式中 $M$——实际评价值;

$n$——评价等级数;

$w_i$——评价等级的权重;

$k_i$——取得某一评价等级的项数和。

2. 作业条件危险性评价法

作业条件危险性评价法是一种简便易行的衡量人们在某种具有潜在危险的环境中作业的

危险性的半定量评价方法。该方法以与系统风险率有关的三种因素(发生事故可能性大小 $L$、人体暴露在这种危险环境中的频繁程度 $E$ 和一旦发生事故可能会造成的损失后果 $C$)指标值之积 $D$ 来评价系统人员伤亡风险的大小,并将所得作业条件危险性数值与规定的作业条件危险性等级相比较,从而确定作业条件的危险程度。

$$D = L \cdot E \cdot C \tag{4-4}$$

三种因素的不同等级取值标准和危险性大小的范围划分可参考表 4-1、表 4-2、表 4-3、表 4-4。

$D$ 值越大,说明该系统的危险性大,需要增加安全措施,减少发生事故的可能性,或者降低人体暴露的频繁程度,或者减轻事故损失,直到调整到允许范围,$D$ 值越小,说明该系统相对比较安全。这种方法的特点是简便,可操作性强,有利于掌握企业内部危险点的危险情况。

表 4-1 发生事故的可能性($L$)

| 分数值 | 事故发生的可能性 |
| --- | --- |
| 10 | 完全可以预料 |
| 6 | 相当可能 |
| 3 | 可能,但不频繁 |
| 1 | 可能性不大,属于意外 |
| 0.5 | 很不可能,可以设想 |
| 0.2 | 极不可能 |
| 0.1 | 实际上不可能 |

表 4-2 暴露于危险环境的频繁程度($E$)

| 分数值 | 暴露于危险环境的频繁程度 |
| --- | --- |
| 10 | 连续暴露 |
| 6 | 每天工作时间内暴露 |
| 3 | 每周一次,或偶然暴露 |
| 2 | 每月一次暴露 |
| 1 | 每年几次暴露 |
| 0.5 | 非常罕见地暴露 |

表 4-3 发生事故可能会造成的损失后果($C$)

| 分数值 | 发生事故可能会造成的损失后果 |
| --- | --- |
| 100 | 大灾难,许多人死亡 |
| 40 | 灾难,数人死亡 |
| 15 | 非常严重,一人死亡 |
| 7 | 严重,躯干致残 |
| 6 | 重大,手足伤残 |
| 3 | 较大,受伤较重 |
| 1 | 较小,轻伤 |

表 4-4 危险等级划分($D$)

| 分数值 | 危险程度 |
| --- | --- |
| >320 | 极其危险,停产整改 |
| 160~320 | 高度危险,立即整改 |
| 70~160 | 显著危险,及时整改 |
| 20~70 | 一般危险,需要观察 |
| <20 | 稍有危险,注意防止 |

### 3. 定量安全评价法

定量安全评价法是根据已知条件,计算风险率,以此判断系统的危险程度是否超过可接受的安全标准,以便决定是否需要采取相应的安全措施,使其达到社会所公认的安全水平。

定量评价系统安全性的标准是风险率 $R$（即单位时间系统可能承受损失的大小）。风险率 $R$ 一般取决于事故发生概率 $P$ 和损失严重 $S$ 之积。

$$R = S \cdot P \tag{4-5}$$

式中　$R$——风险率，单位时间内的事故损失；

　　　$S$——损失严重度，平均每次事故损失；

　　　$P$——事故发生概率（频率），单位时间内的事故次数。

（1）以单位时间死亡率进行评价

目前国际上经常采用单位时间死亡率来进行系统安全性的评价，用这种方法进行系统安全性评价的原因："人命"是最宝贵的，丧失生命无法挽回，"人命"是安全最根本课题；"死亡"的统计数据非常可靠；根据美国著名安全工程师海因里希理论，认为系统发生事故的比例基本遵循下列规律：重伤：轻伤：无伤害＝1：29：300。

（2）以单位时间损失工作时数进行评价

用这种方法对负伤风险进行评价。在 GB 6441—86 中规定，职工因工受伤严重程度分为轻伤、重伤、死亡三个等级。损失工作日为 1 d≤轻伤<105 d，105 d≤重伤<6 000 d，死亡＝6 000 d。

（3）以单位时间经济损失价值进行评价

这种方法较全面地对系统安全性进行评价，不仅考虑事故发生可能造成的经济损失，同时又把人员伤亡损失折合成经济价值，统一计算事故造成的总损失。

4. 多指标安全综合评价法

多指标安全综合评价法是把多个描述被评价对象不同方面且量纲不同的定性和定量指标，转化为无量纲的评价值，并综合这些评价值得出对该评价对象的一个整体评价。安全综合评价的合成方法有：加法合成、乘法合成、加乘混合法、代换法等。

综合评价法评价步骤：(1)明确评价对象；(2)建立评价指标体系；(3)定性与定量指标评价值的确定；(4)评价指标权系数的确定；(5)确定指标间合成关系，求综合评价值；(6)根据评价过程得到的信息，进行系统分析和决策。

其中，最为关键的问题是指标体系的建立、指标评价值和赋权系数的确定以及合成关系的处理。只有解决好上述问题，才能得到较为切合实际的安全评价结果。

此外，安全评价方法还有原因一后果分析、人的因素分析、指数评价法、数学模型计算等方法，每一种方法都有一定的适用范围和评价效果。

**二、铁路运输安全要素动态演变**

铁路运输安全要素的动态演变应当从两个层面考虑，一方面是由于某一因素的变化而引起其他因素的演变情况，另一方面是由于某种单一因素在时间和空间上的演变。

（一）安全要素之间的动态影响

人、机（设备）、环境三者是构成铁路运输安全保障系统的最基本组成要素，因此只有充分发挥系统的整体功能,才能有效地保证铁路运输的安全。交通运输安全影响因素关系如图 4-7 所示。

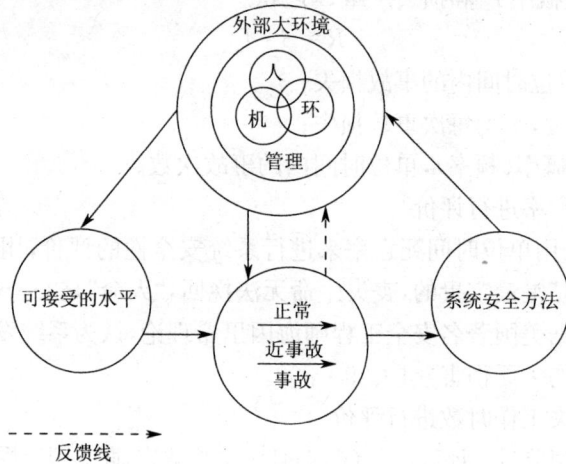

图 4-7　运输安全影响因素间关系图

人、机、环境三者之间相互作用的方式有以下七种:

(1)"人—人"之间

交通运输是由多部门、多层次人员分工与协作来实现的。人与人之间相互作用、相互影响、相互依赖、相互制约,必须协调配合,才能有效保证运输生产的顺利进行。如果人与人之间的协调配合不好,就会造成事故隐患乃至发生交通运输事故,影响交通运输安全。

(2)"人—机"之间

在"人"与"机"的关系中,"人"是行为的主体,由人操纵"机"运转,人的劳动能力、劳动熟练程度、劳动态度直接影响"机"的运转状况。同时,自动化"机"可以部分地预见到人的行为,减少人为偏差。所以"人—机"之间是相互作用和相互影响的关系。

(3)"人—环境"之间

人的活动是在一定的环境之中进行的,受环境的影响和制约。一方面人从环境中获取物质、能量和信息,可以创造环境、改进环境,对环境施加能动性的影响;另一方面环境反作用于人,使人必须适应环境,根据环境的变化调整自己的行为。

(4)"机—机"之间

"机—机"之间表现为一种联动的关系,为使联动有效地传递下去,要求每一个环节必须运转正常与协调,任何一个环节出现不协调的现象,都会成为事故隐患的一种可能,需要加强"机—机"之间衔接的可靠性。

(5)"机—环境"之间

一方面良好的环境有利于保证"机"的状态良好和运行正常,另一方面通过一定的"机"改造"环境",使"环境"向有利于系统的方向发展。

(6)"环境—环境"之间

不可控制的大环境之间,可控制的小环境之间、大环境与小环境之间相互影响和制约,彼此之间是相互改造和被改造的关系。应充分发挥可控制的小环境的能动作用,影响不可控制的大环境的变化。

(7)"人—机—环境"之间

"人—机—环境"构成交通运输安全保障系统最基本的组成要素,根据系统的整体性思想,单纯一个要素的良好状态并不能保证系统的优化,为充分发挥系统的整体功能,必须有效地组合与协调三者之间的关系。

(二)单一因素的动态演变规律

1. 设备故障的演变规律

设备在运行过程中,由于零件的相对运动产生摩擦,形成磨损。随着使用时间的推移,设备的磨损速度和程度不同。大致可分为三个大阶段,如图 4-8 所示。

图中曲线 OA 段为初期磨损阶段。在这一阶段中,磨损主要由于零件上有毛刺,表面不平整,磨合开始时磨损快,且时间短,故曲线趋势陡。当表面光滑程度提高以后,磨损逐渐降低,达到一定程度(即 A 点)趋向稳定。曲线 AB 为正常磨损阶段,这个阶段,磨损速度较平稳,磨损量随时间均匀而缓慢地递增,且时间长,因而此阶段曲线变化平缓。超过正常阶段以后,即曲线 B 点以后,为急剧磨损阶段。这一阶段,由于设备的零件普遍老化,磨损急剧增加,设备的性能、精度迅速降低,如果继续使用设备就是不经济和不安全的。所以一般不允许零件使用到急剧磨损阶段,在设备进入急剧磨损阶段以前,就要进行修理。

上述设备磨损的发生、发展变化,就是设备的磨损规律。掌握设备的磨损规律以后,企业就可以建立合理使用、维护和修理设备制度,充分利用设备的性能,延长其寿命。

故障率是指已经工作的设备在一定时间内发生故障的次数。设备故障的发展过程分为三个时期,其曲线形状如图 4-9 所示。该曲线也称为浴盆曲线。

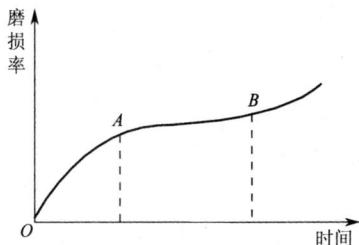

图 4-8　设备磨损曲线

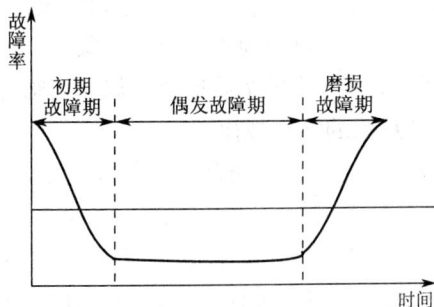

图 4-9　设备的故障规律曲线

(1)初期故障期。此阶段故障发生的原因大多由设计和制造上的缺陷、零件磨合关系不良、搬运马虎、操作者不适应所引起,开始时故障率较高,以后逐渐减少。

(2)偶发故障期。此阶段设备处于正常运转状态,故障率很低,故障发生原因主要是操作者疏忽和错误而引起的。

(3)磨损故障期。此阶段设备磨损严重,设备的性能发生变化,因而故障率急剧上升。

研究设备的故障规律,是为了针对不同时期的故障,采取相应的对策。在初期故障期,重点工作是严格验收,仔细安装和操作。在偶发故障期,重点工作是加强操作管理,搞好设备的日常维护保养。在磨损故障期,为了降低这个时期的故障率,要在主要零件达到使用期限以前加以修理。其重点工作是进行预防性维修。

设备随着使用时间的延长,最终必然会发生故障,这时设备就要进行保养、中修或大修。如果没有修复的价值,设备就应报废。因此,无论从生产上,还是从安全上考虑,均希望设备的可靠度越高越好。设备使用人员应充分注意、了解设备的可靠性,保障及时修理或更换,以确保安全生产。

**2. 机车质量的演变规律**

机车的质量变化规律也符合浴盆曲线。但是在维修实践中情况会非常复杂。机车是综合许多部件的复杂系统,包括制动、走行、传动、辅助等子系统,若以每一个部件或系统为跟踪统计的对象,会发现他们的质量变化规律各不相同,如图 4-10 所示。

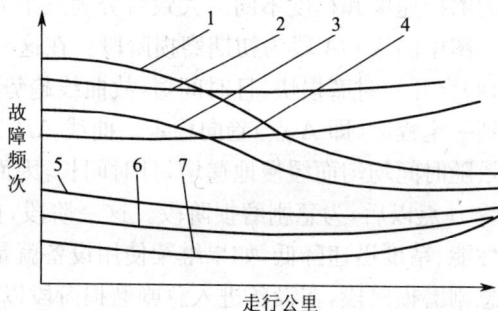

图 4-10　质量变化规律

1—柴油机;2—液压传动;3—电器;
4—辅助;5—电机;6—走行;7—制动。

①它们初期的故障率差别较大。

②在整个应用期内的每个阶段各部件故障率差别很大。

③不同部件在同一时期具有相同或相近故障率的机会很少。

④不同部件质量稳定期的时段差别较大。

由此可见,若以机车为跟踪统计对象,因为造成机车故障的因素非常多,当拥有庞大的统计样本之后,才可能使机车质量变化规律清晰起来。

**3. 人员意识的演变规律**

铁路运输工作人员,随着工作任务过重、连续工作时间过长,精神过度紧张或过度恐惧时,不能认真思考问题,以至于信息处理能力降低,信息处理过程中断,大脑出现"空白"现象。

人们在正常的生产过程中,大脑的意识水平经常处在反应能动和反应被动的正常状态下。此时相对信息处理能力较高,失误相对较少;当大脑意识水平处于反应迟钝或恐慌状态时,相对信息处理能力较低,失误相对较多。人的大脑意识水平与心理紧张程度密切相关,而人的心理紧张程度直接影响人的信息处理能力。图 4-11 绘出了心理紧张程度与信息处理能力之间的关系。从图中可以看出,人在工作时存在有最优的心理紧张程度,此时大脑的意识水平处于能动状态,信息处理能力最高,失误率最低。通常可以将心理紧张程度分为四个等级:

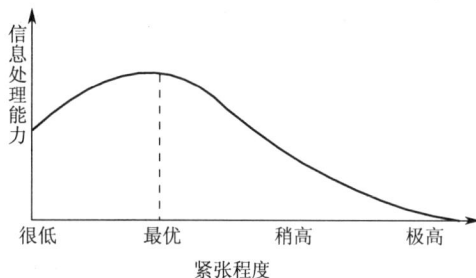

图 4-11　人的信息处理能力与紧张程度

①低级紧张程度。在从事缺少刺激的、过于轻松的工作时,几乎不用脑筋思考。

②最优紧张程度。在从事较为复杂的、需要思考的工作时,大脑能动地工作。

③稍高紧张程度。在从事要求迅速行动或一旦发生失误可能出现危险的工作时,心理紧张程度有所升高,易于发生失误。

④极高紧张程度。在从事危险工作,人员面临生命危险时,大脑处于恐慌状态,很容易发生失误。

除了工作任务引起心理紧张之外,还有如酗酒、疲劳、生理等许多因素增加诸如不安、烦躁、焦虑等心理紧张的程度;工作场所照明不良、温度异常以及噪声等物理因素也可以增加心理紧张的程度;心理紧张程度还与个人的经验、技能等有关。一般来说,缺乏经验及操作不熟练的人心理紧张程度较高。

工作中,合理安排工作任务,消除各种增加心理紧张的因素以及经常进行训练、教育,是使职工保持最优心理紧张程度的主要途径。

# 第二节　货运安全评价

铁路货物运输是一个较为复杂的系统,是在多种因素相互作用、相互制约下形成的一个复杂综合体。为了对铁路货物运输安全质量进行科学、合理的评价,就必须全面了解影响铁路货物运输安全的各种因素,并进行充分的评价。

## 一、铁路货运安全影响因素分析

分析铁路货运安全的影响因素可以由货物特点、货物装载与加固、运输生产人员、运输设备、运输环境、安全管理几个层面详细分析。

1. 货物特点

铁路运输的货物种类繁多,理化性质差别很大,因此货物的装载方法、加固材料、运输过程中的安全要求等也各不相同。其中难度最大的是阔大货物和危险货物运输。阔大货物由于具有长、大的特点,在运输过程中,即使货物端部或突出端发生较小的偏移量,都有可能产生较大的振动偏移量,从而导致事故。危险货物自身就是危险源,其运输客观上就存在一定的危险性,在运输时要加倍注意安全。

**2. 货物装载与加固**

货物装载与加固直接关系到货物运输安全,是保障货物运输安全的基础工作。从 1982 年到 1995 年,全路与装载加固相关的重大行车事故共 37 件。1996 年相关部门加强了对装载加固的管理,到 2005 年事故减少到 2 件,由此可见装载加固对货运安全的重要性。《铁路货物装载加固规则》中明确规定了货物装载加固的基本技术条件,并对加固材料等做了具体要求。但实际操作中,违章现象时有发生,如超载、加固材料质量及强度不符合要求、不按方案装车等,均会在某种程度上影响货运安全。同时,货物装载加固的难易程度对运输安全也有一定的影响。铁路运输的阔大货物外形结构复杂,有时会加大装载加固的难度,致使加固强度难以达到理论要求,运输过程存在一定的风险。

**3. 运输生产人员**

运输生产人员包括车务、机务、工务、电务、车辆、安监等人员,尤其是运输生产第一线的人员,他们的思想品质、技术业务水平、生理心理素质若不满足铁路运输的要求,往往会造成事故。又由于部分货运人员对货运规章的学习、理解不够,责任心不强,不严格按规章办事,出现了诸如车种错用、无方案装车、擅自改变装载加固方案等情况,使货物在运输途中发生倒塌、坠落、超载、偏载等问题,造成安全事故。

**4. 运输设备**

铁路运输设备分为运输基础设备和运输安全技术设备。运输基础设备中线路、车辆对运输安全的影响相对较大,如线路的较大变形、各种不平顺及车辆技术状态等都会影响行车安全,甚至导致列车脱轨。运输安全技术设备如安全监控设备、安全检测设备、自然灾害预确报与防治设备等,其数量和技术水平也是影响货运安全的重要因素。

**5. 运输环境**

铁路货物运输会受到自然环境和社会环境的影响。自然环境如气候、季节、时间及铁路沿线的地形地貌等,对运输影响很大。社会环境包括法制环境、管理环境、技术环境等。如果法律制度不完善,承运人与托运人双方的权利、义务及发生事故后各自应负的责任不明确,就会为货运事故埋下隐患。治安环境同样不可忽视,沿线居民拆卸铁路设备、偷盗通信器材,或偷盗货物、破坏货物装载加固技术状态,都可能导致货运事故。

**6. 安全管理**

安全管理统筹、支配着上述几个因素,具体包括安全监控、日常安全管理、应急保障三个方面。安全实时监控能及时发现问题并通告相关部门采取措施。目前,全国铁路货物运输还未形成有效的监控系统,为管理带来一定难度。日常安全管理包括安全教育、安全法制、安全检查、资金管理等方面,管理水平的高低直接或间接地影响运输安全。应急保障包括事故发生前的预防及事故发生后的紧急救援。铁路各部门只有认真做好应急保障工作,才能在紧急情况下采取正确的措施,把事故所造成的人身伤亡或财产损失减到最小程度。

货运安全影响因素评价指标体系的建立应该从分析影响货运安全的因素出发,来确定对货运安全影响较大的因子指标及其权重。由于造成货运安全不稳定是众多因素相互影响、相互作用的结果,为了全面衡量铁路货运系统的服务质量,需构建一个影响货运安全的评价指标体系。如图 4-12 所示,每一层次上所列出的元素都是对系统有直接或间接影响的因素,都是从不同的层次并且互相不干扰的角度来考虑确定。

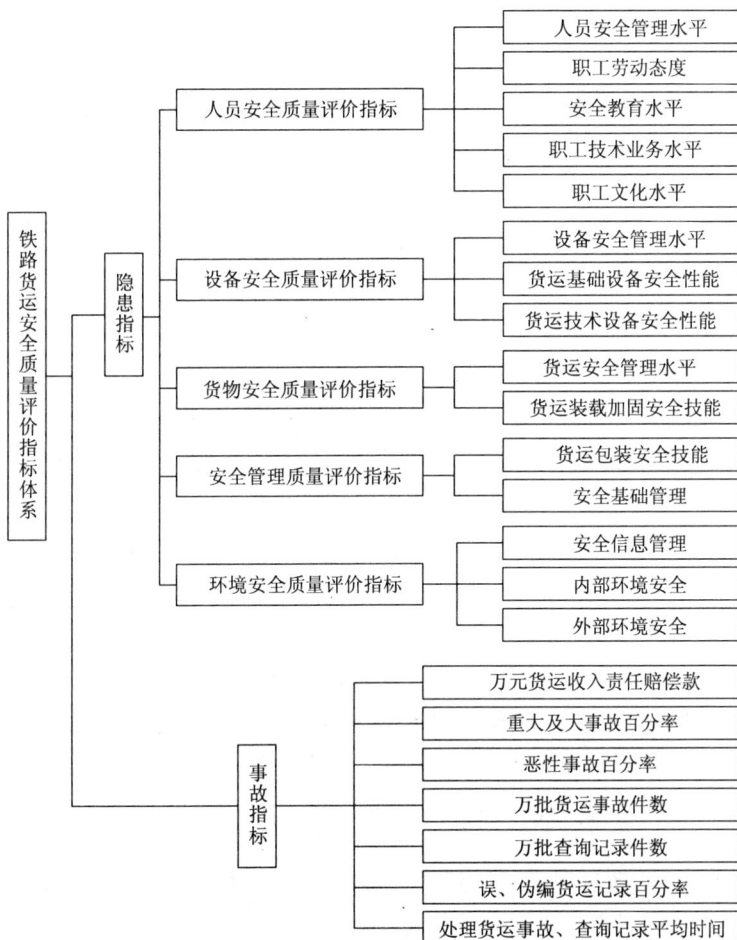

图 4-12　铁路货物运输安全评价指标体系

## 二、货运安全质量评价与考核

为了保障铁路货运的安全,督促铁路工作人员重视安全行驶的职责,需要建立货运安全质量的评价和考核标准,提出相应的考核要求。

（一）考核内容

铁路货运安全质量考核的内容是:货运责任的行车、货运、人身、机械设备事故,以及与之相关的货运安全问题。通过考核,着重提高与行车、货运、人身、机械设备安全密切相关的货运(含装卸,下同)工作质量。

（二）货运安全工作的主要考核指标

1. 货运事故件数

货运事故件数是指站段、铁路局在一定时期内结案的由于本单位责任所造成的货运事故的总件数。它包括本单位结案属于本单位的责任货运事故件数,还包括外单位结案属于本单位资任的货运事故件数。

货运责任事故的件数还可以用事故率来表示,即用平均每千车(整车)、每万批(零担)事故件数来表示。

2. 货运事故赔偿金额

凡因铁路责任造成的货损,铁路必须负责赔偿。货损赔偿金额是从经济方面来反映铁路运输质量的,所以,它也是运输质量的一个重要指标。

货运责任事故赔偿金额,是指车站、铁路分局铁路局或全路在一定时期内结案的所支付责任货损赔款金额,其计算公式为

$$每万元货运收入货损赔偿金额 = \frac{责任货损赔偿金额(元)}{货运收入(万元)} \qquad (4-6)$$

3. 货物逾期运到率

铁路运输生产过程中,要求在时间上准确,这也是铁路运输质量管理的一项重要内容。时间上如不准确,不仅造成铁路自身运输秩序的混乱,而且会影响国民经济其他部门生产的正常进行。货物逾期运到率就是从时间方面来反映运输质量的。

货物逾期运到率是指在一定时期内逾期运到货物批数与到达货物总批数之比,计算公式如下:

$$货物逾期运到率 = \frac{逾期运到货物批数}{到达货物总批数} \times 100\% \qquad (4-7)$$

货物实际运到日数,超过规定的运到期限时,按《铁路法》有关规定,铁路运输企业应当支付违约金,支付的违约金在《铁路货物运输规程》中有明确规定。

（三）加强铁路货运安全途径

1. 加大科研投入,提高货运技术水平

提高货运技术的重点是组织装载加固的技术攻关。目前,我国铁路货物装载加固安全的基础研究还较薄弱,不能适应现代货物运输的需要。结合我国铁路的实际情况,货物装载加固安全研究应考虑以下方面:

（1）加大科研投入，注重铁路货物装载加固安全的基础研究，为货运安全提供理论依据。随着铁路大面积的提速，列车的技术性能、运行条件等都在不断变化，现有的理论依据在一定程度上不能适应现代运输的需要。如提速后，运行过程中列车的横向振动偏移量发生变化，进而影响超限列车与邻线列车的安全会车。因此应进一步研究提速条件下超限列车的会车条件，确保运输安全。

（2）研制新型加固材料，研究货物装载新方案，以提高运输安全系数。在提高铁路运输安全的前提下，研制简便易行的装载加固方法和使用方便、成本低廉的加固材料，使实际操作简单化、标准化，减少因人员作业不规范而带来的安全隐患，提高安全系数。如瑞典铁路利用高强度的化学材料紧固带捆扎钢轨运输，操作简单，安全性高；德国铁路研制适用于卷钢运输的特种车辆，装卸简单，不需加固，提高了运输效率，降低了运输成本。

2. 提升设备技术水平，推进铁路信息化建设

设备是铁路货运安全的物质保证，在保障足够数量设备的基础上，要依靠现代科学技术提高设备的技术水平。根据上述影响因素，提升运输设备技术水平，推进铁路信息化建设，需要从以下几方面努力：

（1）采用新技术，不断提高铁路货车性能以适应铁路提速的需要。研制多种车型，适应不同货物的运输，如已研制的运煤专用敞车、双层集装箱平车、散装粮食车、行包快运棚车、70 t级通用车等新型货车，提高了运输的效率和安全系数；研制适用于特种货物的专用特种货车，如 D 型钳夹车、凹底平车、组合式长大平车、落下孔车等，提高特种货物运输的安全性；提升车辆配套技术，采用新型转向架、高强度车钩、大容量缓冲器以及不锈钢、高分子材料等高强度、耐腐蚀的新型材料等，提高车辆的技术水平。

（2）提升线路基础设施技术水平。线路基础质量是一个动态的管理和保持过程，因此要加强线路的日常养护和维修。同时，运用先进技术提高线路的耐久性和使用寿命。推广采用新型的钢轨、道岔、轨枕及连接扣件技术，实现免维修、少维修；发展高强度、新结构桥梁，加固改造既有线、桥、隧等基础设施。为适应铁路电气化发展需要，大力提高牵引供电装备质量和可靠性，发展牵引供电系统综合整治技术，实现牵引供电系统监控自动化、远动化和运行管理智能化，减少因电气化带来的不利影响，保证运输安全。

（3）推广运用运输安全技术设备，积极推进铁路信息化。不断研制开发新的适应现代货运技术的安全监测、监控设备，并在各铁路局推广运用；在主要繁忙干线建立具有安全监测、信息传输、预测预警和抢险救援功能的铁路行车安全综合监控系统，其他干线应用安全监测监控设备，建立功能完善的铁路行车安全保障体系；建立完善的安全生产应急救援体系，对影响铁路运输安全事故的各因素进行识别、分析与评价。

3. 加强货运管理，提高安全水平

在加强硬件建设的同时，也应加强软件建设。大力加强货运安全管理应从以下几方面考虑：

（1）对上线货车进行全面彻底的检查、整修，消除安全隐患，确保货车运用状态良好。

（2）杜绝货车超载和偏载。要完善货车轨道衡、超偏载仪等设备的使用管理办法，健全检查监控制度，强化货检作业，做到对所有货车全覆盖检查，对超偏载车辆及时发现和处置。

（3）加强货车装载加固工作。要加强货车货检工作，从源头上杜绝偏载超限、捆绑松动、货物坠落、阔大活动设备旋转等危及行车安全的问题发生。

（4）严格货车运行管理。优化货物运输路径，减少其对提速区段安全的影响；严格禁止存在隐患的货车进入提速区段；健全适应提速安全要求的危险品运输管理机制，杜绝危险品运输事故。

（5）抓紧建设货运安全监测网。加快建设货运安全监控系统，实现铁道部、铁路局对货车运行状况的实时监控。

# 第三节  行车安全评价

影响行车安全的因素包括行车关键设备（线路、机车、车辆、通信信号设备等）和行车安全技术设备（安全监控设备、安全监测设备，自然灾害预测预报与防治设备、事故救援设备等）。

## 一、关键装备的安全评价

（一）行车设备安全

1. 铁路信号设备

（1）铁路信号安全性

广义地说，铁路信号安全性是指铁路信号设备或系统具有维护铁路列（调）车安全运行的能力。一方面在铁路信号设备完好并使用正确的情况下，有指挥和监督铁路列（调）车作业、防护车辆（机车）发生冲突、追尾、冒进分界点事故等规定任务的能力，也就是信号设备实现其防护功能的能力。另一方面在信号设备发生故障或信号设备被误操作等意外事件时，维持最小风险的能力。狭义的铁路信号安全性就是指设备（或系统）满足"故障—安全（fail—safe）"设计原则的要求，出现故障或误操作时，导向远离危及行车安全的事故或减少事故损失的能力。

铁路信号安全性和可靠性的概念有一定的相关性，但也有一定的差别。主要差别在于，对安全性而言，除了功能之外，需要考虑可能有危险后果的意外事件及由此带来的后果，特别是人身伤害、大宗财产的损失以及对生态环境的破坏。如果某设备已经把对意外事件的防护作为功能——列入需求规范，这时安全性和可靠性的差别就非常小了。在安全性的某些定量分析和评价的方法中，大量使用与可靠性评价类似的方法，总体上说，一个高安全性的系统必须以一个高可靠性的系统为基础。但是对于具体的技术环节上的处理，为了保障人身和大宗财产的安全，往往采取舍弃可靠性满足安全性的做法。

铁路信号安全性作为一个学科，它包括铁路信号安全性理论、技术、安全性管理和安全性的定量估计等内容。由于铁路信号设备不断印入最新科学技术,铁路信号安全性的研究尚在不断发展之中。

铁路行车要求铁路信号设备在发生障碍、错误、失效的情况下,应具有导致减轻以至避免损失的功能,以确保行车安全,这一要求被称为铁路信号故障—安全原则。

铁路信号可靠性的特点有:

①铁路信号长年连续工作,同时又处于经常的维修监护之下,因此在设备发生故障后,只要能在规定时间内修复而不影响行车指挥工作,即可认为设备功能是完善的。所以铁路信号适用中国广义可靠性条件之外,还有一个特殊的可靠性指标,其定义为:在故障修复时间受到限制条件下,设备在规定时间及规定环境条件下完成规定任务的概率。

②由于铁路信号设备分布地域广阔,环境复杂,所以不能仅以常规实验室手段取得的数据作为应用基础,而应以广大地域范围所得的现场数据为根据,这就必须要建立可靠性管理组织与制度,健全对故障统计和分析的法规。不但在工程设计及工厂设计生产信号产品过程中要考虑提高可用性的措施,而且在产品入库、验收、储存、施工到投入使用等过程中也应探索提高信号设备可用性的途径,并把故障情况反馈回去从而修改设计。

③必须把提高可靠性与故障后果力求符合"故障—安全"原则结合起来。

(2)实现铁路信号安全性在铁路信号的不同设备集中采用的各种技术

①防误技术

防止人的误操作一直是铁路信号的重要任务之一。早期铁路的防误主要通过机械互锁来实现。为了有效防止误操作带来的危害,需要按照人—机工程学的要求进行设计,减少误操作的发生。

②"故障—安全"技术

铁路信号是最早从技术上确立"故障—安全"的领域,它的代表成果如:在操纵导线断离时能利用重力自动复位的臂板信号机;在电气信号中广泛应用的重力型继电器;引入电子器件和计算机后利用的光电、脉冲或高频耦合进行直流电平隔离的逻辑电路等。这些都是"故障—安全"器件。

③危险侧故障率最小化技术

是一种不包括"故障—安全"器件在内,只结合具体工程考虑的安全性技术。例如,对室外电路混线(短路)故障能起有效防护作用的分路防护法,它对造成严重后果的混线可以通过熔断熔丝达到防护,使危险侧故障率实现最小化。

④故障影响的弱化技术

信号设备故障时实现了导向安全的要求——实现了停车,但是在运输上并不是完全没有代价的。例如:不能接发车造成运能的损失;紧急停车也有可能造成旅客的碰撞受伤或货物的破损;把列车停在站外也存在一定的风险。故障影响弱化技术着眼于在安全有了保障的前提下减少故障带来的负面影响。如设置引导信号、故障解锁(人工解锁)等。

⑤冗余覆盖和重构技术

冗余覆盖技术是通过期间备分屏蔽故障器件对系统的影响。采用不同的冗余连接可以达到提高可靠性、安全性或同时提高可靠性和安全性的目的。冗余重构技术是通过子系统的切替提高系统的可靠性和可用性,间接提高系统的安全性。

⑥故障检测和诊断技术

铁路信号为了能有效实现"故障—安全"的要求,希望把必须加以考虑的故障数目尽可能限制到最小,特别是尽可能把多故障组合的情况排除在考虑之外。因此对第一个出现的故障除必须要实现"故障—安全"外,还要求它在一个适当的周期内被自行检测,或不论通过何种方式被发现,否则就应该考虑故障组合的问题,这是"故障—安全"要求的一个相关方面,为此需要系统有一定的自测试功能。检测和诊断仅提供关于故障的信息,并不能排除故障或削弱故障的影响。

**2. 供电装备**

铁路供电系统分为两部分:①为提供铁路行车电源的牵引供电系统;②承担牵引供电以外所有铁路负荷的供电任务(本文简称铁路供电系统),包括信号系统、生产、车站、供水系统以及生活等铁路用电负荷,其供电可靠性不仅直接影响铁路运输系统的正常安全运行,还关系到很多铁路职能部门的正常工作。

(1)铁路供电系统的特点

铁路供电系统由于应用的特殊性,在系统构成和功能上都一些有别于电力系统的特点,主要体现在三个方面:

①电压等级低,变(配)电所结构单一。从电力系统的角度看,铁路负荷属于终端负荷,直接面对最终用户,所以铁路供电系统中绝大多数为 10 kV 配电所和 35 kV 变电所,这取决于地方供电系统电源的情况和铁路就地负荷的要求,只有在极个别的地方,存在有 110 kV 的变电所,但数量很少。

由于功能要求、应用范围基本相同,所以铁路供电系统中的变(配)电所构成基本相同,功配置也变化不大。根据铁路变(配)电所结构与功能标准化的特点,在进行铁路供电系统配网自动化设计时,可以将变(配)电所的功能作为一个标准实现方式统一考虑。

②系统接线形式简单。铁路供电系统的接线就像铁路一样,是一个沿铁路敷设的单一辐射网,各变(配)电所沿线基本均匀分布,并且互相连接,构成手拉手供电方式。连接线有二种:一种是自闭线,还有一种是贯通线,实际系统中,可能二种连接线都有,也可能只有二者之一。连接线除了实现相邻所之间的电气连接外,还为铁路供电最重要的负荷(自动闭塞信号)提供电源,其接线形式如图 4-13 所示。

③供电可靠性要求高。铁路供电系统虽然电压等级低,接线方式简单,但对供电可靠性的要求却很高,从理论而言,其负荷(自动闭塞信号)的供电中断时间不能超过 150 ms,否则,将会导致所有供电区间的自动闭塞信号灯变为红灯,影响铁路的正常运输。

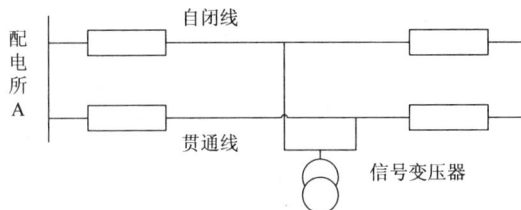

图 4-13　铁路供电系统图

由于上述供电的重要性,在应用配电自动化技术之前,铁路供电系统已经采取了多种方法来保证供电的可靠性。

通过采用双电源供电和安装备用电源自动投入装置来保证电源的供电可靠性。相邻配电所之间的连接线尽可能实现自闭线和贯通线二种连接方式,从一次设备的角度提高连接的可靠性。在相邻配电所的贯通线路保护装置与自闭线路保护装置增加失压自投保护功能,在连接线因为主供所不能供电而失电时,自动投入相临备用所线路开关,迅速恢复供电。

虽然铁路供电系统采取了诸多措施来保证供电的可靠性,但是由于这些措施都是局限于配电所范围内的,所以对于其最重要的贯通线或自闭线出现永久性故障时没有任何隔离、定位和恢复措施,必然导致贯通线或自闭线失电,影响系统可靠性。同时,铁路供电系统的特点决定了其远离城市,检修费时费力,没有准确的故障定位也给检修工作带来很大困难。配电自动化技术为上述问题带来了根本的解决方案。

(2)接触网

接触网是沿铁路线上空架设的向电力机车供电的特殊形式的输电线路。其由接触悬挂、支持装置、定位装置、支柱与基础几部分组成。它是铁路供电系统的重要组成部分,下面简要介绍。

①接触网的特点及要求

接触网担负着把从牵引变电所获得的电能直接输送给电力机车使用的重要任务。因此接触网的质量和工作状态将直接影响着电气化铁道的运输能力。

由于接触网是露天设置,没有备用,线路上的负荷又是随着电力机车的运行而沿接触线移动和变化的,对接触网提出以下要求:

a. 在高速运行和恶劣的气候条件下,能保证电力机车正常取流,要求接触网在机械结构上具有稳定性和足够的弹性。

b. 接触网设备及零件要有互换性,应具有足够的耐磨性和抗腐蚀能力并尽量延长设备的使用年限。

c. 要求接触网对地绝缘好,安全可靠。

d. 设备结构尽量简单,便于施工,有利于运营及维修。在事故情况下,便于抢修和迅速恢复送电。

e. 尽可能地降低成本,特别要注意节约有色金属及钢材。

总的来说,要求接触网无论在任何条件下,都能保证良好地供给电力机车电能,保证电力机车在线路上安全,高速运行,并在符合上述要求的情况下,尽可能地节省投资、结构合理、维修简便、便于新技术的应用。

②接触网的特殊性

a. 环境特性。接触网必须沿路轨架设,路轨四周的各类建筑物、电力输电设施、通信信号设施与接触网之间相互影响,接触网的设计、施工、运营都须充分考虑"接触网与电力输电线之间的距离,接触网与轨道信号电路和附近通信线路之间的干扰,接触网与受电弓及其他建筑物的限界"等问题,将接触网与其四周设备的相互影响减少至最低程度,确保接触网与这些设施或设备之间的绝缘安全和电磁安全。

b. 气候特性。接触网是露天设备,大气温度、湿度、冰雪、大风、大雾、污染、雷电等各类气候因素对接触网的作用十分明显。接触网的机电参数,如线索弛度、线索张力、悬挂弹性、零部件的机械松紧度及空间位置、设备的绝缘强度、线索的载流能力、弓线间的磨耗关系等都会随气象条件的变化而变化,突然的气候变化还可能造成重大行车事故。接触网的运营维护工作和接触网设计计算工作中绝大多数内容是与气象条件相关的。

c. 无备用特性。接触网是一个综合供电系统,由于技术和经济的原因,接触网设备是无备用的。无备用性决定了接触网的脆弱性和重要性,一旦出现事故,必将影响列车运行,造成一定的经济损失。

d. 机电特性。接触网是一电力输电线,它具有电力输电线所具有的一切特性,它必须遵循电力输电的一切规律和要求,但接触网又具有一般电力输电线所不具有的特殊性,这种特殊性是弓网系统特殊性所决定的,弓网关系要求接触网必须具有稳定的空间结构,稳定的动静态特性、足够高的波动速度,因此,接触网除了应有良好的电气性能之外还必须具有良好的机械性能,它是一个庞大的机电系统。

e. 负荷特性。接触网所承担的电力牵引负荷是高速移动的,正因为这一点使弓网关系成为高速电气化铁路的核心问题之一:不确定的和随机的。负荷变化使接触网经常承受较大冲击,为保证接触网正常运行,接触网必须具备较强的过负荷能力。负荷不确定性对接触网的寿命和安全造成较大的负面影响。

f. 多学科交叉特性。接触网工程涉及电气、机械、力学(弹性力学、振动学、材料力学、空气动力学等)、地质、石料、环保等多学科领域,因此,在外人看来十分简单的接触网,其本质确是多学科交叉形成的应用型学科,为取得接触网理论研究和工程实践的突破性发展,我国急需培养既懂机、电,又懂力、材的复合型人才。

③针对接触网断线采取的对策

a. 改进接触网不合理电气连接接线方式,确保主导电回路畅通接触网电气连接中不合理的接线方式,将造成主导电回路电流的不合理分流,使得原来不适于大电流通过的零部件通过较大的电流,当这些零部件及其连接处不能满足大电流通过时就造成烧损,引起零部件脱落,直至引发接触网断线事故。如现场接触网设计中存在如下设计连接方式。

b. 采用示温材料,加强对电气连接状态的控制接触网因电气连接不良造成的断线事故,均是线夹处发热引起线索机械强度下降造成的。以往曾经尝试用红外线测温仪对线夹温度进行测量。但由于线夹温度取决于流过电流的大小,即线路负荷大小,而线路负荷大小是随时变化的,使用仪器很难捕捉到最大负荷时的最高运行温度。另外,该仪器操作复杂,测量受外界条件影响因素多。在生产实践中引用了不可逆示温材料,用于对线夹运行温度的监测,取得了良好的效果。

c. 搞好接触网状态修车梯巡检工作,加强对设备运行内在质量的控制通过车梯巡检,可以对接触网不易通过间接手段掌握设备运行状态的所有项目进行检查,如接触悬挂、附加悬挂及支撑装置的内在质量检查。在巡检过程中对设备进行必要的防腐处理和零部件的紧固更换等,可以有效避免因锈蚀、设备脱落引发接触网断线事故。螺栓紧固应使用扭矩扳手按标准力矩紧固,避免过紧或未上紧现象。

车梯巡检过程中要对线索磨耗、电连接线器状态、接触网跳闸烧伤情况进行检查,根据检查情况采取相应措施。

通过车梯巡检,还可以掌握接触线磨耗情况,对磨耗大或磨耗快的处所加强控制,避免因磨耗超限造成断线事故。

d. 加强对接触网工程大修用料、维修用料的物资管理,杜绝不合格产品上网。接触线、承力索要选用抗拉强度高,抗短路电流能力强的线材,如用合金接触线取代铜接触线,就能减少因机车故障造成的断线事故。厂家应提高接触线生产质量,克服目前存在的材质不良现象。

e. 对于外界施工有可能造成接触网断线的对策。主要是一要在日常巡视和检修作业时注意外界施工的影响,加强控制和宣传教育;二要对沿线危树、高建筑物及跨线桥进行调查,不但要注意其与接触网间的绝缘距离,还要看稳固状态,有问题的及时处理。

3. 机车车辆

铁道运输的运载工具是铁道车辆。本书中提到的铁道车辆,不论其本身是否具有牵引动力,均能运送旅客或货物。仅提供牵引动力的机车不属于铁道车辆。在铁路干线上运行的铁道车辆,在不会混淆的情况下把它简称为车辆。

铁道车辆与其他车辆的最大不同点,在于这种车辆的轮子必须在专门为它铺设的钢轨上运行。这种特殊的轮轨关系成了铁道车辆结构上最大的特征,并由此产生出许多其他的特点:

(1)自行导向。除铁道机车车辆之外的各种运输工具几乎全有操纵运行方向的机构,唯铁道车辆通过其特殊的轮轨结构,车轮即能沿轨道运行而无需专人掌握运行的方向。

(2)低运行阻力。除坡道、弯道及空气对车辆的阻力之外,运行阻力主要来自走行机构中的轴与轴承以及车轮与轨面的摩擦阻力。铁道车辆的车轮及钢轨都是含碳量偏高的钢材,轮轨接触处的变形较小,而且铁道线路的结构状态也尽量使其运行阻力减小,故铁道车辆运行中的摩擦阻力较小。

(3)成列运行。铁道车辆可以编组、连挂组成列车。为了适应成列运行的特点,车与车之间需设连接、缓冲装置;且由于列车的惯性很大,每辆车均需设制动装置。

(4)严格的外形尺寸限制。铁道车辆只能在规定的线路上行驶,无法像其他车辆那样主动避让靠近它的物体,为此要制定限界,严格限制车辆的外形尺寸以确保运行安全。

一般来说,车辆的基本构造由车体、车底架、走行部、车钩缓冲装置和制动装置五大部分组成。存在机车车辆冲突、脱轨、火灾、热轴、制动不良等安全隐患。

(二)铁路行车安全保障体系

采用先进可靠的铁路运输技术设备,可以排除或减少人为错误所产生的严重后果。安全技术设备包括:防止和排除人为错误的设备、对各种固定和移动设备的技术状态进行监测和诊断的设备、兼有扩能和保证安全的装置和救援抢险设备。通过提高作业自动化程度,实现快捷、多变的控制环节,优化、提高人机系统的安全可靠度。建立以先进技术装备为基础的行车安全技术保障系统是铁路发展的需要。

1. 机车车辆安全保障体系

建立现代化的列车运行安全监控系统,可对机车车辆的各子系统进行动态监测,对影响安全运行的故障进行报警或自动限制故障的扩大。各子系统的监测信息可通过安全监测网络反馈给乘务员、前方车站和铁路局安全中心。通过计算机数据接口,可将详细的检测数据提供给检测网络,以便及时检修状态不良的机车车辆,避免状态不良的机车车辆上路运行。配合计算机检修网络的建立,研究开发智能化、数字化的检修仪器、设备,建立自动化、智能化的检修系统。加强零配件的供应,提高产品的可靠性和耐用性,建立智能化的事故预测、分析和再现仿真系统。目前,国内外采用的设备主要有以下几个方面:

(1)列车运行速度控制系统

日本建成世界上最早的高速铁路——东海道新干线,其安全控制系统(ATC)发挥了重要作用。ATC系统根据先行列车情况、进路条件和线路特点等由地面设备向钢轨发送与速度段相对应的信号电流,通过车上的接收设备在机车驾驶台上显示列车允许运行的速度信号。通过自动控制机构,按每个闭塞区间只有一趟列车进入的规则,自动地控制后续列车。当列车接近先行列车、通过站内道岔或通过小曲线半径时会自动降低速度。

法国的列车自动控制系统(TVM系统)是利用无绝缘音频轨道电路作为传输通道,实现列车与地面信息的交换。TVM系统可靠性较高,它能部分代替司机的功能,当地面出现危险情况时,无需司机参与就能保证列车安全运行,可有效地防止司机的错误操作。

德国联邦铁路对速度超过160 km/h的区段配置了连续式自动停车装置(LZB),它由线路设备、铺设在线路上的导线及车载设备三部分组成。LZB装置可将前方线路信息传给司机,司机就可以根据信息控制列车运行。

国内机车四大件,包括无线列调电话、机车信号、自动停车装置和机车运行记录器。

①无线列调电话

在每一调度区段设调度总机,与车站、机车构成"大三角"通信,由车站、机车、运转车长(便携台)构成"小三角"通信,调度、机车、运转车长、车站助理值班员间的通话均由车站基地台转发。

②机车信号及自动停车装置

机车信号设备和自动停车装置构成机车信号系统。机车信号通过地面发送装置和机车接收装置,将地面信号自动传送到机车信号机上,便于司机及早掌握地面信号机显示状态,减少地形和气候条件的影响。装有自动停车装置的机车,当信号机由允许信号变为限制信号时,能以音响信号提醒司机注意以便采取减速或停车措施。如司机失去警惕,在 7 s 内未按压警惕按钮,自动停车装置就实行紧急制动,迫使列车紧急停车,以保证行车安全。

③机车运行记录器

安全运行记录器用微型计算机实现列车运行速度连续监控(超速报警、自动停车)、自动语音提示、列车运行数据显示、列车运行数据记录、地面数据分析处理(查询、打印)等功能。列车运行中,系统不断采集机车速度、地面信号状态及机车本身状态等数据,用于监控列车运行速度,并存储重要数据,作为机车运行情况分析的依据。此外对某些重要信息可通过字符显示和语音提示,及时通知司机采取必要的措施。

(2)轴温控制系统

红外线轴温探测系统,通过在红外线轴温探测点设置的传感器和探头对运行的车辆进行轴温测试,用微机实现自动测温、自动计轴、自动识别客货车辆、滚动滑动轴承和列车运行方向等,具有判定热轴、报警、显示、打印结果等功能。根据需要在沿线设置红外线轴温探测复示站(有人值守)或无人站(无人值守),可构成局计算机实时监测网络,实现"地对车"的监测。红外线轴温探测点一般每 30~50 km 设置一个。

客车轴温报警装置由监测显示报警器、传感器、转向架、车体配线等组成。安装在轴箱顶部的传感器把温度的变化转换成电阻值的变化,再转换成轴箱温度的数值。该装置自动巡回监测运行中车辆各轴箱温度,当轴温超过设定温度或超过与外界温度比较的报警阈值标准时,能发出声光报警信号。

(3)轮轴无损探伤

轮轴出现内部裂纹是造成轮轴切轴的主要原因。运动中车辆的切轴可直接导致列车脱线、颠覆重大事故。为此,在车辆段修中轮轴探伤是检修工作的一项重要任务,目前采用的有超声波无损探伤、磁粉环形探伤和 3000 型荧光粉探伤。

2. 工务和电务安全保障体系

(1)轨道探伤检测

轨道检测车是检测线路几何状态的设备,其检测数据是编制线路大、中修及维修计划的依据。轨检车基本可分为轻型轨检车、动车式轨检车和客车式轨检车三种类型。现代轨检车有以下特点:①轨检车的检测速度提高,日本、英国、奥地利等国轨检车的检测速度均达到 200 km/h以上;②检测项目多,主要包括轨道几何形状、车辆振动性能、轮轨作用力三个方面,检测的项目主要有高低、线向、轨距、水平、三角坑、曲率、位置、速度和距离等;③应用计算机是轨检车现代化的一个重要标志,计算机处理减轻了轨检工作的劳动强度,提高了检测精度,可直接打印出其超限报告、曲线报告、区段与公里总结报告,轨道质量评价结果等,并能对数据进行统计分析。

美国设计制造的 Clipper 轨检车,检测速度达 201 km/h。它安装了光学激光传感器替代了磁性或机械式探测器,采用了 HP 1000 计算机,能迅速地处理收到的检测数据,打印输出。

1986 年春,加拿大国铁率先推出了非接触式线路监测检查系统,即第二代轨检车。该轨道检查车可测量和记录线路在动载荷下的情况,包括轨距、外轨超高量、钢轨的平直度、两轨间的不平度、曲率、轨头状况和轨顶磨损情况。检测车还可打印出 5 项报告,即道岔、道口、轨道轮廓、曲线报告(曲线的起点和终点位置、超高,并推算列车通过曲线的最佳速度)以及记录所有仪器信号的报告,提供全部试验结果。利用激光发生器摄取轨头图像资料,通过计算机进行理想轨头参数比较,输出钢轨磨耗等资料。

SY97594 轨检车是我国研制的第一辆新型轨检车,该车采用先进的检测技术和原理,测量精度高、项目全、稳定可靠,它利用模拟信号合成为轨道的几何状态信号,在波形记录仪上绘出轨道实际状态,并通过 A/D 转换装置转换成数字信号,记录在磁带机上。该车的检测项目有:轨道的水平、超高、轨距、轨向、高低、曲率、三角坑、轨面磨耗、垂直振动加速度等。

(2)接触网安全检测技术设备

日本研制的接触网测量设备检测项目全面,包括导线磨耗、接触网高度、拉出值、障碍物、离线、支柱位置等,还有较完备的记录和数据处理装置,并制定和形成了检测车巡检制度。可以说,日本铁路接触网检测技术居世界领先地位。

我国电气化铁路检测技术于 20 世纪 70 年代起步。牵引供电的变电所远动系统已在很多电气化线路上应用,近年,我国开始购进了国外的先进接触网检测车,提高了检测技术水平。

(3)灾害报警技术设备

①落石报警

落石自动报警装置是报警防灾、保证行车安全的设备,对系统的可靠性要求很高。落石自动报警系统由三个组成部分:落石检测装置——检知网;中间连接设备——主控制箱;报警防护装置——车站、工区报警和列车防护设备。落石自动报警装置由主控制箱提供电源,与落石检知网和检测继电器构成串联回路。正常情况下,检测继电器衔铁吸起,构成闭合回路。发生灾害时,落石砸断检知网,回路断开,检测继电器失磁,衔铁落下,继电器下接点接通列车防护装置的地面防护信号机,同时向看守房、工区或车站发出报警信号。

②滑坡报警

滑坡报警的基础是滑坡监测,滑坡监测有地表变形监测、地下深部移位监测、相关因素监测和综合自动监测等方式。20 世纪 80 年代末期,日本在滑坡现场开始采用了多种全自动的综合自动监测系统。综合自动监测系统通过数据收录装置定时向中心站发送收录数据,处理监视装置进行自动处理和监控,在数据采集和处理中可节省大量人力和时间,实现对数据的连续记录和及时处理、存储,及时全面掌握滑坡动态,为预报和报警提供可靠的信息。滑坡报警就是在动态观测点上某项数据达到预先设计的临界警戒值时,自动发出报警信号。采用地表位移、地下位移、地表倾斜、雨量等均可制成滑坡报警装置。地表位移监测直观,安装、维修方便,用地表位移量制成的报警器最常见。由于地表累积位移量报警不能很好地反映滑坡的危险程度,近年逐步向位移时段速率、随机速率或加速度作为临界警戒值。利用地下滑面位移速率制成的报警器有早期报警功能,也逐渐被各国所重视。

③泥石流预报和报警

泥石流是山区沟槽内大量松散固体物质在强大的水动力作用下,形成固液两相呈整体状态迅速往下游运动的急流现象。其特点具有突发性和凶猛性,在短暂的时间内,可造成巨大的生命财产损失。

泥石流预报和报警,在软件上广泛进行雨量监测和上游形成区降雨资料分析,建立预报图,确定临界雨量、警戒雨量和避难雨量,作为预报依据。在硬件上可通过预报图编输入微机制成雨量警报和遥测装置,实现对上游形成区雨量的实时遥测、报警。

泥石流报警器是一种泥石流发生后的检测设备,在泥石流到达保护对象之前提前发出报警信号。对人员紧急撤离,特别是铁路列车紧急停车而言,报警器能满足需要。

(4)计算机监测进路

计算机联锁是一种以计算机为主要技术手段实现车站联锁的系统,与传统的继电联锁相比,具有很大的优越性:进一步完善了联锁控制功能,可靠性、安全性高,灵活性大,便于系统维护,便于与其他计算机化系统接口。日本、英国等已制定技术政策,不再发展继电联锁,而由计算机联锁取代。我国的 TYJL-11 和 TYJL-TR9 型容错计算机联锁系统性能稳定可靠,正在推广使用,一定会更好地促进铁路的行车安全。

3. 计算机行车安全监控网络

围绕行车安全这一中心任务,利用当今的通信技术、计算机网络技术,将地域上分散的各个设备和环境监测点,与行车安全直接相关的作业和施工现场,以及各级管理决策层连接起来。实现车、地之间双向通畅快捷的安全信息流通渠道和大范围的安全信息共享,建立集监测、控制和管理为一体的大型综合自动化系统。

(1)铁路行车设备安全性评价方法

铁路运输系统是典型的人-机-环境系统。铁路所发生的各种行车、人身事故也是人、机、环境等诸多复杂原因的产物。开展铁路安全评估,就是通过科学的程序和方法,切实评价出人的不安全行为(失误),物(设备、环境等)的不安全状态,提示出系统存在的危险性和潜在危险性,找到并消除隐患、保证安全的措施。

当前,铁道部考核各铁路局(铁路局考核各运输站段)行车安全状态使用的主要指标是安全天数(即无责任行车重大事故的天数),对机车、车辆、工务、电务、货运等各不同专业部门的行车设备安全评价也基本延用这一概念。但是各不同专业部门(运输站段)的行车设备数量、设备质量等级、运营线路等级、线路长度等都各不相同,所以用安全天数来进行评价显然缺乏可比性,或用其他任一简单的数量进行评价也不能真实反映各不同专业部门行车设备的安全状况。

铁路行车设备是铁路运输系统中物(设备、环境等)的一部分,它是影响行车安全的一个重要因素。质量良好的设备既是行车安全的物质基础,又是行车安全的重要保证。影响行车安全的设备因素主要指行车基础设备(线路、机车、车辆、通信信号设备等)和行车安全技术设备(安全监控设备、安全监测设备、自然灾害预测预报与防治设备、事故救援设备等)的安全性能。

目前已联网的项目有:

①车辆运行状态地面安全监测系统:主要通过监测车辆的脱轨系数、踏面擦伤等状况,用于评判车辆运行的稳定性,判断是否存在脱轨的安全隐患。

②红外线轴温监测系统:主要通过监测车辆的轴承的温升情况,评判车辆的轴承是否存在安全隐患。

③机车车载轨道安全监测系统:主要通过监测机车的横向、垂向振动加速度的变化情况,反映运行线路上是否存在晃车等现象,用于评判线路设备是否存在安全隐患。

④客车"黑匣子":主要监测客车车辆的防滑器、制动系统、转向架、轴温系统、车电、车门开闭等状态,用于评判客车车辆运行中的安全性。

⑤机车运行监控系统:监测机车运行、司机操纵的全过程,用于评判机车运行中的安全性。

⑥信号微机监测系统:主要监测控制台类、道岔类、电源类、区间信号类、信号机类等设备的运行状态。

⑦货运计量安全检测监控系统:通过超偏载、轨道衡、货运安全门检测货物装载状态,用于评判货车运行途中的安全性。

所有的监测系统提供的设备故障信息按严重程度分为一、二、三级报警,其中一级报警为最严重级别。

(2)行车设备安全隐患指数体系的编制方法

根据指数理论,主要参考借鉴国内外证券市场各种股票指数的编制方法,采用编制合成指数的方法,可以设计行车设备安全隐患指数体系。总指数为行车设备安全隐患综合指数,设立两套分类指数。一种按专业系统分类,包括机车设备安全隐患指数、车辆设备安全隐患指数、线路设备安全隐患指数、通信信号设备安全隐患指数。另一种按设备运营单位分类,即按行车设备的运营单位进行分类。

行车设备安全隐患综合指数是测定评价机、辆、工、电所有设备状态的综合动态相对数。安全隐患指数越高,说明设备的安全隐患越多;反之,设备安全隐患指数越低,说明设备的安全隐患越少。

对某一个专业系统而言,安全隐患指数越高,说明某一专业系统的设备安全隐患越多,反之亦然。下面以机务系统为例,其他专业系统依此类推。

机务设备安全隐患指数是测定评价机务设备的综合动态相对数。机务设备安全隐患指数越高,说明机务设备的安全隐患越多;反之机务设备安全隐患指数越低,说明机务设备的安全隐患越少。

同理,按设备运营单位建立分类指数时,当某一设备运营单位安全隐患指数越高,说明其单位的设备安全隐患越多,反之亦然。

假设:$K$ 表示行车设备安全隐患总指数,$p$ 表示故障发生的件数;$q$ 表示一、二、三级故障报警的修正系数;下标 $o$ 表示基期的取值;下标 $l$ 表示报告期的取值;下标 $i$ 表示不同的专业类别(或者是不同的设备运营单位);下标 $j$ 表示报警故障的级别。

$$\frac{\text{报告期行车设备}}{\text{安全隐患总指数}\overline{K}} = \frac{\text{修正后的报告期行车设备故障总数}}{\text{修正后的基期行车设备故障总数}} \times 100 = \frac{\sum p_{(i,j,l)} q_i}{\sum p_{(i,j,o)} q_j} \times 100 \quad (4\text{-}8)$$

按专业系统分类的设备安全隐患指数则为:

$$\frac{\text{报告期某一专业行车设备}}{\text{安全隐患指数}\overline{K_i}} = \frac{\begin{array}{c}\text{修正后的报告期某一专业}\\\text{行车设备故障总数}\end{array}}{\begin{array}{c}\text{修正后的基期某一专业}\\\text{行车设备故障总数}\end{array}} \times 100 = \frac{\sum p_{(i,j,l)} q_i}{\sum p_{(i,j,o)} q_j} \times 100 \quad (4\text{-}9)$$

其他设备运营单位的安全隐患指数的建立方法依此类推。

## 二、桥隧的安全评价

### (一)桥　　梁

桥梁是铁路线路跨越河流、池沼、低地、深谷、公路、市区(郊区)道路或另一条铁路线时而修建的建筑物。

#### 1. 铁路桥梁抗震

地震对桥梁的破坏主要是由于地表破坏和桥梁受震破坏引起的。其中地表破坏有地裂、滑坡、塌方、岸坡滑移和砂土液化等现象。地裂会造成桥梁跨度的缩短、伸长或墩台下沉。在陡峻的山区或砂性土和软黏土河岸处,强烈地段引起的塌方、岸坡滑动以及山石滚落,可使桥梁破坏。在浅层的饱和疏松。砂土处,地震作用易引起砂土液化,致使桥梁突然下沉或不均匀下沉,甚至使桥梁倾倒。桥梁受震破坏是由于地震使桥梁产生水平和竖直振动,造成桥梁构件的破坏,甚至使桥梁倒塌。此外,有些桥梁虽然在强度上能够承受地震的振动力,但由于桥梁上部、下部结构联结不牢,整体性差,往往会造成桥梁上部和下部结构间产生过大的相对位移,从而导致桥梁破坏。

桥梁受震破坏主要表现为:①墩台开裂、倾斜、折断或下沉;②支座弯扭、断裂、倾倒或脱落;③梁跨或拱圈开裂、破损;④桥梁上部结构和下部结构间相对位移;⑤落梁、落拱。

提高桥梁抗震能力的措施：①首先要做好桥址选择和调查工作。除了解区域性的地震烈度外，还应考虑局部地区地形、地貌、地质条件对桥梁震害的影响，对滑坡、崩塌、软弱黏土层、可液化土层、岩石松散、破碎等不良地质的地段，建桥选址时应尽量避开。②在地震区建桥，位于烈度为7度、8度和9度地震区以及位于基本烈度6度地区重要城市的桥梁，均应按《铁路工程抗震设计规范》进行抗震设计。③桥在构造上应该选择形式简单、自重轻、结构紧凑对称整体性好、刚度均匀、抗扭刚度大、重心低、各部联结可靠的形式，并加强上部结构和下部结构的联结部位，以防落梁。④地震区桥梁以按等跨布置为好，桥墩应避免承受侧向土压力。桥台宜用T形或U形。墩台设置宜在比较稳定的河床上，墩台基础埋置要加深些，以减少地面波的影响及自由振动的振幅，有利抗震。⑤提高施工质量，也是抗震的一个重要措施。桥梁震撼常常发生在施工质量不良的薄弱环节，根据防震有关资料，对桥梁墩台材料、施工处理、锚定措施、砂浆强度等级等均应按不同设防裂度及墩台不同高度规定相应措施。

2. 桥梁结构安全性评估方法

通过收集信息资料，用电脑软件分析评估模型的建立和修订、分析评估和决策建议，可以对桥梁的承载能力、运营状态和耐久能力等方面做出评估；也可以通过现场测试来评估结构可靠性，安全评估是通过获得的检测数据和计算结论对结构安全性能的整体评价。

(1)外观检查评定法：主要是对桥梁技术状况的调查，即桥梁缺陷和损伤的性质、部位、严重程度及发展趋势，找出产生缺陷和损伤的主要原因，分析和评价其对桥梁质量和使用承载能力的影响，为桥梁维修和加固设计提供可靠的技术数据和依据。

(2)结构计算分析评定法：通过对实际桥梁进行详尽外观调查，并将调查资料结合桥梁结构设计规范的计算理论加以分析和计算，依据分析计算结果对在役桥梁结构进行评估。

(3)荷载试验评定法：通过现场试验的方法进行桥梁结构状态的评价，分为静载试验法和动载试验法，其最大的优点在于直观，用桥梁能承受的车辆荷载加载，观察桥梁各结构是否处于正常工作状态。

(4)专家经验评定法：根据解决问题的方式，专家经验评定方法又可分为专家系统和专家意见调查两种类型。利用计算机模拟有经验专家的决策机理，对在役桥梁进行安全性评估。

(5)可靠度评价方法：结构失效用两类极限状态表示：承载能力极限状态和正常使用极限状态。具体实现方法有两种：其一，是直接计算桥梁的可靠指标，与目标可靠指标进行对比；其二，是应用基于可靠度的桥梁评估规范。

(二)隧　　道

运营隧道的病害(变异)是影响列车安全运行的重要因素。许多国家都把隧道功能状态的评定作为重大技术问题加以研究。隧道病害现象主要有衬砌开裂、衬砌错动、隧道水害(结冰、漏水)及衬砌表面剥落。造成这些病害的主要原因是地压增大(塑性地压、偏压和围岩松弛等)、使用年久材质老化、漏水(尤其是有害水)、冻胀压力及设计、施工不当等。

我国运营铁路隧道由于养护费用严重不足，总体技术状态较差。全路运营线路上4 255

座隧道有病害,病害率为 65.5%。其中,1 949 座隧道严重漏水,1 546 座隧道衬砌严重腐蚀裂损,493 座隧道仰拱铺底变形损坏,45 座隧道整体道床损坏。根据病害现象推定病害原因是提高隧道维修养护管理水平的关键,同时要建立健全科学的隧道病害程度评定办法。日本从 20世纪 70 年代起,一直采用健全度的概念评价隧道功能的健全程度(见表 4-5)。健全的隧道应能完成其特定的功能,即在力学上、运营中都具有保证结构整体强度和列车安全运行的功能。

表 4-5　隧道健全度分级

| 级别 | 对运行安全的影响 | 病害程度 | 整治时机 |
|------|------------------|----------|----------|
| AA | 危险 | 重大 | 立即整治 |
| A1 | 有威胁,有异常外力时危险 | 病害发展、功能也逐步降低 | 及时整治 |
| A2 | 将来有威胁 | 病害发展,功能可能降低 | 必要时整治 |
| B | 如发展,可变为 A 级 | 如发展,可变为 A 级 | 监视(必要时整治) |
| C | 现状无影响 | 轻微 | 重点检查 |
| S | 无影响 | 无 | — |

　　铁路桥隧构造复杂,造价高,维修困难。为适应提速、重载运输的需要,铁路桥隧必须有更高的承载能力和安全可靠度,因此要对桥隧等永久性的大型结构物实施科学的状态劣化评定、病害诊断和剩余寿命评估。对铁路桥梁、隧道的安全评价是一个持续长远的过程,其隐患探测的量值存在不确定因素,因此对铁路桥隧进行动态而持续的检测、评估十分重要。

　　(三)桥隧安全要求比较

　　1. 桥梁隧道安全保护的共同要求

　　(1)桥梁、隧道的限界应符合《标准轨距铁路限界国标》(GB 146—59)的规定,每五年挂检查架检查一遍,并根据检查结果绘出每座桥隧的综合最小限界图。

　　(2)桥梁、涵洞的承载能力要符合铁道部规定的技术要求。

　　(3)对全长为 100 m 及其以上的钢桥、木桥,500 m 及其以上的隧道,以及其他重要或结构薄弱的桥梁和隧道,须进行巡守和监视,必要时应设安全警报装置。

　　为了掌握桥梁、隧道的技术状态,及时发现、分析病害原因,以便于整治,应对桥梁、隧道进行周密的检查与观察。

　　对桥梁、隧道技术状态的经常检查由下列人员进行:

　　①桥隧巡守工人应经常检查、监视建筑物容易产生变化和对行车有直接影响的部位,以确保行车安全。

　　②工长每月对设有巡守的和其他重要桥隧设备进行检查,必要时全面检查一遍。

　　③领工员每月对管内重点桥隧设备进行检查,每季全面检查一遍。

　　④工务段负责人应有计划地检查长大、重要及有严重病害的桥隧设备。

　　此外,在春融和汛前,各工务段应对桥隧等设备做一次全面检查,每年秋季进行一次大检查。

(4)桥梁、隧道均应按规定设置人行道、避车台、避车洞及必要的检查和防火设备。

2. 对桥梁、隧道安全的个别要求

(1)桥梁

①桥梁、涵洞的孔径及桥下净空必须保证设计频率洪水、流水、流木、泥石流、漂流物等的安全通过;墩台基础应有足够深度。当桥梁及其附近有超过设计容许的冲刷可能时,应设置防护设备。

②桥址中线应与洪水流向正交,避免在桥头形成水袋而产生三角回流,威胁线桥安全。

③桥上线路中线与桥跨中线的偏差达到规定值时,应检算梁的受力情况。如影响规定的载重等级、侵入限界或线路平面上有甩弯时,段进行调整。

④桥头两端的线路应当锁定。

⑤凡温度跨度(由一孔钢梁的固定支座至相邻钢梁固定支座或桥台挡砟墙之间的距离)超过 100 m 的钢梁,在活动端上的线路应设一副温度调节器。

⑥明桥面的基本轨、护轨、护木、桥枕、钢梁间的连接,应牢固紧密,位置正确,整体性良好。

⑦长度在 21 m 以上,或长度为 10～20 m,而桥上曲线半径在 600 m 及其以下,或桥高大于 6 m 的桥梁上,以及跨越铁路、重要公路、城市交通要道的立交桥上,均应铺设护轨。

⑧桥枕须经注油防腐。对失效桥枕应按规定抽换或整孔更换。

⑨当钢梁伤损超过容许限度时,应及时进行整修、加固或更换。对松动的、钉头裂纹的、钉头全周浮离及部分浮离的不良铆钉,均应予以更换。

⑩对电焊焊接钢结构的不良焊缝,以及焊缝过薄、漏焊等处所,应进行修理、重焊。

⑪圬工梁拱及墩台应具有要求的强度及稳定、抗裂和整体性。如有裂损、倾斜、下沉、滑动、冻害等,应分别情况采取措施,进行加固处理。对严重病害,危及行车安全而又不能或不值得加固的,应进行更换或重建。

⑫凡跨度为 30 m 及其以上的钢梁和所有预应力钢筋混凝土梁,应每年测量一次挠度和拱度。

钢桁梁、钢架桥和跨度大于 20 m 的实体或空腹拱桥等,应备有准确的平、纵断面图,并每隔五年重新测绘一次,有变形时还应增加测量次数。

(2)隧道

①隧道应备有准确的纵、横断面图,并每隔五年重新测绘一次,有变形时还应增加测量次数。

②隧道、明峒、棚架如发生裂纹、变形,应设测标,测量衬砌横断面,必要时应进行加固改善。

③对无衬砌地段,如石质风化、落石,应做喷浆处理或补做衬砌。

④峒内线路如经常变化,应检查峒底,必要时增设或加固仰拱。

⑤洞口仰坡应经常检查,发现病害及时处理,防止塌方落石。

⑥对隧道内的漏水现象,应摸清工程地质和水文地质情况,仔细研究后进行内外综合整治。

⑦为便于进行养护作业,直线上全长 1 000 m(曲线上全长 500 m)及其以上的隧道内,一般应设有照明设备。

## ？复习思考题

1. 概述铁路运输系统安全评价的主要内容。

2. 你对系统安全评价、客运安全评价、货运安全评价是如何理解的?

3. 名词解释:人为失误,随机失误,系统失误,偶发失误,设计安全性,设备可维修性,可操作性,货物逾期运到率。

4. 如何防止人为失误?

5. 画出并详细描述机器故障率典型曲线。

6. 影响运输安全的环境因素主要有哪些?

7. 货运安全工作的主要考核指标有哪些? 各指标的含义是什么?

8. 何谓铁路货物运输安全评价指标体系? 铁路货物运输安全评价指标体系主要内容是什么?

9. 某物流公司运送一批货物,货物价值共计 100 万元,责任货损赔偿金额为 10 万元,物流运送该批货物可收益 8 000 元,计算该物流公司每万元货运收入货损赔偿金额。

10. 如何加强铁路货运安全?

# 第五章　铁路运输事故分析

本章针对运输事故的频发性,重点介绍运输事故特征,给出事故形成过程的机理模型,包括序列事故模型、流行病学事故模型和人为失误事故模型,同时运用复杂动态系统理论对铁路运输事故进行事故分析,并列举典型事故案例及其对策。

## 第一节　铁路运输事故特征

随着列车运行速度的不断提高,铁路运输安全越发重要。在铁路安全管理工作不断向规范化、科学化发展的前提下,铁路运输事故仍时有发生。事故的发生,既打乱了铁路运输生产系统正常运营秩序,影响了货物和运输设备的完整性,还可能危及旅客、铁路工作人员和路外人员的生命财产安全。因此,要深入分析铁路运输事故,总结经验教训,从事故中寻找规律,提取特征并建立事故模型,防止同类事故的重演,达到"智者以教训制止流血"的目的。

### 一、一般事故的特征

事故是指人们在进行有目的的生产活动过程中,突然发生的违背人们意志的不幸事件。铁路运输事故是指在铁路运输生产过程中,由于受到人的不安全行为、设备不安全状态、环境不安全条件和管理不安全因素等影响而发生的违背人们意愿的突变事件。

铁路事故的形成过程是一个人-机-环的整体。如果人、机器等生产要素都处于静止、隔离的状态,并不具有造成人员伤亡和财产损失的危险性;而一旦这些要素进行有机结合,构成动态系统时,在他们相互作用的交接部分(即界面或者接口)便潜伏着由于设备故障或人为失误而造成事故的危险。

#### 1. 铁路事故的影响和传播

铁路事故形成之后,会产生不良影响,而且这种影响不仅仅局限于铁路一个部门,它会影响其他行业,以一定方式传播,影响国家的经济发展,产生政治影响和干扰人民正常生活。其传播途径主要有以下几种方式:

(1)铁路事故形成之后,导致铁路运输系统里面的一条线或者多条线路受影响,甚至瘫痪,影响铁路运营。事故之后,不论是机车或者线路受损,都需要时间维修,则机车所在的线路运营必然会受到影响,如果是脱轨、倾覆、追尾等重大事故,则不仅本线行车受影响,还会影响邻线的运营,导致一条或者多条线路被影响,甚至瘫痪。

(2)造成财产的损失和人员的伤亡,并产生相应的社会负面效应。铁路运输是联系社会生产、分配、交换和消费的纽带,任何产品不经过运输都不能最终完成社会生产过程。铁路发生事故之后,直接的影响就是在事故中的财产损失和人员的伤亡。在铁路事故中,首先损失的是铁路部门的利益,机车受损维修、线路受损维修,都需要时间和资金投入。其次,旅客在事故中,也可能直接丢失财物,或者因为事故延误了时间,导致间接的经济损失。

2. 一般事故的特征

一般事故的特征包括因果性、偶然性和潜伏性三大特征。

(1)事故的因果性

一切事故的发生,都是由于相互联系的多种因素共同作用的结果。大多数事故的原因都是可以认识的。但是比较复杂的事故,要找出究竟是什么原因经过什么过程而造成的后果,并非易事。事故的因果性表明事故是有规律的必然事件,深入剖析事故的因果关系,并针对性制定事故的防范措施,防范同类事故再次发生非常关键。

(2)事故的偶然性

事故的发生是由于不安全因素随时间变化而产生的某些意外情况,其发生具备一定的随机性,亦即偶然性。

然而,事故的偶然性寓于必然性之中。运用一定的科学手段或方法,是可以找出事故发生规律的。如果生产过程中存在的不安全因素(危险因素或事故隐患)不能及时得到治理或整改,则必然会导致事故,至于何时发生何种事故,则具有偶然性。因此,利用科学的安全保障手段,消除生产中的不安全因素或事故隐患,也就消除了事故发生的偶然性。

(3)事故的潜伏性

在一般的情况下,事故是突然发生的。事故尚未发生或造成损失之前,似乎一切都处于"正常"状态。但是,这并不意味着不会发生事故。只要存在事故隐患或潜在的危险因素(不安全因素),并没有被认识或整改。一旦条件成熟(被人的不安全行为或其他因素触发),就会显现而酿成事故,这就是事故的潜伏性。

事故的潜伏性还说明事故具有一定的预兆性。因为事故的潜在因素已经存在,在一定时机或条件下就会爆发。但是,爆发前都是有预兆发出的(有的是长时间的,有的是瞬间的),可惜这种信息往往被人们忽略。所以安全管理中的安全检查、检测与监控,就是寻找事故的潜伏性和事故预兆,从而全面地根除事故,保证生产正常进行。

下面结合上述一般事故特征,具体探讨铁路行车安全事故特征和铁路道口事故特征。

**二、铁路行车安全事故特征**

凡因违反规章制度、违反劳动纪律、技术设备不良及其他原因,在行车中造成人员伤亡、设备损坏、经济损失、影响正常行车或危及行车安全的,均构成行车事故。

依据事故性质的严重程度,事故损失的大小和对行车所造成的影响,行车事故分为特别重大事故、重大事故、较大事故和一般事故。

按事故内容可分为列车事故、调车事故和因铁路技术设备破损或货物装载不良造成的事故。

1. 铁路行车事故的成因

(1)路内联动机失控。铁路是在多部门、多工种、多线点、多设备、全天候的条件下,高速穿梭,甚至是对向流动的,任何一个工作环节或人员的疏忽大意,都会造成事故。

(2)路外条件的影响。铁路运输对象是形形色色的人和品类繁多的物。一人一物出现异状,都会埋下事故的隐患。

(3)指挥失当。指挥者有时不能客观地判断形势,给出正确的决策,导致事故。

(4)领导不力,管理不严,责任制不落实。"安全第一,预防为主"的方针,在一些领导干部和职工中还没有牢固树立起来,存在短期行为和侥幸心理。

(5)劳动纪律松弛,违章违纪。近几年来违章违纪造成的事故件数约占事故总数的40%左右。

(6)培训没抓好,职工技术业务水平不高。随着科学的进步,新设备、新技术的应用,操作人员出现知识技术老化,难以适应新的形势要求而造成事故。

另外,设备管理不当、维修滞后、社会治安不好等方面都有可能会导致铁路行车事故。近年来,犯罪分子偷盗铁路运输物资、铁路器材等,有的区段十分猖獗,这些都诱发了铁路运输事故的发生。

2. 铁路行车事故影响

铁路影响面大,即使是很小的事故,可能会产生极大的影响。一次意外停车,必然会延误列车运行,一次挤岔事故,列车不能正点开出,都可能造成运输秩序混乱,加强铁路管理和适当改进增置保安设备十分必要。

(1)事故造成生产不能正常顺利进行,而且会造成巨大的经济损失。1988年80次特别旅客快车颠覆,使本来运输能力紧张的贵昆线中断行车44 h,直通货物列车全部停运,全路经过事故地段的装车停装7 d,少装1 800多车。

(2)事故危及人民生命财产。

(3)在运输能力极其紧张的情况下,铁路行车发生事故直接影响生产力。

3. 行车安全事故的潜伏性及预防措施

事故的发生存在潜伏期。当系统中存在隐患时,人、机、环境系统所处的状态是不稳定的,具有危险性,一旦触发因素出现,就会导致事故的发生。当较长时间内未发生事故时,人就容易出现麻痹大意思想和侥幸心理,忽视事故的潜伏性,这也是造成事故发生的思想隐患,应予以克服。

理论上说,任何事故都是可预防的。认识这一特性,采取各种合理的对策,就可以从根本上消除事故发生的隐患,把事故的发生率降低到最小限度。

(1)采用新技术,加大安全系数

随着列车运行速度越来越高,密度越来越大,车轴越来越重的同时,牵引动力向内燃、电力过渡加快,依靠科学进步,采用先进技术设备,加大安全系数,已成为铁路安全生产的迫切需要。

(2)加强管理

安全管理是一项复杂的工作,是保障铁路安全运输的重要手段。我国铁路对安全管理工作非常重视,始终贯彻"安全第一,预防为主"的方针,并紧密结合铁路高(度集中)、大(动脉)、半(军事性质)特点,采取集中领导、统一指挥和分片管理的办法,制定了严格的管理制度,确保行车安全。

(3)加强培训,树立安全第一思想

人员素质优劣是保证行车安全的根本,为了提高职工的技术业务素质,采取下列措施:举办技术业务培训班、建立系统的演练机制、实行作业标准化、严格职务晋升考核制度等。

**三、铁路道口事故特征分析**

道口是铁路运输安全生产中的薄弱环节,也是道路运输的危险地段,它直接威胁着交通参与者的人身安全。铁路道口指铁路上铺面宽度在 2.5 m 及以上,直接与道路贯通的平面交叉,是一个涉及多个管理部门(铁路、公路、地方等)、由人(驾驶员、交通参与者)、车(机车、汽车等)、设备(道口特性、安全装置、公路几何线形等)、环境(天气、视距、车速等)组成的复杂的系统。

在道口这样的复杂系统中,影响其安全的因素很多,既存在一些确定的因素,如道口设备、公路特性、信号标志、防护门等,又存在很多不确定的因素,如车辆状况、交通参与者心理状态等。道口问题是路外因素影响铁路行车安全的一个集中点。

道口事故有如下特点:在时间上,道口事故多发生在夜间、节假日;在地点上,道口事故多发生在无人看守和私设道口;设备破坏严重。

随着铁路的大面积提速,道口安全更加重要。国民经济建设的发展铁路运量在逐年增长,列车的密度、速度、载重在不断地增大和提高的同时,公路的运量也在提高,机动车辆及各种交通工具也越来越多,对铁路道口的行车安全带来了严重威胁。

1. 铁路道口事故产生的原因

铁路道口事故产生的因素很多,既有路内因素,也有路外因素,归纳为以下几个主要方面:

(1)道口安全设施投入有待加强。由于道口既是铁路列车安全运行的关键环节,又是为道路交通参与者安全而设的公益性设施,在管理上缺乏统一的体制,导致地方与铁路联系不够、投入不足,道口设施和管理可能存在部分安全隐患。

(2)驾驶员的道口安全意识淡薄。从近几年铁路监护道口发生的事故原因分析来看,大部分道口事故是因机动车驾驶员不顾道口警示、野蛮抢行造成的,特别是酒后驾驶、超速超载等违章驾驶。这即说明了司机的安全意识淡薄,也反映了对驾驶员安全培训、教育和监管力度不足。

(3)机动车辆状况不良。机动车辆的技术状况不良,带病运转,保养检修制度落实不到位,旧车、报废车、超期服役车辆极易在通过铁路道口时发生故障或突然熄火,导致事故发生。

(4)道口铺面不良。道口设备质量也是运行安全的重要指标。如道口的铺面损坏,未及时更换,道口高低方向不良、平台不足会给过往车辆带来大的阻力,引起车辆剧烈跳动,造成机动车熄火或机械故障。其中,车辆超载往往是破坏铺面的重要原因,它能够使车架、钢板弹簧、轮胎负荷过重,加大了对道口的冲击和破坏程度。

道口是铁路与公路平面交叉的产物,影响道口安全的因素极其复杂。通过对铁路道口的系统安全分析,图 5-1 中列出了影响道口安全的主要因素。

典型的重大道口事故原因分析如下:未经年检的病车上路→道口处车辆故障卡在道口→因司机惊慌失措导致操作不当(挂挡)未将车辆移出→列车开来→事故发生。从这起事故可以看出,事故原因涉及多个方面,包括:

(1)有关部门对上路车监管检查力度不够。加强对车辆性能的检查力度,禁止病车上路,有助于减少熄火、刹车失灵等车辆故障。

(2)驾驶员安全意识薄弱。机动车司机违章驾驶、开病车上路,将事故隐患带到路上。

(3)驾驶员驾驶技能差。驾驶技能是驾驶员驾车过程中一系列驾驶操作活动和智力活动,它对行车安全有着重要影响。事故前由于驾驶员心理素质差、操作不当,没有成功将卡在道口的车辆移出,直接导致事故发生。

(4)对司机的培训教育不够。一套成熟完善的培训教育体系,将有助于提高机动车驾驶员的交通安全意识、驾驶技能以及紧急自救互救能力。

**2. 铁路道口事故影响防止对策**

铁路道口是涉及人、机、环境的复杂系统,影响道口安全的因素很多,一旦发生道口事故,往往造成车毁人亡的惨剧,不仅中断铁路运输,阻塞道路通行,严重影响交通系统的正常运行,还会造成重大经济损失,甚至带来恶劣的政治影响,因此十分有必要采取防护措施。

道口事故的显著特点是绝大部分事故因人违章而引起,即驾驶员等交通参与者不遵守道口安全规定。要预防道口事故,首先要调查和研究国内外道口状况,分析道口发生事故的原因,建立道口事故预测模型,然后深入分析铁路道口安全的影响因素及事故的成因特性,探讨道口事故预测方法,并结合实际案例分析,进而提出科学的事故预防对策,为降低事故率及伤亡率、提高道口安全奠定理论基础。目前,降低道口的事故率及伤亡率可以采取的主要措施包括以下几点:

(1)加强道口综合治理,铁路与地方政府联防联治。交通主管部门加强对车辆和司机的管理,把道口安全知识列为司机培训内容,提高车辆的质量和司机的素质。站段专门成立宣传机构,加大对沿线群众的宣传力度。在醒目的固定建筑物上,印刷大幅宣传标语,同时配合政府、路外单位充分利用影视、广播、图片、报纸等宣传工具向社会进行宣传,提高通过道口的安全意识。

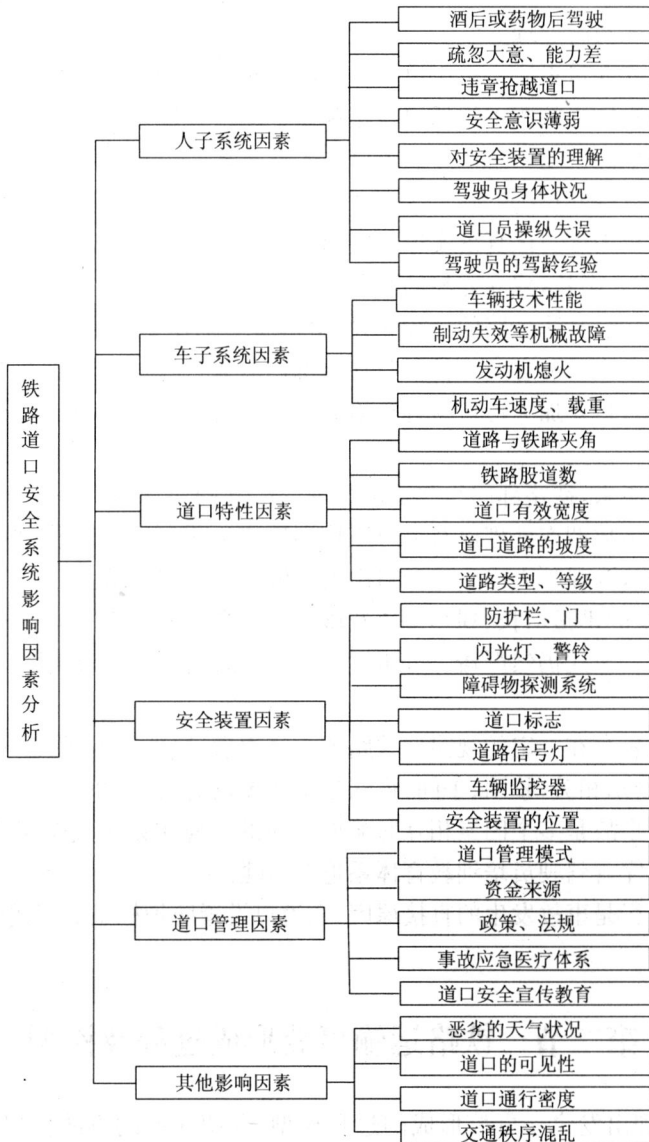

图 5-1　影响道口安全的因素分析图

（2）加强道口的技术装备。加强道口铺面和临近道口的道路面的养护，对道口进行重点维修，及时更换损坏的道口块、护桩等设施。利用大修做好道口平台整治，使其保持平稳、坚实、稳定，防止因路面不平而加剧车辆故障的发生。

提高看守道口防护设施装备率，凡有人看守道口安装自动通知装置；繁忙道口全部安装道口自动信号；瞭望条件不好的繁忙道口除安装道口自动报警外，还应安装自动栏木及铁路遮断信号，做到发生故障能及时处理。

（3）提高道口看守人员素质。由于道口工作的特殊性，对人员要求也是十分重要的。要选派思想觉悟高、业务素质强的职工担任道口工和监护道口人员，强化其业务知识和应急处理能力的培训，严格持证上岗制度。定期开展道口技术竞赛和防止事故发生的模拟演练，增强道口看守人员处理突发事件的应变能力。

（4）加大检查考核力度。认真落实道口安全检查制度，建立完善的道口检查机制，并把检查发现的问题严格纳入考核，建立完整的奖惩机制。

随着铁路的大提速，高速公路的持续建设，道口安全工作更加重要，解决道口问题根本的办法是"平改立"（平面交叉改立交），积极与地方部门联系，主动配合，加快"平改立"步伐。对短期内不能拆除的道口，要加大道口综合整治力度，按照各项规章制度，加强对道口控制，确保铁路运输安全。

以北京为例，近年来，铁路部门与北京市管理部门共同协作，在"平改立"、加强道口监护、道口安全宣传、道口事故调查处理以及道口工培训等方面做了大量工作，取得了显著成效，道口事故数量逐年下降，为保障人民生命和财产安全做出了极大贡献。

随着机动车数量的迅猛增长、列车提速及城乡建设和经济的快速发展，道口安全仍存在很多问题和不确定因素，形式仍然严峻。分析道口事故的时间空间分布规律以及事故案例，可得出以下结论：

（1）道口事故发生存在一定的规律。铁路道路交通量、地理位置、附近人口数量、铁路线网密度等与道口安全密切相关，黎明、午间、夜间是事故多发的两个时间段。

（2）大多数道口事故是多个因素相互影响而造成的。应用系统安全工程的方法预防事故是一种较好的选择，完善驾驶员培训教育体系迫在眉睫。

（3）道路车辆抢行是事故发生的直接原因，在道口设置防护栏或封闭式推拉门是较好的预防措施。

# 第二节　铁路运输事故形成过程及模型

本节从事故机理出发建立事故形成的过程模型，介绍典型的事故模型，包括序列事故模型、流行病学事故模型和人为失误事故模型，同时运用复杂动态系统理论对铁路运输事故进行事故机理分析。

### 一、铁路事故形成

铁路事故的形成既有客观条件、也有主观条件，还涉及环境的影响，是人-机-环共同作用的结果。

铁路事故形成过程中客观存在的条件是多方面的。高速运行的列车伴随着很多潜在的不安全因素，如机车车辆的某些部件，在运行中不断接受高压、冲击、摩擦、振动、冲撞，会发生变形、损伤或断裂，如车辆燃轴、断轴、车底架变形、折断、轮对破损、车钩破损、制动管破损和部件脱落。

1. 列车运行

列车运行是铁路技术部门和人员相互协作的产物，各部门和人员存在着密切联系，具有很强的时间性、准确性和严密性。随着铁路运输的发展和行车组织方法的改进，对各行车岗位人员在协作水平、信息传递、反应速度、应变能力等方面提出了更高的要求，这种严密性和高要求的协作链，不允许出现差错。

2. 货物因素

货物因素也是造成列车运行事故的主要因素。货物因素对列车运行安全的影响，主要表现在两个方面：

（1）货物在外力作用下发生位移、倒塌、窜动、坠落而引发铁路事故

车辆上装载的货物，在列车运行中，由于受到外力的影响，可能发生位移、倒塌、窜动和坠落，造成货物或行车事故。特别是装在敞车类货车上的集重、超长、超限、原木及易窜货物在运行中受到纵向惯性力、横向力、垂直惯性力及风力的作用，更容易发生上述危害行车安全的问题。这些作用于货物的外力与列车运行状态有着直接的联系。

纵向惯性力产生于列车起动、运行中加速或制动以及机车与车辆连挂时。它能导致货物前后移动（窜动、滚动），当货物重心过高时还可能造成倾覆。纵向惯性力的大小取决于货物重量、列车运行速度、制动距离等因素。

横向力产生于列车经过曲线或侧向道岔时的离心力及车辆在运行中摇头振动、侧摆振动、横向水平振动的横向惯性力。它的大小取决于列车在曲线上的运行速度、曲线半径的大小及货物重心在车辆上的位置等因素。

垂直惯性力产生于车辆车底板垂直方向的振动，如轮对经过钢轨接缝处、线路凹凸处或轮箍踏面擦伤都会产生这种力，它的大小取决于货物重量、线路质量、货车轴数、车轮圆度、列车速度及货物重心在货车上的位置等因素。

风力与作用于货物的横向力方向一致时，便构成了对货物稳定性的威胁。风力的大小与季节、地区有关。

在货物受外力作用对列车运行安全产生影响的分析中，应重点提出包装成件货物、木材、圆柱形或球形货物等几类货物。

包装成件货物在车辆运行过程中受各种外力作用,若外力超过了货物间的摩擦力,就容易发生窜动,坠落。特别是轻浮货物,由于超出了侧板高度,更易发生事故。

木材是铁路运输的大宗货物之一。由于我国木材产地大都分布在边疆地带,而用材单位却主要在内地,所以木材运程较长,另一方面由于木材在运输中的不稳定性和加固不当,使木材运输成为影响列车运行安全的重点问题之一。据统计,木材的换装整理车数占全路换装整理车数的54%左右,出现的问题主要有窜出、倾斜倒塌、脱落、超重、偏载、超限等。列车在运行中若发生上述现象会碰坏邻线列车的车辆和货物,打伤旅客,毁坏沿线建筑物,有时甚至会因木材掉到线路上,造成本线和邻线列车脱线、颠覆的严重事故。

圆柱形、球形货物的特点是在列车运行中受外力作用后,容易发生滚动和窜动,使重心偏移,造成偏载等问题。

(2)特殊条件运输的货物发生超载、偏载、起火、爆炸引发事故

特殊条件运输的货物包括集重货物、超长货物、危险货物等。

集重货物重量大,支重面小。经铁路运输的重工业品,如各种重型机械、蒸汽锅炉、大型变压器、水电设备等各种工业设备大都属于这类货物。由于装车后车底板单位面积受力较大,如超过容许载荷,就可能引起车底架变形或折断,导致货车破损和列车颠覆事故。

超长货物两端伸出,由于车辆本身的垂直振动而产生垂直惯性力,使转向架所负担的重量相应增大,容易发生超载问题,同时,装载超长非均重货物,由于重心不在车辆横中心线上,超过货车最大装载量的可能性较大。

由于超限货物列车运行条件特殊,组织方法复杂,联系环节较多,行车要求严格,因此,它的安全系数要小于一般列车。一旦某个环节发生问题,就会导致列车运行事故的发生。

危险货物具有易燃烧、易爆炸、腐蚀、毒害、放射线等性质。因此与列车运行安全有着密切的关系。经由铁路运输的危险货物,虽然运量不大,但品种繁多,性质复杂。如果在运输过程中处理不当,就可能引起各类严重的事故,与列车运行安全关系较为密切的危险货物有下列几种:

①爆炸品即炸药和各种炸药制成品,发生爆炸后,能够使机车、车辆、线路设备及附近障碍物遭到严重破坏。引起炸药爆炸的原因有机械能(撞击、摩擦)、热能(高温、火焰)、电能(电热、电火花)、化学能(雷管、炸药起爆)等,而这些能在列车运行的过程中都是可能产生的。其特点是经过低温高压处理后,贮于耐压容器。这类物品如果受热、撞击或接触明火,会引起膨胀,当超过容器所能承受的限度时,将产生爆炸。

②易燃液体对列车运行安全最大的威胁是它的燃烧性和爆炸性。易燃液体极易挥发,当浓度在空气中达到爆炸极限时,遇明火就会发生爆炸。近年来,装载易燃液体的油罐车起火、爆炸造成的列车事故已成为铁路运输的严重问题之一,这类事故损失惨重,破坏性极大。

### 3. 路外因素

路外因素对铁路行车的影响也是客观存在的。行人在线路上行走、坐卧、休息、睡觉、玩耍

或不顾来往列车横越线路,有时造成耽误列车或路外人员伤亡事故。另外,在线路两侧放牧、损坏铁路技术设备(如挖断电缆、损坏路基、拆毁车辆配件)、乘客不慎引起火灾等,都是引发铁路事故的客观因素。

在铁路事故中,因为人的原因导致事故,主要原因包括未执行标准化作业、存在侥幸和麻痹心理、责任心不够强、心理压力过大或身体过度疲劳等。

技术素质不良可能是导致铁路事故形成的又一个因素。技术素质是工作人员在业务知识、理论水平、实际操作、文化基础等方面的综合反映。技术素质不良是人员因素上的另一个重要方面,提高技术素质因工种不同,具体要求也各异。

### 二、流行病学事故模型

流行病学事故模型最早是由葛登提出的,他利用流行病传染机理来论述事故的发生机理,提出了"用于事故的流行病学方法"。模型指出流行病病因与事故致因之间具有相似性,可以参照分析流行病因的方法分析事故。

流行病学事故模型按时间把事故分为事故前、事故中和事故后三个阶段,从流行病学关于宿主、因素(或载体/传病媒介)以及环境的三个方面进行调查,类似于铁路运输事故中的人-机-环境模型。

流行病的病因有三种:①当事者(病者)的特征,如年龄、性别、心理状况、免疫能力等;②环境特征,如温度、湿度、季节、社区卫生状况、防疫措施等;③致病媒介特征,如病毒、细菌、支原体等。这三种因素的相互作用,可以导致人的疾病发生。与此类似,对于事故,一要考虑人的因素,二要考虑作业环境因素,三要考虑引起事故的媒介。

以下介绍两种主要的流行病学事故模型在铁路运输事故中的应用,分别是黑田模型和皮特森模型。

#### 1. 黑田模型

黑田模型是研究人在信息处理中失误倾向的事故模型。该理论的提出者黑田认为:新人的失误往往是由于缺乏经验,而老工人的失误往往是由于信息处理过程中对信息的压缩处理产生的。人的感觉器官接受的信息量大,而大脑处理信息的能力低,在信息处理过程中出现"瓶颈"现象。为了解决大脑在信息处理过程中的"瓶颈"现象,在信息预处理阶段要对接受的信息进行取舍、压缩及变形等处理,这就决定了人在信息处理过程中具有发生失误的倾向。黑田把人的信息处理过程作了简化,如图5-2所示。

(1)知觉与选择

知觉是人脑对于直接作用于感觉器官的事物整

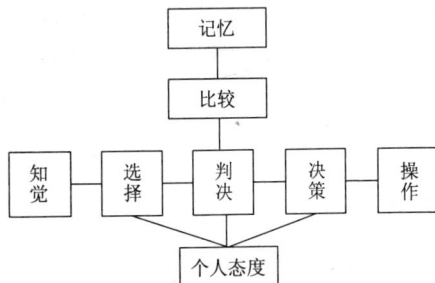

图 5-2　黑田模型

体的反映,是在感觉的基础上形成的。感觉是直接作用于感觉器官的客观事物的个别属性在人脑中的反映。实际上,人很少有单独的感觉产生,往往以知觉的方式反映客观事物。通常,把感觉和知觉合称为感知。

人的视、听、味、嗅、触觉器官同时从外界接受大量的信息。据研究,在作业过程中操作者每秒钟接受的视觉信息可能高达 $3×10^6$ bit、听觉信息可能高达 $3×10^4$ bit。感觉器官接受的信息以约 $10^9$ bit/s 的速度向大脑中枢神经传递。

另一方面,作为信息处理中心的大脑的信息处理能力却非常低,其最大处理能力仅为 100 bit/s 左右。感觉器官接受的信息量大而大脑处理信息能力低,在大脑中枢处理之前要对感官接受的信息进行预处理。即对接受的信息进行选择。在信息处理过程中,人通过注意来选择输入信息。

在心理学中,注意是人的心理活动对一定对象的指向和集中。从信息处理的角度,注意包括三种功能。

①感官的选择。一般情况下,选择来自一种感官的信息而排除其他。

②限于特定的感觉。人可以跟踪某种特定的视觉对象或特殊声音。

③感官的连续监测能力。按感官的选择,如果某一种感官没有被选择,则它可能不起作用。但是,它对强大的刺激或信号仍然保持警觉。例如,噪声很大使人心烦意乱而干扰视觉,于是注意力自动地转移。所谓精力集中,就是努力避开或迅速排除作用于其他感官的信息,只选择一种特定种类的信息。

警告是一种唤起操作者注意的措施,它让人把注意力集中于可能会被漏掉的信息。安全教育的一个重要内容就在于使操作者掌握,操作过程中在什么时间、应该注意什么。人一次能注意一件事情。把注意与有限的短期记忆能力、决策能力结合起来,选择在每一瞬间应处理哪种输入的信息。

(2)记忆

经过预处理后的输入信息被存储于记忆中。人脑具有惊人的记忆能力,正常人的脑细胞总数多达 100 亿个,其中有意识的记忆容量为 1 000 亿 bit,下意识的记忆容量为 100 亿 bit。

记忆分为长期记忆和短期记忆。输入的信息首先进入短期记忆中。短期记忆的特点是记忆时短,过一段时间就会忘记,并且记忆容量有限,当人记忆 7 位数时就会出错。当干扰信息进入短期记忆中时,短期记忆里原有的信息被排挤掉,发生遗忘现象。由于短期记忆的脆弱性,在工作被突然中断的情况下,可能导致事故。经过多次反复记忆,短期记忆中的东西就转变为长期记忆。长期记忆可以使信息长久地、甚至终生不忘地在头脑里保存下来。人的知识、经验都存储在长期记忆中。

为了识别输入的信息、做出决策及监督复杂的输入,需要从长期记忆中找回以前存入的信息。找回的信息被放在短期记忆中以供利用。一个人可能已经记住了操作规程,但在实际工作时却可能没有执行它。其中的一个重要原因是,当前的工作任务没有提示或要求他把学过的东西从长期记忆中找回来。在这种情况下,利用警告或监督,提示操作者把事先学过的规程从长期记忆中找回来。

(3)比较、判断和决策

针对输入的信息,长期记忆中的有关信息(知识、经验)被调出并暂存于短期记忆中,与进入短期记忆中的输入信息比较,进行识别、判断,然后做出决策,选择适当的行为。

正确的决策是实行安全行为的前提。为了做出正确的决策,人们必须收集有关的信息,消除工作任务方面不明确的东西。即,弄清进行该项工作的必要条件以及所蕴含的危险。当信息充分、正确时,依据这些信息才能做出正确的决策,可以安全地完成工作任务。由于能够预测生产过程中可能出现的危险,就能有效的采取措施避免事故。当输入的信息不清晰、难于分辨行为的恰当与否,或没有从长期记忆中找回恰当行为的信息时,则可能选择了错误的行为。因此,在生产过程中应该向操作者提供充足、正确的外界信息,并通过各种形式的安全教育,使人们掌握尽可能多的信息。

一般来说,做出决策需要时间。大脑的决策机构一次只能做一项决策,在一项决策被完成之前,一直阻碍进行后面的决策。在工作任务紧迫的情况下,往往由于没有充裕的决策时间而发生失误。多数情况下,失误发生的可能性与决策时间成反比,即供决策的时间越短,发生人失误的可能性越大。影响决策所需时间的主要因素有:决策的准备;可能输入的信息量或可供选择的行为方案的多少;输入的信息与行为方案间的关联情况;个体差异。

但是,做出一项简单的决策,仅仅需要不到 1 s 的时间,并且从一项决策转向另一项决策是一种无意识的行为。特别是,熟练技巧可以使人不经决策而下意识地进行条件反射式的行为。所以,有些时候人们可以同时做几件事情。

除了获取充足的外界信息、具有丰富的知识和经验以及充裕的决策时间外,个人态度、个人决策能力及执行决策的能力等因素,对决策过程也有重要影响。

(4)行为与操作

大脑中枢做出的决策指令经过神经传达到相应的运动器官(或发音器官),转换为行为。运动器官动作的同时,把关于动作的信息经过神经反馈给大脑中枢,对行为的进行情况进行监测。进行已经熟练的行为时,一般不需要监测,并且在行为进行的同时可以对输入的新信息进行处理。

为了正确地实行决策所规定的行为,机械设备、用具及工作环境符合人机学要求是非常重要的。

综合以上分析,信息处理过程中导致失误的主要倾向有:

①简单化。人具有图省力,把事物简单化的倾向。如在工作中把自认为与当前操作无关的步骤舍去,或拆掉安全防护装置等。

②依赖性。人具有依赖性,喜欢依赖他人(如上、下级,同事等)或依赖它物(如规程、说明书及自动控制装置等)。

③选择性。对输入的信息进行迅速的扫描并选择,按信息的轻重缓急排队处理和记忆。这使得人们的注意力过分地集中于某些特定的东西(操作、规程或显示装置)而忽视其他。

④经验与熟练。对于某项操作达到熟练以后,可以不经大脑处理而下意识地直接行动。这一方面有利于熟练地、高效地工作;另一方面这种条件反射式的行为在一些情况下,如应急情况下,是有害的。

⑤简单推断。当眼前的事物与记忆中过去的经验相符合时,就认为事故将按经验那样发展下去,对其余的可能性不加考虑而排斥。

⑥粗枝大叶、走马观花。随着对输入的信息的扫描范围和速度的增加,忽略细节,舍弃定量而收集一些定性的信息。

这些倾向的不利方面是造成人失误的原因。为了克服它们,在设计及操作、设备等的设计中要采取恰当的技术措施。例如,在设计警告装置时,要充分考虑如何把操作者从过度的精神集中下解放出来;针对应急情况进行训练、演习,避免条件反射式的动作等。

### 2. 皮特森模型

在人失误致因分析中,菲雷尔认为,作为事故原因的人失误的发生,可以归结为下述三个方面的原因:

(1)超过人的能力的过负荷。

(2)与外界刺激要求不一致的反应。

(3)由于不知道正确方法或故意采取不恰当的行为。

在这里,过负荷指在某种心理状态下的承受能力与负荷不适应。负荷包括操作任务方面的负荷、环境负荷、心理负荷(担心、忧虑等)及立场方面的负荷(态度是否暧昧、人际关系如何等)。人的承受能力取决于身体状况、精神状态、熟练程度、疲劳及服药等。

对外界刺激的反应与该刺激所要求的反应不一致,或操作与要求的操作(尺寸、力等)不一致,是由于人的信息处理过程的某个环节发生了问题。其中,人机学方面的问题尤其需要注意。采取不恰当的行为可能是由于不知道什么是正确行为(教育、训练方面的问题),或者是由于决策错误,低估事故发生的可能性,或低估了事故可能带来后果的严重性会导致决策错误,它取决于个人的性格和态度。

皮特森在菲雷尔观点的基础上进一步指出,事故原因包括人失误和管理缺陷两方面的原因,而过负荷、人机学方面的问题和决策错误是造成人失误的原因,如图5-3所示。

流行病学事故模型理论比只考虑人失误的早期事故致因理论有了较大的进步,它明确地提出事故因素间的关系特征,事故是三种因素相互作用的结果,并推动了关于这三种因素的研究和调查。但是,这种理论也有明显的不足,主要是关于致因的媒介。作为致病媒介的病毒等在任何时间和场合都是确定的,只是需要分辨并采取措施防治;而作为导致铁路运输事故的媒介到底是什么,还需要识别和定义,否则该理论无太大用处。

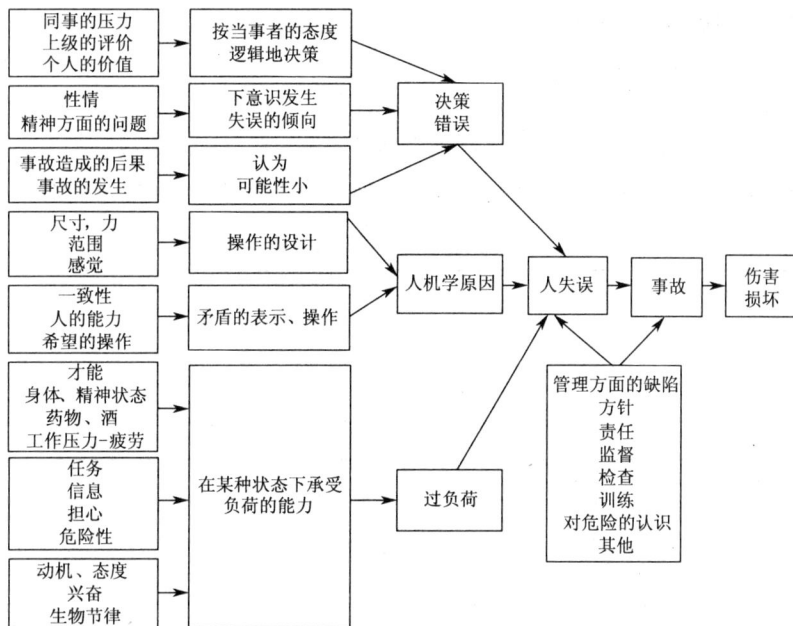

图 5-3　皮特森模型

### 三、人为失误事故模型

#### 1. 人为失误一般模型

人为失误一般模型是由初始原因开始到最后结果为止的事故动态过程中所有因素联系在一起的理论体系或模型,如图 5-4 所示。该模型对铁路运输事故的研究具有很大的实用价值。

Wiggles Worth 曾经提出:有一个事故原因构成了所有类型伤害的基础,这个原因就是"人失误"。他把"失误"定义为"错误地或不适当地响应一个刺激"。

在铁路运输事故的形成过程中,各种来自路面的信息不断出现,若操作者响应正确或恰当,事故就不会发生。即如果没有危险,则不会发生有伴随着伤害出现的事故;反之,若出现了人失误的事件,就有发生事故的可能。

然而,客观上存在着不安全因素或危险,事故是否能造成伤害,这就取决于各种偶然因素,即可能造成伤亡,也可能是没有伤亡的事故。

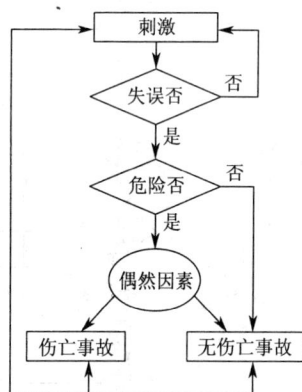

图 5-4　人为失误一般模型

人为失误一般模型突出了操作者的不安全行动来描述事故现象,但却不能解释操作者为什么会发生失误,因此,它不适用于不以人为失误为主的事故。

2. **以人失误为主因的事故模型**

在铁路运输过程中,包括人的因素在内的连续操作行为,可能引起两种结果,发生伤害和不发生伤害,所以"事故"的定义是:使正常生产活动中断的不测事件。运输事故是否发生伤害却取决于危险的程度(人体受伤害的概率)和偶然因素。表5-1列出了事故、危险和伤害的理论上的八种组合。

表 5-1　事故、危险和伤害的理论上的八种组合

| 出现的类型 | 事故 | 危险 | 伤害 | 出现的类型 | 事故 | 危险 | 伤害 |
|---|---|---|---|---|---|---|---|
| 1 | no | no | no | 5 | yes | no | no |
| 2 | no | yes | no | 不可能 | yes | no | yes |
| 3 | yes | yes | no | 不可能 | no | yes | yes |
| 4 | yes | yes | yes | 不可能 | no | no | yes |

因为,不存在危险或没有事故也就不可能发生伤害。所以,实际上只有五种结果是可能的。这五种可能的结果列于图 5-5 的上部,而且仅有第四项结果能发生伤害。

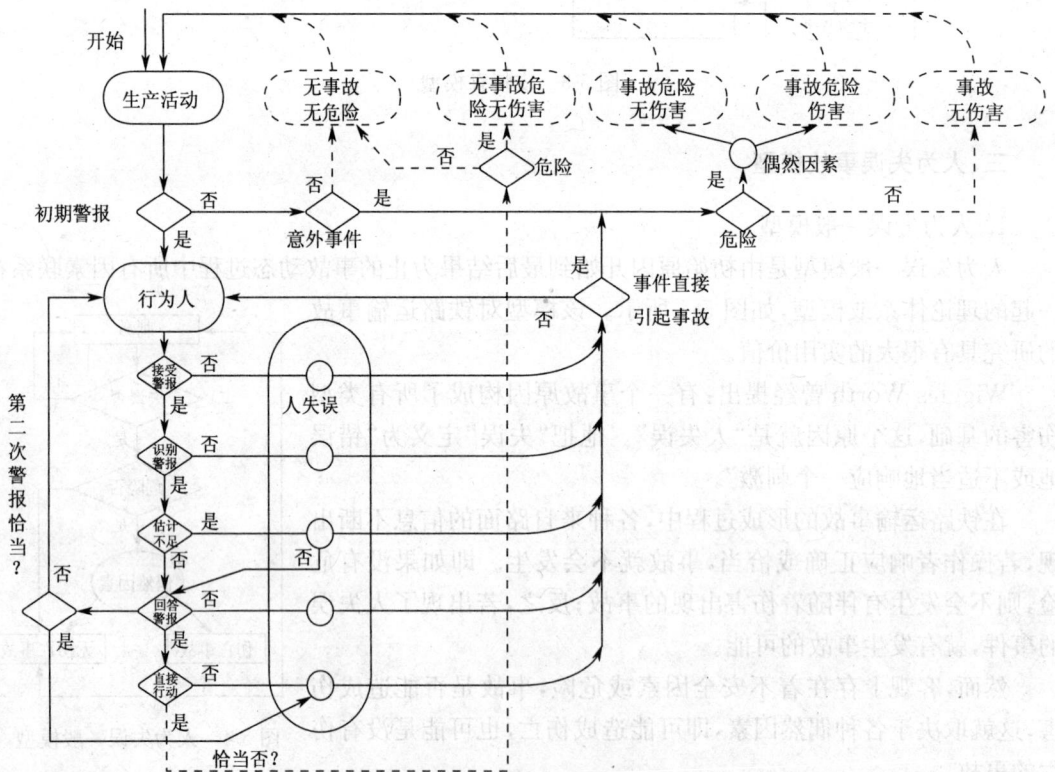

图 5-5　人为失误事故模型

操作者在行车过程中获得一定信息：视觉和听觉感受到的光、声信号，或者是来自要求与环境条件相适应的有关指令、政策、规程、标准等书面的信息。这些信息会警告操作者在他所处的生产环境中有可能产生事故。在该模型中称这样的警告（报）为"初期警告"。

（1）在正常条件下没有初期警报，没有意外事件，也就没有生产的中断，结果是"无事故、无危险、无伤害"属于1型。

（2）在没有初期警报情况下，意外事件确已发生，这将根据危险出现的具体情况与有关伤害的偶然因素，分别产生3型、4型或5型的结果。

当没有事先警告时，甚至连一般的安全标准或指示等原则性的警告都没有时，一旦根据危险的存在和偶然因素的巧合发生了4型的伤亡事故，这也不能归咎于有关工人的失误，而应当是管理上的领导失误，而属于管理人员"不恰当地回答先前的警告"。分析这种责任事故时，应当追究深远的、间接的但却是主要的原因，即管理上的缺陷。

（3）如果发现了事故征兆，即有了初期警报，则操作者对警告的"回答"情况，也就是说怎么处置和对待这一警报，将决定着是否可能发生事故。

为避免事故发生，操作者必须接受警报，识别警报，充分而正确地估计危险，并回答警报，直接采取改正行动或其它控制措施，还要给其他操作者发出第二次警报。

在这条回答链中任何阶段的故障（或称NO），都会构成人的失误，其结果或因失误而直接引起事故和自身伤害，或把事故转嫁给其他行为人。

（4）关于对危害的估计

模型中"行为人"下方第三个菱形符号表明，如果操作者对危害估计正确，则会发出二次警报或采取直接行为；反之如果对危害估计不足（习惯上称为麻痹大意），也是一种失误，尽管如此，但因采取了某种行动仍然会避免事故，如果没有回答警报，则会因这一失误直接引起事故。管理人员"低估危险"有更大的危险后果。

（5）信息仅仅对于发生伤亡的事故（4型）是有用的，图5-6所示的长虚线对研究者来说是没用的信息。因为操作者怎样处置（回答）即将发生事故的警报尚无从估计（主要是2型的结果），这将妨碍确定操作者的回答优劣，回答方式和正确的回答概率。由于没有3型、5型结果的资料，故正确决定人失误的总次数及其分布规律也将难以做到。

3. 变化-失误模型

系统状态和要素发生变化，对于大多数系统来说，是本质性的东西。研究某个部分发生变化，对系统特别是高级子系统产生何种影响，对整个系统又产生何种结果，这是系统安全分析的最基本任务之一。研究和分析铁路运输事故时，对铁路运输系统内的"变化"和"失误"必须作为一种基本要素来考虑。

当某一过程或者操作失去控制时，显然会发生变化。变化包括预期有计划的和意外的变化。大多数事故原因都与变化有关。所以说，变化会导致事故发生，但变化也可用来创造一些安全条件。

变化可被用作一种判断事件因果的方法。因此，应该把"变化"当作一种评价事故发生可能性的依据来加以研究。在运输系统的设计过程和建设中,应把设计估计到的危险排除在系统之外,有计划地减少和避免因变化而导致发生事故隐患的可能性。

例如,分析某列车设备的事故如下:

变化前——列车设备安全地运转了多年;

变化 1——被一套更好的新设备所替换;

变化 2——用过的旧设备已经部分解体;

变化 3——新设备因故未能按预期目标运行;

变化 4——社会或上级管理部门要求恢复运输;

变化 5——为运行而恢复旧设备;

变化 6——急不可待地恢复必要的运营能力;

变化 7——多数冗余安全机能均未发挥作用;

变化 8——运输事故发生。

这种方法比较直观而且易于理解,几乎不必详加说明。设"变化"为 C,"失误"为 E,由图 5-6可见,因计划变化而失误,或因领导失误而造成的计划失误,或因监督变化导致失误进而一误再误,工作人员因变化而失误,再变化再失误,终于造成了事故。

4. 以管理失误为主因的事故模型

事故的直接原因是由于人的不安全行为和物的不安全状态。但是,造成"人失误"和"物故障"的原因常是管理上的缺陷,虽是间接原因,但它却是背景因素,而且是事故发生的本质原因。

人的不安全行为可以促成物的不安全状

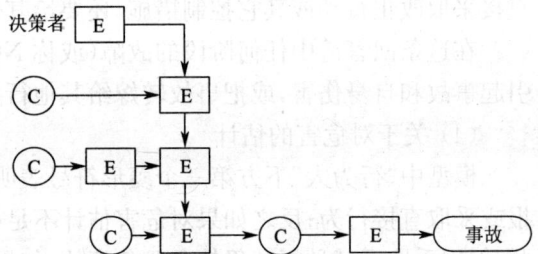

图 5-6  变化失误模型

态,而物的不安全状态又会在客观上造成人之所以有不安全行为的环境条件,如图 5-7 所示。

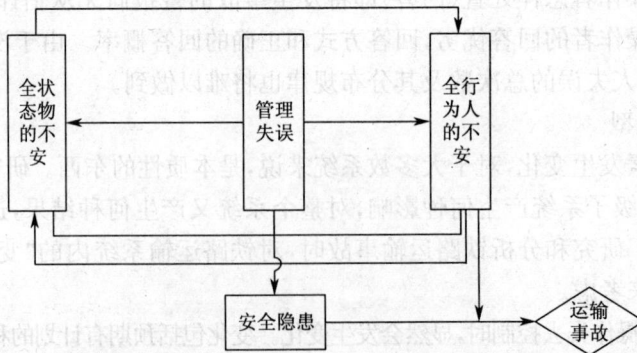

图 5-7  管理失误事故模型

"隐患"多由物的不安全状态和管理上的缺陷共同耦合形成;客观上一经出现事故隐患,人主观上又表现了不安全行为,就会立即导致伤亡事故的发生。

物质是第一性的,但物的不安全条件不易显现;人是自由性的,随机的行动较多且易于被发现,所以常常误把操作者的失误看成是事故的直接责任者,甚至当成主要责任者。

### 四、基于复杂动态系统的事故机理分析

#### 1. 动态系统的数学描述

动态系统指的是状态变量按确定性规律随时间变化的系统。在机械系统中,这些变量可以是位置、速度和加速度;在电子系统中,电流和充电电容通常是状态变量;而在化学系统中,变量可能是不同反应物的浓度。下面通过数学描述来定义动态系统。

首先定义矩阵 $A \in R^{m \times n}$ 的模为

$$\|A\| = \sqrt{\sum_{i=1}^{m}\sum_{j=1}^{n}(A_{ij})^2} \tag{5-1}$$

可以设动态系统是由 $n$ 个相关的函数来描述的,它们在实际系统中就是动态变量描述系统状态的相关属性。已经观测到了该动态系统在时间 $t_i = t_0 + i \times \Delta t, i = 0,1,2,3,\cdots,m$ 的一系列数据为

$$X = \begin{cases} x_1(t_0) & x_2(t_0) & \cdots & x_n(t_0) \\ x_1(t_1) & x_2(t_1) & \cdots & x_n(t_1) \\ \vdots & \vdots & \vdots & \vdots \\ x_1(t_m) & x_2(t_m) & \cdots & x_n(t_m) \end{cases} \tag{5-2}$$

其中 $t_0$ 是初始时刻,$\Delta t$ 为时间间隔,$x_i(t)(i=1,2,\cdots,n)$ 表示变量 $x_i$ 在 $t$ 时刻的观测值,有

$$X(t) = [x_1(t),x_2(t),\cdots,x_n(t)]$$
$$f(t,X) = [f_1(t,X),f_2(t,X),\cdots,f_n(t,X)] \tag{5-3}$$

其中 $f(t,X) = [f_1(t,X),f_2(t,X),\cdots,f_n(t,X)]$ 是一个由初等函数构成的复合函数,设该类函数组成的空间为状态空间 $F$,这是该系统状态变量的实际表现。

常微分方程组的建模就是求

$$dx^*/dt = f(t,X^*) \tag{5-4}$$

假如,$f \in F$,使演化数据与实际观测值之间的误差最小。其中的误差可以表示为

$$\|X^* - X\| = \sqrt{\sum_{i=0}^{m}\sum_{j=1}^{n}(x_j^*(t_i) - x_j(t_i))^2} \tag{5-5}$$

这个误差越小就表示建模的系统与实际系统越接近。

#### 2. 演化建模方法

早在 1999 年,武汉大学的康立山、曹宏庆等人就使用遗传程序设计(GP)与遗传算法

(GA)结合的混合建模算法实现了对动态系统计算机自动进行演化建模。GA 是一类有效地解决最优化问题的方法,是由美国的霍兰德教授于 1975 年首先提出。GP 的思想是斯坦福大学的昆扎在 20 世纪 90 年代初提出的,并于 1991 年出版了专著遗传规划。GP 采用 GA 的基本思想,但使用一种更为灵活的表示方式——分层结构来表示解空间。这些分层结构的叶结点是问题的原始变量,中间结点则是组合这些原始变量的函数。由于 GP 采用一种更自然的表示方式,它的应用领域非常之广。树形分层结构为它进行遗传操作提供了便利条件,但是 GP 的分层结构在进行相应的方程运算时,其分层的树形结构相比线性结构要复杂很多,从而增加了计算的复杂度。单纯地使用 GP 以来优化方程的参数在某一方面又忽略了方程组结构的优化。串结构及线性结构是进化算法最初的编码结构,也是最适合遗传操作的结构。本文提供的演化算法就以线性结构表示方程组结构,并将进化算法的思想应用到了方程组的演化过程、参数以及组织结构的进化中,更加高效地完成了方程的演化过程。

演化算法是一个有效的算法,其收敛速度比 GA 和 GP 结合的算法更快,是建立一阶微分方程组的有效方法。同时,在未来的结构编码方式上可以考虑使用一些更加有效和实用的编码方法,进一步改进后可以在各种实际问题的预测和拟合中得到应用。

在复杂问题解决研究的开始阶段,多纳强调复杂问题解决情境具有五个特点:复杂性、连接性、动态性、模糊性和多目标性。弗伦施和凡客提出复杂问题解决具有四个特征:新任务是不熟悉的、复杂的、随时间动态变化的、不清楚的。而凡客在多纳的基础上将五个特征归为三类:连接性、动态性和多目标性。他认为只有连接性和动态性才是复杂问题解决的关键特征。在后来的研究中特征定义基本没有改变,最多是关于系统和任务的分类更深入了。森卡洛斯等从形式特征和心理特征两个方面对复杂问题解决任务进行分类。结合以往的研究,本书认为复杂问题解决的特征应该包括动态性、复杂性、模糊性以及时间滞后性。

(1)动态性

在复杂问题解决任务中,问题解决者的当前行为不仅受前次行为的影响,也影响着下次决策行为。而动态性与系统的发展过程相关,任务状态在受问题解决者的行为影响的同时还存在着自动变化的趋势。这也就对控制任务产生了时间压力。被试需要在没有获得关于系统完整的信息或在形成合适的计划前做尝试性的决策。因此,在动态的系统中,明确系统的发展趋势是至关重要的。被试需要确定系统在整个过程中是如何变化的以及每个决策的长期和短期效果。但是研究证明对于大多数人来说,这是一个很难的任务,因为人们往往倾向于在一个独立时间点分析情境。

(2)复杂性

复杂性是复杂问题解决的第二个关键特征,是具有大量相互依赖的变量的系统的特征。通常,系统的各部分是相互作用和联系的,使得被试很难理解和预测任务状态的变化。影响情境复杂性的因素有情境成分的数目、各个成分之间关系的数目以及关系的类型等。

复杂性是一个主观变量。当研究者定义任务的复杂性时,必须考虑具体的决策者。布雷迈尔和艾拉德提出考虑系统的各个部分以及相互之间的功能关系,认为几个心理上相关的部分,包括目标的数目、行动的可能性、短期效应和决策者的控制过程。但是,用布雷汉尔的标准计算复杂度有一定的困难,因为在决策者与系统互动的过程中功能性的部分一直在改变。森卡洛斯等提出测量复杂性的方法有计算复杂性、相关复杂性以及问题空间。

（3）模糊性

模糊性指的是系统的某些方面的不确定性。在复杂问题解决情境中,只有部分变量是可以直接观察的。如同复杂性,定义模糊性需要考虑决策者对此系统知识的掌握。即使关于系统状态的知识是可以获得的,但要求决策者知道从哪里可以获得才行。再者,获得知识的用途还依赖于决策者了解知识和当前目标的关系。而且,复杂问题解决任务的目标是相对比较模糊的,如在罗豪森任务中,生活质量的概念具有非常广泛的含义。甚至一些复杂的系统连系统的设计者也不清楚某些决策短期效应。被试只有在控制过程中,慢慢地或者是突然地发现了短期效应。

（4）时间滞后性

在控制动态系统过程中,决策者通过观察反馈回路来获取关于系统状态的信息。通常,决策者作决策时通过多种反馈回路（系统的反馈结构）来获取信息。在复杂问题解决情境中,任何过程或措施都需要一定的时间来完成,这就导致决策和其效果之间存在着延迟。同样,在系统结果的出现与决策者了解结果之间也存在延迟。迪赫和斯特曼认为系统反馈结构包括三个方面:副作用、非线性以及反馈的延迟。这种延迟性,通过决策和决策执行效果的时间关系进行尽可能准确的确定,并作出适当的调整。

3. 模型的建立

铁路运输的特点是点多、线长、情况千变万化、部门多、工种多、人员多、工作分散,只要一个作业环节出了问题,一个工作人员瞬间疏忽,或者一个部件故障,都可能导致铁路运输事故。从各个环节的小问题,演化为一个交通运输事故的形成,是一个典型的复杂动态系统的演化过程。将铁路运输各个小环节视为具有适应性的个体,简称主体。主体能够与环境和其他主体进行交互作用,并能自主学习,根据学习到的经验改变自身结构和行为方式。

假设导致铁路运输事故形成的各种因素分别表示为:$x(t,w_1)$,$x(t,w_2)$,$x(t,w_3)$,…,$x(t,w_j)$表示在$t$时刻,状态$w_j$的观测值。在时间$t \in T$范围内,每次的观测结果都称为一次实验,或一个样本函数,记为$x(t_i,w_j)(i=0,1,…,n)$,$n$为观测次数。

在时间$t \in T$范围内,$n$为观测的总体,即样本函数族$x(t,w_j)(j=0,1,…,m)$,称为随机过程。对于任意时刻$t=t_i,i=1,2,…,n$,每一次实现的观测值$x(t_i,w_1)$,$x(t_i,w_2)$,$x(t_i,w_3)$,…,$x(t_i,w_m)$定义为随机过程在该时刻的随机变量,它是在$t=t_i$时刻观测值的集合,每次观测到的结果都是不同的。

铁路运输过程中事故形成的每个因子都在随着时间变化,下一时间段的状态与上一时间段的状态有关,而且各因子之间还存在着内映射,表示为:

$$x(t_i, w_j) = F_{ij}[x(t_{i-1}, w_1), x(t_{i-1}, w_2), \cdots, x(t_{i-1}, w_m)], i = 1, 2, \cdots, n, j = 1, 2, \cdots, m$$

(5-6)

等式右边为初等函数构成的复合函数。用 $X$ 表示各时间段内各个因子的转化过程,则可以表示为下式

$$X = \begin{cases} [x(t_0, w_1) & x(t_0, w_2) & \cdots & x(t_0, w_m)] \\ [x(t_1, w_1) & x(t_1, w_2) & \cdots & x(t_1, w_m)] \\ \vdots & \vdots & \vdots & \vdots \\ [x(t_n, w_1) & x(t_n, w_2) & \cdots & x(t_n, w_m)] \end{cases}$$

(5-7)

大括号里面的第一行是各因子的初始状态观测值,第二行是根据初始状态观测值演化而来,经过时间 $\Delta t$ 之后,$x(t_0, w_1)$ 根据自身规律演化,并且在与其他观测因子 $x(t_0, w_2), \cdots,$ $x(t_0, w_m)$ 的映射下,演化为 $x(t_1, w_1)$,即 $x(t_1, w_1) = F_{11}[x(t_0, w_1), x(t_0, w_2), \cdots, x(t_0, w_m)]$;$x(t_0, w_2)$ 根据自身规律演化,并且在与其他观测因子 $x(t_0, w_1), x(t_0, w_3), \cdots, x(t_0, w_m)$ 的映射下,演化为 $x(t_1, w_2)$,即 $x(t_1, w_2) = F_{12}[x(t_0, w_1), x(t_0, w_2), \cdots, x(t_0, w_m)]$,依此类推,$x(t_0, w_m)$ 根据自身规律演化,并且在与其他观测因子 $x(t_0, w_1), x(t_0, w_2), \cdots, x(t_0, w_{m-1})$ 的映射下,演化为 $x(t_1, w_m)$。同样的规律,在经过时间 $\Delta t$ 之后,第二行的观测值演化为第三行的观测值。在铁路运输过程中,各个观测因子按照这个规律一直演化。

对于每一个时间段的所有观测值,可以定义一种算法,计算出对于某时刻的所有的观测值的结果,并判断是否发生事故。令 $X(t) = [x(t, w_1), x(t, w_2), \cdots, x(t, w_m)]$,令 $F$ 为作用于 $X(t)$ 上的函数,计算 $F[X(t_i)] = F[x(t_i, w_1), x(t_i, w_2), \cdots, x(t_i, w_m)]$ 的值,这里 $F[X(t_i)]$ 可以为 $\|X^* - X\|$,若 $F[X(t_i)] = F[x(t_i, w_1), x(t_i, w_2), \cdots, x(t_i, w_m)](i = 0, 1, \cdots, n)$ 的计算结果满足给定的条件,则会发生铁路运输事故,若 $F[X(t_i)](i = 0, 1, \cdots, n)$ 的计算结果不满足铁路运输事故发生的条件,则铁路能安全运营。

# 第三节  典型事故案例分析

## 一、行车安全事故案例

铁路实施了提速调图、增加列车牵引定数、提高车辆载重等一系列的改革措施,在给旅客、货主带来便利的同时,也给安全生产带来了新的考验,因施工安全措施不合理、线路质量和车辆技术状态不良等原因造成的事故时有发生。

1. 行车事故原因分析

(1)工务部门

铁路提速调图后,列车运行速度提高,重载列车增加,同时加大了繁忙干线的列车密度,对线路质量提出了更高的要求。而我国现有铁路线路的标准,大部分需改造才能适应高速、重载

列车的运行要求,加上线路设备改建力度不够,失修严重以及日常维修天窗时间不足,造成线路质量不高,难以适应列车提速对线路的要求,导致产生安全隐患。

（2）车辆部门

车辆技术状态不良同样会影响列车运行安全,给行车安全造成隐患。为保证运用车辆的技术状态良好,《铁路技术管理规程》第133条中明确规定"车辆实行定期检修,并逐步扩大实施状态修、换件修和主要零部件的专业化集中修。货车分为厂修、段修、辅修、轴检"。对于车辆的有关规章也明确规定了各类车辆的检修周期及技术标准。然而,在目前的车辆运用中,却普遍出现超过定期检修期限（简称"过期车"）的车辆仍在继续使用的现象,而且"过期车"的运用数量越来越多,过期期限越来越长。这种现象在其他站段也非常普遍,给列车的运行构成严重的安全隐患。出现这些现象的原因有以下几方面:

①车辆检修布局不均衡。因车辆的检修布局不均衡,造成一些地区的车辆检修部门作业量较小,检修机具及人员闲置,检修能力严重浪费;而另一些地区的车辆检修部门却因为检修能力不足,造成需检修车辆的大量积压。

②车辆检修期限制定不合理。车辆检修期限制定不合理会使车辆实际运用周期短,造成需检修车辆的数量不断增加。

由于科技水平的发展,车辆构造及技术性能越来越先进,因此保证车辆技术状态良好所需的检修期限应相应延长。而目前车辆检修期限标准,仍然是按照多年前的规定执行,与现行部分车辆实际需维修的周期不相适应。并且,目前"过期车"的普遍运用,也与"过期车"在应用中实际发生的事故概率不高有关,说明目前规定的车辆检修期限仍有一定的延长空间。

③受以上两方面原因的综合影响,加之个别单位及人员受利益趋动,将一部分需检修的车辆按正常车辆编入列车运行,一些部门发现后也熟视无睹,久而久之形成恶性循环。

2. 行车事故及变化趋势

行车事故是诱发及造成铁路交通灾害的主要原因之一,其事故状态及趋势是铁路交通灾害成因的根本依据。因此,对近年发生的行车事故进行分析非常重要。

3. 列车事故分析

分析有关统计数据得知,客运列车事故有冲突、脱轨和爆炸或火灾（统称爆炸）事故,以列车脱轨事故为最多。非客运列车事故有冲突、脱轨,无爆炸事故,也以列车脱轨事故为最多（如图5-8所示）。全年无调车事故,脱轨事故比重高于冲突事故。综合分析,冲突事故占12%,脱轨事故占80%,爆炸事故占8%。这些事故60%发生在区间,40%发生在站内。

列车冲突事故发生的主要原因是:冒进信号占37.0%;列车超速占6.9%;车辆溜逸占13.9%;错办进路以臆测行车占25.8%。这表明83.6%的列车冲突事故由机务和业务部门违章作业造成,其中机务所占比例较大。列车脱轨事故发生的原因比较复杂,有的事故由多种主客观因素造成。经分析,线路技术状态不良（包括违章施工和暴雨）因素占33.7%,车辆技术状态不良因素占 22.67％，两者合计占 56.3％。所以此类事故发生原因以设备不良占主要成分。

### 4. 事故责任分析

对行车重大、大事故责任部门的分析表明，工务占的比例较大占 16％；车辆部门也一样占 16％；再则是厂务部门占 8％；第四是车务部门、机务部门（包括工厂）、电务部门、客运部门、货运部门、工程部门占 4％；最多的是其他部门占 36％（如图 5-9 所示）。

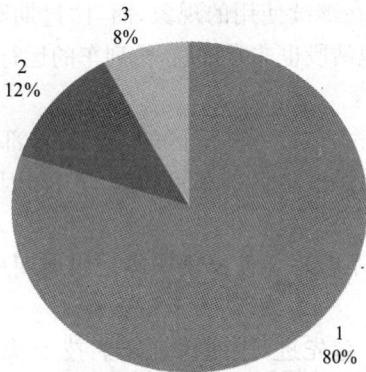

图 5-8　事故类别
1—脱轨；2—冲突；3—爆炸、火灾。

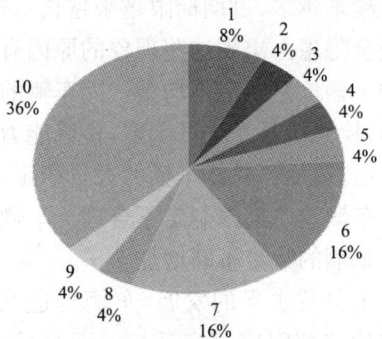

图 5-9　事故责任统计
1—常务；2—货运；3—客运；4—电务；5—工程；
6—工务；7—车辆；8—机务；9—车务；10—其他。

### 5. 事故原因分析

分析近几年数据，发现属于违章违纪引起的事故约占 45.9％，属于设备不良引起的事故约占 33.6％，属于社会治安不好引起的事故约占 8.9％，属于自然灾害引起的事故约占 6.3％，其他原因引起的事故，约占 5.3％（图 5-10）。违章违纪和社会治安不好属于人为主观因素，设备不良和自然灾害主要是客观因素，前后两者引起的事故，分别占 54.8％和 39.9％。显然在行车安全中，人是最活跃的因素。在强化安全设备的同时，决不可放松对人的安全教育和提高人员素质的工作。

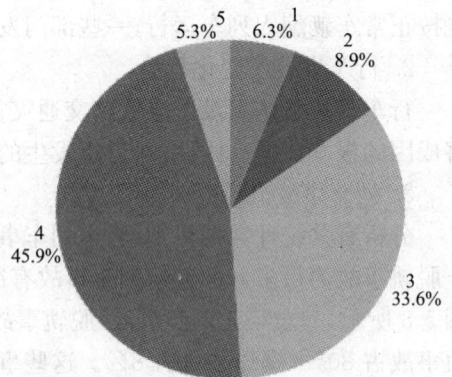

车、机、工、电、辆等各业务部门，事故因素不完全相同。通过对违章违纪因素分析表明，违章违纪

图 5-10　事故原因统计
1—自然灾害；2—社会治安；3—设备不良；
4—违章违纪；5—其他原因。

主要表现在"双冒""错办""臆测""超速""偏载""施工"等方面。其年均事故件数和所占比重分别为:第一,"双冒"占29.3%;第二,"错办和臆测"占26.8%;第三,"施工"占12.6%;第四,"偏载"占9.9%;第五,"溜逸"占8.9%;第六,"超速"占3.7%。通过对各部门因违章违纪和设备因素造成的事故分析可知,车务部门事故100%是违章违纪原因造成的,机务部门88.4%是违章违纪,工务部门46.7%是设备不良,29.2%是违章违纪,车辆部门近100%是设备不良,电务部门60%是违章违纪,40%是设备不良。由此可见,车务和机务部门应重点做好人的工作,同时尽量用设备代替人作业以提高安全度,工务、电务部门应以抓设备为主保证行车安全,车辆部门则应全力抓好设备质量。

6. 环境对事故的影响

通过分析发现,7月份发生事故最多,占全年的12.4%,其次是12月份、1月份,占9.8%和9.7%。按季节分,夏季6、7、8月份发生的事故件数,占全年的30%,为最多;冬季11、12、1月次之,占26.8%。夏冬季事故较多,显然是受酷暑、严寒和雨雪环境以及运量变化(节日、春运、暑运)之后思想放松的影响。所以,结合天、时、地、人、候条件,制定安全管理办法是不可忽视的。

**二、环境灾害事故分析**

铁路作为国民经济的大动脉,对于发展国民经济、提高社会生产力起着举足轻重的作用。随着近年来经济、城市的发展,铁路用地被吞食的现象日趋严重,严重地影响铁路运输安全和发展。铁路用地对铁路运输和其他服务于运输的部门来讲,只是作为地基和空间,作为立足点以其承载力服务于铁路,它直接参与铁路运输的完成,是不可代替的主要生产资料。有些地区的农村社队和厂矿企业在铁路两侧开荒种田,挖渠修塘,砍伐树木,盲目开山采石采矿,破坏植被,造成水土流失严重,曾不断发生崩塌、滑坡等重大灾害,中断铁路行车,甚至酿成列车脱轨颠覆的行车重大事故,给铁路和人民的生命财产造成重大损失。

"铁路运输环境"是指人、机共处的特定工作条件。在系统中的"环境"是对安全有重大影响的要素群,既包括作业环境、自然环境,又包括广义的社会环境(如生活、文化、经济、政治及治安等环境),其中有的以潜移默化的方式影响安全,有的则以雷霆万钧之势影响安全;有的属系统难于控制的影响因素(即外部大环境),有的则属于系统可控的影响因素(即内部小环境),而且环境影响完全可以说是无孔不入,但其影响既可能产生正效应,也可能产生负效应。对安全而言,系统可以发挥"管理"要素的中介转换功能,即通过改善可控的内部小环境来适应不可控的外部大环境,以强化其正效应或削减其负效应,创造保障行车安全的良好条件,减少铁路灾害的发生。

1. 环境因素分类

影响运输安全的条件包括内部小环境和外部大环境两部分,如图5-11所示。

影响运输安全的外部环境包括自然环境和社会环境。自然环境是指自然界提供的、人类一时难以改变的生产环境。自然环境对运输安全的影响很大,铁路线路暴露在大自然中,经常遭受洪水、暴雨、风沙、泥石流以及地震等自然灾害的威胁。在各种自然灾害中,最常见的是暴雨、洪水,严重影响运输安全,危害极大。此外,气候因素(风、雨、雷、电、雾、雪、冰等)、季节因素(春、夏、秋、冬)、时间因素(白天、黑夜)以及铁路沿线的地形地貌等也是不容忽视的灾害致因。社会环境包括社会的政治环境、经济环境、管理环境、法律环境以及社会风气、家庭环境等等,它们对铁路运输安全均有不同程度的影响,较为直接的是铁路沿线治安和站车秩序情况。

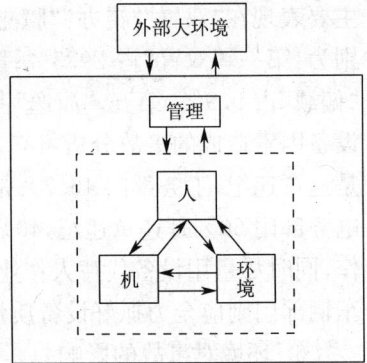

图 5-11　铁路运输人-机-环境

影响运输安全的环境因素如图 5-12 所示。

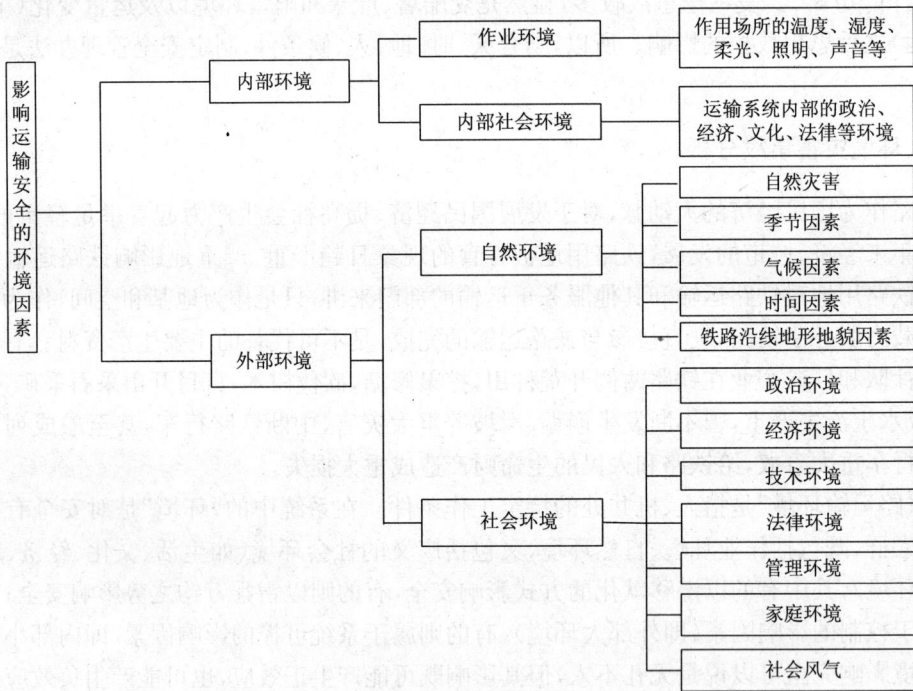

图 5-12　影响运输安全的环境因素

## 2. 自然环境因素的分析

铁路是一个超大型企业,其生产过程是在全国纵横交错的铁路网上进行的。铁路线网分布点面广,而我国灾害种类繁多,特别是地质灾害等,时刻威胁着铁路运输的安全。我国铁路有 1/4 以上的铁路建设在地震烈度区。铁路沿线分布有大型泥石流沟 13 486 条,大中型滑坡

1 000多个,崩塌1 000多处,严重塌陷3 785处,至少有20多条铁路、1 200多千米线路、60多个车站受到过这些灾害的严重威胁。除了历次强烈地震破坏铁路设施,造成列车出轨等灾害事故外,新中国成立以来,仅地质灾害就造成重大铁路事故2 250多起,累计中断行车5万小时以上,由此造成的铁路设施的破坏和运输中断的损失是惊人的。

我国地域十分广阔,地形和气候条件多种多样。铁路中很大一部分是山区铁路,约占铁路总运营里程的66%。在各种地形条件的铁路线路中,山区铁路因具有坡道大、弯道多、隧道密、桥梁多的特点,行车条件较差。除此之外,不少铁路还分布在沙漠地带和多风、多雪、多雨、多雾、严寒、沙暴等恶劣的气候条件下,形成了很多对行车不利的因素。铁路的基本结构物是路基,因此,在铁路上,地质和其他自然灾害主要发生在路基路段。

(1)地表水对路基的有害作用

建立地表排水系统是用来防止路基过于潮湿而使路基发生破坏,防止路面底层上承载力降低以及防止地表水的冲蚀作用。在草原和半草原、半森林地区有雨水和融雪水可形成沿斜坡表面的径流,侵蚀表层上及其下面的松散岩石而逐渐形成冲沟。某些不合适的人类活动,如砍伐森林,毁坏草皮,盲目地开发和利用土地,在斜坡上放牧,道路附近地表排水设施的设计和修筑不合理等等,均能够在相当大的程度上促使冲沟形成。在许多地区,冲沟发展的速度相当快,一个冲沟每年增加的长度可达10~15 cm或更长,在冲沟地区运营的线路,就经常会遇到由于冲沟的发展而破坏正在运营的线路。

(2)道路滑坡的有害作用

在山区修建的铁路,常常会遇到崩塌、落石、滑坡、塌陷、泥石流等山体或边坡变形现象,其中,滑坡往往是变形规模大、数量多、危害严重、性质比较复杂而且难以整治的危害之一。滑坡对铁路的危害是非常严重的,宝成线、宝天线、鹰厦线、成昆线、贵昆线等均是滑坡危害情况比较严重的几条铁路线,西南和西北地区的大多数铁路遭受滑坡的危害也相当严重。

(3)翻浆冒泥的有害作用

路基道床是承受轨道载荷与列车载荷的基础,道床的技术状态直接影响着轨道结构技术状态的发挥,在中国的铁路线路上,翻浆冒泥较为普遍。有些新线铁路尚未交付运营,就已经出现了路基病害,给运营工作带来了很多困难。以某年为例,这一年全国铁路路基各种病害总长度为8 080 km,而其中翻浆冒泥长达1 008 km,约占病害总长度的12.5%,可见翻浆冒泥病害的严重性。

(4)泥石流的危害

泥石流是含有固体物质(泥、沙、石)的山洪。它的形成必须具备三个基本条件,而陡峻的地形,有丰富而松散的固体物质和足够的水。泥石流往往突然爆发,运动速度和能量场很大,其破坏性特别明显,对铁路的危害相当严重。

泥石流对铁路的危害程度同泥石流的性质、类型、强度、规模、发育阶段等活动特征,同泥石流发生部位,以及铁路工程的状态等因素有关。如果铁路的位置与防治工程能够同泥石流相制衡,一般情况下,铁路不会遭受危害。反之,则会不同程度地受其危害,甚至会摧毁铁路及其附属建筑物。

泥石流淤埋铁路或其建筑物,使它们失去作用或缩短其使用年限是目前危害最多、危害程度最严重的现象之一。中国铁路如成昆线、宝成线、鹰厦线、阳安线、襄渝线、包兰线、兰青线和兰新线等主要干线以及很多支线与专用线均有这种危害发生。

（5）雪灾的危害

在冬季积雪的山区,雪灾是最常见和最可怕的自然现象之一。在我国北部边缘地区,冬季长达5～8个月,严寒伴随着降雪和风吹雪给运输工作带来很大的困难,随着线路上积雪层的发展,列车行驶阻力相应地增大,这就使得机车的热能和电能消耗量增大,造成列车晚点。在长大坡道上的积雪是最不利的,在这种地段上,行驶阻力的增大会造成停车事故。此外,车站上的积雪常使列车启动困难。积雪发生在道岔处特别有害,尖轨与基本轨之间的积雪使得尖轨转换困难,并可能造成尖轨与基本轨不密贴。辙岔和护轨沟槽中挤进紧密的雪之后,可能成为螺栓折断和列车脱轨的原因。路基上的沉雪还会使交通情况恶化,行车速度降低,燃料超量消耗,机车磨损加快。路面结冰更会危及行车安全。

（6）风沙的危害

当铁路穿越大风戈壁地区时,列车常受到巨大的侧向风力作用,严重地威胁着行车的安全。在中国的新疆,各主要风口的平均风速达4.0～6.4 m/s,其中,达坂城5月份平均风速为7.3 m/s,瞬间最大风速达40 m/s以上,全年8级以上的大风日数为161天。2000年来,仅在新疆境内的兰新铁路和南疆铁路上,就发生过13起大风吹翻列车的事故,共倾覆车辆79辆,其中多数为空棚车。

在沙漠地区修筑的铁路面临着沙害问题。在风沙流的作用下,路基常受到沙埋和风蚀的威胁,而机车、车辆及通信信号等设备可能遭到磨蚀,其中以沙埋对铁路的危害最为严重。沙尘在沙流中因摩擦常产生静电,会对通讯产生干扰。中国包兰铁路的运营经验表明,在积沙地区,当风力超过6级时,风沙流中所产生的静电就会对通信产生干扰,在兰新铁路所穿越的戈壁地区,风沙流可使通信线的电压升至700～800 V,使通信状况恶化,并给通信线的检修带来困难。此外,沙尘常显著地降低空气的能见度,信号不能清晰地显示,有时候会造成停车或缓行事故。

（7）地震危害

我国地震活跃区约占全国面积的10%,同时近10%的铁路路线穿过地震危害地区。地震作用造成的灾害中地震重力作用是最普遍的破坏方式。有的破坏是由地震作用直接引起的,有的则是由于在地震过程中发生的烧毁枕木的火灾所引起的。

地震危害具有突发性和难以预测性,频度较高并产生严重次生灾害,对社会也会产生很大影响。地震危害程度受震级、震中距、震源深度、发震时间、发震地点、地震类型、地质条件、建筑物抗震性能、地区人口密度、经济发展程度和社会文明程度等自然因素和社会因素影响。地震灾害在一定程度上是可以预防的,地震灾害造成的损害是可以减缓的,综合防御工作做好了可以最大程度地减轻自然灾害。

## ? 复习思考题

1. 事故有哪几种典型特征?
2. 铁路道口事故发生的主要原因是什么?
3. 应如何预防铁路道口事故的发生?
4. 铁路运输事故的形成主要有哪几方面的原因?
5. 简述流行病学事故模型中的黑田模型。
6. 简述人为失误一般模型。
7. 简述复杂动态系统事故模型的主要思想。
8. 谈谈你对列车事故形成原因、预防措施的看法。

# 第六章　铁路运输安全基础技术

由于受内部、外部原因和偶然因素、随机因素作用,事故种类繁多,而且造成的损害也比较复杂。对轮轨铁路事故研究的角度多种多样,研究方法也各有特点。本章从铁路运输安全保障共性出发,阐述相关技术。

## 第一节　防冲突技术

### 一、冲突分类及典型事故

列车冲突是指两列火车之间发生碰撞冲突或列车与行车障碍物之间的碰撞冲突,列车碰撞冲突时释放出巨大能量,其破坏作用巨大。列车冲突事故往往会造成车辆部分或全部损坏,线路和所运货物损坏以及人员伤亡。

列车冲突一般有四种形式:对开列车冲突;运行中的列车与前面行驶或停留的列车冲突;列车与行车障碍物(汽车和超出限界的零件和结构)冲突;调车作业中的冲突。对开列车的正面冲突是最危险的。若为 A、B 两列车相冲突,其冲突有三种类型:第一类是进站列车 A 失误,与站内停车 B 相撞,A 车的具体失误形式见表 6-1;第二类是站内列车 B 失误,与进站列车 A 相撞,B 车的具体失误形式见表 6-2;第三类是 B 车侵占 A 车路线与正常运行列车 A 相撞,事故形式见表 6-3。

表 6-1　进站列车事故分析

| 进站列车 A 的失误 | 示　意　图 |
|---|---|
| (1)信号应显示红灯,却升级显示绿灯,A 车与站内停车 B 冲突 | |
| (2)信号显示正确,但行车人员错办进路,应进Ⅱ道却放进Ⅰ道,与站内停车 B 冲突 | |
| (3)信号显示红灯正确,但 A 车来不及或未施制动,冒进信号,与 B 车相撞 | |
| (4)信号机发生故障,无信号显示,A 车不知机外等待引导,冒进信号,与 B 车相撞 | |

注:×表示两车冲突;　——→ 表示列车正在前进;　--→ 表示列车本应停止,但仍在前进;　●表示正在显示的信号灯,下同。

表 6-2　站内列车失误分析

| 站内列车 B 的失误 | 示 意 图 |
| --- | --- |
| (1)B 车应 Ⅱ 道停车,但因信号升级显示绿灯,B 车与 A 车冲突 | |
| (2)B 车信号显示正确,但错办出路,与 A 车冲突 | |
| (3)B 车信号显示红灯正确,但 B 车来不及或未施制动,冲突信号与 A 车冲突 | |

表 6-3　B 车障碍 A 车正常运行分析

| B 车挡 A 车路线 | 示 意 图 |
| --- | --- |
| (1)B 车尾部压道岔,A 车与之相撞 | |
| (2)B 车因故途停,A 车尾随,与之相撞 | |
| (3)B 车脱轨侵入邻线,A 车与之相撞 | |

## 二、冲突致因及防冲突技术

从上面分析可以看出,在列车冲突事故致因中,一方面是人的因素,另一方面是设备故障,其中人的因素在 80％以上。

1. 人的因素及措施

(1)铁路工作人员失误,包括列车操纵人员失误(例如司机打瞌睡、车长失职等)、调度指挥人员失误(例如调度命令错误、值班员失误等)、行车作业人员失误(例如扳道员失误、调车员失误等)。

(2)非铁路工作人员肇事,如破坏列车制动系统,关闭折角塞门、拔掉闸瓦钎等。

对工作人员加强教育、培训和管理可以最大限度地减少人为因素造成的事故发生的频度。

2. 设备故障及防冲突技术

设备故障主要有列车故障、制动系统故障、信号故障、道岔故障及线路故障等。

建立列车运行调整的数学模型,模型中要真实地反映出赶点和缓行的实际调度手法。在优化目标中尽可能考虑铁路现场所追求的多种目标,并综合考虑正点率、列车区间运行时分波动偏差、货物列车运行速度等三项指标。除了常规的约束条件外,增加了列车最早出发、最晚到达期限约束,以反映列车的特殊要求。最早冲突优化方法是解决单线列车运行调整问题的核心内容,该方法首先生成松弛运行调整计划,再对松弛计划中的冲突进行选择,使最早冲突优先化解,松弛计划中的全部冲突得以序列化化解后获得阶段计划。鉴于一个冲突的化解方案可能影响到其他冲突的形式或存在与否,每次选择独立性最强的最早冲突优先化解的思想是行之有效的。

# 第二节　防脱轨与颠覆技术

## 一、脱轨与颠覆机理

列车脱轨会给人民生命财产造成重大损害。国际上列车脱轨事故时有报道。1997 年我国铁路提速以后,货物列车脱轨有上升趋势;近十几年来,脱轨事故在我国铁路行车重大、大事故中的比率居高不下。列车脱轨问题在国际上已研究了 100 多年,但由于此问题的复杂性及其研究的困难性,致使此问题仍未得到很好的解决。实际脱轨事故的原因往往难以查明,甚至连评判脱轨的准则还存在一些问题。实际上,脱轨是铁路运输系统中典型而复杂的动力学问题,是列车与轨道(或桥梁)动态相互作用失常的结果,对脱轨问题的研究从来就是铁路运输系统研究中的重大基础课题,是一个综合性很强的多学科交叉研究领域,它涵盖了结构动力学、运动稳定性理论、结构稳定理论、车辆动力学、轨道动力学、桥梁工程学、轮轨相互作用理论、数值计算方法、现代控制理论等学利,属世界性难题。研究列车脱轨,具有重要的理论意义、经济效益和社会价值。

脱轨通常分为爬轨脱轨、挤轨脱轨、跳轨脱轨三种形式。爬轨脱轨是由于车轮与钢轨间的摩擦系数较大等原因,脱轨系数特别大,车轮轮缘滚上钢轨而发生的现象。挤轨脱轨则相反,当摩擦系数小时,由于大的横向力作用在车轮上,车轮轮缘滑移到钢轨上而发生的脱轨。跳轨脱轨是指由于冲击引起的垂向力减小,而横向力急剧增加,车轮冲撞钢轨,导致脱轨。

颠覆是指由于某种原因,如大的侧向风力,或者由于车辆通过曲线时超速引起的巨大离心力,车体上承受巨大的横向力,只有一侧的车轮在钢轨上承受载荷,另一侧车轮被抬起,当超过稳定极限,车辆会发生向一侧倾覆的现象。

这样看来,脱轨与颠覆是不同的现象,防止对策也应分别考虑。

### 1. 脱轨安全性

如图 6-1 所示,车轮轮缘在爬上钢轨的过程中,如果切向力 $T_y$ 小于法向力 $N$ 与摩擦系数 $\mu$ 的乘积,则车轮不会被推上钢轨,即如果 $T_y \leqslant \mu N$,则不会发生脱轨。设轮缘角为 $\alpha$,轮轨横向力 $Q$、垂向力 $P$ 分别由下式给出:

$$Q = N\sin\alpha - T_y\cos\alpha \qquad (6-1)$$

$$P = N\cos\alpha + T_y\sin\alpha \qquad (6-2)$$

由式(6-1)、(6-2)可导出:

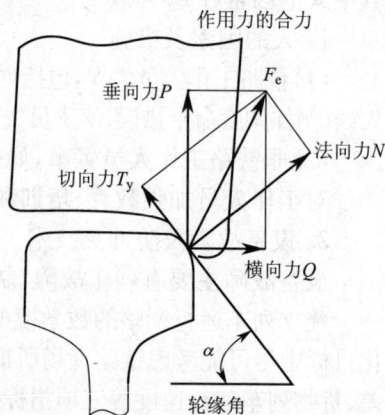

图 6-1　脱轨时轮/轨间的作用力

$$\frac{Q}{P} \leqslant \frac{\tan\alpha + \mu}{1 + \mu\tan\alpha} \tag{6-3}$$

将这时的脱轨系数称为临界脱轨系数$(Q/P)_{cr}$。

挤轨脱轨时,符号相反。

$$\frac{Q}{P} \leqslant \frac{\tan\alpha + \mu}{1 - \mu\tan\alpha} \tag{6-4}$$

正如公式中明确的那样,轮缘角$\alpha$越大,临界脱轨系数就越大。爬轨脱轨时,摩擦系数$\mu$小时,临界脱轨系数大;但挤轨脱轨时,$\mu$值越大,临界脱轨系数就越大,难以脱轨。

对于通常采用轮缘角为$60°$的车轮,设$\mu = 0.3$,对于爬轨脱轨,临界脱轨系数$(Q/P)_{cr}$为0.94,通常用0.8作为临界目标值;当轮缘角为$65°$时,$(Q/P)_{cr}$为1.12,目标值为0.95;轮缘角为$70°$时,$(Q/P)_{cr}$为1.34,目标值为1.14。图6-2为摩擦系数改变时临界脱轨系数值的变化情况。从图中还可以看出,除摩擦系数极低的情形外,挤轨脱轨系数的极限值大,通常难以发生挤轨脱轨。

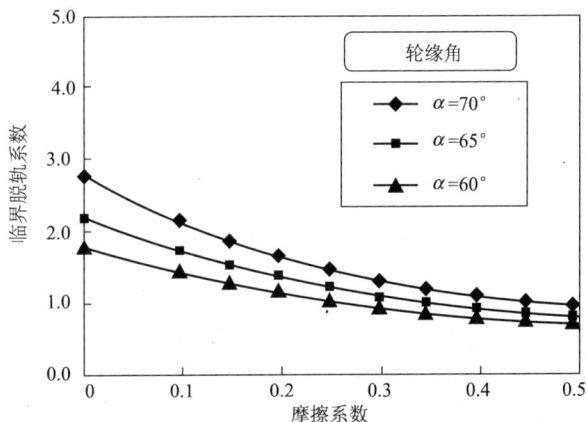

(a) 临界脱轨系数(爬轨脱轨)

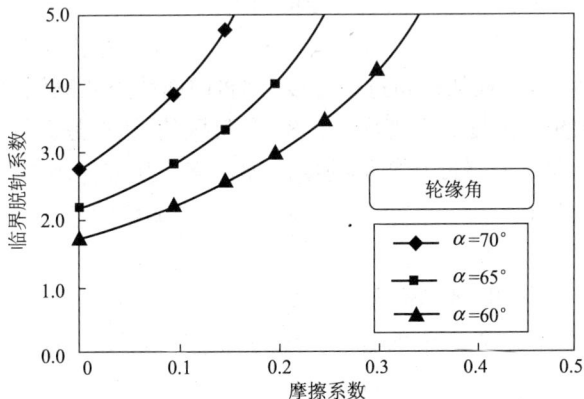

(b) 临界脱轨系数(挤轨脱轨)

图 6-2　临界脱轨系数与轮缘角、摩擦系数的关系

实际上如图 6-1 所示,由于钢轨、车轮的磨耗,接触角度时刻变化,摩擦系数也同样时刻改变,所以,实际的脱轨极限值较为复杂。

## 2. 颠覆安全性

### (1)曲线通过与颠覆现象

颠覆是由于强大的横向风力及离心力等横向力作用在车体上时,车辆朝一侧倾倒的现象,是否会发生颠覆的极限,根据施加在车辆重心上的重力与横向力合力的方向,是否指向轨距内侧来决定。也就是说,合力的方向如果从轨距内侧趋向于外侧,则可能会在该方向上发生侧滚。因此,颠覆的安全极限为该合力正好通过钢轨上时的分力,如图 6-3 所示。

图 6-4 为在外轨超高的曲线段,缓慢地提高曲线通过速度时,离心加速度 $a_y$、外轨超高不足 $C_d$、内轨侧、外轨侧轮重 $p_i$、$p_o$、离心率 $\varepsilon$ 的计算实例。离心率是表示作用在车辆重心上的合力指向轨距部分的指标。$\varepsilon=0$ 时,合力指向轨距中央(车辆的正下面)方向;$\varepsilon=0.5$ 时,合力指向钢轨上,这时成为颠覆极限。将 $D=2\varepsilon$ 称为颠覆危险率。目前多数情况下采用该值。如图 6-4 所示,随着曲线通过速度的增加,曲线外轨超高不足,离心加速度呈二次曲线增加,在该曲线段通过速度为 60 km/h 时,外轨超高不足为 0,离心加速度和离心率均

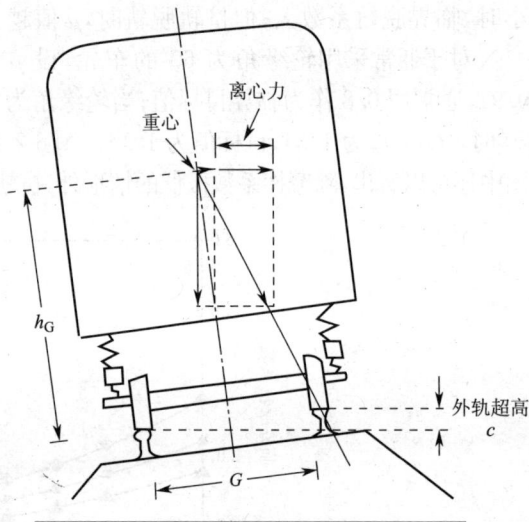

图 6-3　通过曲线段的列车上作用力
（朝外侧颠覆极限）

为 0,内、外轨轮重相等,均为 40 kN,该速度是均衡速度。外轨超高不足等随速度增加有所增加,内轨侧的轮重减少,如果速度为 120 km/h 左右,离心率为极限的 0.5,内轨侧轮重为 0,全部载荷由外轨侧车轮承受,车辆如果超过该速度,则将向曲线外侧颠倒。这时的离心加速度接近于 $0.3g$。通常,从乘坐舒适度方面考虑,$0.08g$ 为极限值(该曲线段通过速度为 80 km/h 左右),所以,颠覆极限速度产生超过其 3 倍的横向加速度。从其他观点来看,对于车体宽度较小、轮距狭窄的铁道车辆,在 $0.3g$ 左右的横向加速度下有颠覆的危险性。

### (2)颠覆临界速度的计算方法

如不考虑车辆的弹簧作用,将车辆视为刚体,则可以简单地求出临界速度 $v$。如设轨距为 $G$、外轨超高为 $c$、曲线半径为 $R$、车辆的重心高度为 $h_G$、重力加速度为 $g$,则由下式:

$$\frac{G}{2h_G}=\frac{v^2}{R \cdot g}-\frac{c}{G} \tag{6-5}$$

可求出

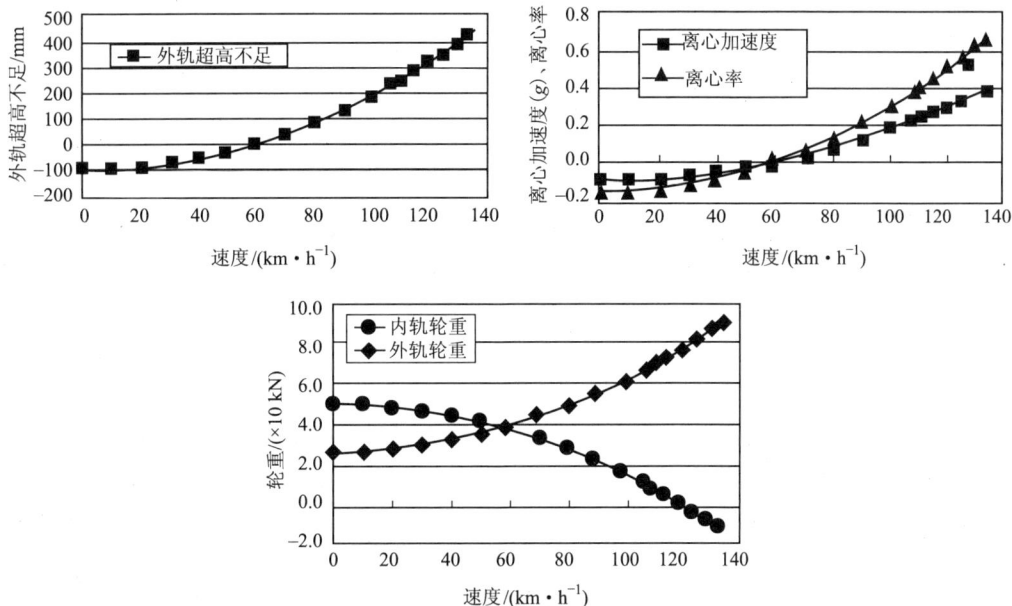

图 6-4　对于曲线通过速度的颠覆安全性验算实例

$$v=\sqrt{\left(\frac{c}{G}+\frac{G}{2h_{G}}\right)\cdot R\cdot g} \tag{6-6}$$

考虑弹簧的作用及车辆振动的公式，采用考虑了强横向风力的"国枝公式"。该公式中，作为颠覆的危险率按以下的规定：

$$D=\frac{2h_{G}^{*}}{G}\left(\frac{v^{2}}{R\cdot g}-\frac{c}{G}\right)+\frac{2h_{G}^{*}}{G}\left(1-\frac{\mu}{1+\mu}\cdot\frac{h_{GT}}{h_{G}^{*}}\right)\cdot\frac{a_{y}}{g}+\frac{h_{BC}^{*}\rho\cdot\mu^{2}\cdot S\cdot C_{D}}{m\cdot g\cdot G} \tag{6-8}$$

该式的第 1 项表示离心力；第 2 项表示车体振动惯性力；第 3 项表示由于强横向风产生的影响。其中 $h_{G}^{*}$ 是考虑了车辆的弹簧系的车辆重心的有效高度；$h_{GT}$ 是转向架的重心高度；$\mu$ 是车体与转向架的质量比；$a_{y}$ 是车体的横向振动加速度。关于轨距的正确测定，是取轮/轨接触点的间隔。

式(6-8)中，如 $D=1$，省略第 2 项、第 3 项，则所求颠覆临界速度式与式(6-7)相同。不过，由于考虑弹簧挠度的影响，通常，$h_{G}^{*}=1.25h_{G}$，使重心高度增加 25%，这是在颠覆极限中考虑了使用制动器等情况，接近于实际状态。

**二、预防列车脱轨措施及预防脱轨标准的制定方法**

引起脱轨的原因很多，主要是不明原因的脱轨及非不明原因的脱轨。下面主要阐明预防不明原因脱轨的措施及预防不明原因脱轨标准的制定方法。

从列车脱轨能量随机分析理论知,防止列车脱轨的根本原理是:保证此系统横向振动极限抗力做功 $\sigma_c$。在设计车速以内始终大于可能输入此系统横向振动的最大能量 $\sigma_{p,max}$;制定抗脱轨安全系数 $N$,以考虑测试和计算误差引起的不安全性。凡提高 $\sigma_c$、降低 $\sigma_{p,max}$,或只提高 $\sigma_c$,或只降低 $\sigma_{p,max}$ 等方法都是预防列车脱轨的措施。在这些措施的基础上提出制定预防脱轨标准的方法。

1. 预防不明原因列车脱轨的措施

由计算可知:降低车辆一系弹簧的横向刚度,可提高此系统横向振动极限抗力做功 $\sigma_c$。其物理概念是:一系弹簧的横向刚度降低了,通过一系弹簧传给车体的轮轨相互作用力减少了,车体横向振动响应降低了。因此,在一系弹簧横向刚度降低的情况下,必须输入更大的横向振动能量,才可能造成列车脱轨,这样促成 $\sigma_c$ 的提高。

由计算可知:①提高轨道结构刚度及道床横向阻力,促使列车—轨道系统横向振动极限抗力做功 $\sigma_c$ 提高;②提高桥梁横向、竖向刚度,使列车—桥梁系统横向振动极限抗力做功 $\sigma_c$ 提高。提高桥梁竖向刚度,减少了车辆的侧滚振动,所以亦提高 $\sigma_c$。

由计算可知:改善轨道不平顺,对 $\sigma_c$ 的提高甚微,但降低了输入此系统横向振动的能量 $\sigma_p$。故在大量车辆不能改造的条件下,改善轨道不平顺是预防脱轨的有效措施。这种说法与前述轨道不平顺是引起此系统横向振动的主因的认识并不矛盾,这种认识是在车辆、车速、轨道都不变的条件下,评价轮轨接触状态对此系统横向振动的影响;而这种说法是其他因素都固定,只变化轨道不平顺来观察其对构架蛇行波标准差的影响。

在上述各种措施均不能实行的情况下,可在车辆上设置脱轨预警器来防止脱轨。因为由计算可知,引起脱轨的最大输入能量 $\sigma_{p,max}$ 比有限次实测和统计出的具有99%概率的输入能量 $\sigma_p$ 大得多;其次,实践证明,列车发生脱轨的概率非常小,即最大输入能量 $\sigma_{p,max}$ 发生的概率很小。所以,只要司机及时发觉 $\sigma_{p,max}$ 接近此系统最小抗力做功 $\sigma_c$,立即减速运行,就可防止脱轨事故的发生。像这类警告司机及时减速的仪器有车辆脱轨预警器。

2. 预防不明原因脱轨标准的制定方法

上述预防脱轨的各种措施都是保证在设计车速以下的此系统极限抗力做功 $\sigma_c$ 大于可能输入此系统横向振动的最大能量 $\sigma_{p,max}$ 所以都体现这种能力。其次,从评判列车是否脱轨的能量增量准则式的演证过程知,保证 $v_r$ 车速下 $\sigma_{cr}$ 大于 $\sigma_{pr,max}$ 的条件是 $\sigma_{cr}$ 增量 $\Delta\sigma_{cr}$ 大于等于 $\sigma_{pr}$($v_r$ 车速下有限次实测和统计的输入能量)的增量 $\Delta\sigma_{pr}$。因此,预防脱轨标准必须出自列车不脱轨准则 $\Delta\sigma_{cr} \geqslant \Delta\sigma_{pr}$。

新设计车辆的特性可以考虑预防脱轨,但我国已有的几十万车辆的特性很难改造,因此,线路上预防脱轨主要靠改善轨道不平顺,桥梁上预防脱轨主要靠提高桥梁横向刚度。所以,由判断不脱轨准则($\Delta\sigma_{cr} \geqslant \Delta\sigma_{pr}$)导出预防脱轨标准的方法因线路和桥梁而异。

(1)预防桥上列车脱轨标准的制定方法

首先,由于 $\Delta\sigma_{cr} = \sigma_{cr} - \sigma_{c0}$($\sigma_{cr}$ 及 $\sigma_{c0}$ 分别为车速 $v_r$ 与 $v_0$ 脱轨时的车桥系统横向振动抗力

做功），在车辆一定的条件下，由计算可知，$\sigma_{cr}$ 及 $\sigma_{c0}$ 决定于桥梁刚度，特别是横向刚度，所以 $\Delta\sigma_{cr}$ 的提高决定于桥梁刚度的提高。其次，由于 $\Delta\sigma_{pr}=\sigma_{pr}-\sigma_{p0}$（$\sigma_{pr}$ 及 $\sigma_{p0}$ 分别为车速 $v_r$ 与 $v_0$ 不脱轨的车辆构架蛇行波具有 99% 概率的标准差），而 $\sigma_{pr}$ 及 $\sigma_{p0}$ 是线路上实测和统计的结果，因此，在车辆、线路等级均一定的条件下，$\Delta\sigma_{pr}$ 只随车速变化，与桥梁无关（因为桥梁是线路的延续，故列车通过桥梁时，输入此系统的可能最大能量 $\sigma_{p,max}$ 与在线路上的相同）。这样，由判断不脱轨准则（$\Delta\sigma_{cr}\geqslant\Delta\sigma_{pr}$）制定防止桥上列车脱轨标准的方法如下：

设 $\Delta\sigma_{cr}$ 的计算结果偏大 10%，$\Delta\sigma_{pr}$ 的测试和统计结果偏小 10%，则得出具有误差系数 $n$ 的预防脱轨条件为：

$$0.9\Delta\sigma_{cr}\geqslant1.1\Delta\sigma_{pr} \tag{6-8}$$

即

$$\Delta\sigma_{cr}\geqslant\frac{1.1}{0.9}\Delta\sigma_{pr}$$

写成

$$\Delta\sigma_{cr}\geqslant n\Delta\sigma_{pr} \tag{6-9}$$

式中　$n$——考虑测试及计算误差的系数，取 $n=1.23$。

（2）确定控制桥梁横向刚度的主要参数

桁梁的横向刚度主要决定于两片主桁架的间距 $B$（简称为桁梁宽度），其竖向刚度主要决定于桁梁高度 $H$。$B$ 的变化对桁梁横向刚度的影响非常大，对其竖向刚度几乎无影响。这样，控制桁梁横向刚度的主要参数是桁宽 $B$，但在计算所需要的 $B$ 时，须保证桁梁竖向刚度。

闭口箱形梁宽度 $B$ 的变化不但影响箱梁的横向刚度，而且影响箱梁的竖向刚度及其扭转刚度。同样，梁高 $H$ 的变化不但影响箱梁的竖向刚度，亦影响其横向刚度和扭转刚度。闭口箱梁的扭转刚度主要决定于箱梁横截面周边围成的面积 $BH$。这样，控制闭口箱梁刚度的主要参数为 $BH$。开口箱梁的扭转刚度不决定于 $BH$，但其 $B$ 和 $H$ 的变化都影响其横向和竖向刚度。不过，其 $B$ 的变化主要影响其横向刚度，故在变化 $B$ 来分析桥梁的横向刚度时要考虑 $B$ 对其竖向刚度的影响。这种影响会引起车辆侧滚振动，而侧滚振动影响车桥系统横向振动，所以，取 $B$ 作为控制开口箱梁与列车系统横向振动抗力做功 $\sigma_c$ 的主要参数时，要考虑 $B$ 的变化（梁高 $H$ 不变）对梁横向、竖向和扭转刚度的影响。

预应力混凝土双 T 形梁是顶、底板都开口的箱形梁，故在取 $B$（两 T 形梁腹板间距）作为控制列车桥梁系统横向振动抗力做功 $\sigma_c$ 的主要参数时，同样要考虑 $B$ 的变化（梁高 $H$ 不变）对梁横向、竖向和扭转刚度的影响。

查出桥梁设计车速 $v_r$ 及其相邻车速 $v_0$ 下的此系统不脱轨时的输入能量 $\sigma_{pr}$ 和 $\sigma_{p0}$，再计算出 $v_r$ 时此系统不脱轨的输入能量增量 $\Delta\sigma_{pr}=\sigma_{pr}-\sigma_{p0}$。

假定控制桥梁横向刚度主要参数为 $B_1$，分别计算桥梁在设计车速 $v_r$ 和其相邻车速 $v_0$ 下的此系统横向振动极限抗力做功 $\sigma_{crB1}$ 和 $\sigma_{c0B1}$，再计算出 $v_r$ 车速下此系统横向振动抗力做功增量 $\Delta\sigma_{crB1}=\sigma_{crB1}-\sigma_{c0B1}$，将 $\Delta\sigma_{crB1}$ 及 $\Delta\sigma_{pr}$ 代入式（6-9），看 $\Delta\sigma_{crB1}$ 是否满足预防桥上列车脱轨条件。

若不满足，即 $\Delta\sigma_{crB1}<1.23\Delta\sigma_{pr}$，再取比 $B_1$ 更大一点的桥宽 $B_2$，重复上述计算，得出 $\Delta\sigma_{crB2}$。若 $\Delta\sigma_{crB2}>1.23\Delta\sigma_{pr}$，则设桥宽为 $B_3$ 时的 $\Delta\sigma_{crB3}=1.23\Delta\sigma_{pr}(B_3-B_1)/(B_2-B_3)$ 应近似等 $(1.23\Delta\sigma_{pr}-\Delta\sigma_{crB1}):(\Delta\sigma_{crB2}-1.23\Delta\sigma_{pr})$，由此求出

$$B_3=\frac{B_1(\Delta\sigma_{crB2}-1.23\Delta\sigma_{pr})+B_2(1.23\Delta\sigma_{pr}-\Delta\sigma_{crB1})}{\Delta\sigma_{prB2}-\Delta\sigma_{prB1}} \tag{6-10}$$

由式(6-10)求出的 $B_3$ 就是桥梁在设计车速 $v_r$ 下的容许最小宽度，以 $[B]$ 表示，$[B]$ 除以桥梁跨度 $L$，则得出预防脱轨的桥梁横向刚度限值—容许宽跨比 $\left[\dfrac{B}{L}\right]$。当控制桥梁横向刚度的主要参数为 $BH$ 时，变化 $B$，保持 $H$ 不变，按上述思想求出桥梁横向刚度限值 $\left[\dfrac{B}{L}\right]$。

(3)预防线路上列车脱轨标准的制定方法

导致线路上列车脱轨的因素很多，分不清哪个因素起主要作用，因此线路上预防脱轨的标准只能是式(6-9)，即为 $\Delta\sigma_{cr}\geqslant n\Delta\sigma_{pr}$。但此式的应用不像在桥梁上的应用那么单纯，其应用需注意以下几点：①要在预防脱轨线路上找出可能最小的车轨系统横向振动抗力做功增量 $\Delta\sigma_{cr,min}$ 及可能最大的输入能量增量 $\Delta\sigma_{cr,max}$；②将预防脱轨的线路按直线和曲线及轨道不平顺的好坏分成若干区段，查清各区段的轨道不平顺状态、道床横向刚度大小及道床竖向刚度系数大小；③计算各区段与几种不利车型和编组系统在各种车速 $v_r$ 下的横向振动极限抗力做功 $\sigma_{cr}$，建立 $\sigma_{cr}-v_r$ 曲线及抗力做功增量 $\Delta\sigma_{cr}$ 与车速 $v_r$ 的关系曲线；④进行最不利车型、编组与轨道系统在各种车速下的有限次振动试验，测试并统计出各区段车辆构架蛇行波具有99%概率的标准差 $\sigma_{pr}$，建立各区段输入能量 $\sigma_{pr}$ 与车速 $v_r$ 曲线及乘以安全系数 $n$ 的各区段输入能量增量 $n\Delta\sigma_{pr}$ 与车速 $v_r$ 的关系曲线；⑤从各区段找出 $\Delta\sigma_{cr}-v_r$ 曲线与 $n\Delta\sigma_{pr}-v_r$ 曲线交点对应的车速就是各区段预防列车脱轨的极限车速 $v_L$，所有各区段极限车速的最小者 $v_{L,min}$ 就是该预防脱轨线路的极限车速，与 $v_{L,min}$ 对应的 $\Delta\sigma_{cr}$ 就是该线路车轨系统横向振动最小抗力做功增量 $\Delta\sigma_{cr,min}$，就是该线路预防脱轨的标准。

(4)列车-轨道(桥梁)系统抗脱轨安全系数 $N$ 的计算

因为 $\Delta\sigma_{cr}\geqslant\Delta\sigma_{pr}$ 时，列车都不会脱轨，故 $n=\dfrac{\Delta\sigma_{cr}}{\Delta\sigma_{pr}}=1.23$ 不是抗脱轨安全系数，只是用来粗略消除测试、计算误差。只在明确列车不会脱轨条件下，计算列车-轨道(桥梁)系统抗脱轨安全系数 $N$，才有实际意义。因为结构安全系数 $N$ 是结构抗力与荷载的比值，根据列车不脱轨条件，抗脱轨安全系数 $N$ 为 $\sigma_c$ 与 $\sigma_{p,max}$ 之比。当未明确列车是否脱轨时，$\sigma_{p,max}$ 无法确定。在已明确列车不会脱轨条件下，$v_r$ 车速下有限次行车试验统计出的具有99%概率的标准差 $\sigma_{pr}$，就是相应车速 $v_r$ 下输入此系统横向振动最大能量 $\sigma_{pr,max}$(相对意义下的输入能量)，就可算出 $N=\dfrac{\sigma_{cr}}{\sigma_{pr}}$。再考虑 $\sigma_{cr}$ 偏大10%，$\sigma_{pr}$ 偏小10%，最后得出 $v_r$ 车速下抗脱轨安全系数

$$N=\frac{0.9\sigma_{cr}}{1.1\sigma_{pr}}=\frac{\sigma_{cr}}{1.23\sigma_{pr}} \tag{6-11}$$

3. 预防不明原因脱轨标准的特点

从上述预防不明原因脱轨标准的制定内容及过程可知,这些标准具有下列特点:

(1)明确的控制特性

因为式(6-8)来源于列车不脱轨、此系统横向振动不失稳的条件式,稳定振动状态能够持久,故只要满足了式(6-8),就可控制列车在设计车速以下不脱轨掉道。

(2)充分的理论根据

预防脱轨条件 $\Delta\sigma_{cr} \geqslant n\Delta\sigma_{pr}$ 来源于大量理论分析;预防不明原因脱轨的标准来源于大量计算结果。

(3)扎实的实践基础

此系统输入能量增量来源于车辆构架蛇行波的大量测试和统计;列车不脱轨条件 $\Delta\sigma_{cr} \geqslant \Delta\sigma_{pr}$ 及列车脱轨条件 $\Delta\sigma_{cr} < \Delta\sigma_{pr}$ 得到了 9 个列车脱轨实例和 12 个列车不脱轨实例的验证。因此,考虑测试和计算误差系数 $n$ 以后,预防脱轨条件 $\Delta\sigma_{cr} \geqslant n\Delta\sigma_{pr}$ 有扎实的实践基础。

(4)非不明原因脱轨的预防及脱轨报警器的构思

非不明原因脱轨指断轨、断轴、胀轨跑道等等引起的列车脱轨。防止脱轨研究有两个主要内容,其一是预防脱轨的发生,杜绝脱轨事故;其二是一旦车轮掉道了,列车司机及时发觉,即刻刹车,以避免脱轨事故扩大,给铁路造成更大损失。针对第二个研究内容,各铁路局迫切希望研制出列车车轮脱轨掉道报警器。课题组提出在列车每个转向架侧架的底边安置一铅垂探针,它与电子讯号机连通,并在正常行车情况下与轨道保持一定距离,当列车车轮脱轨掉道时,探针触及轨道,与之相连的讯号机就告知司机立即采取制动措施,以此达到脱轨报警的目的。

### 三、脱轨预防技术

引起脱轨的因素众多,且多是综合因素引起的,故必须对每一种脱轨因素均应提出预防对策。

1. 工务方面

(1)及时检查轨枕的完整性和扣件的松紧度。

(2)在曲线段上,当外轨头部侧向磨耗及其过超高时,空车极易被挤出。注意正确设置曲线超高,及时更换侧向磨耗过量钢轨。注意无缝线路外胀造成轨道扭曲、轨排外移有造成脱轨之可能。

(3)消除轨道中轨距、水平、高低、方向等引起的复合不平顺,尤其是在缓和曲线中三角坑的存在,会引起车轮增减载不均,加大了减载率,特别是空车对其更为"敏感",应避免"失控的"转向架爬轨。曲线宜定期涂油,既可减缓钢轨侧磨又可降低脱轨系数,对防止脱轨有积极的意义。

(4)对有脱轨史地段,应认真检查是否有路基翻浆、暗坑吊板等问题,如有应进行根治。

(5)轮缘与尖轨动力响应分析可知,降低轮缘与尖轨和基本轨侧边的摩擦系数,可控制空车失重转向架受挤时爬上尖轨端部。要求:①从尖轨尖端起 2~3 m 的基本轨侧边和类轨两端注意涂油;②当尖轨尖端的基本轨头部侧磨达 6 mm 时应及时更换;③消除尖轨(尖端)与基本轨之间的间隙,不得超过 2 mm;④不允许在 50 mm 及以外处的尖端截面低于基本轨 2 mm 以上。

(6)严格轨检制度。每年列车作用下钢轨折断可达数百起,少数未被发现者可能造成脱轨。

2. 车辆方面

(1)加强对车辆旁承检查和整修。车辆同一转向架左右旁承游间之和不能小于 2 mm 和对角压死,可减少车辆经过扭曲线路时对车轮减载率的影响,降低轮轨之间的摩擦力矩和侧向力,减少车轮脱轨系数。

(2)确保轮缘的整修质量。我国车辆轮缘角标准是 $69°12'6''$,一旦轮缘磨损,钢轨外倾,则侧磨加剧,使轮缘与钢轨接触角减小、增大了减载车轮的脱轨系数。故规定接触角一般在 $68°$~$70°$间。

(3)装配刚度小、挠度大的转向架。这样可使车辆通过曲线能适应线路扭曲、降低减载率。据广铁集团在曲线上 71 次试验数据,装配旧转 6 转向架的 $P_{60}$ 棚车第一轮对外轮产生悬浮占试验的 53%,而装配新转 8 转向架的 $P_{60}$ 棚车未发生悬浮现象。

3. 车务方面

(1)空重状态。空车比重车容易脱轨是由于空车时弹簧挠度较重车小,对线路扭曲适应能力较差。

(2)装载状态。货物装向一侧或一端偏移,会影响各车轮重新分配。如果减小或消除此影响,可降低 $\dfrac{\Delta P}{P}$,使之小于 0.06,增大安全可靠度。合理装载降低货物的装载重心,每降低 100 mm,则可减少偏载率 0.09%。

因此杜绝偏载、超载、集重,降低重心,认真按规定采用加固和防滑措施对安全重要意义。

4. 机务方面

不同速度对车辆脱轨有不同影响,特别是低速运行在小半径曲线的缓和曲线上的轻重混编的货物列车易引起悬浮脱轨。为此要严格操作规程,不得超速,在曲线、长大下坡道地段,应平稳操作,避免列车冲动。

# 第三节　防超载超限技术

## 一、超载超限的危害

由于装车不准、装载不匀或运行中货物移动等原因,铁路货车超载和偏载的情况常有发生。严重的超、偏载无论是对车辆本身的技术状态还是对列车的运行安全来说,都是一种直接的威胁,轻则弯梁、热轴,影响车辆寿命,重则断轴、爬轨,引起列车颠覆,我国铁路已有许多教训。因此,研制一种自动探测运行货车超、偏载的检测装置以防止车辆在超、偏载状态下运行,具有十分重要的意义,也是非常迫切的现实需求。

**二、超载超限检测原理**

应用微型计算机进行实时处理,技术先进,不仅能够检测车辆重量、判别超载车和偏载车,而且能够测出车辆运行速度、鉴别车型、数出列车中的车辆编挂辆数和计算出列车重量,功能多,用途广。

CPZ-1 型自动检测装置由轮重检测系统、车型鉴别系统、光电数车系统、微型计算机、微型打印机、直流稳压电源及来车音响和电源开关自动控制器七个部分组成,其结构框图如图 6-5 所示。线路上安装的附属装置包括轮重检测传感器、车型鉴别传感器和数车装置。

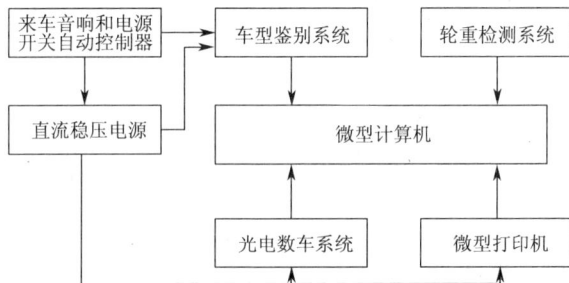

图 6-5 CPZ-1 型运行货车超、偏载自动检测装置结构框图

打开主机电源开关,来车音响和电源开关自动控制器以及轮重检测系统即处于准备状态。当列车到达检测地点前 150 m 时,来车音响和电源开关自动控制器工作,通知值班人员,列车到来并自动打开光电数车系统灯光电源和直流稳压电源,直流稳压电源给各部分电路供电,各部分进入工作准备状态,当列车进入检测地点时,光电数车系统、车型鉴别系统、轮重检侧系统和微型计算机进行工作,由微型计算机将输入的数车信号、车型信号和轮重信号进行运算和处理。全列车通过检测地点后,随即由打印机打出超、偏载检测结果,然后自动切断光电数车灯光和直流稳压电源,恢复初始状态。

1. 轮重检测

轮重检测系统采取轨腰剪切法。轮重传感器是采用钢轨轨腰部分直接粘贴电阻应变片的方式,32 个应变片组成 4 个测点通道的全桥电路,两侧钢轨对称布置,每侧两个测点,测点相距约 1 m。

轮重检测单通道电路如图 6-6 所示,其功能是将应变片电桥送来的轮重信息放大、检波和滤波,之后馈送给微型计算机集录和处理。

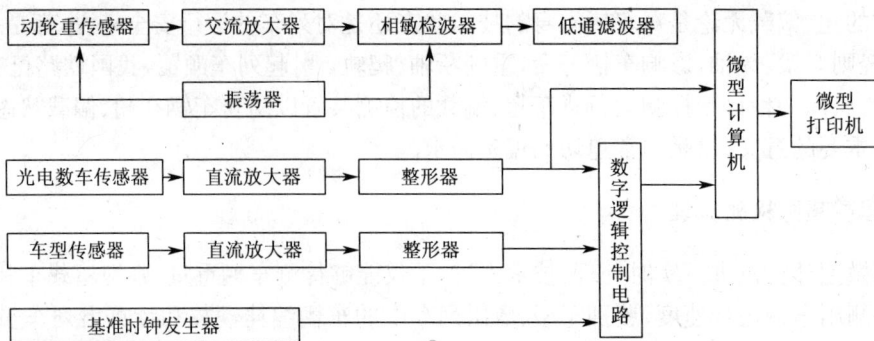

图 6-6　CPZ-1 型检测装置轮重检测、光电数车、车型鉴别电路方框图

### 2. 超载判别

微型计算机选录的是动轮重波形的最大值即峰值电压，取多测点动轮重波形峰值的算术平均数作为静轮重(电压量)，再乘上静标定系数即得静轮重的吨数，一辆四轴车 8 个车轮静轮重之和是车辆的总重，测得的车辆总重与车辆允许总重之差就是超载量。上述关系可用公式表示为：

$$W_超 = W_总 - W_{允总} = K \frac{\sum_{i=1}^{8m} U_{imax}}{m} - (W_自 + nW_载)\tag{6-12}$$

式中　$W_超$——车辆的超载量，t；

　　　$W_总$——实测车辆总重，t；

　　　$W_{允总}$——车辆允许总重，t；

　　　$K$——静标定系数，t/V；

　　　$m$——每侧钢轨的设置的测点数；

　　　$U_{imax}$——各车轮经过相应点时输出的峰值电压，V；

　　　$W_自$——车辆自重，t；

　　　$W_载$——车辆额定载重，t；

　　　$n$——各型车辆允许的超载系数。

### 3. 偏载判别

车辆偏载检测以防止车轮脱轨、保证运行安全为目的。车辆减载是引起脱轨的主要原因，常用减载率来衡量。车辆运行中的减载率包含着线路、车辆和装载状态等各种影响，偏载判别则主要针对装载状态，因此确定偏载车是以控制每个轮对的静轮重减载率$\frac{\Delta P}{P}$为依据的。

若同一轮对重则轮重为 $P_1$ 而轻侧轮重为 $P_2$，则减载率定义为

$$\frac{\Delta P}{P} = \frac{P_1 - P_2}{P_1 + P_2}\tag{6-13}$$

所测得的静轮重由微型计算机按上式运算后,若减载率超过规定限度时,则判定为偏载车。

### 三、超载超限检测技术

**1. 基于静态称重的检测方法**

固定式轨道衡测量方法只具有简单的静态称重功能,投资大且需要专门的称重地点,不能检测出偏载,而且由于安装要求和成本较高,无法大量采用,使应用受到很大的局限性。测偏载静态电子轨道衡克服了以往静态电子轨道衡只能对整车计量的缺点。如图 6-7 所示,它主要由称重台、限位机构、轨距保持机构和称重传感器组成。其特点是称重台是由 4 个独立的称体按田字形排列构成,这 4 个称体可共同测出整车的重量,而各称体又是独立的,因而对车辆的前端或后端、左侧或右侧、车辆某一角的重量偏差均可测得计量数据,在每个称体顶面上装有一条位于称体纵向中心线上与称体纵向等长的导轨;在各称体下方至少有内、外侧两对横向限位机构与基础连接,并至少有一对纵向限位机构与基础连接;在横向相邻两称体之间至少装有两个轨距保持机构,该轨距保持机构是由横向相邻两称体相对侧上的支座之间由一弹性钢板连接构成,可有效保证车辆在装载和移动过程中铁路轨道不致偏移和碰撞而影响计量。此装置的缺点是安装需要基坑,只能静态测量,工作效率较低。

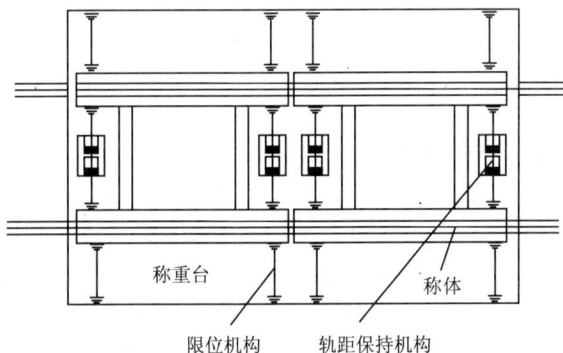

图 6-7　测偏载静态电子轨道衡

**2. 根据钢轨应力变化来间接测出轮重的测量方式**

这种方式根据力学原理,轨道的两根枕木及其上的钢轨相当于一根简支梁,轨枕相当于支点,当列车轮重加到钢轨上时,钢轨的横截面产生剪切力,此应力的大小与受到车轮的压力大小有关,由测出应力的大小,即可求出所受压力的大小。这种测量方式目前已经进入实用阶段。

(1)轨道称重传感装置

它是针对以往超偏载检测装置采用普通钢轨作弹性体,在钢轨上等距离设置普通传感器来采集信号,从而造成测量精度不高,不能满足计量要求的缺点而设计的。该装置由钢轨及设置在钢轨轨腰上的传感器构成,应用剪切应变原理及电桥测量原理,有效地采集钢轨在承载力作用产生的变形信号,可应用于动态称重、超偏载检测及动态电子轨道衡中用作传感装置。它由钢轨及设置在钢轨轨腰上的若干个传感器构成,其特征在于每条钢轨上设置 4 个以上的偶数个传感器,每个传感器由对称粘贴于钢轨轨腰两侧中性线上的两对应变计贴片点及其连接导线组成,同一对应变计贴片点对称于钢轨中性线某点两侧,两对应变计贴片之中心距为 200～300 mm,在偶数个传感器中位于最中间的两传感器之中心距离加上此两传感器中任一传感器与同方向末端传感器中心距之和为 6 800～9 900 mm,其余两相邻传感器之中心距相等且为 400～1 800 mm。此装置测量精度高、稳定性好,滞后、蠕变小,安装无基坑、不断台、不限速,可动态测量,制作方便,造价低廉,应用方便。

(2)货车车辆超载、偏载检测系统

它采用的轮重传感器共有 4 只拴式剪力传感器,分两组,左、右各两只构成电桥,完成剪力的计算,达到测量车辆轮重的目的。拴式传感器安装在钢轨的中性轴上,构成电桥的两只传感器在相邻两根枕木之间,形成一组车轮轮重传感器,其内部应变片在钢轨上的位置如图 6-8 所示。传感器的这种组合方式,可以消除传感器测量范围以外的力的影响,从而保证了轮重检测的精度。

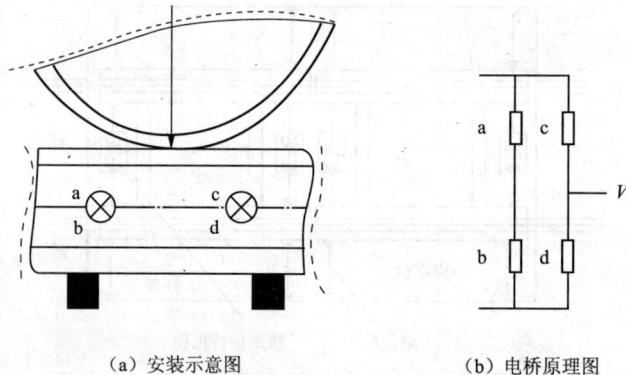

(a)安装示意图    (b)电桥原理图

图 6-8　货车车辆超载、偏载检测系统示意图

该系统的应用软件包含了测重数学模块、超载与偏载判别模块、车型鉴别模块等程序。通过系统软件,可迅速、方便地查看每个车轮轮重数据、单车数据、整车数据以及采集的轮重信号的波形。车辆的类型建立在特定的数据库中,系统可准确地判定机车的类型,系统可根据机车的类型适时地对系统的秤重进行标定。超载、偏载系统的计算机系统采用工业控制计算机,其运算速度快、存储量大,同时抗干扰能力强。

(3)铁路货物列车动态称重装置

铁路货物列车动态称重装置采用安装在钢轨腰部锥孔内部的外壳带凸台的插销式称重传

感器,可在列车运行速度为 60 km/h 以下时自动称量货物列车重量,通过方向识别传感器和方向识别及控制单元以及计轴计辆单元能自动识别运行方向、车速、车种,并能排除机车,自动识别货车的类型及超载和偏载状况。它是一种称重精度较高的无基坑轮计量式货物列车动态称重装置,可实现双向称重,成本低、故障因素少、可靠性高。

这套装置采用轨腰剪切应变法测定轮重。根据力学原理,轨道的两根枕木及其上的钢轨相当于一根简支梁,轨枕相当于支点,当火车轮重加到钢轨上时,钢轨的横截面产生剪切力,在钢轨的中性轴上系纯剪切二向应变状态,两个主应力的方向与中性轴的夹角为 45°,而装置使用的称重传感器外壳上有 4 个互成 90°角的棱条状锥面凸台,依靠这 4 个凸台与钢轨中性轴上内孔锥面的接触承受钢轨的主应力。这种结构排除了外表为锥面的称重传感器由于自身或钢轨锥孔的圆度误差导致两者接触面偏离主应力的方向,从而降低测量精度的缺点,使测量精度大为提高。

(4)第二代超偏载仪

第二代超偏载仪能自动识别各型机车车辆,检测出车辆的总重、转向架重、轴重、轮重、前后偏载量等,能进行超载量、车速等数据计算,技术性能有了较大提高。

第二代超偏载仪现已联网使用,联网后提高工作效率和检测质量,也大大提高了装车质量。但是,该仪器在检测过程中要求被检测列车匀速通过检测点,凡被检列车停在检测点上将无法得到检测结果;由于超偏载仪本身无车号识别功能,不能自动获得各车辆现车信息并准确叠加上去,而是将检测数据顺序上传到系统,因而如果在系统接收到检测数据之前列车编组发生变化,将可能会导致检测数据的"张冠李戴",从而引起错误。

总之,间接测量方法由于采用应变传感器测量钢轨受力时应力变化,因而也存在着一些问题,主要是由于应变片受温度影响很大,对测量结果的影响也就非常大,同时如何将应变片牢固地安装在需要的位置上也是这种测量方法所需解决的一个重要难题。

3.由位移传感器检测钢轨变形量的测量方法

针对以上各种检测方法的不足之处,专家提出一种新的超偏载检测方法。检测装置如图 6-9 所示。它通过两个扣件将一与钢轨平行的硬质测量杆固定在钢轨上,其中杆的一端采用铰接方式与扣件相连,而杆中部的扣件可使杆的竖直方向以该扣件为中心转动,在杆的另一端的下方用扣件将一个接近位移传感器安装在钢轨上,当有车辆通过时,由于轮重的不同,在通过该处时使钢轨的受力变形

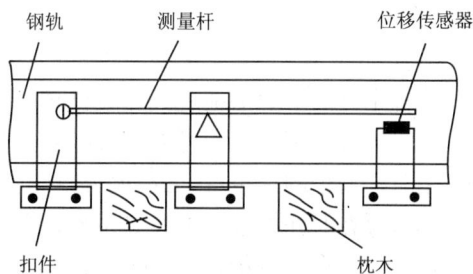

图 6-9　超偏载检测装置示意图

也不同,从而使测量杆与位移传感器的距离发生变化,位移传感器将此变化量采集记录下来,再配以数据处理和自动车辆识别系统处理软件,可得出所通过车轮的重量和车型,从而实现超载与偏载判别,可迅速、方便地查看轮重数据、台车数据、整车数据以及采集的轮重信号的波

形,系统可准确地判定车辆类型。系统采用位移传感器,受温度等各种外界因素的影响很小。本系统使用扣件将传感器固定在钢轨上,避免了将应变片牢固长期粘贴在钢轨上这一难题,而位移传感器的安装相对采用应变片做传感器的安装对安装精度要求要低得多,同时由于安装过程无须断轨安装,因而系统稳定,抗干扰能力强,安装方便。

# 第四节　防火灾爆炸技术

据统计,2010年全路总共发生行车重大、大事故37件,这37件行车重大、大事故,其中车辆火灾、爆炸就有15件。列车火灾灾情一般很重,损失大,善后处理工作复杂,造成经济损失惨重,因此加强防火灾、爆炸是十分必要的。

## 一、火灾、爆炸的危害

### 1. 火灾和爆炸的形成

火灾实际上是一种燃烧现象,一般是一种放热发光的化学反应,而爆炸是一种由于化学变化形成压力急剧上升的现象。爆炸有时是伴随着火灾发生的,反之,爆炸时所生成的气体温度可高达1 000 ℃以上,这又完全有可能点燃可燃物质而导致火灾的发生。如果在发生火灾的同时发生爆炸,不仅对火势的加剧有极大影响,而且对灭火救灾人员和附近群众的生命安全有严重的威胁。

在爆炸时还会产生冲击波,其破坏的分布情况比较复杂,在火场上,冲击波能将燃烧着的物质抛散到高空和周围地区,冲击波还会破坏难燃结构的保护层,使可燃物外露,这又为扩大燃烧面积创造了条件。火场中如果有沉浮在物体表面上的粉尘,爆炸的冲击波会使粉尘飞扬于空间,与空气形成爆炸性混合物,有可能再一次爆炸或连续多次爆炸。物质的燃烧,必须同时具备物质燃烧的三个条件——可燃物、氧(空气)或氧化物、点火源,缺一不可,同时具备、相互结合、相互作用,并有足够的数量,燃烧才会发生。防火防爆就是在列车结构的设计、运输管理等各个方面采取措施,来消除物质燃烧的某些因素,抑制、控制火灾的发生和蔓延。

火灾爆炸事故是在可燃物、助燃物(空气、氧化剂)和点火源三个基本条件同时存在且相互作用时才发生的。也就是说,火灾爆炸事故的发生必须具备物质的可燃性、助燃物和点火源三者同时存在时才构成一个燃烧系统。爆炸是瞬间的燃烧,火灾和爆炸可随条件而转化。

从宏观角度分析,列车火灾事故的产生主要是人的因素和设备的因素两方面引起。人的因素主要体现在重视不够,防火安全工作摆不上日程,火险隐患长期得不到解决,发生了火灾事故隐瞒不报,查处不严,不能真正吸取教训,管理不严,防火组织、措施、工作不落实,职工防火意识薄弱。设备因素体现在客车、仓库、危库、货场、油库、危品专运站、客站技术站等重要部位的基础设施、设备不符合防火安全规定,火险隐患大量存在,消防基础设施建设发展缓慢,消防装备落后,不少地方都存在着缺少防火设施或设施陈旧的问题。

2. 列车发生火灾爆炸事故的原因

(1)机车方面

内燃机车可因油管和燃油系统漏油,排气系统积炭或故障,司机随意丢弃油污的油棉丝引起火灾;电力机车可因电网或电气系统故障产生电弧或火花,被润滑油或变压器污染的部分,又碰到这种点火源,整流器的触头在油中短路、动力电路短路等引起火灾。

(2)货物列车方面

货物列车可因车辆整备不良,货物装卸、调车不符合规定,铸铁闸瓦摩擦起火,轴箱过热起火,特别是运输危险货物,违反了危险品运输规程,如押运人员用火不慎,采暖、照明不符合规定,调车作业速度过高以及列车相撞、颠覆,犯罪分子作案等造成火灾。

(3)旅客列车方面

旅客列车可因电气故障、采暖设备状态不良、旅客违章携带危险品以及旅客吸烟不慎等引起火灾。这种火灾又由于车体、车内装饰、家具、卧具以及旅客携带行李物品可燃性强,车内空间狭小,人员高度密集,列车运行生风,风助火势,若未能及时发现和扑灭,往往造成车毁人亡的特大事故。

从以上对机车、客货列车产生火灾事故的原因分析可看出:

(1)列车火灾事故,无论是客车、货车、机车,在车站、区间、厂库和隧道中都会发生。

(2)设备故障、人为失误、旅客违章携带危险品、吸烟不慎及坏人破坏都会造成火灾。据国外统计,有一半以上的火灾事故是人为因素造成的。

(3)其他列车事故,如列车脱轨、冲撞等均有可能诱发火灾。

3. 防火防爆相关规定

(1)客运、货运"三品"查堵规定

严格旅客进站、托运行包的检查,认真执行行包和货物托运的开包和过机检查,旅客列车加强列车员立岗检查和车内定期巡视制度,积极开展车内禁止吸烟的宣传和检查。客运、货运所指的"三品"指的是易燃、易爆和有毒物品。易燃物品有汽油、香蕉水、煤油等。易爆物品有鞭炮、雷管、丁烷等气体瓶。有毒物品有氰化物、硒化物、强酸性液体(如硫酸、硝酸等)等。

(2)列车防火防爆安全措施

严格执行客运、货运"三品"查堵,加强客车电器设备的检查检测,客车和车站配备有效和合适的消防器材,加强客车"二炉一灶一电"的使用管理,加强旅客车内禁止吸烟的宣传和检查,加强货物装载加固的规范和检查,严格易燃、易爆货物承运制度,加强罐车的检修,严格罐车限量灌装,落实电化区段货物运输安全措施。

(3)客运车站的防火防爆安全措施

①电器设备故障火花是客运站的引火源之一。因此,除了严格按照有关规范安装电器设备外,还要建立定期监测制度,避免因电器设备发生短路、断路、过负荷等故障而引发火灾。

②站内要设置醒目的宣传栏,使乘客自觉遵守防火安全规定。同时要对乘客携带的物品

加强观察、检查和询问,防止旅客藏匿易燃、易爆物品乘车。

③行李房内严禁明火,电器设备的安装和使用要严格按照规范执行。

(4)旅客列车的防火防爆安全措施

列车火灾爆炸事故应急处置的基本方法:当列车发生火灾爆炸后,首先疏散人员,隔离肇事车辆;及时报告,积极采取自救,迅速切断电源;抢救伤员,保护现场,协助调查取证。

①旅客列车在运行时,除了加强宣传、检查外,还应加强火源、用火设备及电器设备的安全检查和管理。列车上的电器设备、线路须由专业人员按电器安装规程进行安装,并定期进行检查、测试和维修。

②可由列车长、运转车长、乘警、检车组长和餐车主任等共同负责客运列车的防火工作。乘务员工作分工,建立岗位防火责任制。

③列车内不能使用蚊香、蜡烛、酒精炉、煤油炉等,并禁止躺卧吸烟。餐车不宜炼油和油炸食品。

④行李车、邮政车须经常清理检查,防止行李、包裹内夹入火种。代客车(即货运篷车代替客车)内的照明须采用有椳灯并悬挂在固定的位置上。车内不能用稻草等可燃物铺垫,车厢内应配备一定数量的灭火器。

⑤须制定扑救旅客列车火灾的应急方案,并使全体乘务员熟练掌握。

(5)货物列车防火措施

①车站对已编好组列车的有关防火安全情况向运转车长及列车货运员介绍,并按规定办理站台交接手续。

②罐装的剧毒、易燃压缩气体和液化气体,承运站需检查装载技术状态以及充装记录和证明,并有合格的押运员,方可办理承运手续。

③各站检查装有易燃、易爆危险品车辆时,不能使用明火照明。检修时不能使用电焊、气焊及喷灯等工具。

④各编组站应有专用固定的装载易燃、易爆物品车辆的停留线。

## 二、火灾爆炸检测原理

### 1.易燃易爆物品性质

(1)易燃烧、爆炸性

在《易燃易爆化学物品消防安全监督管理品名表》中列举的压缩气体和液化气体,超过半数是易燃气体。易燃气体的主要危险特性就是易燃易爆。处于燃烧浓度范围之内的易燃气体,遇着火源都能着火或爆炸,有的甚至只需极微小能量就可燃爆。易燃气体与易燃液体、固体相比,更容易燃烧,且燃烧速度快,一燃即尽。简单成分组成的气体比复杂成分组成的气体易燃、燃速快、火焰温度高、着火爆炸危险性大。氢气、一氧化碳、甲烷的爆炸极限的范围分别为:4.1%~74.2%、12.5%~74%、5.3%~15%。同时,由于充装容器为压力容器,受热或在火场上受热辐射时还易发生物理性爆炸。

（2）扩散性

压缩气体和液化气体由于气体的分子间距大，相互作用力小，所以非常容易扩散，能自发地充满任何容器。气体的扩散性受密度影响，比空气轻的气体在空气中可以无限制地扩散，易与空气形成爆炸性混合物；比空气重的气体扩散后，往往聚集在地表、沟渠、隧道、厂房死角等处，长时间不散，遇着火源发生燃烧或爆炸。掌握气体的密度及其扩散性，对指导消防监督检查，评定火灾危险性大小，确定防火间距，选择通风口的位置都有实际意义。

（3）可缩性和膨胀性

压缩气体和液化气体的热胀冷缩比液体、固体大得多，其体积随温度升降而胀缩。因此容器（钢瓶）在储存、运输和使用过程中，要注意防火、防晒、隔热，在向容器（钢瓶）内充装气体时，要注意极限温度和压力，严格控制充装，防止超装、超温、超压造成事故。

（4）静电性

压缩气体和液化气体从管口或破损处高速喷出时，由于强烈的摩擦作用，会产生静电。带电性也是评定压缩气体和液化气体火灾危险性的参数之一，掌握其带电性有助于在实际消防监督检查中，指导检查设备接地、流速控制等防范措施是否落实。

（5）腐蚀毒害性

主要是一些含氢、硫元素的气体具有腐蚀作用。如氢、氨、硫化氢等都能腐蚀设备，严重时可导致设备裂缝、漏气。对这类气体的容器，要采取一定的防腐措施，要定期检验其耐压强度，以防万一。压缩气体和液化气体，除了氧气和压缩空气外，大都具有一定的毒害性。

（6）窒息性

压缩气体和液化气体都有一定的窒息性（氧气和压缩空气除外）。易燃易爆性和毒害性易引起注意，而窒息性往往被忽视，尤其是那些不燃无毒气体，如二氧化碳、氮气、氦、氩等惰性气体，一旦发生泄漏，均能使人窒息死亡。

（7）氧化性

压缩气体和液化气体的氧化性主要有两种情况：一种是明确列为助燃气体的，如氧气、压缩空气、一氧化二氮；一种是列为有毒气体，本身不燃，但氧化性很强，与可燃气体混合后能发生燃烧或爆炸的气体，如氯气与乙炔混合即可爆炸，氯气与氢气混合见光可爆炸，氟气遇氢气即爆炸，油脂接触氧气能自燃，铁在氧气、氯气中也能燃烧。因此，在消防监督中不能忽视气体的氧化性，尤其是列为有毒气体的氯气、氟气，除了注意其毒害性外，还应注意其氧化性，在储存、运输中要与其他可燃气体分开。

2. 火灾爆炸的检测原理

火灾的发生和发展是一个非常复杂的非平稳过程，它除了自身的物理化学变化以外还会受到许多外界的干扰。火灾一旦产生便以接触式（物质流）和非接触式（能量流）的形式向外释放能量，接触式包括可燃气体、燃烧气体和烟雾、气溶胶等，非接触式如声音、辐射等。火灾探测器就是利用敏感元件将火灾中出现的火焰、燃烧产物、燃烧音等物理化学特征转换为另外一种易于处理的物理量。

（1）火焰

火灾燃烧是一种复杂的放热化学反应过程，火焰的温度通常能到 $900\sim1\,400\ ℃$。在这个过程中通常会产生大量的炽热微粒。正是这些炽热微粒的存在，使火焰发出电磁波辐射，包括可见光，这些光学特性为远距离探测火灾提供了可行性。

①火焰辐射，包括能量辐射和辐射光谱，在可见光和红外波段都有体现，但在红外波段尤为强烈，这是 $CO_2$ 共鸣的 $CO_2$ 原子团发光光谱。

②火焰形状。火焰中炽热的发光微粒的集合就勾画出火焰形状。一般火灾中，由于燃烧状况不稳定，火焰边缘通常表现锯齿型，且在火灾发展过程中区域增大。

③火焰闪烁。火灾火焰具有闪烁的物理特性，这不仅表现在辐射强度以 $3\sim30\ Hz$ 的频率波动，而且也反映在火焰形状的波动上。

（2）燃烧产物

燃烧产物即通常所说的烟气，包括气态燃烧产物和固态高温产物，运动速度为每秒几米到几十米。

①气态燃烧产物，主要成分为 $H_2O$、$CO$ 和 $CO_2$。由于环境湿度的影响，通常不把 $H_2O$ 作为火灾探测参数。一般情况下，空气中 $CO$ 和 $CO_2$ 的含量极低，而在火灾燃烧时才会大量出现使空气中这两种气体含量急剧增加。气态燃烧产物的典型物理特征是气体特征光谱、气体浓度和气体温度。

②固态高温产物。固态高温产物来源于可燃物中的杂质以及高温状态下可燃物裂解所形成的物质，粒径在 $0.025\ \mu m$ 到 $109\ \mu m$，温度在数百到上千摄氏度。高温微粒通常表现出来的物理特征有：对光线的散射和吸收作用、对离子的俘获和阻挡作用、在流动中保持相当的温度、带静电荷。

（3）燃烧音

燃烧过程产生的高温会加热周围的空气，使之膨胀形成压力声波，其频率仅在数赫左右（次声）。这种次声是物质燃烧的共同现象，而其在这个频带中日常杂音也很少，所以在这个频带进行探测可以去除相当大部分的噪声干扰。

### 三、火灾爆炸检测技术

1. 火灾探测基本方法

火灾检测是保证生产安全、运行稳定必不可少的技术措施。火灾现象是与环境条件密切相关的，因此火灾探测技术可以认为是一种特殊的在噪声环境中根据火灾的相关基本物理特征，检测和识别早期火灾特征信号的技术。

（1）空气离化探测法

空气离化探测法是利用放射性同位素释放的 $\alpha$ 射线将空气电离产生正、负离子，使得带电腔室（称为电离室）内空气具有一定的导电性，在电场作用下形成离子电流；当烟雾气溶胶进入电离室内，比表面积较大的烟雾粒子利用其吸附特性吸附其中的带电离子，产生离子电流变化。这种离子电流变化与烟浓度有直接线性关系,并可用电子线路加以检测,从而获得与烟浓度有直接关系的电信号,用于火灾确认和报警。

采用空气离化探测法实现的火灾烟雾浓度探测一般称作离子感烟探测,它对火灾初起和阴燃阶段的烟雾气溶胶检测非常灵敏有效,可测烟雾粒径范围在 0.03~10 mm。这类火灾探测器是核技术应用的产物,在正常使用和良好维护条件下,火灾探测器寿命一般可达10~15 年。

(2)光电探测法

光电探测法是根据火灾所产生的烟雾颗粒对光线的阻挡或散射作用来实现感烟式火灾探测的方法。根据烟雾颗粒对光线的作用原理,光电感烟探测法分为减光式和散射光式两类:减光式光电感烟探测是根据烟雾颗粒对光线(一般采用红外光)的阻挡作用所形成的光通量的减少量来实现对烟雾浓度的有效探测,一般是构成发光与收光部分分离的对射式线状火灾探测。散射光式感烟探测是根据光散射定律,在点状结构的火灾探测器通气暗箱内用发光元件产生一定波长的探测光,当烟雾气溶胶进入检测暗箱时,其中粒径大于探测光波长的着色烟雾颗粒产生散射光,通过与发光元件成一定夹角(一般在 90°~135°,夹角越大,灵敏度越高)的光电接收元件收到的散射光强度,可以得到与烟浓度成比例的信号电流或电压,用于判定火灾。

散射光式光电感烟探测法对于普通可燃物在火灾初起和阴燃阶段所产生的着色烟雾颗粒可以有效探测,最小可测烟雾粒径取决于探测光波长,目前常用的探测光波长处于红外波段,如我国常用砷化镓红外发光管。一般,考虑到光电元件尤其是发光元件的有效寿命,光电感烟式火灾探测器均采用间歇式工作方式,以确保这类火灾探测器在正常使用和良好维护条件下寿命达到 10~15 年。

(3)热(温度)探测法

热(温度)探测法是根据物质燃烧释放出的热量所引起的环境温度升高或其变化率大小,通过热敏元件与电子线路来探测火灾。目前,常用的热敏元件有电子测温元件(热敏电阻)、双金属片、感温膜盒、热电偶等,其中电子测温元件热滞后性较小,对于普通可燃物可在火灾发展过程中阴燃阶段的中后期实现较为有效的火灾探测,在火焰燃烧阶段和有较大温度变化的火灾危险环境可实现有效的火灾探测。

(4)火焰光探测法

火焰光探测法是根据物质燃烧所产生的火焰光辐射的大小,其中主要是红外辐射和紫外辐射的大小,通过光敏元件与电子线路来探测火灾现象。这类探测方法一般采用被动式光辐射探测原理,用于火灾发展过程中火焰发展和明火燃烧阶段,其中紫外式感光原理多用于油品和电气火灾,红外式感光原理多用于普通可燃物和森林火灾;为了区别非火灾形成的光辐射,被动感光式火灾探测通常还要考虑可燃物燃烧时火焰光的闪烁频率 3~30 Hz。

(5)可燃气体探测法

对于物质燃烧初期产生的烟气体或易燃易爆场所泄漏的可燃气体,可以利用热催化式元件、气敏半导体元件或三端电化学元件的特性变化来探测易燃可燃气体浓度或成分,预防火灾和爆炸危险。一般,这类火灾探测方法在工业环境应用较多,相应的火灾探测器需采用防爆式结构;随着城市煤气系统的广泛应用,非防爆式家用可燃气体探测器在建筑物中正不断普及。

(6)复合式火灾探测法

复合式火灾探测是建立在单一参数火灾探测基础上的,是利用火灾发展模型、专用集成电路设计技术和火灾信息处理技术形成的探测方法。复合式火灾探测法是根据普通可燃物火灾模型,在同一时间段同时对火灾过程中的烟雾、温度等多个参数进行探测和综合数据处理,以兼顾火灾探测可靠性和及时性为目的,分析判断火灾现象,确认火灾。对庚烷、酒精、汽油、棉花纤维,棉芯、聚亚安酯等进行试验,其响应速度及误报率降低方面均比单一感烟探测有所提高。

火灾是复杂的,火灾时所表现的物理特征是多方面的。任何一种火灾探测技术,有其优点,但也存在不足。如感温探测技术的灵敏度低,探测速度慢,报警时间迟,易受气温或温度变化的影响,对阴燃火反应差,不适用于早期报警;空气离子感烟探测器存在报废后处理放射源的问题;无论是离子感烟探测器还是光电感烟探测器都是对粒子进行探测,易受各种灰尘水滴、油雾、昆虫等粒子的干扰,误报率高;对于气体探测技术,载体催化型范围小,存在漂移易中毒,光干涉型选择性差,受温度与气压影响而产生误差,而热导型易受水蒸汽和氧气浓度的影响,同时受加工精度影响很大,气敏半导体型选择性差,线性测量范围窄;火焰探测技术易受电焊弧、雷击、照明、太阳光的干扰;声音探测技术同前尚未有这方面的应用。这些火灾探测器在实际应用中不可避免地会受到环境中某些相似因素的干扰而导致误报。

其实,火灾探测包含两个层面的内容:首先是针对某一些物理特征采用何种探测方法,其次是基于探测原理采用何种算法才能在环境中有效准确的探测火灾。火灾探测技术可以说是传感技术和火灾探测算法的结合产物,其实质是将火灾中出现的物理特征,利用传感器进行接受,将其变为易于处理的物理量,通过火灾探测算法判断火灾的有无。

2. 火灾自动报警检测技术

火灾自动报警检测是为了尽早的探测到火灾并发出警报,以便及早采取疏散人员、启动灭火系统、控制防火门等相应防范、抢救措施,而设置在建筑物或其他场所中的防火安全设施。这类装置可以对火灾初期阶段产生的烟、热、光、等做出有效响应,将其转化为电信号并处理、放大,以特定的声和光发出警报信号,引起人们的警觉,从而有效的防止火灾的发生和发展。

火灾的自检测是一个有效的火灾保护系统,在火灾形成阶段就能自动地、可靠地和快速地进行识别。火灾探测器能越早地送出信息和控制功能,就越能及时地在最恰当的时候控制火灾而使物质损失达到最小程度。在物理术语中,火灾是在一个不知道的地点并在一个不确定的时间内的状态变化。火灾可以从典型的特征和参数(如烟雾量的增加、火焰和温度的升高等)在它的早期就被探测出来。各种火灾探测可按照它们的探测火灾特性的能力来识别,选择和应用。

每个火灾探测系统由中央控制器、探测器和报警器组成。自动感烟探测器独立地每天24 h监视和守卫着整个车站、车间或现场。火灾报警控制器可精确地标示出一个报警信号与哪一个区有关，以及报警的性质，并发出警报，断开通风系统，关闭防火门并操作自动灭火装置。使用火灾探测器的早期探测是有效和全面的火灾保护的重要手段。

（1）火灾探测器装备及技术

火灾探测器，是指对发生火灾后的某种火灾现象（烟、热、光等）响应，并自动产生火灾报警信号的监测器件。它是组成各种火灾自动报警系统的重要组件，其作用是监视被保护区域有无火灾发生。目前，从原理或检测方法上，火灾探测器的主要类型有：感烟式火灾探测器、感温式火灾探测器、感光式火灾探测器、火焰式火灾探测器、可燃气体探测器和气体火灾探测器、复合式火灾探测器等几种类型，下面是对以上几种主要技术的简介。

①感烟探测器及其检测技术

该种探测器主要响应燃烧或热解产生的固体液体微粒即烟雾粒子的探测器，主要用来探测可见或不可见的燃烧产物及起火速度缓慢的初期火灾，可分为离子型、光电型、激光型和红外线束型四种。

a. 离子感烟探测器

它主要是利用烟雾粒子改变电离室电流原理而设计的火灾探测器。探测器内部装有 $\alpha$ 放射源的电离室为传感器件，现今使用大多为单源双室结构（补偿室、测量室），再配上相应的电子电路或 CPU 芯片所构成。

探测器内部的 $\alpha$ 放射源是由镅 241（Am241）发出。物质的放射性来自原子核的自发衰变过程如下：Am241→237Np＋42He。由于 $\alpha$ 粒子比电子重得多，且带两个单位正电量，其穿透能力很弱。能量为 5MeV 的 $\alpha$ 粒子在空气中的射程 3.5 cm，而金属中射程为 $2.06 \times 10$ cm，所以屏蔽遮挡很容易，同时 $\alpha$ 粒子的电离能力很强，当它穿过物质时，每次与物质分子或原子碰撞而打出一个电子，约失 33eV 能量，一个能量为 5MeV 的 $\alpha$ 粒子，在它完全静止前，大约可以电离15 万个左右的分子或原子。采用放射源 Am241 的优点，除了电离能力强，射程短以外，其半衰期长，成本也较低。

b. 光电感烟探测器

它是应用烟雾粒子对光线产生散射，吸收或遮挡的原理而制成的一种探测器。其工作原理主要有两种：减光型光电感烟火灾探测器和散射型光电感烟探测器。散射型探测器利用红外线光束在烟雾中产生散射光的原理探测火灾初期阴燃阶段产生的烟雾。它由光学系统，信号处理电路等部分所组成，当烟雾进入光学暗室后，由红外线光源发出的光束，在烟粒子表面散射，受光器的光敏二极管接收到散射光，产生光电信号电流，其电流大小与烟雾的变化成比例，经信号处理电路处理后完成报警功能。

c. 激光型感烟探测器

主要是应用烟雾粒子吸收激光光束原理制成的线型感烟火灾探测器，激光器在脉冲电源的激发下发出同一束脉冲激光,在正常情况下控制报警器不发出报警,但如在激光束经过的途中被大量的烟雾遮挡而减弱到一定程度时,光电接收信号减弱,便会发出报警信号。

　　d. 红外光束型感烟探测器

　　该种探测器主要包括一个光源,一套光线照准装置和一个接收装置,它是应用烟雾粒子吸收或散射红外光束的原理进行工作。一般用于保护大面积大空间。

　　②感温式火灾探测器及其检测技术

　　该种探测器主要是利用热敏元件来探测火灾的。在火灾初始阶段,一方面有大量烟雾产生,另一方面物质在燃烧过程中释放出大量的热量,周围环境温度急剧上升。探测器中的热敏元件发生物理变化,从而将温度信号转变成电信号,并进行报警处理。感温火灾探测器种类较多,根据其感热效果和结构型式可分为定温式,差温式、差定温式三种。电子差定温探测器在设计中一般取两个性能相同的热敏电阻进行搭配,一个放置在金属屏蔽罩内,另一个放在外部,外部的热敏电阻感应速度快,内部的由于隔热作用感应速度慢。利用它们的变化差异来实现差温报警,同时外部热敏电阻设置在某一固定温度(62 ℃为一级灵敏度,70 ℃为二级灵敏度,78 ℃为三级灵敏度),达到定温报警的目的。除信号拾取放大整形外,其他的电路组成基本和离子感烟探测器相同。

　　a. 定温式探测器

　　定温式探测器是在规定时间内,火灾引起的温度上升超过某个定值时启动报警的火灾探测器。它有线型和点型两种结构。其中线型是当局部环境温度上升达到规定值时,可熔绝缘物熔化使两导线短路,从而产生火灾报警信号。点型定温式探测器利用双金属片、易熔金属、热电偶热敏半导体电阻等元件,在规定的温度值上产生火灾报警信号。

　　b. 差温式探测器

　　差温式探测器是在规定时间内,火灾引起的温度上升速率超过某个规定值时启动报警的火灾探测器。它也有线型和点型两种结构。线型差温式探测器是根据广泛的热效应而动作的,点型差温式探测器是根据局部的热效应而动作的,主要感温器件是空气膜盒、热敏半导体电阻元件等。

　　c. 差定温式探测器

　　差定温式探测器结合了定温和差温两种作用原理并将两种探测器结构组合在一起。差定温式探测器一般多是膜盒式或热敏半导体电阻式等点型组合式探测器。

　　③火焰式火灾探测器及其检测技术

　　物质燃烧时,在产生烟雾和放出热量的同时,也产生可见或不可见的光辐射。火焰探测器又称感光式火灾探测器,它是用于响应火灾的光特性。即扩散火焰燃烧的光照强度和火焰的闪烁频率的一种火灾探测器。根据火焰的光特性,目前使用的火焰探测器有两种:一种是对波长较短的光辐射敏感的紫外探测器,另一种是对波长较长的光辐射敏感的红外探测器。

　　火焰式探测器主要分为紫外火焰探测器和红外火焰探测器。紫外火焰探测器是敏感高强度火焰发射紫外光谱的一种探测器,它使用一种固态物质作为敏感元件,如碳化硅或硝酸铝,也可使用一种充气管作为敏感元件。红外光探测器基本上包括一个过滤装置和透镜系统,用来筛除不需要的波长,而将收进来的光能聚集在对红外光敏感的光电管或光敏电阻上。火焰探测器宜安装在易瞬间产生爆炸的场所。

火焰的辐射是具有离散光谱的气体辐射和伴有连续光谱的固体辐射,其波长在 $0.1 \sim 10\ \mu m$ 或更宽的范围,为了避免其他信号的干扰,常利用波长小于 $300\ nm$ 的紫外线,或者火焰中特有的波长在 $4.4\ \mu m$ 附近的 $CO_2$ 辐射光谱作为探测信号。紫外线传感器只对 $185 \sim 260\ nm$ 狭窄范围内的紫外线进行响应,而对其他频谱范围的光线不敏感,利用它可以对火焰中的紫外线进行检测。到达大气层下地面的太阳光和非透紫材料作为玻壳的电光源发出的光波长均大于 $300\ nm$,故火焰探测的 $220 \sim 280\ nm$ 中紫外波段属太阳光谱盲区(日盲区)。紫外火焰探测技术,使系统避开了最强大的自然光源——太阳造成的复杂背景,使得在系统中信息处理的负担大为减轻。所以可靠性较高,加之它是光子检测手段,因而信噪比高,具有极微弱信号检测能力,除此之外,它还具有反应时间极快的特点。与红外探测器相比,紫外探测器更为可靠,且具有高灵敏度、高输出、高响应速度和应用线路简单等特点。因而充气紫外光电管正日益广泛地应用于燃烧监控、火灾自报警、放电检测、紫外线检测及紫外线光电控制装置中。

但对于传统的紫外光电管器件,由于结构设计和制备工艺的限制,其噪声和灵敏度是一个互相矛盾的参数。一般而言,需将灵敏度控制在一个合适的水平,过高的灵敏度对器件的低噪声指标是十分困难的,因为灵敏度和噪声信号都是由光敏管发出,传统的检测器会将两种信号同时放大。所以其灵敏度比较差,检测距离小,不能抗雷电的干扰,存在一定的误报率。因而需要基于现有或新发展的探测原理方法,与其他学科技术交叉,通过改进信号采集和处理等方法来改善系统性能。

④可燃气体火灾探测器及其检测技术

可燃气体探测器为编码型可燃气体探测器,壁挂式。应用于系统中,可对煤气,天然气和液化石油气等三种可燃性气体进行监测。当周围环境中的可燃气体浓度达到报警浓度时,探测器发出声光报警信号,同时输出一组外控空接点。其须接 24 V 外供电源。

(2)火灾报警控制器及技术

火灾报警控制器是能为火灾探测器供电,接收、显示和传递火灾报警信号,并能对自动消防设备发出控制信号的一种装置。它是火灾自动报警系统的重要组成部分,与自动灭火系统联动,便可以组成火灾自动报警灭火系统。

火灾报警控制器按用途不同可分为区域火灾报警控制器、集中火灾报警控制器和通用火灾报警控制器 3 种基本类型。区域火灾报警控制器是组成区域报警系统的主要设备之一,主要特点是控制器直接连接火灾探测器,处理各种报警信息;集中火灾报警控制器是组成集中报警系统的主要设备之一,适用于较大范围内多个区域的保护,一般不是与火灾探测器相连,而是与区域火灾报警控制器相连,处理区域级火灾报警控制器送来的信号,常使用在较大系统中,通用火灾报警控制器兼有区域、集中两级火灾报警控制器的双重特点,通过设置或修改某些参数,既可作为区域级使用,又可作为集中级使用。

# 第五节　防环境灾害技术

环境灾害既包括自然环境灾害也包括社会环境灾害。针对环境灾害发生的特征和影响范围,阐述环境灾害的危害性。分析各种灾害产生的原因,阐明环境灾害检测设备的原理,介绍相应的灾害检测和防范技术。

## 一、环境灾害的危害

铁路运输系统面临的外部环境比较复杂,既有自然环境,也有社会经济环境,这些环境的变迁对铁路运输系统的安全状态影响很大,很多环境因素直接构成了对设备的破坏、或者影响了人的认知和判断,成为了导致交通事故的重要因素。

1. 环境灾害对铁路运输的影响

突如其来的灾害,导致铁路运输严重受阻、工程遭损毁。2008 年初,受我国南方罕见的大范围低温雨雪冰冻灾害影响,我国铁路运输受到严重干扰。2008 年 1 月 25 日开始的冰冻雪灾,导致湖南、江西、贵州省等地区的电力系统接连发生塌网断电,造成京广线(坪石—株洲)近400 km、沪昆线(鹰潭—株洲、怀化—凯里)600 多 km 的牵引供电和通信信号供电两套电力系统断电。客货列车大面积、长时间晚点,站车旅客大量积压。2008 年 5 月 12 日 14:28,四川汶川发生 8.0 级特大地震,造成宝成线、成昆线、陇海线天宝段、成渝线、襄渝线、阳安线、达成线等主要铁路干线以及成汶、德天、广岳支线的线路、桥梁、隧道、涵洞和通信信号、牵引供电、站房等设施和设备不同程度受损。特别是宝成线 109 隧道由于山体崩塌导致一列货物列车脱线,12 节装运燃油的罐车埋在隧道并起火燃烧;金龟岩大桥受到超过 200 m³ 落石重创,桥墩桥台发生断裂,桥梁横向移位。构筑物受损严重,影响了铁路运输秩序。据统计,近 40 多年中,平均每年因洪涝、泥石流等灾害导致列车脱轨、颠覆等重大行车事故有 5 起左右,中断行车5 天以上的累计有 60 多次。特大洪灾对铁路的破坏尤其严重。

铁路作为国家重要的基础设施、国民经济的大动脉和大众化的交通工具,在交通运输中发挥着骨干作用。随着经济的快速增长,铁路所担负的交通运输任务也越来越繁重,但每年各类洪灾都对列车行车安全和正常运输构成很大威胁。中国七大江河中下游地区的许多铁路干线,如京广、京沪、京九、陇海和沪杭甬等重要干线每年汛期常处于洪水的威胁之下。全国受洪水威胁的铁路干线超过 1 万 km。此外,西南、西北地区的铁路则常受山洪爆发和泥石流的影响。受山洪泥石流影响较严重的有成昆、宝成、天兰、阳安、兰新、兰青等铁路干线。

对于低温雨雪冰冻,地震、洪水、风雹、台风等极其严重的自然灾害,铁路作为"生命线"一旦受灾,工程将受损破坏,运输受到严重干扰,威胁旅客、员工生命及货物财产安全,削弱甚至丧失防御灾害和提供经济与社会发展运力支撑的能力。我国是一个自然灾害严重的国家,灾害种类多并频发,典型的自然灾害是冰雪、洪水和地震。科学地认识自然灾害对铁路影响,发展铁路防御灾害技术并应用,是防灾减灾最有效的途径和手段。

2. 铁路环境灾害的危害

从气象地质等条件来讲,我国的地质地形气候条件都十分复杂,在铁路建设时,就面临了诸多此类问题,特别我国是一个多山的国家,山地面积约占国土面积的 69%,这使得我国铁路运输中遭遇现降雨量或者降雪量过大等自然灾害时容易出现滑坡、泥石流、坍塌、隧道涌水等导致运输中断而影响运输正常进行。此外,随着社会和经济发展的需要,我国交通运输业发展较快,铁路网空间密度及运输密度日益剧增,但是与此同时自然灾害对铁路运输的影响可能性也在增加。据不完全统计,我国有四分之一以上的铁路建在Ⅶ度以上的地震烈度区,铁路沿线分布有大型泥石流沟 13 486 条,大中型滑坡 1 000 多个崩塌 1 000 多处,严重塌陷 3 785 处,有 20 多条铁路、1 200 多 km 线路、60 多个车站受到这些灾害的严重威胁,其中成昆线、宝成线、宝天线等大型泥石沟发育密度达 0.4～1.4 处/km。洪涝灾害更是危及铁路运输的主要灾害之一,我国铁路由于受水灾而用于预防抢护、灾害抢修工程复旧的费用,每年约 1 亿元,影响运输的损失约 2.5 亿元,合计 3.5 亿元。由此可见我国铁路运输企业受灾之严重。

(1)水害、泥石流对铁路运输的危害

据 20 世纪 80 年代统计,我国主要铁路干线因水害中断铁路每年达 100 次以上,居各不利气象条件之首。在我国西南山区,由于山高坡陡,暴雨还能引发泥石流。如 1981 年成昆铁路上利子依达沟的中、上游暴雨造成突发性泥石流,把在下游跨成昆线利子依达大桥冲毁。一列游客列车的两机车及一节行李邮政车被泥石流冲走,另有两节客车翻在桥台下边坡上,旅客伤亡 270 人。

(2)滑坡、坍塌对铁路运输的危害

铁路是遭受崩塌、滑坡危害最频繁,最严重的一项工程。尤其是宝成线、陇海线的宝天段及成昆线,几乎年年遭受滑坡、坍塌的袭击。据不完全统计,我国铁路沿线的大中型滑坡点有 1 000 处,崩塌点为数更多,致使铁路部门每年花费大量资金进行整治。如成昆铁路铁西滑坡的处理费用就达 2 300 万元。滑坡、坍塌对铁路的危害主要表现是:破坏线路、中断行车、危害站场、砸坏站房;毁坏铁路桥梁及其他设施,砸断隧道,造成车翻人亡的行车事故。

(3)岩溶地面塌陷对铁路运输的危害

岩溶地面塌陷也是铁路的主要病害之一。在我国的主要干线铁路中,岩溶地面塌陷灾害较为严重的有京广线、贵昆线、浙赣线、津浦线、沈大线、渝达线等。塌陷造成车站建筑物毁坏、路基沉降、道路悬空、桥涵开裂倒塌、隧道施工受阻、断道停车甚至造成火车脱轨。有些路段列车长期限速慢行,损失巨大。

(4)风、雪对铁路的影响

1962 年通车的兰新铁路进入新疆后,有很长一段是沿着天山南麓、塔里木盆地北缘运行的,九曲十八弯就是穿行在从哈密到鄯善间一段 13 km 的铁路。这里因为有九个 S 形弯道而得名,这里还是著名的百里风区,每年八级以上的大风要刮 180～200 d。1982 年以前,由于大风造成的货物列车颠覆事故就达 10 次之多,每次的风力都在十二级以上,救援工作很难展开。为了躲避大风的侵害,乌鲁木齐铁路局规定,如果遇到十二级以上的大风,列车就必须停靠在山坳中的红台小站避风,因此每逢大风季节,列车常不运行。

在高山上或冬季寒冷多雪地区,积雪封锁铁路交通的事也常发生。雪深超过 40 cm,行车速度就被迫降低,超过 70 cm 以上就不能行驶了。

(5)风沙

在沙漠地区修筑的铁路面临着沙害问题,路基常受到沙埋和风蚀的威胁。近年来沙尘暴的频发使得这一危害更趋严重。在风沙流的作用下,机车、车辆及通信信号等设备则可能遭到磨蚀,沙尘在气流中因摩擦常产生静电,会对通讯产生干扰。在中国兰新铁路所穿越的戈壁地区,风沙流可使通信线的电压升至 700～800 V,使得通信状况恶化,并给通信线的检修带来困难。沙尘常能显著地降低空气的能见度,信号不能清晰地显示,有时会造成停车或缓行事故。

(6)大雾天气对铁路运输的危害

大雾天气使得列车司机和过路人员瞭望距离受限,时速 60 km 的重载列车的制动距离一般为 400 m 左右,如果在能见度很低的情况下发现行人或汽车抢道时,尽管立即采取紧急制动,伤亡事故仍然难以避免,容易发生交通事故。

(7)地震对铁路运输的影响

铁路穿越地震活跃区时,地震重力作用是最普遍的破坏方式。有的破坏是由地震作用直接引起的,有的则是由于在地震过程中发生的烧毁枕木的火灾所引起的。我国地震活跃区约占全国面积的 10%,同时近 10%的铁路线穿过地震危害区。地震对铁路的危害是客观存在的。

**二、环境灾害监测原理**

1. 地质灾害监测原理

地质灾害监测的主要任务为监测地质灾害时空域演变信息、诱发因素等,最大程度获取连续的空间变形数据。地质灾害监测是集地质灾害形成机理、监测仪器、时空技术和预测预报技术为一体的综合技术。监测方法按监测参数的类型为四大类,即变形、物理与化学场、地下水和诱发因素监测。

①变形监测,是以测量位移形变信息为主的监测方法,如地表相对位移监测、地表绝对位移监测(大地测量、GPS 测量等)、深部位移监测。该类技术目前较为成熟,精度较高,常作为常规监测技术用于地质灾害监测。由于获得的是灾害体位移形变的直观信息,特别是位移形变信息,变形测量往往成为预测预报的主要依据之一。

②物理与化学场监测,是监测灾害体物理场、化学场等场变化信息的监测技术方法,如应力监测、地声监测、放射性元素(氡气、汞气)测量、地球化学方法以及地脉动测量。目前用于监

测滑坡等地质灾害体所含放射性元素(铀、镭)衰变产物(如氡气)浓度、化学元素及其物理场的变化,地质灾害体的物理、化学场发生变化,往往同灾害体的变形破坏联系密切,相对于位移变形,具有超前性。

③地下水监测,是监测地质灾害地下水活动、富含特征、水质特征为主的监测方法,如地下水位(或地下水压力)监测、孔隙水压力监测和地下水水质监测等。大部分地质灾害的形成、发展均与灾害体内部或周围的地下水活动关系密切,同时在灾害生成的过程中,地下水的本身特征也相应发生变化。

④诱发因素监测,是以监测地质灾害诱发因素为主的监测技术方法,如地下水动态监测、地震监测、人类工程活动监测等。降水、地下水活动是地质灾害的主要诱发因素;降水量大小、时空分布特征是评价区域性地质灾害(特别是崩、滑、流三大地质灾害的判别)的主要判别指标之一;人类工程活动是现代地质灾害的主要诱发因素之一,因此地质灾害诱发因素监测是地质灾害监测技术的重要组成部分。

2. 气象灾害监测原理

气象灾害监测目前主要是通过气象观测网、天气雷达网及气象卫星等多种手段进行监测,并将监测得到的信息迅速传递到气象中心,及时处理和综合分析而实现的。

气象观测网中的各个气象站,观测的项目和时间都是统一的,一般每隔 6~8 h 观测一次,将观测得到的各种信息按照统一的格式编报,把各种气象要素和天气现象填在专用的地图上或进行专门的处理,根据多种时刻的气象图和实况分析,就能清楚地了解各种天气的分布情况及发生、发展的演变情况,同时,为判断气象灾害出现的区域、强度、影响的时间、移动的方向和速度等提供了依据。天气雷达网则根据需要采取定时或不定时的跟踪观测,能够及时监测暴雨等天气的演变和移动情况。气象卫星则是从宇宙空间,用遥感的方式监测气象灾害,将遥感到的信息传递给地面接收站,由接收站将信息转换为人们所直观的卫星云图或其他资料,对这些资料或云图进行分析处理后,可以及时了解大范围的暴雨洪涝、森林火灾等的分布和变化情况。实际应用时,常将三种不同方式监测到的信息进行综合考虑,全面分析,再得出结论。

### 三、环境灾害监测及预防技术

1. 环境灾害监测技术

铁路运输处于全天候的自然环境中,大风、洪水、雪害、塌方滑坡等,无一不对运输安全造成危害。通过安装监测和报警系统,在环境变化达到临界状态以前给出报警是监测铁路环境灾害的有效方法。

(1)地震仪

记录地震波的仪器称为地震仪,它能客观而及时地将地面的振动记录下来。其基本原理是利用一件悬挂的重物的惯性,地震发生时地面振动而它保持不动。由地震仪记录下来的震动是一条具有不同起伏幅度的曲线,称为地震谱。曲线起伏幅度与地震波引起地面振动的振幅相应,它标志着地震的强烈程度。从地震谱可以清楚地辨别出各类震波的效应。纵波与横波到达同一地震台的时间差,即时差与震中离地震台的距离成正比,离震中越远,时差越大。由此规律即可求出震中离地震台的距离,即震中距。

值得注意的是,地震仪只能用于测量地震的强度、方向,并不能用于预测地震。

(2)雨量计

雨量计(或量雨计、测雨计)是一种气象学家和水文学家用来测量一段时间内某地区的降水量的仪器(降雪量的测量则需要使用雪量计)。大部分的雨量计都是以毫米作为测量单位,有时候测量结果也会以英寸或厘米作为单位。雨量计的读数可以用手工读出或者使用自动气象站(AWS),而观测的频率则可以根据采集单位的要求而变化。大多数情况下收集的雨水在观测后就不再保留,但也有少数气象站会保留作为污染程度或其他测试的样本。雨量计的测量是有限制的。在风力过大(热带风暴或飓风)时使用雨量计是没有意义的,因为在对雨量计本身造成伤害的同时,所记录的结果也会有过大的误差。此外,雨水粘附在筒壁或漏斗上,会导致测量结果略微偏小。另一个常见的问题是当温度接近冰点时,雨水在落到雨量计上时可能会结冰,从而导致漏斗堵塞或其他问题。与其他气象学仪器一样,雨量计应当放置在远离建筑物和树木的空地上,以最大程度地减小观测误差。

雨量计的种类很多,常见的有虹吸式雨量计、称重式雨量计、翻斗式雨量计等等。

①虹吸式雨量计

虹吸式雨量计能连续记录液体降水量和降水时数,从降水记录上还可以了解降水强度。虹吸式雨量计由承水器、浮子室、自记钟和外壳所组成。雨水由最上端的承水口进入承水器,经下部的漏斗汇集,进入浮子室。浮子室是由一个圆筒内装浮子组成,浮子随着注入雨水的增加而上升,并带动自记笔上升。自记钟固定在座板上,转筒由钟机推动作用回转运动,使记录笔在围绕在转筒上的记录纸上画出曲线。记录纸上纵坐标记录雨量,横坐标由自记钟驱动,表示时间。当雨量达到一定高度(比如 10 mm)时,浮子室内水面上升到与浮子室连通的虹吸管处,导致虹吸开始,迅速将浮子室内的雨水排入储水瓶,同时自记笔在记录纸上垂直下跌至零线位置,并再次开始雨水的流入而上升,如此往返持续记录降雨过程。记录纸上记录下来的曲线是累积曲线,既表示雨量的大小,又表示降雨过程的变化情况,曲线的斜率表示降雨的强度。从记录纸上可以确定出降雨的起止时间、雨量大小、降雨量累积曲线、降雨强度变化过程等。

②翻斗式雨量计

翻斗式雨量计是由感应器及信号记录器组成的遥测雨量仪器,感应器由承水器、上翻斗、计量翻斗、计数翻斗、干簧开关等构成;记录器由计数器、记录笔、自记钟、控制线路板等构成。其工作原理为:雨水由最上端的承水口进入承水器,落入接水漏斗,经漏斗口流入翻斗,当积水量达到一定高度(比如 0.1 mm)时,翻斗失去平衡翻倒。而每一次翻斗倾倒,都使开关接通电路,向记录器输送一个脉冲信号,记录器控制自记笔将雨量记录下来,如此往复即可将降雨过程测量下来。

（3）水位报警器

水位报警器是通过机械式或电子式的方法来进行水位的报警,可以声光报警器等或者同时控制水泵等设备的启动或停止,方法有多种,根据选用不同的产品而不同。

①通过电子式水位开关（BZ1201 或 BZ2401）和搭配的水位控制器（BZ101、BZ102）来控制,搜索电子式水位开关官方网站可找到更多资料,有动画演示。电子式水位开关原理是通过电子探头对水位进行检测,再由水位检测专用芯片对检测到的信号进行处理,当被测液体到达动作点时,输出高或低电平信号,再配合水位控制器,输出继电器开关信号,或者直接供电给报警器,从而实现对液位的报警功能。电子式水位开关不需浮球和干簧管,外部无机械动作,耐污耐用,不怕漂浮物影响,任意角度安装,竖向安装有一定的防波浪功能,这种方式较实用、耐污、寿命长、安全。此外它有两种报警方式,可以是有水时报警或者没水时报警。

②通过浮球开关进行水位报警。这种是浮球开关带着一个大的金属球或小塑料浮球,浸在水中时浮力大,浮球因为浮力而上升,带动球阀运动,触动开关,从而触动报警器的工作,这种水位开关易受外界漂浮物影响。

③通过非接触式的水位开关来控制,例如超声波型。液位控制器的探头产生高频超声波脉冲耦合到容器外壁。这个脉冲会在容器壁和液体中传播,还会被容器内表面反射回来。通过对这种反射特性的检测和计算,就可以判断出液位是否达到了液位控制器安装的位置。液位控制器输出继电器信号,来完成对液位的监控。主要用于监测储罐液面,实现上下限报警或监测管道中是否有液体存在,储罐材质可以是金属或不发泡塑料。这种方式不受介质密度、介电常数、导电性、反射系数、压力、温度、沉淀等因素的影响,所以适用于医药、石油、化工、电力、食品等行业的各类液体液位工程控制,对于有毒的、强腐蚀危险品液体的检测,但在有泡沫的情况下也易出现误动作。

（4）风速监测装置

风速监测装置是指将流速信号转变为电信号的一种测速仪器,可测量流体温度或密度。热式风速仪原理是:将一根通电加热的细金属丝置于气流中,热线在气流中的散热量与流速有关,而散热量导致热线温度变化而引起电阻变化,流速信号即转变为电信号。热式风速仪的主要部件是风速探头及测量指示仪表。其中风速探头又可分为热敏式探头和轮转式探头。热式风速计按结构分,有热球式和热线式;按显示形式分,有指针式、数字式等;按工作原理分,有恒流式和恒温式风速仪。恒流式原理是热线电流保持不变,温度变化时,热线电阻改变,因而两端电压变化,测得风速。而恒温式是指热线温度不变,然后根据施加的电流测得风速。相较于恒流式,恒温式应用更为广泛,热线长度在 $0.5\sim2$ mm,直径在 $1\sim10$ $\mu$m,材料为铂、钨或铂铑合金。

（5）降雪积雪监测器

降雪是指在一段时间内（一般 24 h）降落的新雪深度,但不包括飘雪和吹雪。为了测量深度,雪这一名词还应包括直接或间接地由降水形成的冰丸、雨凇、冰雹和片冰。雪深通常指观测时地面上雪的总深度。积雪的水当量是融化积雪而得到的水的垂直深度。在开阔地上的新雪深度用有刻度的直尺或标尺作直接测量。为了得到一个有代表性的平均值,应当在认为没有吹雪的地方进行次数足够的垂直测量。要特别注意不要测量早已积聚的陈雪。这可以预先将一块合适的地块打扫干净或在陈雪的上面放置一块由合适材料制成的平板(如一块漆成白色的表面略为粗糙的木板)来测量聚积其上的积雪深度。在斜坡面上(如有可能,应避开)的测量仍用测杆作垂直测量。如果有陈雪,由于位于下层的陈雪已被压缩和融化,用连续两次测量的总深度的差值来计算新雪深度是错误的。在出现大面积吹雪的地方,需要作很多次的测量以得到有代表性的深度。

①积雪深度的直接测量

将雪尺或有同样刻度的测杆插入雪中至地表面来进行地面积雪深度的测量。在开阔地带,由于积雪被风吹起而重新分布,加之下面可能埋有冰层,使得雪尺不能插入,用这种方法去获取有代表性的雪深测量会有些困难。要注意确保测出总深度,包括可能存在的冰层深度。在每个观测站要作多次测量并取其平均。对某些测雪杆,特别是用于边远地区的测雪杆,要漆上颜色交替的圆环或其他合适的标记,以提供测量地面总雪深的方便手段。可以从遥远地点或从飞机上用双筒或单筒望远镜从测杆或标记上读取雪深。测杆应漆成白色,以使测杆周围积雪的非正常的融化减至最小。从空中测雪深的标识物是垂直杆(其长度可变,根据最大雪深来定)和在此垂直杆的固定高度上安装的横杆,作为测量点的定位的标志。一种经济的能给自动站提供可靠的雪深测量的超声波探测器已经研发,是标准观测的可行的替代品。它既可以用来测量雪深,也可以用来测量降落的新雪。可以用这种传感器提供的降水类型,总量和时间来实施对自记雨量计测量值的质量控制。仪器的准确度为±2.5 cm。

②雪水当量的直接测量

测量水当量的标准方法是用采雪管采出样芯并称其重量。这是很多国家测量水当量的常用方法,是雪测量的基础。这个方法包括:既可融化每一样本并测量其液体重量,也可以称取冻结的样本重量。可以用经过测量的定量热水或热源来融化样本。新雪的圆柱形样本可以用一个合适的采雪器获得,并进行称重或融化。通常可使用标准雨量器的溢出容器来进行采样。雪量器可以直接测量降雪的水当量。原则上,任何非记录型雨量器都可以用来测量固态降水的水当量。用这些类型的雨量器所收集到的雪在每次观测后应立即称重或融化。自记称重式雨量计不仅可以测量液态降水,同样可以测量固态降水,并且可以用和液态降水相同的方法记录水当量。固体降水的水当量可以用新雪的深度来估算。这种测量方法是采用合适的比密度把雪深度换算为水当量。虽然可以规定 1 cm 雪深等于 1 mm 当量的水,但要注意这是一个长期的平均值,用于单次测量就可能很不准确,因为雪的比密度是在 0.03～0.4 之间变化。

③雪枕

各种材料制作的大小不同的雪枕,可用于测量枕上的积雪重量。最普通的雪枕是用橡胶材料制成的直径为 3.7 m 的圆而扁平的容器,其中充有甲醇与水混合的或甲醇-乙醇-水溶液的防冻液。雪枕安装在地面上,与地齐平,或者埋在一薄层土或砂下。为了避免雪枕受损坏和使积雪保持其自然状态,最好在安置场地周围用栅栏围住。在正常情况下,雪枕可使用 10 年以上。雪枕内的液体静压力,是测量雪枕上积雪重量的量度。此液体静压力通过浮筒式液位记录器或者压力传感器测量,从而可以连续测量积雪的水当量。温度变化可以引起测量准确度的变化。在浅积雪地区,每天温度变化导致枕内液体的膨胀或收缩,造成出现虚假的降雪或融雪的指示。在深山地区,除了在降雪的开始和结束的季节,每天的温度变化不大。应将连接测量单元的连通管装在可控温的保护管内或埋入地中以减少温度的影响。可就地安装遥测的资料收集系统,以便使用图形或数字记录器对雪水当量进行连续的测量。雪枕的测量结果与标准采雪管的测量结果会有差异,尤其是在融雪期间更为常见。当积雪中不含有在雪枕上方"架桥"的冰层时,雪枕的测量结果最可靠。用雪枕测量的雪水当量与标准称重方法的测值相比,其差异可达 5%~10%。

④放射性同位素雪量器

放射性同位素雪量器是用来测量积雪水当量的总量和/或提供密度廓线。它不会造成样本的破坏,可用于现场记录和/或遥测系统。几乎所有系统都是基于水,雪或冰能对辐射造成衰减的原理。正如其他的点测量一样,要把点测值当作区域指标值来使用,选择有代表性的测点位置就很重要。用来测量水含量总量的仪器由辐射检测器和辐射源两部分组成。辐射源可以是自然中存在的,也可以是人工的。把检测器的一部分安放在雪场的地基上,另一部分安装在高出于估计最大雪深的高度上。随着雪的积聚,计数速率随雪场的水当量增加而成比例地减小。采用人工辐射源的系统安装于固定的地点并只能取得该点的测量值。用自然铀作为环状辐射源,环状的中央是单柱检测器,这种系统已成功地用于测量水当量达 500 mm 或雪深为 150 cm 的积雪。安装在固定地点的放射性廓线雪量器可用来提供雪水当量总量和密度,并可对雪场的水运动与密度随时间的变化作精确的研究。廓线雪量器由安装在水泥地上的相隔大约 66 cm 的两根相互平行的且与地面垂直的通管组成,其高度应在估计最大雪深高度之上。伽马射线源悬挂在其中一个管子上,带光电倍增管的闪烁伽马射线检测器则悬挂在另一管子上。测量时要将射线源与检测器置于等深度的积雪之中。雪深以增量约 2 cm 逐点进行测量就能得到积雪的垂直密度廓线。采用后向散射而不采用发射的伽马射线来测量积雪密度的便携式仪器,是掘洞测雪法的可行的替代品。由于仪器携带方便,故使之能对该区域的雪密度和雪水当量的区域变化作出评估。

⑤自然伽马辐射

伽马辐射测雪方法,是基于土壤顶层有自然辐射元素放射的伽马辐射受雪的衰减的原理。雪水当量越大,辐射的衰减也就越大。地球的伽马辐射测量包括:在遥远地方的一个点的测量,或者是一系列的点测量,或者在一个地区作选择性的横向的来回测量。这种方法也可以用于飞机上的测量,仪器包括一个轻便的伽马射线分光仪,它是利用小的闪烁晶体在宽频上和在三个频谱窗口(即钾、铀和钍的发射窗口)上来测量射线。在积雪之前,要对测点或沿着测线来回作伽马强度的测量。由于上层 10~20 cm 深的土壤的湿度会有变化和宇宙射线的背景辐射也会变化,以及仪器漂移和降水中的氡气(它是伽马辐射源)随降水进入土壤或雪中等等,所以必需对读数修正,以获取雪水当量的绝对估计。此外,为了确定频谱仪计数速率与水当量之间的关系,预先要有辅助性的水当量测值,通常用采雪管测量值作为参考标准。自然伽马射线法能用于雪水当量在 300 mm 以下的雪场,经过合适的修正,其准确度为 ±20 mm。这种方法与采用人工辐射源的相比,其优点是没有辐射危险。

2. 环境灾害的监控及预防

发达国家铁路运输安全状态相对较好。

法国铁路运输安全性很高,尽管法国高速列车的运行时速现今已达到 300 km,但它问世 20 年来没有发生一起伤亡事故,创下铁路运输史上的奇迹。法国高速铁路的安全保障系统采用列车自动控制系统,并具有设备状态和自然环境检测功能。在 2001 年 6 月通车的地中海线路上,数字信号代替了传统信号,还使用了数字化轨道电路技术,列车运行过程中,中央控制室随时可获取每 1 km 路段进行的地震测试信息。

日本也非常重视高速铁路的安全问题,他们不仅采用了列车自动控制系统、行车安全管理系统、引入了计算机辅助的行车指挥系统(即 COM TRAC 系统),而且也加强了自然环境的预测和报警,在高速铁路干线上安装了大量的灾害检测与报警设备,包括地震仪、雨量计、水位报警器、风速监测装置、降雪积雪监测器、长轨温度报警装置和地表滑落报警装置等。

德国铁路的隧道安全系统由两个等级构成。第一级为安全硬件保障系统,第二级就是安全预防措施程序包。第一级的安全系统部件还不能避免出现事故时,就应由第二级起作用,安全预防措施程序包括:阻止事故发生的措施、降低事故后果或防止事故扩大的措施、容易进行自救或减低自救难度的措施、降低外部救援难度的措施。英吉利海峡隧道高速铁路采用了特殊的行车安全保障措施。这条客货混运的高速铁路除了采用高速铁路通常运用的安全措施外,还突出地运用了两大新系统,一是火警系统,另一是抢救系统。为了预防可能的火灾,在 50 km 的隧道内安装了 31 个火情检测设备,对隧道内的空气质量进行分析,一旦发生火情信息,除能及时向控制中心发出报警外,还能自动与地面及车上的火警系统互相联系,并进行自动灭火,以确保在发生紧急情况时旅客的安全。抢救系统能保证列车在隧道内行驶一旦发生险情时,可以进行紧急处理,确保旅客与货物能安全地脱离险地。

借鉴学习国外的成熟的经验,对于铁路环境灾害的监测,可在基础设备检测到各类环境灾害后,利用计算机技术、数据通信技术、软件技术实现信息传输及信息综合管理,同时与综合安全监控系统组网,以实现对灾害的监测。目前针对客运专线就建立了防灾安全监控系统,以保证列车正常、安全的运行。

### 四、环境灾害监控技术

(1)雨量及洪水监测系统

①系统构成

该系统由水文气象数据采集终端(风速、风向、气温、气压、雨量、水位、冲刷探测、洪水测量及防撞监视等)、数据处理与预报(中央装置)、数据传输与控制三大部分组成,系统结构如图6-10所示。

②监测站设置地点

经过多年的经验研究,雨量及洪水监测站点建议在如下地区:

a. 沿线5年一遇日最大降水量大于100 mm的区间,每间隔约25 km处。

b. 位于山坡山脚地带的填土路基,有可能发生滑坡、泥石流或路基下沉的路堑、路堤、隧道入口等处。

c. 雨量计一般宜设在综合维修段、综合工区或车站所在地附近。

d. 水位观测仪及冲刷测量仪设于冲刷威胁桥梁安全的桥址处。

e. 洪水测量仪设于洪水频发地区和重要河流上游。这些地区应根据当地水文气象、地质地理条件,历史上洪涝资料,通过相应的"产汇流模型"及河道洪水"演进模型",对未来洪水进行预测预报并进行具体选点。

f. 防撞监视仪设于通航且可能发生船舶撞击桥梁,威胁行车安全的河流上。

③报警及相应措施

降雨警报标准及行车管制措施、巡检区域或巡检方式按各区段线路基础状况、气候与地理条件和致灾洪水强度综合分析结果而定。雨量按小时雨量、连续雨量、累计雨量来确定警戒值。

对重点警戒区段,过去有过破坏历史的,按该地历史记录中破坏时的最小值的90%作为发布警戒的标准;无破坏历史的,按过去10年间5~11月的最大累计降雨量的90%作为发布警戒的标准值。水位及冲深警报标准还应综合桥梁梁底到水面净高、禁止通航水位、桥墩台耐冲刷能力、护岸提防强度等加以考虑。

警报标准达到警戒及巡检标准时,应加强地面巡检或添乘巡检,异常情况及时报调度中心;综合工区应作好加固与维修准备工作;车站应做好救援的准备工作。

雨后,路基等结构物受害程度可能要经过一定时期才能有所反映,因此需根据现场实际情况,地面巡检或添乘巡检确认安全后,才能按一定的标准恢复运输。

(2)强风监测系统

①系统构成

该子系统可以与雨量、洪水监测子系统给合为一个子系统,共用TRU远控终端,便于管

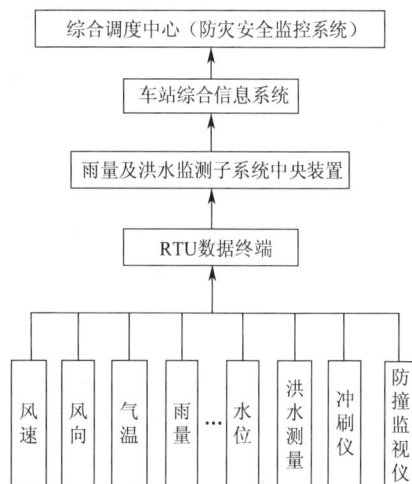

图6-10　雨量及洪水监测子系统结构

理维修。

图 6-11 为常采用的一种风监测系统构成图。风向风速计通过其附带的变换器将模拟电信号变换成数字信号，经由各自的信号发送装置，通过一对电缆发送至分析记录装置接收，外部接口与 RTU 联接。

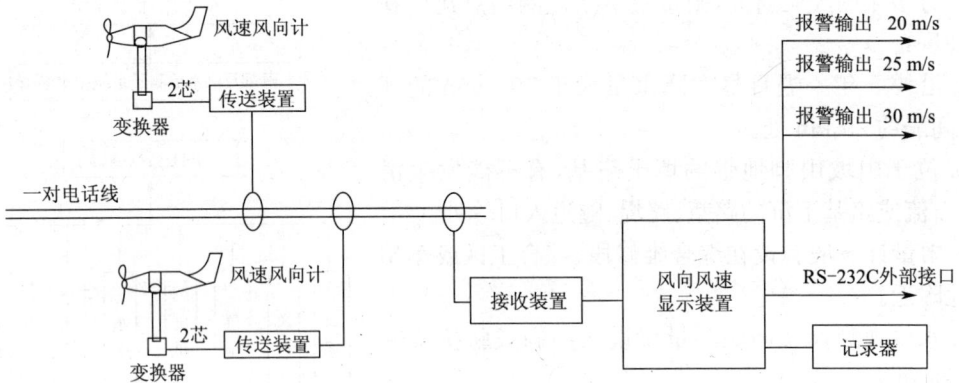

图 6-11　风向风速监测子系统构成图

②探测器的设置地点

特大桥梁、车站、变电所一般要设风向风速计；空旷地带风期长、风力强劲的风口地区也应设置风向风速计。气象部门只能提供大范围的气象概况，这种粗略的天气形势不能可靠地对具体的行车地段进行预报。强风时的行车警戒值通常以瞬时值为基准，风的危害与地区条件关系密切，在所有重要的区段都必须进行实时监测。

（3）地震监测系统

根据我国《铁路工程抗震设计规范》（GBJ 111）的规定，位于地震烈度大于Ⅶ度地区的结构物，应进行抗震设计。因此也暂定在地震烈度大于等于Ⅶ度地区设地震监测系统，而烈度Ⅶ度相当于地震动峰值加速度为 0.19（注：地震动峰值加速度 0.19 相当于震级烈度Ⅶ级，0.29 相当于Ⅷ级，0.49 当于Ⅸ级；19 等于 980 Gal）。

①系统构成

地震监测系统由拾震及数据处理设备、信息通信接口及传输设备、综合调度中心监视设备三部分组成，如图 6-12 所示。

拾震设备包括沿线变电所内的地震仪及特定地点的 P 波检测仪。变电所内的地震仪有两种，一种是加速度报警仪，另一种是显示用地震仪。

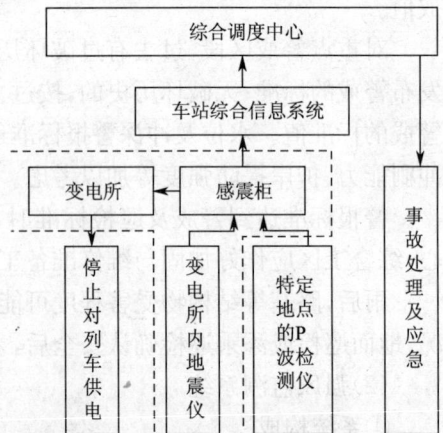

图 6-12　地震监测子系统构成

特定地点的 P 波检测仪应根据《中国及邻区地震震中分布图》(1990 年版),在历史上里氏震级超过 7.0 级且距线路 400 km 范围内大震震中位置附近,选取地表基岩处设置。

变电所内感震柜、车站综合信息系统与综合调度中心之间非实时处理信息,应采用高速铁路专用数据通信网传输,实时处理信息,进入专用通道传输。

综合调度中心监视设备接收车站综合信息系统传来的地震报警信息,以此控制沿线列车运行状态及组织救灾工作。

②报警及措施

加速度报警仪检测到 45 Gal 的水平地震加速度时发出警报信号,并应根据震后线路的地震烈度或地震动加速度来决定巡检区间、巡检方式和列车的限速要求。加速度预警水平定为 45 Gal 的依据是:模拟计算铁路路堤及各种桥梁在几种典型地震动波激励下的动力响应系数(统计最大值为 $D=2.55$);确定保证列车正常运行的轨道横向加速度值$[A]$,目前国内初步定为 120 Gal,将该值还原到自由场地,可将预警水平定义为:$[A]/D=120/2.55=47$ Gal。为安全起见,建议取 45 Gal。

变电所内显示用地震仪可显示水平地震加速度波形,进一步判断加速度报警仪发出警报的可靠性,并为震后运行管制提供数据。由加速度报警仪发出的警报,应根据震后线路的烈度值来决定巡检区间、巡检方式和列车的限速要求,以及控制变电所停止供电。由 P 波检测仪发出的警报,应根据检测到的地震信息(震级及震中距)对线路进行分级。根据线路级别,并综合考虑地震发生时降雨量、轨温及线路能见度决定巡检区间、巡检方式和列车的限速要求,以及控制变电所停止供电。

(4)其他灾害监测及安全防护工程

为避免闲人进入铁路线路范围内有碍列车运行,沿线路两侧或在铁路用地限界处,设置金属防护网,每隔一定距离设禁止入内警示牌。线路上有可能发生崩坍、落石的地段,应设防护栅及监视报警系统,以保证高速线路受侵的信息及时传输到综合调度中心,控制列车的运行。

公路跨越铁路或与铁路并行(公路低于铁路 1.5 m 以上除外),在公路与铁路的交界处,应设置防止汽车翻落及异物跌落的防护工程,并考虑在汽车的来向端及去向端适当延长防护工程范围。与防护工程同时设置边界故障报警装置。铁路跨越或并行公路、既有铁路,其桥墩外侧面认为有必要时,应设防撞击设施。

明线区间两侧和隧道内两侧分别交错设置列车防护开关,站台上每隔一定距离设列车防护开关。可通过控制 ATC 信号使列车安全停车。设置防护开关的地点设置防护电话,便于现场与综合调度中心联系。防护电话可采用有线或无线通信。

凡有高速列车通过的站台,在站台安全线设置固定防护栅和车门处的活动防护栅。

# ？复习思考题

1. 列车冲突的形式一般分为哪几种？
2. 请描述防止列车脱轨的基本原理。
3. 如何计算颠覆临界速度？
4. 超载超限的危害有哪些？
5. 请描述超载超限检测原理。
6. 铁路超载超限检测方法有哪些？
7. 简述火灾爆炸的几种检测方法。
8. 简述环境灾害的类型及其检测方法。

# 第七章　铁路运输安全保障技术

安全保障技术是在传统的电子技术、计算机技术、数据库技术、信息处理技术、控制与系统技术和智能自动化技术等相关技术的基础上，以安全信息的流向为线索，综合运用安全信息的获取技术、传输技术、处理技术、诊断技术以及监控预警技术，形成完善的安全保障技术体系。本章以铁路运输安全信息为研究对象，从信息的采集、传输、分析及处理等环节全面分析了安全保障技术在铁路安全保障中的应用。

## 第一节　安全保障技术基础

安全保障技术以"消除隐患、降低风险、防范事故、减少损失"为宗旨，以铁路安全保障相关设备为载体构建全时空的安全监管和规范化管理的运输保障体系，实现对铁路运营的安全保障和维护。

（1）安全信息获取技术。安全信息获取是安全保障技术的基础，通过应用传感器技术、轨道电路、模式识别等信息获取手段实现将人、机、环境的相关安全原始信息转换成能为人所直观识别、理解的信息，为安全信息处理及决策提供数据基础。

（2）安全信息传输技术。在铁路运输的过程中，安全信息传输主要通过有线和无线两种方式。通过无线方式将车载安全信息传至地面，并将地面安全控制指令传向列车。同时，通过有线方式实现车内以及地面不同区域之间的信息交互，从而实现安全保障的协调联动，为铁路行车提供坚实的保障基础。

（3）安全信息处理技术。通过对采集的安全数据进行整合与共享，建立分析模型对获取信息进行分析处理，辅助交通管理者作出决策，主要包括信息预处理与信息综合处理两个环节。

（4）安全评估技术。利用获取的安全信息对铁路运行过程中潜在的风险因素进行辨识和分析，判断系统发生事故和危害的可能性及其严重程度，通过评估方法建模分析实现对铁路运行过程的安全性评估。

（5）安全预警技术。通过安全系统工程学方法，利用先进技术，及时对获取的安全信息进行分析预测，对各种铁路安全危害征兆进行监测、识别、诊断与评价，并及时报警。

（6）安全保障决策支持技术。利用获取的安全信息，通过构建模型、模型实验、知识推理等决策支持手段，为决策者提供决策方案并在方案实施过程中提供指导。

（7）安全监控技术。通过各类铁路安全监控设备实现对铁路运行相关设备状态的监视，如火灾检测及车轴、车门空调、噪声等的安全控制，钢轨、机车动力和制动方面的安全检测等，为铁路安全运行提供保障。

（8）应急救援技术。当突发事件发生时，调动一切应急所需资源包括组织、人力、物力等各种要素实施救援，最大限度地减少人员伤亡和财产损失、防止事故扩大和蔓延，清理事故现场，抢修损坏设备，尽快恢复铁路运输秩序。

**一、安全状态获取技术**

安全状态获取技术主要有传感器技术、轨道电路技术、视频图像技术和射频识别技术。

（一）传感器技术

传感器技术是数据采集、状态获取领域应用最为广泛的技术之一，与信息技术、计算机技术被并列称为现代信息产业的三大支柱。随着现代测量、控制和自动化技术的发展，传感器技术在工业生产自动化、能源、交通、灾害预测、安全防卫、环境保护和医疗卫生等领域得到广泛应用。

传感器作为传感器技术的载体，是信息采集的首要环节，是实现现代化测量和自动控制的重要组成部分。所谓传感器是将各种非电量（包括物理量、化学量、生物量等）信号按一定规律转换成便于处理和传输的另一种物理量（一般为电量）的装置。而传感器技术是利用各种功能材料实现信息检测的一门应用技术，是检测（传感）原理、材料科学、工艺加工三个要素的最佳结合。

目前，传感器技术在铁路安全保障体系中有着非常广泛的应用，狭义的传感器主要表现为利用传感器实现对各种参数（温度、压力、流量、物位和气体成分等）的监测与控制，如利用速度传感器、电压传感器、电流传感器获取列车运行信息，利用温度传感器、风速风向计获取环境信息等。广义的传感器技术还包括超声波探测技术以及红外探测技术等。

1. 传感器的组成

传感器一般由敏感元件、转换元件和测量电路三部分组成，有时还需要加辅助电源，用方框图表示，如图7-1所示。

（1）敏感元件。在完成非电量到电量的变换时，将被测非电量预先变换为另一种易于变换成电量的非电量，然后再变换为电量。能够完成预变换的器件称为敏感元件，又称预变换器。如在传感器中各种类型的弹性元件常被称为敏感元件，并统称为弹性敏感元件。

图 7-1 传感器的组成方框图

（2）转换元件。将感受到的非电量直接转换为电量的器件称为转换元件，例如压电晶体、热电偶等。需要指出的是，并非所有的传感器都包括敏感元件和转换元件，如热敏电阻、光电器件等。而另外一些传感器，其敏感元件和转换元件可合二为一，如固态压阻式压力传感器等。

（3）测量电路。将转换元件输出的电量变成便于显示、记录、控制和处理的有用电信号的

电路称为测量电路。测量电路的类型视转换元件的分类而定,经常采用的有电桥电路及其他特殊电路,如高阻抗输入电路、脉冲调宽电路、振荡回路等。

传感器检测原理指传感器工作时所依据的物理效应、化学反应和生物反应等机理。各种功能材料则是传感技术发展的物质基础,从某种意义上讲,传感器也就是能感知外界各种被测信号的功能材料。

2. 传感器的分类

按照传感器不同的技术特点,传感器共有七种分类方法:

(1)电传送、气传送及光传送传感器。

(2)位式作用和连续作用传感器。

(3)有触点及无触点传感器。

(4)模拟式及数字式传感器。

(5)常规式及灵巧式传感器。

(6)接触式及非接触式传感器。

(7)普通型、隔爆型及本安型传感器。

3. 超声波探测技术

近些年来,超声波技术在钢轨探伤、轨道不平顺检查等领域有着非常广泛的应用。

(1)超声波基础知识

声波是声源的振动在介质中传播而产生的,如果以频率($f$)来表征声波,并以人的可感觉频率为分界线,可把声波划分为次声波($f<20$ Hz),可闻声波($20$ Hz$\leqslant f\leqslant 20$ kHz)及超声波($f>20$ kHz)。超声波是指频率约高于 $20$ kHz(超过人耳可听范围)的声波。超声波因为波长较短,即使小缺陷引起的反射也比较大。超声波探伤由于具有较高灵敏度,设备比较简单,对人体无害,检测费用低,易于实现自动化等优点,因此使用极为广泛。

描述超声波在介质中传播的主要参数除声速、频率、周期、波长以外,还有声压 $P$、声强 $F$ 及声阻抗 $Z$。

充满超声波的空间称为超声场。从物理学观点来看,超声场是没有边界的,一个声源所产生的超声波在无穷大的弹性介质中将传播到无穷远处,但超声波探伤所要探测的对象(工件)都是有一定范围、尺寸和形状的有限介质,因此我们主要研究离辐射声源一定距离范围内的超声场,并用声压、声阻抗和声强几个物理量加以描述。

①声场结构

超声场的形貌随波源和传播介质形状、尺寸等不同而各异。一般以圆形晶片辐射声波来描述超声场的结构,如图 7-2 所示。

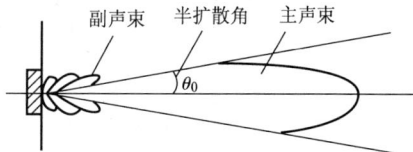

图 7-2 晶片辐射声场示意图

当晶片在高频电场作用下产生振动,经耦合后向工件辐射时,该波源可看作由无数的子波组成,每个子波在空间发出球面波,相互叠加形成超声场的特殊结构。

②声场中声压分布规律

图 7-3 为圆晶片声轴上的声压分布曲线，由此可将晶片辐射声场分成以下两个区域：

a. 近场区($0 \leqslant Z \leqslant N$)

邻近换能器并具有复杂声束能量的区域叫近场区，又称近场干涉区。近场内声轴上的声源高低起伏变化剧烈，距声源越近，声压最大值和最小值的点分布越密。由于近场区声压分布的复杂性，对检测和定量带来一定的困难，应尽量避免在近场区探伤、定量。

b. 远场区($Z > N$)

近场以远的声场即阈值"$N$"以外的区域称为远场区。在远场区内超声波以一定的指向角传播，而且随着距离的增大，声压幅值呈单调下降。当 $Z > 3N$ 时，声压的变化规律和球面波相似，因此在探讨远场中声压变化规律时均运用球面波声压关系式进行计算。

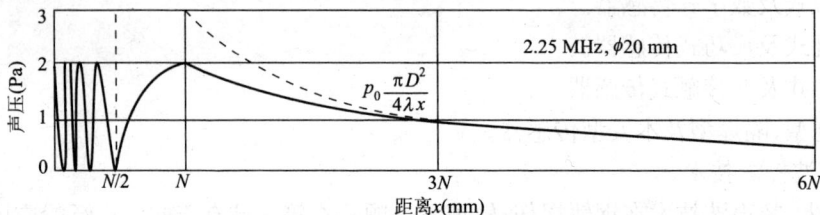

图 7-3　圆盘源中心轴线上的声压分布

（2）超声波探伤技术

①超声波探伤的基本方法

a. 脉冲反射法

脉冲反射法根据反射脉冲信号幅度及其在荧光屏上显示的位置来判断缺陷。它是超声波探伤中应用最广泛的方法。图 7-4 所示为脉冲反射法的工作原理及缺陷显示方式。

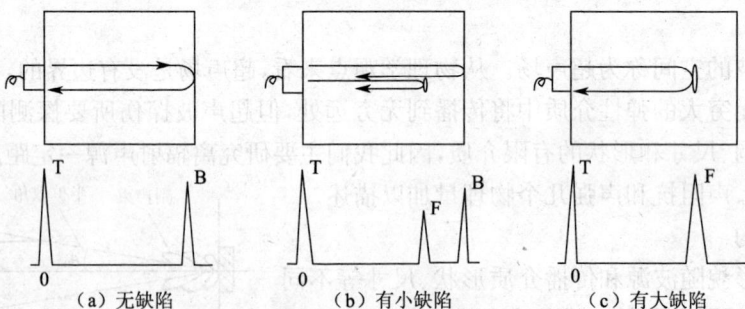

（a）无缺陷　　　　　　（b）有小缺陷　　　　　　（c）有大缺陷

图 7-4　脉冲反射法探伤原理

脉冲反射法的优点是：适应范围广，探伤灵敏度高，缺陷定位准确，操作方便。其缺点是：反射波受缺陷取向的影响，超声波在传播过程中衰减大，对近表面缺陷的探测能力差。

b. 穿透法

这是最早采用的超声波探伤方法。其原理是一个探头发射的超声波透过整个工件被另一个探头接收,根据超声波在工件中的能量变化来判断缺陷或工件质量。图 7-5 为穿透法的工作原理及缺陷显示方式。

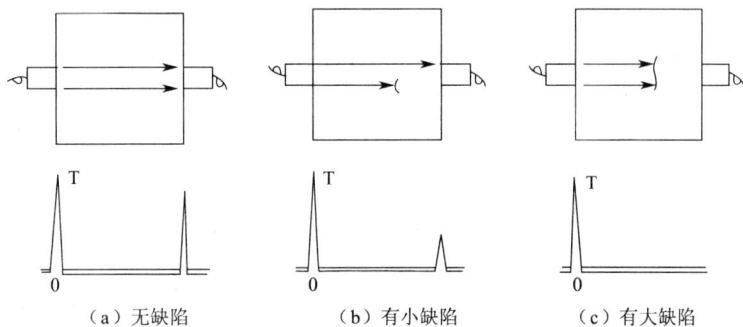

| （a）无缺陷 | （b）有小缺陷 | （c）有大缺陷 |

图 7-5 穿透法探伤原理

穿透法的优点:工作中不存在探测盲区,超声波传播中衰减小,判定缺陷方法简单,适用于连续的自动化探伤。其缺点是:探伤灵敏度低,分辨率差,不能确定缺陷位置,一般需要专用的探头夹持装置。

c. 共振法

共振法根据超声波在工件中产生共振的状况进行检测,如图 7-6 所示,广泛用于对脉冲反射法不能探测的薄板厚度测定。其原理是当试件的厚度为超声波的半波长度或半波长度的整数倍时,由于入射波和反射波的相位相同而引起共振,仪器可显示出共振频率,用相邻的两个共振频率之差计算出工件厚度 $\delta$:

$$\delta = \frac{c}{2(f_n - f_{n-1})}$$

式中 $f_n$——第 $n$ 点的共振频率;

　　　　$c$——被检试件的声速。

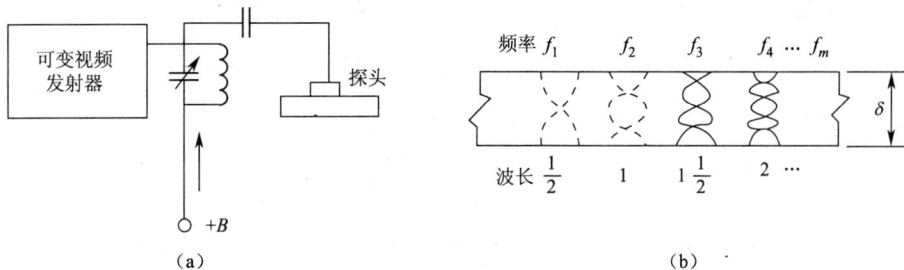

图 7-6 共振法测厚计示意图

②超声波脉冲探伤方法的分类

超声波脉冲探伤方法的分类和作用如下：

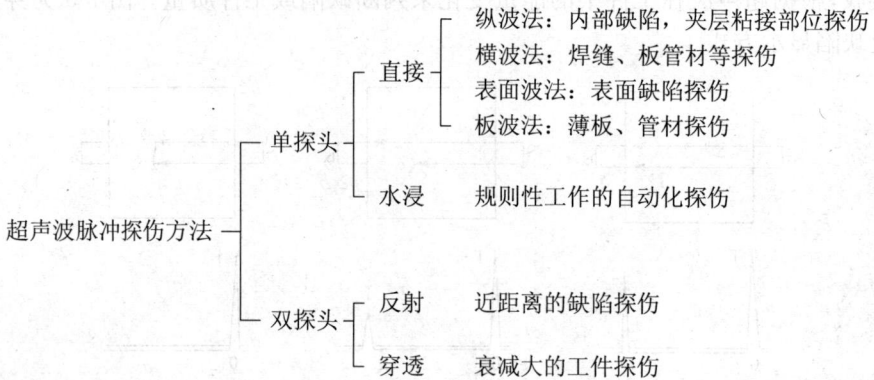

```
                                   ┌ 纵波法：内部缺陷，夹层粘接部位探伤
                            ┌ 直接 ┤ 横波法：焊缝、板管材等探伤
                            │      │ 表面波法：表面缺陷探伤
                     ┌ 单探头┤      └ 板波法：薄板、管材探伤
                     │      │
超声波脉冲探伤方法 ───┤      └ 水浸   规则性工作的自动化探伤
                     │
                     └ 双探头┌ 反射   近距离的缺陷探伤
                            └ 穿透   衰减大的工件探伤
```

除穿透法外，上述各种探伤方法均属于脉冲反射式探伤，现结合钢轨探伤实际，重点介绍纵波法和横波法。

a. 纵波法

多数以直探头发射纵波垂直入射工件进行探伤的方法，又称垂直法。根据缺陷性质和材质检验的需要，纵波垂直法又分一次脉冲反射法和多次脉冲反射法。

a)一次脉冲反射法

当工件内无缺陷时，荧光屏只显示始波 T 和底波 B[图 7-7(a)]，当工件内有较小缺陷或受探测条件限制，缺陷只遮挡声束的一部分时(如钢轨螺孔的单侧裂纹)荧光屏上除显示始波、底波外还显示缺陷波 F[图 7-7(b)]，缺陷回波的幅度和位置与缺陷面积及离探测面距离有关。当缺陷大于声束直径且垂直于声束时，荧光屏上只显示始波和缺陷波[图 7-7(c)]。

b)多次脉冲反射法

这是依据工件底面反射波的次数及变化对工件质量进行检测的方法(图 7-7)。

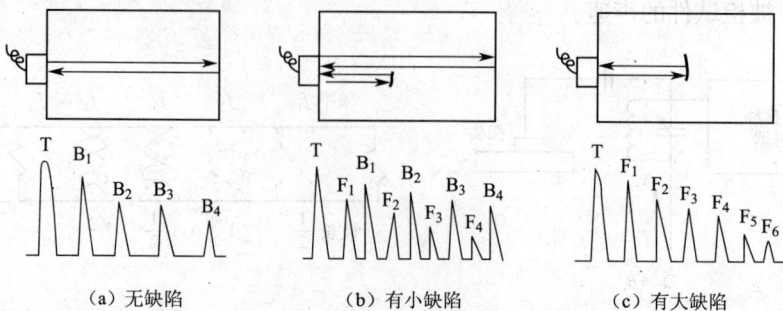

（a）无缺陷　　　　　　（b）有小缺陷　　　　　　（c）有大缺陷

图 7-7　底面多次反射法

当工件内无缺陷时,在荧光屏上将显示底波的多次反射[如图 7-7(a)所示],并随着声波往复多次,底波的幅度逐次递减。若工件内有较小的缺陷时,每次反射底波前,同时显示缺陷波[如图 7-7(b)所示],如果缺陷遮挡了整个发射声束,荧光屏上将显示缺陷的多次反射波[如图 7-7(c)所示],反射波的次数与发射声波的能量、缺陷的位置有关,在钢轨的探伤中,发现轨头至下颚间的水平裂纹常有这种显示。

工件内存在吸收性缺陷(如疏松)时,发射声波被缺陷吸收,底波反射的次数明显减少或第一次反射底波后,能量全部消耗,这种显示在同类型批量工件检测中经常作为对材质的评估和工件底面光洁度、平整度的检验。钢轨探伤中发现 0°探头失(缩)底波引起的常报警,除纵向裂纹外,多数判断轨底(或轨腰)锈蚀严重,这种判断在某种意义上是依据上述原理。

纵波法中除垂直法外,还有纵波斜射法。超声纵波进入工件的方向与界面法线形成一定角度,可发现与探测不平行而与声束垂直的倾斜裂缝,钢轨探伤中选用的折射纵波为 18°,轨道车不解体轮轴的探伤中,选用纵波小角度探头都是采用纵波斜射法检测螺孔小角度裂缝和车轮镶入部位轴承座部位的裂缝。纵波斜射法原理与横波斜射法相同,但折射声束方向的选取受到一定限制,因折射波中还有横波的成分,折射角越大则横波能量上升越大,因而影响探伤结果的评定。

b. 横波法

以纵波入射经过楔块及耦合等介质在工件内转换成横波进行探伤,称为横波法。因透入工件的横波与探测面形成锐角,故又称斜角法。

a)单探头法

单探头法是利用一个探头(包括双晶片探头)兼作发射和接收的探伤方法,主要适用于与声束垂直的片状或立体状缺陷的探测,对于与声束轴线倾斜的缺陷难于检测。在钢轨探伤中,探头定期改变探测方向,就是为了避免与声束倾斜的核伤漏检。

b)双探头法

使用两个探头探伤的方法能发现单探头法难以检测的缺陷。其中:并列式用于工件厚度薄或近表面缺陷检测,同样也有利于对与声束轴线不垂直的缺陷探伤;K 形式和串列式主要用于对垂直于探测面缺陷的检测;交叉式多数运用于焊缝探伤,例如钢轨气压焊接头轨底三角区缺陷探测就是运用交叉式;V 形式除能发现与探测面平行的缺陷外,还可以测定工件表面耦合补偿值。

c)多探头法

指由两个以上探头组合进行探伤的方法。例如,为解决钢轨焊缝的全断面探伤,铁道部科学研究院金化所曾研制了多晶片组合的阵列式探头。它的优点是自轨头至轨底的各不同部位均有一组收发探头对应,不用移动探头,只要按序按动琴键,即可由轨头至轨底全面扫查。

4. 红外探测技术

红外线是太阳光谱中红光外的不可见光,其波长范围相当宽,为 0.75~1 000 $\mu m$。红外线探测技术实质上是红外线测温技术。由于装备发生故障绝大部分都直接或间接与温度的变化有关,因此红外线测温技术可以被用来诊断故障。目前,红外线测温仪器很多,有测定温度的,有只对温度场成像的,也有既可成像又可实时显示温度值的。根据用途可将红外线诊断技术分为红外线测温技术和红外线成像技术。在铁路安全保障中,红外探测技术的主要应用包括:

(1)红外线测温技术

由红外线辐射的基本定律可知,被测物体表面的辐射系数为常数时,它的辐射功率与其绝对温度的 4 次方成正比。因此物体表面温度的检测就变成对其辐射能量的检测,通过红外线辐射能量的测量,再经过黑体标定,就能够确定被测物体的温度。红外线测温与传统的接触测温不同,它是非接触测温,而且测温速度快,测温范围宽,灵敏度高,对被测温度场无干扰,可动态测温和远距离测温。

(2)红外线成像技术

红外线成像技术是将被测物体的红外线辐射转换为可见图像,从而使人们的视觉范围扩送入显示器显示出热像。

红外线测温技术除在现代军事上有着广泛的应用外,在国民经济各部门也有着大量的应用。由于它是遥测、遥感的非接触测量方式,可用于高温、高压、高电压、高速旋转状态下的各种检测。红外线轴温检测技术是一种不停车情况下检测轴温的技术,利用列车运行中轴箱发射的红外线辐射来发现热轴的故障。在铁路两侧,每隔 30 km 安装一个红外线轴温探测器,红外线探头中的光学系统将机车车辆轴箱的红外线辐射聚集到红外线探测元件上,将其转换为电脉冲信号,经过放大处理后进行显示、存储。轴的温度越高,输出的电脉冲信号越大。一旦有热轴信息,就会将热轴所处的车辆位数、位置准确地通知现场。另外,在重要的旅客列车上安装轴温在线监测系统,每个轴箱上均安装了温度传感器,可以采用热敏电阻,把温度信号变成电信号,经处理后显示出轴承的实时温度,实现了列车运行中对轴温的在线监测。

5. 模式识别技术

所谓模式识别就是根据模式的特性,将具有相似性模式的集合表达为模式类,模式识别就是根据模式的特性将具有某种特性的观察对象(即模式)归入某一模式类。

模式识别包括分析和判断两个过程,全过程如图 7-8 所示,其每一个阶段设计的好坏都会对全盘的工作产生严重的影响,所以每一阶段都应争取尽可能完美的效果。由于被识别的对象大多是具有不同特征的非电量,如灰度、色度、声音、振动、温度等,首先要将它们转变为电信号,然后通过 A/D 变换将它们转换为能由计算机处理的数字量,因此模式识别也是一种广义的传感器。

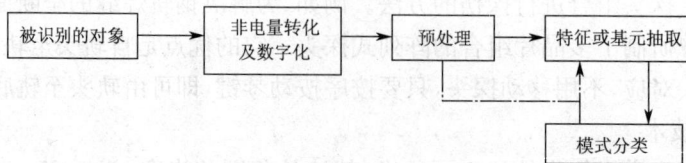

图 7-8　模式识别过程

模式识别的基本方法包括：

（1）统计模式识别

基本思想和步骤：用随机量（特征向量）表示观察对象，用有穷（或无穷）具有相似数值特性的模式组成的集合表示模式类。识别方法是：首先将模式用从中提取的一组特性度量构成特征向量来表示，然后划分特征空间予以分类。

（2）结构模式识别（句法模式识别）

基本思想和步骤：将复杂模式描述成由比较简单的子模式组成的多级结构。然后逐次将模式分析为子模式，子模式再逐次分为更简模式，甚至达到所分解模式比识别模式更容易识别为止。

（3）模糊模式识别

基本思想和步骤：该识别法根据模糊数学原理，将模式模糊化，用模糊数法最大隶属度原则或最大贴近度原则进行归类，从而达到模糊模式识别结果。模糊模式识别的思维方法比较接近于人脑的思维方法，人脑思维所具有的低静的特点，更适合于模糊识别。

（4）神经网络模式识别

基本思想和步骤：利用信息融合技术，将多分类器提供的信息加以融合，并充分利用多分类器的互补性达到提高分类的准确度，从而得到更为满意的结果。

（二）轨道电路技术

轨道电路是铁路信号自动控制的基础设备。利用轨道电路可以自动检测列车、车辆的位置，控制信号机的显示；通过轨道电路可以将地面信号传递给机车，从而可以控制列车运行。

1. 轨道电路原理

轨道电路以铁路线路的两根钢轨作为导体，两端加以电气绝缘或电气分割，并接上送电和受电设备构成电路。当两根钢轨完整，且无车占用，即轨道电路空闲时，电流通过两根钢轨和轨道继电器，使轨道继电器吸起，前接点闭合，信号开放。当列车占用轨道电路时，电流通过机车车辆轮对，轨道电路被分路。由于轮对电阻比轨道继电器电阻小得多，使电源输出电流显著加大，限流电阻上的压降随之增加，两根钢轨间的电压降低，流经轨道继电器的电流减少到它的落下值，使轨道继电器落下，后接点闭合，信号关闭。同时，当轨道电路发生断轨、断线时，同样会使轨道继电器落下。

2. 轨道电路分类

（1）按轨道电路的工作方式分为开路式和闭路式轨道电路。闭路式轨道电路能够检查轨道电路的完整性，所以目前信号设备中多采用闭路式轨道电路。

（2）按牵引电流通过方式分为单轨条和双轨条轨道电路。双轨条轨道电路工作比单轨条轨道电路稳定可靠，极限长度基本上可以满足闭塞分区长度的要求，但成本高。电气化区段多采用双轨条轨道电路。

（3）按相邻钢轨线路的分割方法分绝缘式和无绝缘式轨道电路。

（4）按信号电流性质分直流和交流、连续式和脉冲式供电等几种。我国目前应用的有：50 Hz 轨道电路、25 Hz 相敏轨道电路、微电子交流计数轨道电路和移频轨道电路（有 4 信息、8 信息、18 信息和 UM71、ZPW2000）。

**3. 轨道电路的工作状态**

根据轨道电路的基本要求，在设计、计算和研究时，应分析以下三个状态：

（1）调整状态是轨道电路空闲、线路完整，受电端正常工作时的轨道电路状态；其最不利条件是参数的变化是通过轨道继电器的电流最小，即电源电压最小，钢轨阻抗最大而道砟电阻最小。

（2）分路状态是两条钢轨间被列车车轮对或其他导体连接，使轨道电路受电端设备能反映轨道被占用的轨道电路状态；其最不利条件是参数的变化是通过轨道继电器的电流最大，即电源电压最大，钢轨阻抗最小而道砟电阻最大。

（3）断轨状态是轨道电路的钢轨被折断时，轨道电路受电端设备能反映钢轨断轨的轨道电路状态；其最不利条件是参数的变化是通过轨道继电器的电流最大，除了与电源电压最大，钢轨阻抗最小有关系外，还与断轨地点和道砟电阻大小有关。

**（三）射频识别技术**

射频识别（Radio Frequency Identification，RFID）技术利用无线射频方式在阅读器和射频卡之间进行非接触双向数据传输，以达到目标识别和数据交换的目的。与传统的条型码、磁卡及 IC 卡相比，射频卡具有非接触、阅读速度快、无磨损、不受环境影响、寿命长、便于使用的特点和具有防冲突的功能，并能同时处理多张卡片。目前，RFID 技术在我国铁路车号自动识别、站台等门禁自动鉴别、行车数据获取等领域有着广泛的应用。

最基本的 RFID 系统由三部分组成：

（1）标签（Tag，即射频卡）：由耦合元件及芯片组成，标签含有内置天线，用于和射频天线间进行通信。

（2）阅读器：读取（在读写卡中还可以写入）标签信息的设备。

（3）天线：在标签和读取器间传递射频信号。

阅读器通过发射天线发送一定频率的射频信号，当射频卡进入发射天线工作区域时产生感应电流，射频卡获得能量被激活；射频卡将自身编码等信息通过卡内置发送天线发送出去；系统接收天线接收到从射频卡发送来的载波信号，经天线调节器传送到阅读器，阅读器对接收的信号进行解调和解码然后送到后台主系统进行相关处理；主系统根据逻辑运算判断该卡的合法性，针对不同的设定做出相应的处理和控制，发出指令信号控制执行机构动作。原理如图 7-9 所示。

在耦合方式（电感-电磁）、通信流程（FDX、HDX、SEQ）、从射频卡到阅读器的数据传输方法（负载调制、反向散射、高次谐波）以及频率范围等方面，不同的非接触传输方法有根本的区别，但所有的阅读器在功能原理上以及由此决定的设计构造上都很相似，所有阅读器均可简化为高频接口和控制单元两个基本模块。高频接口包含发送器和接收器，其功能包括：产生高频发射功率以启动射频卡并提供能量；对发射信号进行调制，用于将数据传送给射频卡；接收并解调来自射频卡的高频信号。不同射频识别系统的高频接口设计具有一些差异，电感耦合系统的高频接口原理如图 7-10 所示。

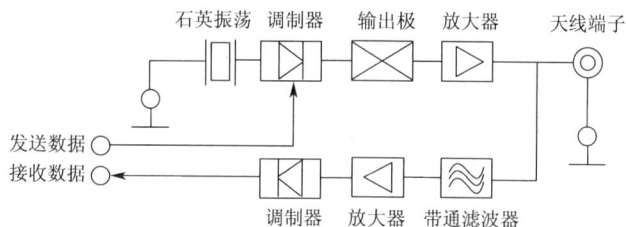

图 7-9　RFID 原理

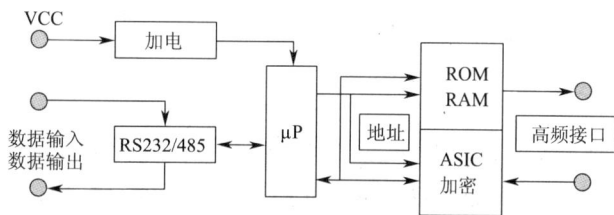

图 7-10　电感耦合系统的高频接口原理

阅读器的控制单元的功能包括：与应用系统软件进行通信，并执行应用系统软件发来的命令；控制与射频卡的通信过程（主-从原则）；信号的编解码。对一些特殊的系统还有执行反碰撞算法，对射频卡与阅读器间要传送的数据进行加密、解密以及进行射频卡和阅读器间的身份验证等附加功能。

射频识别系统的读写距离是一个很关键的参数。影响射频卡读写距离的因素包括天线工作频率、阅读器的 RF 输出功率、阅读器的接收灵敏度、射频卡的功耗、天线及谐振电路的 $Q$ 值、天线方向、阅读器和射频卡的耦合度，以及射频卡本身获得的能量及发送信息的能量等。大多数系统的读取和写入距离是不同的，写入距离大约是读取距离的 $40\%\sim80\%$。

按照不同的方式，射频卡有以下几种分类：

(1)按供电方式分为有源卡和无源卡。有源是指卡内有电池提供电源，其作用距离较远，但寿命有限、体积较大、成本高，且不适合在恶劣环境下工作；无源卡内无电池，它利用波束供电技术将接收到的射频能量转化为直流电源为卡内电路供电，其作用距离相对有源卡短，但寿命长且对工作环境要求不高。

(2)按载波频率分为低频射频卡、中频射频卡和高频射频卡。低频射频卡主要有 125 kHz 和 134.2 kHz 两种，中频射频卡频率主要为 13.56 MHz，高频射频卡主要为 433 MHz、

915 MHz、2.45 GHz、5.8 GHz 等。低频系统主要用于短距离、低成本的应用中,如多数的门禁控制、校园卡、动物监管、货物跟踪等。中频系统用于门禁控制和需传送大量数据的应用系统;高频系统应用于需要较长的读写距离和高读写速度的场合,其天线波束方向较窄且价格较高,在火车监控、高速公路收费等系统中应用。

(3)按调制方式的不同可分为主动式和被动式。主动式射频卡用自身的射频能量主动地发送数据给读写器;被动式射频卡使用调制散射方式发射数据,它必须利用读写器的载波来调制自己的信号,该类技术适合用在门禁或交通应用中,因为读写器可以确保只激活一定范围之内的射频卡。在有障碍物的情况下,用调制散射方式,读写器的能量必须来去穿过障碍物两次。而主动方式的射频卡发射的信号仅穿过障碍物一次,因此主动方式工作的射频卡主要用于有障碍物的应用中,距离更远(可达 30 m)。

(4)按作用距离可分为密耦合卡(作用距离小于 1 cm)、近耦合卡(作用距离小于 15 cm)、疏耦合卡(作用距离约 1 m)和远距离卡(作用距离从 1~10 m,甚至更远)。

(5)按芯片分为只读卡、读写卡和 CPU 卡。

**二、安全信息传输技术**

随着铁路安全保障水平的不断提高,安全信息的传输已经成为铁路安全保障的关键环节。在铁路运输的过程中,需要将地面涉及列车速度控制的各种安全数据传输到机车上的车载设备,需要诸如列车所在区段、所占用股道、车站到发及通过时刻等列车运行实时信息传输到各级调度和管理部门,要将诸多分布在沿线、车站和列车上信号设备的运行数据和结果传输到各级列车运行监控系统等等。因此,在传统的铁路干、局线通信,区段通信,站场通信,无线专用通信,应急通信和列车通信等专用通信基础上,又采用了许多先进的信息传输技术,如光纤通信、无线通信、数字通信、移动通信、计算机网络通信、卫星通信等,进一步提升了铁路安全保障能力。

安全信息传输技术主要包括有线传输和无线传输技术两种。

(一)有线传输技术

有线传输以通信介质为载体实现信息的传输,主要包括计算机网络通信、现场总线通信和光纤通信等方式。

1. 计算机网络通信技术

计算机网络技术是通信技术与计算机技术相结合的产物,是指将地理位置不同的具有独立功能的多台计算机及其外部设备,通过通信线路连接起来,在网络操作系统、网络管理软件及网络通信协议的管理和协调下,实现资源共享和信息传递的计算机系统。连接介质可以是电缆、双绞线、光纤、微波、载波或通信卫星。计算机网络主要具有硬件资源共享、软件资源共享和用户间信息交换三方面的功能。

(1)硬件资源共享。可以在全网范围内提供对处理资源、存储资源、输入输出资源等设备的共享,便于集中管理和均衡分担负荷。

(2)软件资源共享。允许网上用户远程访问数据库资源,获取网络文件传送服务、远程管理服务以及远程文件访问服务等。

(3)用户间信息交换。计算机网络为分布在各地的用户提供了强有力的通信手段。用户可以通过计算机网络传送电子邮件、发布新闻消息和进行电子商务活动。

计算机网络可按网络拓扑结构、网络涉辖范围和互联距离、网络数据传输和网络系统的拥有者、不同的服务对象等不同标准进行种类划分。一般按网络范围划分为局域网(LAN)、城域网(MAN)、广域网(WAN)和互联网(Internet)。计算机网络由一组结点和链络组成。网络中的结点有两类:转接结点和访问结点。通信处理机、集中器和终端控制器等属于转接结点,它们在网络中转接和交换传送信息。主计算机和终端等是访问结点,它们是信息传送的源结点和目标结点。计算机网络的结构体系结构如图 7-11 所示。

计算机网络技术实现了资源共享,极大地方便了铁路安全信息的共享及传输。

### 2. 列车总线技术

为了实现列车中分散于各车辆中设备的协调工作以及列车运行过程中安全信息的传输,列车通信网络在初期串行通信总线的基础上逐步发展起来,它能够实现整列车中所有设备的信息共享、协调工作,以及故障的远程诊断和维护,为旅客提供信息服务等功能。

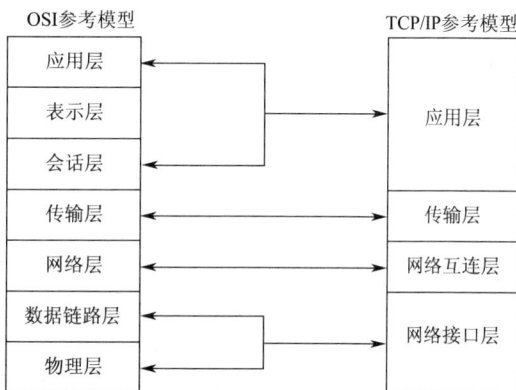

图 7-11　计算机网络体系结构

世界各国铁路列车车辆生产企业在各自发展过程中使用了不同的列车通信网络技术。目前广泛使用的列车通信网络有符合 IEC 标准的 TCN 网络(IEC61375)、符合 IEEE 标准的列车通信网络(IEEE1473,包括 TCN 网络和 LonWorks 网络)以及其他工业控制网络,如应用于TGV 高速列车 ARGAT 控制系统的 WorldFIP 网络、应用于日本新干线高速列车的ARCNET网络等。

(1)列车通信网络(TCN)

1988 年,受国际电工委员会(IEC)第 9 技术委员会(TC9)的委托,来自 20 多个国家(中国、欧洲、日本和美国,它们代表了世界范围的主要铁路运用部门和制造厂家)以及 UIC(国际铁路联盟)的代表组成的第 22 工作组(WG22),共同为铁路设备的数据通信制订一项标准。

1999 年 6 月,列车通信网络(TCN)标准——IEC61375 正式成为国际标准。我国于 2002年颁布的铁道部标准 TB/T 3025—2002 也将其正式确认为列车通信网络标准。

列车通信网络(TCN)由多功能车辆总线(Multifunction Vehicle Bus,MVB)和绞线式列车总线(Wired Train Bus,WTB)组成。其通用的拓扑结构如图 7-12 所示。

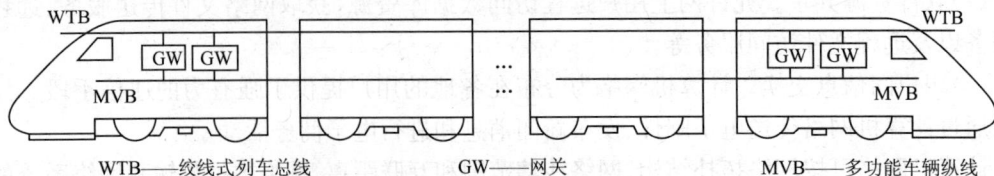

图 7-12　TCN通用总线结构

WTB 与 MVB 之间通过网关(节点)进行协议转换。列车总线 WTB 主要用于车辆之间的重联通信,其最大特点是具有列车初运行和烧结(通信连接器触点去氧化)等功能,能自动识别车辆在列车编组中的位置和方向,从而满足开式列车需要频繁编组等特殊要求;车辆总线 MVB 主要用于车辆内控制设备的互联。TCN 网络采用基于总线管理器(BA)的集中式介质访问控制,并支持介质和总线管理器的冗余,因而具有强实时性和高可靠性等特点。

(2)LonWorks 网络

LonWorks 是美国 Echelon 公司于 1991 年推出的一种局部操作控制网络协议,也是美国国家标准 ANSI/EIA 709.1—1998。它采用了面向对象的设计方法,通过网络变量把网络通信设计简化为参数设置;支持双绞线、同轴电缆、光纤、射频、红外线和电力线等多种传输介质,支持本质安全防爆;采用双绞线通信时,其通信速率从 300 bit/s 到 11.5 bit/s 不等,直接通信距离可达 2 700 m/78 kbit/t 每段 64 个节点和 130 m/1.25 Mbit/t/每段 64 个节点。

LonWorks 采用带优先级机制的预测 P-坚持 CSMA 通信介质访问控制方式,它所采用的 LonTalk 协议被封装在 Neuron 神经元芯片中得以实现,遵循 ISO/OSI 参考模型的全部七层协议,不仅具备局域网的基本功能,而且支持全面的网络管理,与异型网的兼容性比现存的任何现场总线都好。

目前 LonWorks 技术不仅广泛应用在工业、楼宇、家庭、能源等自动化领域,在交通运输方面也应用普遍。LonWorks 在美国铁路列车上应用较为广泛,在我国铁路也有成功的应用。IEEE 将 LonWorks 作为其制订的列车通信协议标准的一部分(Type L),与列车通信网络 TCN 标准正 IEC61375-1(Type T)共同构成 IEEE 1473。

(3)WorldFIP 总线

WorldFIP 是欧洲标准 EN50170 的第三部分,是在法国标准 FIP-C46-601/C46-607 的基础上采纳了 IEC 物理层国际标准(61158-2)发展起来的。早在 20 世纪 80 年代中期,以法国几家大公司为主要成员的 FIP 组织开发了工业现场总线(Factory Information Protocol,FIP),并成为法国标准 NFC 46-600,主要用于自动化领域现场设备和控制器以及控制器之间的数字化连接;1993 年 3 月 FIP 采纳了现场总线国际标准 IEC 61158-2 而成为 WorldFIP,与 Profibus、P-Net 一起共同成为欧洲标准 EN50170 的一部分,目前主要成员包括 Alstom、Honeywell、AllenBradley、Schneider 等 120 多个公司，其目标是建立一种开放性的、相互兼容的现场总线。经过十多年的努力，World FIP 已发展成具有丰富软硬件产品支持并且自成系统的现场总线标准，被广泛应用于能源、化工、交通运输等工业控制领域。法国 ALSTOM 公司将 World-FIP 作为标准通信协议应用于其开发的 AGATE 列车控制系统，并成功应用于 TGV 高速列车。

WorldFIP 支持总线型和星型的拓扑结构，传输介质可采用屏蔽双绞线和光纤。传输速率提供从 31.25 Kbit/s 至 25 Mbit/s 五个不同等级，典型速率为 1 Mbit/s。采用屏蔽双绞线通信时，最大传输距离可达 20 km/31.25 Kbit/s。

WorldFIP 采用 ISO/OSI 参考模型的三层结构：物理层、数据链路层和应用层，提供变量服务、消息服务和网络管理服务。在数据链路层，WorldFIP 采用集中控制、周期性预分配的主—从方式对总线介质访问进行控制，并通过总线上唯一的总线仲裁器 BA（Bus Arbitrator）来实现仲裁控制，实现数据的实时传输。另外，为提高通信的可靠性，WorldFIP 还支持介质冗余、BA 冗余以及 Manchester 编码等多种方式。

（4）ARCNET 网络

ARCNET（Auxiliary Resource Computer Network）是一种基于令牌传递（Token Passing）协议的现场总线，具有快速性、确定性、可扩展性和支持长距离传输等特点，适合过程实时控制，近年来被广泛应用在各种自动化领域，是一种理想的现场总线技术。

ARCNET 是一个开放标准协议，1999 年成为美国国家标准 ANSl/ATA-878.1。从 OSI 参考模型来看，ARCNET 位于 ISO/OSI 七层网络体系模型中的数据链路层和物理层。它开放底层接口，允许用户自行开发嵌入式设备。每个 ARCNET 物理节点包括一个数据链路层的通信控制器芯片和一个物理层的收发器芯片。在数据链路层，它采用令牌环机制，各节点通过传递令牌来协调网络使用权。节点使用唯一的 MAC 地址标识自己，单个 ARCNET 子网最多可有 255 个节点，ARCNET 支持点对点的定向消息和单点对多点的广播消息。在物理层，ARCNET 支持总线形、星形以及分布式星形拓扑结构。ARCNET 速率为 2.5 Mbit/s，传输的介质有同轴电缆、双绞线、光纤，可满足绝大多数自动控制应用对速度、抗干扰性和物理介质的要求。使用光纤时的新型 ARCNET plus 速率已从原来的 2.5 Mbit/s 增加到 100 Mbit/s。

在 ARCNET 网中，由于采用了令牌传递协议，任何节点都不能独占网络，只有在持有令牌后才成为网络的临时主节点，才能发送一次有限长的信息。一旦信息发送完毕，必须将令牌传递给逻辑环上的下一个节点，收到令牌的节点就成了网络的临时主节点，如此循环，构成令牌环。ARCNET 使用令牌传递机制来仲裁各网络节点对网络的访问权，不存在竞争，在传递时间上是可预测的（事实上，能够计算出在最坏情况下节点间传递信息所需的时间），这一点与使用冲突检测机制的工业以太网和 CAN 有显著的不同。ARCNET 网即使在网络负载重、流量较大的情况下，也不会造成网络阻塞。

日本的高速列车所使用的列车通信网络主要采用 ARCNET 网络，我国南车集团四方车辆股份公司引进日本川崎公司的高速动车组（CRH2）也使用了 ARCNET 网络技术。

（5）CAN 总线

CAN(Controller Area Network)是国际上应用最广泛的现场总线之一。该总线最初由德国 Bosch 公司在 20 世纪 80 年代初期提出,为汽车监测、控制系统而设计开发的一种串行数据通信总线。

标准的 CAN 协议仅定义了 OSI 参考模型中的物理层和数据链路层。CAN 采用多主竞争式结构,其信号传输介质为双绞线、同轴电缆或光纤。采用双绞线通信时,速率最高可达 1 Mbit/s/40 m,直接传输距离最远可达 5 Kbit/s/10 km,可挂接设备数量为 110 个。

CAN 的通信介质访问方式为带优先级的 CSMA/CD。CAN 信号传输采用短帧结构,每帧的有效字节数为 8 个,传输时间短,受干扰的概率低,错误严重的 CAN 节点能自动切断该节点与总线连接,避免对总线上其他节点造成影响。

应用层协议可以由用户定义成适合特殊工业领域的任何方案,已在工业控制和制造业领域得到广泛应用的标准是 DeviceNet、CANopen 等。由于 CAN 总线具有较高的实时性和总线利用率、极低的成本、极高的抗噪声性能和灵活性,目前已经在汽车、航空、工业控制、安全防护等领域中得到了广泛应用。

近年来,CAN 与 CANopen 协议在轻轨、地铁、货车等轨道车辆以及车门、空调、倾摆、制动、牵引,以及旅客信息等控制子系统中获得了广泛应用。例如,SAB. Wabc0 的基于 CANopen 的制动控制系统、德国货运和法国国铁的货车车辆网络、捷克 Unicontrol 公司开发的基于 CANopen 的模块化的控制系统 UnitrackIl、芬兰 EKE 电子公司开发的 WTB/CAN 网关、Selectron 在车辆翻新改造项目中使用的基于 CANopen 的分布式控制系统等。另外,Kontron、MEN、SMA 等公司可为用户提供满足铁路要求的带 CAN 接口的 CPU 控制板。Siemens、Alstom、Bombardier、Fiat、Stadler Rail、GE 等公司在其内燃机车、轻轨车辆、地铁等产品中也使用了 CAN 和 CANopen。

目前,在德国的高速磁悬浮列车上,其连接各个磁浮控制器的车辆总线就采用了 CAN 总线。我国的一些动车组也采用了 CAN 总线完成动车之间的重联控制。

3. 光纤传输

光导纤维通信简称光纤通信,利用光导纤维传输信号,以实现信息传递的一种通信方式。可以把光纤通信看成是以光导纤维为传输媒介的"有线"光通信。光纤由内芯和包层组成,内芯一般为几十微米或几微米;外面层称为包层,包层的作用就是保护光纤。实际上光纤通信系统使用的不是单根的光纤,而是许多光纤聚集在一起的组成的光缆。

光纤通信是以光波为载频,以光纤为传输媒质的新型通信方式,其应用规模之大,范围之广,涉及学科之多,是以往任何一种通信方式所未有的。光通信采用的载波位于电磁波谱的近红外区,频率非常高,因而通信容量极大。现在,光纤通信的新技术仍在不断涌现,诸如频分复用系统、光放大镜、相干光通信、光孤子通信的发展,预示着光纤通信技术的强大生命力和广阔的应用前景。它将对未来的信息社会发挥巨大的作用,产生深远的影响。

光纤通信系统主要由光发射机、光纤和光接收机三个部分组成,电端机是对电信号进行处理的电子设备。在发送端,电端机将欲传送的电信号处理后,送给光发射机,光发射机将电信号转变成光信号,并将光信号耦合进入光纤中,光信号经光纤传输到接收端,由光接收机将接收到的光信号恢复成原来的电信号,再经电端机的处理,将消息送给用户。

光纤通信系统可以分成三种不同的结构,即点对点的传输、光纤分配网及局域网。利用光纤进行点对点的信息传输是光纤通信系统最简单的一种结构形式,传输距离可以是几公里直到成千上万公里的跨洋传输。当传输距离超过一定值后,需要对光纤的损耗进行补偿,否则信号功率将十分微弱以致不能恢复原有信息,因此对长距离光纤通信系统需采用中继器接力方式。

光纤通信一经出现,便得到惊人的发展和广泛地应用,这是与光纤通信的优越性分不开的。光纤通信的主要优点有:

(1)光纤的通信容量大。光纤通信应用的是红外光,其光频为 $3×10^{14}$ Hz 数量级。如语言信号的带宽以 $4×10^3$ 户计,则光通信的容量为 $3×10^{14}/4×10^3＝750$ 亿路电话。虽然实际的光纤通信系统尚与此相距甚远,但光纤通信容量之大是毋庸置疑的。

(2)光纤的传输损耗低,传输通信距离长。光在光纤内的传输损耗很低,随着光纤制造技术的提高,光纤损耗进一步降低,如今光纤最低损耗可低至 0.2dB/km 以内。由于光纤损耗小,因而中继距离长,这对减少建设投资、减少维护工作量以及提高通信系统的可靠性等,都带来了好处。

(3)不受电磁干扰,通信质量高,适合于有强电干扰和电磁辐射的环境中。

(4)光纤尺寸小,重量轻,便于铺设施工和运输。

(5)制造光纤的主要原料是 $SiO_2$,它是地球上蕴藏最丰富的物质。

由于光纤通信具备这些可贵的特点,使其得到广泛地应用和飞速地发展。光纤通信的主要应用领域是公用电信网中,由于光纤通信容量大、中继距离长等优点,首先在长途干线网和局间中继网得到普遍的应用,如今在公用电信网中普遍使用 140 Mbit/s 的四次群光纤通信系统,565 Mbit/s 的五次群系统及同步数字系列(mH)在公用干线网中也得到应用。在信息高速公路的发展中光纤通信系统将成为其主要的高速网络。除了公用电信网络外,在各种特殊场合的专用通信网中,光纤通信充分发挥其特点得到大量的应用。例如在计算机局域网中,光纤通信因其通信容量大,不受电磁干扰将会得到越来越多的应用。在迅速发展的有线电视干线网愈来愈多地采用光纤传输系统。光纤通信在电力、油田、化工、铁路、矿山、军事等部门都有广泛应用。在飞机、舰船中,由于光纤尺寸小、重量轻,采用光纤传输系统具有特殊重要意义。

(二)无线传输技术

目前,在铁路中广泛应用的无线传输网络主要包括铁路无线通信专网、无线局域网以及卫星通信网。

1. 铁路无线通信专网

早在 20 世纪 70 年代,铁路用于运输生产指挥就采用了列车无线调度通信系统,并在 20世纪 80 年代后期作为安全措施在全路普及。在无线列调、平面调车、区间移动、单信道对讲机、道口无线、TDCS(铁路列车调度指挥系统)无线车次号传输、尾部风压无线传输、红外轴温无线传输、车号识别等方面都有较大的发展,成为保障铁路运输安全生产的重要手段。

(1)无线列车调度

列车无线调度通信是重要的铁路行车通信设备,在保证列车正点运行、降低机车能耗、提高通过能力、通告险情、防止事故、救援抢险等各方面都具有重要的作用。无线列调系统的简单示意图如图 7-13 所示。

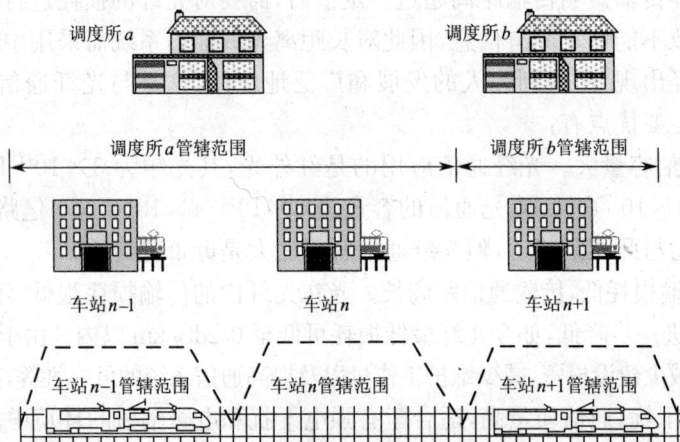

图 7-13 无线列调系统示意图

根据我国铁路运输的特点,参考 UIC751 标准开发的我国无线列调主要是频率为450 MHz A、B、C 三种制式的单工或双工通信系统,在全国铁路沿线的无线列调普及率已达 95% 以上,能够完成列车调度员、车站值班员与进入其管辖区段内的列车司机、运转车长之间的通话。

目前,无线列调在列车出入库检修电台、场强自动测试电台、450 MHz＋400 kHz 感应电台、区间互控式遥控电台、具有数话同传功能的无线列调电台等无线列调产品,列车无线防护报警系统、监护道口无线报警系统、TDCS 无线车次号传输、调度命令无线传送、列车尾部风压无线传输等设备中已经有广泛应用。

(2)数字集群

集群移动通信系统是多信道综合业务无线移动通信系统,可以为行车调度、客货站场调度指挥、公安保卫、施工维修等运输生产部门提供移动通信手段。数字集群采用先进的数字技术,数字信令方式,语音数字编码技术,调制解调技术。数字集群系统集多功能于一体,在技术上和系统容量上满足大型共网的建设要求,能提供指挥调度、电话互连、数据传输、短消息收发等多种业务。

我国目前主流的数字集群通信体制的行业标准主要有:

①TETRA

数字集群系统(Terrestrial Trunked Radio,TETRA)为欧洲数字集群通信标准,是一种基于数字时分多址(TDMA)技术的无线集群移动通信系统。该系统是 ETSI(欧洲通信标准协会)联合使用部门、制造商、检测部门乃至政府部门,为了满足欧洲各国的专业部门对移动通信的需要设计、制订统一标准的开放性系统。TETRA 数字集群通信系统其功能和技术指标适合于生产指挥使用,可在同一技术平台上提供指挥调度、数据传输和话音服务的广域数字无线通信。TETRA 数字集群系统还支持功能强大的移动台脱网直通(DMO)方式,可实现鉴权、空中接口加密和端对端加密。TETRA 数字集群系统同时还具有虚拟专网功能,可以使一个物理网络为互不相关的多个组织机构服务。TETRA 数字集群系统具有丰富的服务功能、更高的频率利用率、高通信质量、灵活的组网方式,许多新的应用(如车辆定位、图像传输、移动互联网、数据库查询等)都已在 TETRA 中得到实现。

②iDEN

iDEN 是摩托罗拉公司开发的基于数字蜂窝网络的集群通信系统;空中接口采用 TDMA 方式;具有较强的调度功能,设备成熟,提供集群呼叫方式,以及传统的蜂窝语音和数据业务;支持大区制和小区制方式组网;在美国有较好的市场,主要应用于轻轨、地铁等场所的调度通信。

③GoTa

GoTa(Global Open Trunking Architecture)是国内中兴公司基于 CDMA 的基础上开发的,能够满足公众集群移动通信需要的系统,具有一般调度通信系统的功能和特色,可以提供共网集群和专业调度统一的业务模式,提高网络综合竞争能力,吸引更多专业和社会集群用户入网,创造更多运营收入。GoTa 作为专业集群通信系统,可供共网集群网络运营商建网运营,提供集群通信服务,也可应用于专业集群调度系统,例如地方的应急联动指挥调度系统。目前正在中国铁通和中国卫通开展技术试验和商用试验。

(3)GSM-R 系统

作为铁路无线通信的典型代表,GSM-R 系统是专门为铁路通信设计的综合专用数字移动通信系统。目前,GSM-R 在武广线、大秦线、胶济线、青藏线、石太线、合宁线、京津城际线、新丰镇编组站等线路、站场中已经得到应用。

GSM-R 是基于分组数据的通信方式。它在 GSMPhase2+的规范协议的高级语音呼叫功能,如组呼、广播呼叫、多优先级抢占和强拆业务的基础上,加入了基于位置寻址和功能寻址等功能,适用于铁路通信特别是铁路专用调度通信的需要。主要提供无线列调、编组调车通信、区段养护维修作业通信、应急通信、隧道通信等语音通信功能,可为列车自动控制与检测信息提供数据传输通道,并可提供列车自动寻址和旅客服务。在我国铁路的频段为上行 885～889 MHz,下行方向为 930～934 MHz。

典型的 GSM-R 网络结构如图 7-14 所示。它在沿路轨方向安装定向天线,以形成沿轨的椭圆形小区,在话务量较大但对速度的要求较低的编组站内采用扇形小区覆盖,人口密度不高的低速路段和轨道交织处一般是采用全向小区覆盖。每个小区有一个或几个收发信机,数量多少由话务量决定。

我国铁路采用的 GSM-R 系统主要组成部分包括：

①基站子系统 BSS(Base Station Subsystem)。

②网络交换子系统 NSS(Network and Switching Subsystem)。

③智能网系统 IN(Intelligent Network)。

④通用分组无线业务系统 GPRS(General Packet Radio Service)。

⑤运行和维护子系统 OSS(Operation Support Subsystem)。

⑥终端。

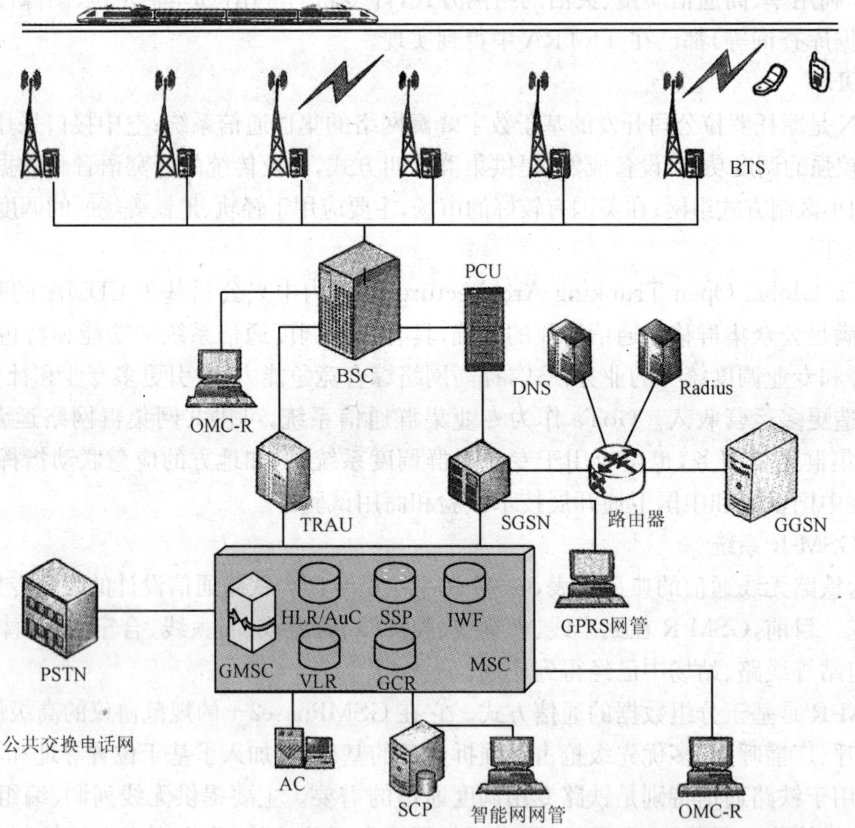

图 7-14　GSM-R 网络结构图

BTS—基站收发台；OMC-R—无线接入网网元管理系统；BSC—平衡积分卡；PCU—分组控制单元；
DNS—域名系统；Radius—远程用户拨号认证系统；TRAU—码交换和速率适配单元；SGSN—GPRS 服务支持节点；
GGSN—网关 GPRS 支持节点；PSTN—公共交换电话网络；AC—自动控制；SCP—短流保护；
GMSC—网关移动交换中心；HLR/AuC—归属位置寄存器/鉴权中心；SSP—同步串行接口控制器；
IWF—功能接口；VLR—拜访位置寄存器；GCR—组呼寄存器；MSC—移动交换中心。

GSM-R 在 GSM 公众移动通信系统平台上增加了铁路运输专用调度通信功能。例如,我国青藏铁路是世界上海拔最高的铁路线,北起青海省格尔木市,途经纳赤台、五道梁、沱沱河、雁石坪、翻越唐古拉山进入西藏自治区境内后,经安多、那曲、当雄至西藏自治区首府拉萨市,全长约 1 142 km,绝大部分线路在高原缺氧的无人区。为了满足铁路运输通信、信号及调度指挥的需要,采用了 GSM-R 移动通信系统。青藏线 GSM-R 通信系统实现了如下功能:

①调度通信功能。调度通信系统业务包括列车调度通信、货运调度通信、牵引变电调度通信、其他调度及专用通信、站场通信、应急通信、施工养护通信和道口通信等。

②车次号传输与列车停稳信息的传送功能。

③调度命令传送功能。

④列车尾部装置信息传送功能。

⑤调车机车信号和监控信息系统传输功能。提供调车机车信号和监控信息传输通道,实现地面设备和多台车载设备间的数据传输,并能够存储进入和退出调车模式的有关信息。

⑥列车控制数据传输功能。

⑦区间移动公务通信。在区间作业的水电、工务、信号、通信、供电、桥梁守护等部门内部的通信,均可以使用 GSM-R 作业手持台,作业人员在需要时可与车站值班员、各部门调度员或自动电话用户联系。紧急情况下,作业人员还可以呼叫司机,与司机建立通话联络。

⑧应急指挥通信话音和数据业务。应急通信系统是当发生自然灾害或突发事件等影响铁路运输的紧急情况时,在突发事件现场与救援中心之间,以及现场内部采用 GSM-R 通信系统,建立语音、图像、数据通信系统。

## 2. 卫星通信

铁路卫星通信网是整个铁路通信网的重要组成部分之一。它不仅可以负荷分担的方式与既有传输系统共同承担通信业务,也是灾害情况下,保证应急通信的重要手段之一。

铁路卫星通信网采用多载波窄带时分多址(FDMA-TDMA)系统,支持话音、传真、数据、电视会议等多种通信业务,其网络结构能够根据业务需要进行改变,组成网状网、星状网甚至星/网混合网等多种形式。铁路卫星通信网的最大通信能力如下:

(1)网络最大系统容量为 12 Mbit/s。

(2)最多可提供 240 路卫星单向话路用于话音通信。

(3)为铁路分组交换网提供 2 304 Kbit/s 的容量进行数据传输。

(4)采用广播/选择回传方式,解决铁道部与呼和浩特、济南、成都、昆明、兰州、乌鲁木齐铁路局之间召开电视会议所需的 2 Mbit/s 数字通道问题,最多提供 2×2 Mbit/s 容量。

(5)将铁路沿线事故现场图像(最高速率 2 Mbit/s)传回铁道部和相关铁路局。

铁路卫星基层数据网是铁路分组交换数据通信网的一部分,它解决线路困难的信源点入网问题,并且提高铁路分组交换数据通信网的可靠性。铁路卫星基层数据通信网为铁路运输管理系统服务,保证信源点的各类应用终端以铁路分组交换数据通信网要求的规程和接口标准入网,并通过卫星数据网及基于网的节点机与应用信息系统主机相连,在需要时还可以直接连接应用系统主机。

铁路卫星基层数据通信网的地球站主要设置于:没有在铁路分组交换数据网中解决传输通道的信源点,需要利用铁路卫星基层数据通信网以提高传输可靠性的信源点和与铁路数据通信网互连的其他地点。

铁路卫星基层数据通信网向用户提供的网络业务功能符合 X.25 建议的规定,主要包括交换虚电路(SVC)、永久虚电路(PVC)、通过量等级、本地窗口尺寸和分组长度等。铁路卫星基层数据通信网作为一种无线接入网与铁路分组交换数据通信网之间实现互连,铁路分组交换数据通信网的交换虚电路和永久虚电路可以通过铁路卫星基层数据通信网延伸。

铁路卫星基层数据通信网采用 TDM/TDMA 通信体制。TDM/TDM 体制是 VSAT 通信系统所广泛采用的通信方式之一。这种系统采用星状结构,由 1 座中心地球站及网络管理系统和若干远端地球站组成。中心站至远端站的通信由中心站发射的外向 TDMA 载波实现,远端站至中心站的通信由远端站分时发射的 TDMA 载波实现。外向载波速率为 256 kbit/s 或更高,内向载波速率一般为 64 kbit/s 或更高。在这种系统中,中心站与远端站之间的通信经过一条卫星电路实现,远端站之间的通信由中心站转接,由二条卫星电路实现。利用这种 VSAT 系统可以进行点对多点间的稀路由数据信息传输和交换。它支持 X.25、TCP/IP 和 SNA/SDLC 等数据传输协议。

这种 VSAT 系统的优点是综合利用了信道动态按需分配技术和数据协议仿真技术,远端站用户设备简单,天线覆盖半径小;缺点是中心站复杂、成本高、信道利用率受网络业务量和业务类型影响,一般适合于交互式小业务量的数据系统。

3. 无线局域网(WLAN)

一般来讲,凡是采用无线传输媒体的计算机局域网都可称为无线局域网(WLAN)。无线局域网支持高速突发数据业务,在室内使用时要解决包括多径衰落、相邻子网间串扰问题,同时必须克服在可靠性、兼容性、数据速率、通信保密、移动性、节能管理、小型化、低价格等方面的技术难点。

WLAN 的标准主要有 IEEE802.11 以及 ETSI BRAN HIPERLAN 标准。

无线局域网相关设备有无线接入点 AP(Access Point)、无线网卡和无线路由器等。无线接入点 AP 也可称为无线网桥。通常,一个 AP 能够在几十至上百米的范围内连接多个无线用户。在同时具有有线和无线网络的情况下,AP 可以通过标准的以太网电缆与传统的有线网络相连,作为无线网络和有线网络的连接点。除此之外,大部分 AP 本身又兼具网管功能,可对接入无线网络的 PC 行使一定管理职能。

目前,WLAN 在铁路货场管理、站段的生产车间、铁路材料厂的库存管理、移动办公系统以及旅客服务中有广泛应用。

### 三、安全信息处理技术

安全信息处理技术主要包括信息预处理与信息综合处理两个环节。

#### 1. 信息预处理

安全信息预处理技术就是对各个信息数据源的数据进行缺失数据的识别,然后进行数据的异常识别与分析,排除数据采集系统中的错误数据。此外,实际数据获取过程导致的数据缺失和错误数据排除所导致的数据缺失,也应采用一定的技术方法对其进行修复或提供替代数据。数据预处理技术可以改进数据的质量,从而有助于提高其后的数据融合、挖掘过程的精度和质量。安全信息预处理过程包括三个部分:缺失数据的识别、采集数据的异常识别、故障信息的修复。

(1)丢失数据的识别

铁路安全信息的获取是周期性的,但是在实际情况中,由于系统不稳定、环境干扰、传输线路故障等多种原因都会使采获取的安全数据无法严格地按照预定周期上传,经常会出现某个时段或连续几个时段内数据丢失的现象,或是在某个时段内出现多组数据的情况,这些情况都属于数据丢失故障。数据丢失将对下一步算法的实际应用效果带来不利的影响。通常数据的采集间隔相对稳定,而且上传数据均有时间标识。通过在一定时间段内对数据的时间标识进行扫描和判断,如果在该时段内没有得到数据,或是一个时段内有多于一组的数据,则认为该时段的数据存在问题,需要进行相应修复处理。

(2)采集数据的异常识别与分析

异常值(坏值)是指从获取的客观条件不能解释为合理的明显偏离测量总体的个别测量值。异常值是偶然出现的,带有随机性,并会直接影响数据总体的稳定性和准确性。在信息获取中,出现异常值的主要原因是传感器故障以及出现概率极小但作用较强的环境等的偶发性干扰。通过对信息获取和传输过程分析可知,在铁路运营过程中,异常数据的产生主要是因为环境影响、传感器故障或通信系统线路故障而引起的。针对异常数据,通常用统计学方法来进行判别。用统计学方法处理可疑数据实质就是给定一个置信系数或置信概率 $\alpha$,找出相应的置信区间,凡在此置信区间以外的数据,就定为异常数据。确定为故障数据后即从测定值数列中剔除。铁路安全信息异常识别方法包括:

①阈值法

阈值算法是对传感器获取的单一数据按照统计的历史数据确定其上下阈值,如果检测值不在上下阈值所规定的区间内,则认为是异常数据。

②有序样本聚类

聚类算法将类似的值组织成群或"聚类"。直观地看,落在聚类集合之外的值被视为孤立点。

(3)故障信息的修复

根据铁路安全信息获取的具体情况和综合信息分析建模的需求,可以针对不同故障采用相应方法对故障数据进行补充或修复：

①缺失或剔除数据的修补

可以采用以下几种方法对缺失、剔除数据进行修补：

a. 利用"周期相似"理论，采用历史数据的加权估计值进行修补。这种方法适用于数据的离线或在线处理，当大批量的数据缺失时，可采用该方法进行处理。

b. 采用相邻时段数据的平均值进行修复。当仅有几组数据有故障出现时，可采用该方法进行处理。

c. 采用指数平滑法、历史趋势法、卡尔曼滤波预测方法等交通参数预测方法对缺失数据进行预测，从而补缺缺失数据。

②数据稳健性处理

数据稳健性处理指平滑异常数据。在安全信息的获取过程中，由于系统误差和获取过程误差的存在也很容易造成数据误差，从而导致数据异常。所以在将原始采集数据输入到信息融合模型之前，对数据进行平滑滤波处理非常必要。

滤波处理的目的是在保留原始数据的变化规律的同时滤掉数据中的随机误差。解决该类故障数据常用的方法有移动平均法、指数平滑法和卡尔曼滤波方法等。

2. 信息综合处理

信息综合处理是在信息预处理数据的基础上，通过建立分析模型对获取信息融合和挖掘，辅助交通管理者作出决策。

（1）数据融合技术

数据融合，又称信息融合，是指多传感器的数据在一定准则下加以自动分析、综合以完成所需的决策和评估而进行的信息处理过程。数据融合技术的最大优势在于它能合理协调多源数据，并充分综合有用信息，从而提高在多变环境中正确决策的能力。它为铁路安全信息加工和处理提供了一种很好的方法。根据数据抽象的三个层次，融合可分三级：

第一级又称像素级、获取级，是指直接在采集到的原始数据层上进行融合，在各种传感器的原始数据未经处理之前就进行数据的综合和分析。

第二级又称特征级，是指先对来自传感器的原始信息进行特征提取，然后对特征信息进行综合分析和处理。

第三级又称决策级，是直接针对具体决策目标的最终结果。

在铁路安全信息的处理过程中，数据融合技术的三个层次均有自己不同的应用。而数据融合本身作为一种数据处理技术，涉及到许多学科和技术的应用。下面简要介绍几种数据融合技术的相关理论和方法。

①贝叶斯估计

贝叶斯估计是统计学方法的一种。经典统计学基于总体信息和样本信息进行统计推断。与其稍有不同的是，贝叶斯估计基于总体信息、样本信息和先验信息进行统计和推理。它在重视使用总体信息和样本信息的同时,还注意先验信息的收集、挖掘和加工,使其数量化,形成先验分布参加到统计推断中来从而提高统计推断的质量。

贝叶斯估计是融合静态环境中多传感器低层信息的一种常用方法,其信息描述为概率分布,适用于对具有可加高斯噪声的不确定性进行定性融合。当传感器组的观测坐标一致时,可以直接对传感器的测量数据进行融合。在大多数情况下,多个传感器是从不同的坐标结构框架对同一环境内的目标进行描述这时传感器测量数据要以间接的方式,即先经坐标转换,再采用贝叶斯估计进行数据融合。

②证据推理

Dempster-Shafer 证据推理是贝叶斯方法的扩展。在贝叶斯方法中,所有缺乏信息的前提环境中的特征指定为一个等价的先验概率。当一个传感器的有用附加信息或未知前提的数目大于已知前提的数目时,已知前提的概率变得不稳定,这是贝叶斯方法明显的不足。在 Dempster-Shafer 方法中,这个缺陷可以通过不指定未知前提的先验概率而得到避免。

Dempster-Shafer 方法不同于贝叶斯方法,前者使用了一个不确定性的区间,而贝叶斯方法,仅仅使用了一个代替前提概率为真的值。当前提关联时贝叶斯方法难以保证估计的一致性,因为贝叶斯方法要求关于环境独立的测量,在计算单点值时,贝叶斯方法需要完全的信息,而 Dempster-Shafer 证据推理采用一个不确定性区间进行计算。

③神经网络

人工神经网络具有分布并行处理、非线性映射、自适应学习、较强的鲁棒性和容错等特性,这使得它在很多方面都有广泛的应用。由于神经网络的诸多特点,其在信息融合中的应用也日益受到极大的关注。

在铁路运行多传感器信息获取系统中,各信息源所提供的环境信息及其采集过程都具有一定程度的不确定性,对这些不确定性信息的融合过程实质上是一个不确定性推理过程。神经网络可根据当前系统所接受到的样本的相似性确定分类标准,这种确定方法主要表现在网络的权值分布上,同时可以采用神经网络特定的学习算法来获取知识,得到不确定性推理机制,实现对不确定性的定量分析。神经网络的研究对于多传感器集成和融合的建模提供了一种很好的方法。基于神经网络的多源信息集成与融合有如下特点:具有统一的内部知识表示形式,通过学习算法可将网络获得的多源信息进行融合,获得相关网络的参数(如连接矩阵、节点偏移向量等),并且可将知识规则转换成数字形式,便于建立知识库。利用外部环境的信息,便于实现知识的自动获取及进行联想推理,能够将不确定环境的复杂关系,经过学习推理,融合为系统能理解的准确信号。由于神经网络具有大规模并行处理信息能力,使得系统信息处理速度很快。

④模糊逻辑

模糊集的概念是 1965 年由 L. A. Zadeh 首先提出的。它的基本思想是把普通集合中的绝对隶属关系灵活化,使元素对集合的隶属度从原来只能取{0,1}中的值扩充到可以取[0,1]区间中的任一数值,因此很适合于用来对传感器信息的不确定性进行描述和处理。在应用于多传感器信息融合时,模糊集理论用隶属函数表示各传感器信息的不确定性,然后利用模糊变换进行综合处理。模糊数学在近 20 多年得到迅速的发展,已形成模糊综合评判、模式识别、模糊聚类分析、模糊优化、模糊控制等许多方法或应用。

对于许多需要采集、处理和集成多源信息的系统来说,要想达到自主和有效就需要通过某种方法,将不完备、不一致或不准确的多源数据进行融合,以得到更有用的信息。基于模糊逻辑理论的融合为这类问题的解决提供了途径通过它可以将通常以概率密度函数或模糊关系函数形式给出的不同知识源或检测器的评价指标变换为单值评价指标,该指标不仅能反映每一种检测器所提供的信息,而且能反映仅从单个传感器无法得到的知识。

⑤粗糙集理论

在很多实际系统中均不同程度地存在着不确定性因素,采集到的数据常常包含着噪声、不精确甚至不完整等种种的数据质量问题。粗糙集理论是继概率论、模糊集、证据理论之后的又一个处理不确定性的数学工具。作为一种较新的计算方法,粗糙集理论近年来越来越受到重视,其有效性已在许多科学与工程领域的成功应用中得到证实,是当前国际上人工智能理论及其应用领域中的研究热点之一。

粗糙集理论在多源数据分析中善于解决的基本问题包括发现属性间的依赖关系、约简冗余属性与对象、寻求最小属性子集以及生成决策规则等等。粗糙集与其他不确定性问题理论的最显著区别是它无需提供任何先验知识,如概率论中的概率分布、模糊集中的隶属函数等,而是从给定问题的描述集合直接出发,找出问题的内在规律,常用来对目标进行定性分析。

⑥卡尔曼滤波

卡尔曼滤波是匈牙利的 Kalman 于 1960 年提出的,是采用由状态方程和观测方程组成的线性随机系统的状态空间模型来描述滤波器,并利用状态方程的递推性按线性无偏最小均方误差估计准则,采用一套递推算法对该滤波器的状态变量作最佳估计,从而求得滤掉噪声后有用信号的最佳估计。

卡尔曼滤波用于实时融合动态的低层次冗余多源数据,该方法用测量模型的统计特性递推决定统计意义下的最优融合数据估计。如果该系统具有线性的动力学模型,且系统噪声和传感器噪声是高斯分布白噪声模型,那么卡尔曼滤波为融合数据提供唯一的统计意义下的最优估计,卡尔曼滤波的递推特性使得系统数据处理不需要大量的数据存储和计算模糊。

(2)数据挖掘技术

所谓数据挖掘(Data Mining)就是从大量、不完全、有噪声、模糊、随机的数据中发现隐含数据中的关系,建立模型,提取隐含的、未知的、对决策有潜在价值的知识和规则的过程。它又被称为数据库中的知识发现(Knowledge Discovery in Database,KDD)、数据分析、数据融合(Data Fusion)决策支持等。

在由人—机车—铁路线—环境构成的复杂铁路运行系统中，各种信息瞬息万变。铁路运输部门等通过传感器、视频、监控系统等手段都采集到大量的设备运行数据，由于设备运行的数据与设备的安全状况以及危险情况的发生有着必然的内在联系，因此，运用数据挖掘技术，发现并提取这些联系，实现数据分析及预警，是确保铁路运行安全的核心工作之一。

铁路安全数据的挖掘是一种新的安全信息处理技术，其主要特点是对铁路安全数据库中的大量采集数据进行抽取、转换、分析和其他模型化处理，从中提取辅助管理决策的关键性数据。安全数据挖掘最吸引人的地方是它能建立预测模型而不是回顾型的模型。利用功能强大的数据挖掘技术，可以把数据转化为有用的信息帮助决策，从而辅助管理决策。

一般而言，数据挖掘的理论技术可分为传统技术与改良技术两大分支。传统技术以统计分析为代表，统计学内所含的叙述统计、概率论、回归分析、类别资料分析等都属与这一分支。尤其数据挖掘对象多为变量繁多且庞大的数据，在高等统计学的多变量分析中用来精简变量的因素分析（Factor Analysis）、用来分类的判别分析（Discriminant Analysis）、以及用来区隔群体的聚类分析（Cluster Analysis）等在数据挖掘过程中特别常用。在改良技术方面，应用较普遍的有决策树理论（Decision Trees）、神经网络（Neural Network）以及规则归纳法（Rules Induction）等。

数据挖掘实际应用功能可分为三大类六分项来说明：分类和聚类属于分类区隔类；回归和时间序列属于推算预测类；关联和序列则属于序列规则类。分类是根据一些变量的数值做计算，再依照结果作分类。分类用在铁路运营中可以处理发生异常事件和正常状态下的参数筛选。我们可以通过采集正常与非正常状态下的历史数据来研究它们的特征，然后再根据这些特征对新近采集的数据做预测。

聚类用在将资料分群，其目的在于将群间的差异找出来，同时也将群内成员的相似性找出来。聚类与分类不同的是，在分析前并不知道会以何种方式或根据来分类。所以必须要配合专业领域知识来解读这些分群的意义。

回归是使用一系列的现有数值来预测一个连续数值的可能值。若将范围扩大亦可利用回归分析来预测类别变量，特别在广泛运用现代分析技术如神经网络或决策树理论等分析工具，推估预测的模式已不在止于传统线性的局限，在预测的功能上大大增加了选择工具的弹性与应用范围的广度。

时间序列与回归功能类似，只是它是用现有的数值来预测未来的数值。两者最大差异在于时间序列所分析的数值都与时间有关。时间序列的工具可以处理有关时间的一些特性，譬如时间的周期性、阶层性、季节性以及其他的一些特别因素（如过去与未来的关联性）。

关联是要找出在某一事件或是资料中会同时出现的东西。举例而言，如果 A 是某一事件的一种选择，则 B 也出现在该事件中的机率有多少。关联可以用于铁路数据处理，比如发生事件时，事件点空间上下游和 t 时刻前的数据与常态交通数据存在相互关联可以挖掘出来，有利于发现潜在的事件危险，及时采取管理措施。

### 四、安全评估技术

安全评估又称为风险评估,是对系统中潜在的风险因素进行辨识和分析,判断系统发生事故和危害的可能性及其严重程度。通俗地讲,风险就是一个事件产生的人们所不希望的后果的可能性,也就是发生危险事件的可能性。危险事件是客观存在的,世界上不存在绝对的安全和绝对的不安全。人们将危险事件发生的可能性和严重性综合起来称为危险事件的风险。因此,危险事件的风险可以定义为:在将来某一不确定条件下,发生潜在损失的可能性,它是损失的期望值。危险事件的风险 $R$ 是该事件发生的概率 $P$ 和损失程度 $C$ 的函数,即

$$R = f(P, C) \tag{7-1}$$

在技术装备的整个寿命周期中,安全完成任务和危险的风险是同时存在的。在技术装备研制、生产、运用和维修过程中,如何在完成任务和可接受的风险之间达到最合理的平衡,是装备的制造者和使用者研究的重要内容。一个系统能够完成任务,取得所希望的收益,即使明显地存在一定程度的风险,只要这种风险被限制在容许的范围内,就认为这个系统在安全性方面也处于可以接受的状态。

1. 风险评估内容

风险评估的主要内容包括:

(1)风险指标

由式(7-1)可知,危险事件的风险 $R$ 是该事件发生的概率 $P$ 和损失程度 $C$ 的函数,通常采用危险事件的发生频率 $P$ 和后果严重程度 $C$ 来表示风险的大小,即所谓的概率法:

$$R = PC \tag{7-2}$$

风险指标可以是各式各样的,出于评价目的不同,就有不同的风险指标;评价方法不一,也可能得出不同的风险指标。

(2)风险估算

风险的估算方法有很多种,大致可以分为定性和定量的估算。定性估算主要是根据经验和判断对系统的安全状况进行定性的评价;定量则是根据一定的算法和规则对系统中的各种因素和相互作用的关系进行计算,从而得出评价安全性的确定值,诸如美国道(DOW)化学公司的火灾、爆炸指数法,国际原子能机构规定的概率安全评价法(PSA),日本的六阶段风险评价法等。这些方法在规则明确、算法合理,并且没有难以确定因素的情况下,具有较高的精度。但是定量评价方法需要大量的信息,而且必须具有多年积累的准确数据,因而带来巨大的工作量。

在进行系统专门的安全性评价中,一般根据被评价对象的特点来选择合理、适用的定性、定量的评价方法,对危险因素导致事故发生的可能性和严重程度进行定性和定量的评价,以确定事故可能发生的部位、频次、严重程度等级及其相关结果,为制定安全对策提供科学依据。但是,对于系统维修过程中的风险评估,主要是为了确定重要的维修项目,对维修方案进行对

比选择,以便作出有关的维修决策,并不是对系统进行专门的安全性评价,因此一般采用定性或半定量的风险评估。基于这样的理由,本书在论及系统的安全性评估时只介绍风险评估的定性评价方法。

2. 风险评估方法

目前,应用最广泛的风险评估方法是美国军用标准 MIL-STD-882 中的风险分级法。该方法的基本原理如式(7-2)所示,即风险程度等于危险概率与危险严重度的乘积。如果能够定量计算出风险程度,则可根据风险程度水平进行风险分级。但是,在实际风险管理过程中很难进行精确和定量的风险计算,因此常常采用定性或半定量的方法进行风险计算。该标准提供了定性的分级方法,分别规定了危险严重性和危险概率的定性等级,通过不同的等级组合进行风险水平分级。在美国军用标准 MIL-STD-882 的基础上,制定了我国军用标准 GJB 900《系统安全性通用大纲》,风险分级法介绍如下:

(1)危险严重性等级

对由于系统、分系统或设备的故障、环境条件、设计缺陷、操作规程不当和人为差错引起的有害后果的严重程度定性地分为若干等级,称为危险严重性等级。通常将严重性等级分为4级,见表7-1。

表 7-1　危险严重性等级(GJB 900)

| 分类等级 | 危险性 | 事故后果说明 |
|---|---|---|
| Ⅰ | 灾难性的 | 人员死亡或系统报废 |
| Ⅱ | 严重的 | 人员严重受伤、严重职业病或系统严重损坏 |
| Ⅲ | 轻度的 | 人员轻度受伤、轻度职业病或系统轻度损坏 |
| Ⅳ | 轻微的 | 人员受伤和系统损坏轻于Ⅲ级 |

(2)危险概率等级

危险事件发生的概率可根据危险事件可能发生的频繁程度分为若干级,称为危险概率等级,通常将危险概率等级分为5级,见表7-2。

表 7-2　概率等级(GJB 900)

| 等级 | 等级说明 | 个体发生情况 | 总体发生情况 |
|---|---|---|---|
| A | 频繁 | 频繁发生 | 连续发生 |
| B | 很可能 | 在寿命期内出现若干次 | 频繁发生 |
| C | 有时 | 在寿命期内可能有时发生 | 发生若干次 |
| D | 极少 | 寿命期内不易发生,但可能发生 | 不易发生,但可预期发生 |
| E | 不可能 | 很不容易发生,以致可以认为不会发生 | 不易发生,但有可能发生 |

（3）风险评估指数法

将上述危险性等级和危险概率等级制成矩阵，并分别给予定性的加权值，从而形成风险评估指数（Risk Assessment Code，RAC），用以衡量风险的大小。在实际应用中，可根据具体情况，设定加权值，甚至增减分级项目，变更分级数量等。表7-3是一种风险评估指数的矩阵实例。

表7-3　风险评估指数矩阵实例

| 严重性等级概率等级 | Ⅰ（灾难性的） | Ⅱ（严重的） | Ⅲ（轻度的） | Ⅳ（轻微的） |
|---|---|---|---|---|
| A（频繁） | 1 | 3 | 7 | 13 |
| B（很可能） | 2 | 5 | 9 | 16 |
| C（有时） | 4 | 6 | 11 | 18 |
| D（极少） | 8 | 10 | 14 | 19 |
| E（不可能） | 12 | 15 | 17 | 20 |

矩阵中的加权指数即为风险评估指数。指数1～20是根据危险事件发生概率和严重性综合确定的，通常将最高风险评估指数定为1，对应于危险事件频繁发生，而且其后果的严重性程度是灾难性的；最低风险评估指数为20，对应于危险事件几乎不可能发生，其后果是轻微的。一般将风险评估指数分为4种决策准则，称为风险接受准则。指数1～5为一级风险，是不可接受的风险；6～9为二级风险，是不希望有的风险；10～17为三级风险，是有条件接受的风险，需经订购方评审后方可接受的风险；18～20为四级风险，是完全可接受的风险，不经评审即可接受。

由于风险评估指数通常是主观制定的，有时不具有意义。例如危险严重性的最高等级为损失费用几百万元或几个人死亡，但是很多危险事件可能导致成百上千的人死亡或上亿的财产损失。这种情况就无法应用风险评估指数来表达其风险的大小，因而这种指数的实用价值受到影响。

（4）总风险暴露指数法

针对上述风险评估指数法的缺点，近年来提出了总风险暴露指数（Total Risk Explosure Code，TREC）法，是对上述风险评估指数法的发展。两者的不同之处在于总风险暴露指数法的危险严重性尺度范围扩大了，并将所有的损失转换为货币，以"暴露"尺度代替"概率"尺度。

暴露指数的确定方法是：用危险事件发生的概率乘以寿命周期内总暴露小时的估计值和该系统生产的总量。

①严重性等级数。危险严重性等级数分为10个等级，见表7-4。每级均以货币计，从最小的等级（等级数1）100美元以下，直到最大的等级（等级数10）1010美元以上，每增加一个等级货币损失增加一个数量级。因此，这种方法可以评估较宽范围的损失。

②暴露等级数。暴露等级数分为10级，表明系统事故总数的估计值，见表7-5。最小的等级数1表示在系统寿命周期中危险事件所导致的事故的可能性估计值低于0.000 01，即100 000次中发生1次；最大等级数10表示在系统寿命周期中危险事件所导致的事故可能发

生 1 000 次以上。暴露等级数每增加一个数量级,代表危险事件发生的可能性就增加一个数量级。危险事件的暴露单位可以是时间(年、月、日、小时等),也可以是循环次数和开关次数等。因此,为使用方便,单位可以在计算中略去。

表 7-4　严重性等级数

| 等级数 | 范围(美元) | 平均值(美元) | 等级数 | 范围(美元) | 平均值(美元) |
|---|---|---|---|---|---|
| 10 | $>10\times10^9$ | $5\times10^{10}$ | 5 | $(1\sim10)\times10^5$ | $5\times10^5$ |
| 9 | $(1\sim10)\times10^9$ | $5\times10^9$ | 4 | $(1\sim10)\times10^4$ | $5\times10^4$ |
| 8 | $(1\sim10)\times10^8$ | $5\times10^8$ | 3 | $(1\sim10)\times10^3$ | $5\times10^3$ |
| 7 | $(1\sim10)\times10^7$ | $5\times10^7$ | 2 | $(1\sim10)\times10^2$ | $5\times10^2$ |
| 6 | $(1\sim10)\times10^6$ | $5\times10^6$ | 1 | $<10^0$ | $5\times10^1$ |

表 7-5　暴露等级数

| 等级数 | 范围 | 平均值 | 等级数 | 范围 | 平均值 |
|---|---|---|---|---|---|
| 1 | $>1\,000$ | $5\times10^3$ | 6 | $0.01\sim0.1$ | $5\times10^{-2}$ |
| 2 | $100\sim1\,000$ | $5\times10^2$ | 7 | $0.001\sim0.01$ | $5\times10^{-3}$ |
| 3 | $10\sim100$ | $5\times10^1$ | 8 | $0.000\,1\sim0.001$ | $5\times10^{-4}$ |
| 4 | $1\sim10$ | $5\times10^0$ | 9 | $0.000\,01\sim0.000\,1$ | $5\times10^{-5}$ |
| 5 | $0.1\sim1$ | $5\times10^{-1}$ | 10 | $<0.000\,01$ | $5\times10^{-6}$ |

③总风险暴露指数 TREC。总风险暴露指数 TREC 可由严重性等级数和暴露等级数相加而得,见表 7-6。

表 7-6　风险暴露指数矩阵

| 严重性等级\暴露等级 | 10 | 9 | 8 | 7 | 6 | 5 | 4 | 3 | 2 | 1 |
|---|---|---|---|---|---|---|---|---|---|---|
| 10 | 20 | 19 | 18 | 17 | 16 | 15 | 14 | 13 | 12 | 11 |
| 9 | 19 | 18 | 17 | 16 | 15 | 14 | 13 | 12 | 11 | 10 |
| 8 | 18 | 17 | 16 | 15 | 14 | 13 | 12 | 11 | 10 | 9 |
| 7 | 17 | 16 | 15 | 14 | 13 | 12 | 11 | 10 | 9 | 8 |
| 6 | 16 | 15 | 14 | 13 | 12 | 11 | 10 | 9 | 8 | 7 |
| 5 | 15 | 14 | 13 | 12 | 11 | 10 | 9 | 8 | 7 | 6 |
| 4 | 14 | 13 | 12 | 11 | 10 | 9 | 8 | 7 | 6 | 5 |
| 3 | 13 | 12 | 11 | 10 | 9 | 8 | 7 | 6 | 5 | 4 |
| 2 | 12 | 11 | 10 | 9 | 8 | 7 | 6 | 5 | 4 | 3 |
| 1 | 11 | 10 | 9 | 8 | 7 | 6 | 5 | 4 | 3 | 2 |

总风险暴露指数 TREC 可用于表示系统寿命周期内与其有关的货币损失。

采用 TREC 可以为系统设计管理者提供如下信息：

a. 总风险暴露 TRE。总风险暴露 TRE 是对评估的危险事件所产生的风险的货币总数估计。将总风险暴露指数 TREC 减去 5，作为 10 的幂次，然后再乘以 5，即

$$TRE=5\times10(TREC-5) \tag{7-3}$$

b. 年风险暴露 ARE。年风险暴露 ARE 是以年计的总风险暴露，即为总风险暴露 TRE 除以估计的设计寿命 SHM，即

$$ARE=TRE/SHM \tag{7-4}$$

c. 单位风险暴露 URE。单位风险暴露 URE 是单位产品的货币损失，即为总风险暴露 TRE 除以产品总数 ZSH：

$$URE=TRE/ZSH \tag{7-5}$$

d. 风险暴露比 RER。风险暴露比 RER 是总风险暴露 TRE 与总投资费用 TZF 之比：

$$RER=TRE/TZF \tag{7-6}$$

总风险暴露指数 TREC 的准确程度取决于输入数据的质量；因此系统风险评估的重要任务之一就是要确定和修正故障率、暴露率、设计寿命、产品数量等的原始估计值。

3. 安全性评估例——铁路系统的风险评估

下面介绍国际电工委员会标准 IEC 62278（欧洲标准 EN50126）《可靠性、可用性、维修性和安全性（RAMS）在铁路上应用的技术要求和说明》中的安全性风险评估方法。

（1）危险事件发生概率

铁路系统危险事件发生的概率或发生频率的分类见表 7-7。表中对某种分类进行了说明。其中铁路产品发生事故的概率和频率属于哪种类型，其数值是多少应由铁路管理部门确定。

表 7-7　危险事件发生的频率（IEC 62278）

| 分类 | 说明 |
| --- | --- |
| 频繁的 | 很可能频繁发生，危险不断地出现 |
| 可能的 | 会出现几次，认为危险可经常发生 |
| 偶然的 | 很可能会出现几次，认为危险会发生几次 |
| 很少的 | 在系统寿命周期中，很可能有时会出现，认为危险会发生 |
| 未必的 | 发生可能性很小，但又可能，认为危险可以例外地发生 |
| 不可能的 | 几乎不可能发生，认为危险不会发生 |

（2）危险严重程度

铁路系统危险事件的严重程度及其相关的后果见表 7-8。铁路产品事故的严重等级及其后果由铁路部门确定。

表7-8　危险事件的严重程度等级（IEC 62278）

| 严重程度 | 对人或环境产生的后果 | 对服务产生后果 |
| --- | --- | --- |
| 灾难性的 | 对环境造成的灾难和/或多重的严重毁坏和/或较大的损害 | 系统丧失 |
| 危急的 | 对环境引起的单一的灾难和/或严重毁坏和/或显著的损害 | 主要系统丧失 |
| 临界的 | 对环境引起的次要毁坏和/或显著的威胁 | 严重的系统损害 |
| 轻微的 | 可能是轻微的损坏 | 较轻的系统损害 |

（3）风险评估

风险评估应该考虑危险事件发生的频率及其产生的后果，以确定危险事件（事故）所产生风险的严重等级。表7-9示出事故频率和事故后果所对应的风险等级。

表7-9　危险事件风险等级（IEC 62278）

| *危险事件出现的频率 | 风险等级 | | | |
| --- | --- | --- | --- | --- |
| 频繁的 | 不希望有的 | 不可容忍的 | 不可容忍的 | 不可容忍的 |
| 可能的 | 可容忍的 | 不希望有的 | 不可容忍的 | 不可容忍的 |
| 偶然的 | 可容忍的 | 不希望有的 | 不希望有的 | 不可容忍的 |
| 很少的 | 可忽略的 | 可容忍的 | 不希望有的 | 不希望有的 |
| 未必的 | 可忽略的 | 可忽略的 | 可容忍的 | 可容忍的 |
| 不可能的 | 可忽略的 | 可忽略的 | 可忽略的 | 可忽略的 |
| | 轻微的 | 临界的 | 危急的 | 灾难性的 |
| | 危险后果的严重程度 | | | |

* 危险事件出现频率的换算需依赖于所研究的铁路产品。

（4）风险的处理原则

在确定了风险的等级以后，应该决定风险的处理原则，即对于风险的容忍程度。表7-10列出了风险的处理原则。同样，铁路管理部门应该负责确定对于风险的处理原则。

表7-10　危险处理原则（IEC 62278）

| 风险等级 | 风险处理原则 |
| --- | --- |
| 不可容忍的 | 风险应该被消除 |
| 不希望有的 | 只有当风险不能被降低或铁路管理部门和安全管理部门同意时，才可适当接受 |
| 可容忍的 | 当有足够的控制及铁路管理部门同意时，可以接受 |
| 可忽略的 | 有/或无铁路管理部门的同意都可接受 |

## 五、安全预警技术

预警信号一般分为红、黄、绿三种颜色，对于运营状况出现不同的危机程度发出不同的信号。各种信号灯的含义为:"红灯"表示出现严重危机,应该紧急采取防控措施,防范和化解当前危机,以确保铁路运营的安全。"黄灯"表示出现轻度危机,在未来发展中有转为"严重危机"或转为"正常"的可能。如果由"红灯"转为"黄灯"则应进一步采取和加强各项化解危机的措施和手段,促进铁路运营状况继续趋于正常。"绿灯"表示正常,表明铁路运营状况良好,应继续保持。如果由绿灯转向黄灯,则表示铁路运营有出现危机的势头,应及时查找原因阻止情况发生。

### 1. 预警模型与方法

预警包括信息收集、信息筛选、信息评价、阈值设定和报警五个时序阶段。图 7-15 所建立的预警模型是由几个子模型有机构成的。

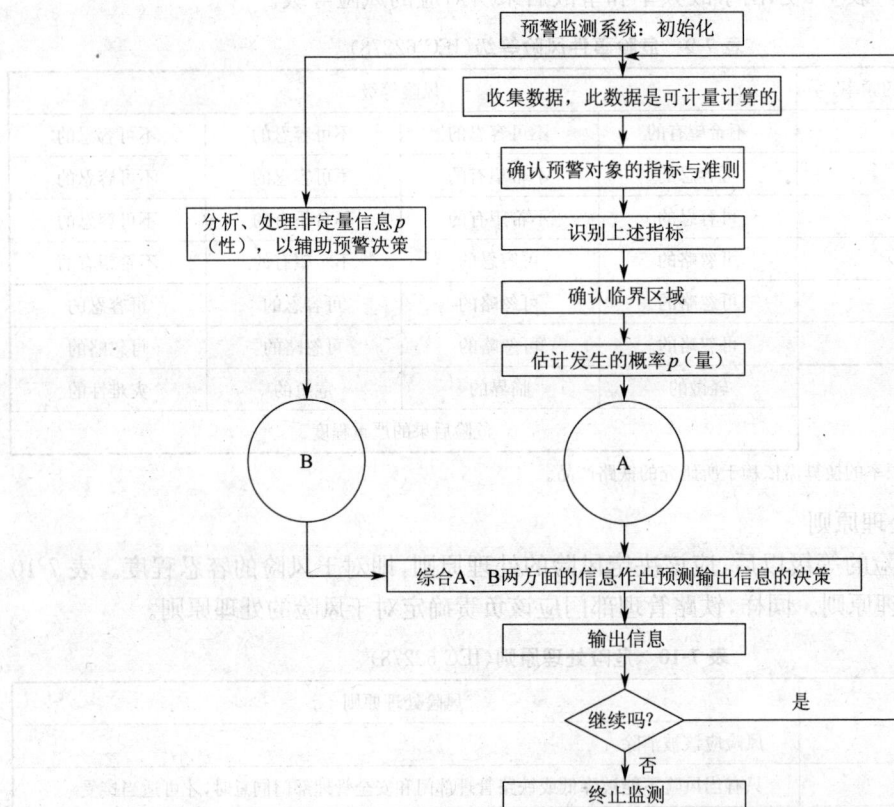

图 7-15　预警模型

（1）处理定量因素的子模型

①对定量预警指标进行测算。第一个方面:加权改进。用指数加权改进原始数据序列,一则可充分利用有用的最新信息,二则可以减少随机性。第二个方面的改进就是加进一个政策干扰因子。

设 $F$ 为干扰因子,它可以取任意值,$F>0$ 表示扶植性政策,$F=0$ 表示无外加干涉,$F<0$ 表示抑制性政策。

进行上述两个改进的目的,一方面提高预测精度,另一方面可以通过加进政策干扰因子,反映决策人对预警系统的参与。

②$\alpha-\beta$ 跟踪器模型。

假设 1:被预警的现象(因素)的所有变化在所监测的时间内是平缓发展的而不是突变的。

假设 2:描述未来状态的数据及其他信息能在所要求的时点上获得。

该模型能在每个可能关心的时点上输出下列信息:

信息Ⅰ——被监测的预警(因素)现象将出现。

信息Ⅱ——被监测的预警(因素)现象不出现。

信息Ⅲ——输出误警概率 PFD(Failure-to-Detect)或虚警概率 PFA(False-Alarm)。

(2)处理定性因素的子模型:MCI 方法

MCI 即多方综合调查法。它的特点在于它能对大量非技术性的无法定量分析的因素做出概率估算,并将概率估算的结果告诉专家,充分发挥信息反馈和信息控制的作用,使分散的专家意见逐次收敛在协调一致的评价结果上。MCI 方法在对复杂系统进行预警的过程中,对信息特别是非定量信息的收取是一种不可多得的方法。

其基本思想是:针对与预警现象(因素)有关的问题,选择代表面尽量广泛、权威程度高、对问题很熟悉的适当人数的专家,然后设计一份能紧扣问题、简明扼要、填表方式简便的表格。分几轮(一般 3~4 轮)来对上述专家关于表格中所列各项问题进行征询。用信息反馈的观点,对不同类型的咨询数据采取相应的处理方法,每次改进咨询表格,以达到一致的评审意见。

有了定量模型输出的概率信息($p_{量}$)及非定量概率信息($p_{性}$)之后,根据具体情况综合考虑这两种概率信息,最终做出预警信息的输出,以供决策者采用。最后信息的计算准则为:

$$p=ap_{量}+(1-a)p_{性} \quad (0\leqslant a\leqslant 1)$$

2. 预警准则及方法

预警准则是指一套判别标准或原则,用来决定在不同的情况下,是否应当发生警报以及发生何种程度的警报。预警系统中的警报准则的设计可以采用多种形式,从大类上来分,主要有以下几种:

(1)指标预警

指标预警是指根据预警指标的数值大小的变动来发出不同程度的警报。设要进行警报的指标为 $x$,设它的安全区域为 $[x_a,x_b]$,其初等危险区域为 $[x_c,x_a]$ 和 $[x_b,x_d]$,其高等危险区域为 $[x_e,x_c]$ 和 $[x_d,x_f]$,则基本警报准则如下(如图 7-16 所示):

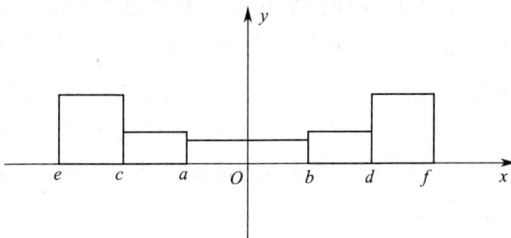

图 7-16　预警值域

当 $x_a \leqslant x \leqslant x_b$ 时,不发生警报;

当 $x_c \leqslant x \leqslant x_a$ 或 $x_b \leqslant x \leqslant x_d$,发出一级警报;

当 $x_e \leqslant x \leqslant x_c$ 或 $x_d \leqslant x \leqslant x_f$ 时,发出二级警报;

当 $x \leqslant x_e$ 或 $x_f \leqslant x$ 时,发出三级警报。

但如果严格按照上述指标预警方式来操作,则有时出现的偶然性波动或一次性的波动也会导致警报发生,有可能产生误警。因此,当某一指标发生波动时,可以留一定的观察期来看看其变化,若指标在某一时刻落入危险区,但很快又恢复正常,且可以在安全区稳定一段时间,则应当推测该因素有偶然变化的可能。如果某一指标突然跃入危险区,并在危险区保留一段时间,则可推定有某一指标突然跃入危险区并继续向高等危险区迁移,则说明铁路面临了相当严重的致灾因素,应当立即发出警报并采取措施制止事态的进一步恶化。如果某一指标在危险区发生上下波动,则这种波动大多是系统性风险因素所为。

(2)因素预警

在风险致错因素或预警管理点中,既存在可计量的因素,也存在不可直接计量的因素,对于可计量的风险因素,可以采用指标预警的方法,对于不可计量的致错因素,则应采用因素预警法。因素预警有两种形式,一种是:

$$\begin{cases} \text{当风险因素 } x \text{ 出现时,发出警报} \\ \text{当风险因素 } x \text{ 不出现时,不发出警报} \end{cases}$$

这是一种非此即彼的警报方式,若视这一种致错因素为随机变量,且设 $P(x)$ 表示致错因素发生的概率,则可用第二种因素警报模式。

$$\begin{cases} \text{当 } 0 \leqslant P(x) < P_b,\text{不发出警报} \\ \text{当 } P_a < P(x) < P_c,\text{发出初等警报} \\ \text{当 } P(x) > P_c,\text{发出高等警报} \end{cases}$$

3. 铁路预警系统

铁路预警指标体系是指由一系列相互联系、相互制约的指标组成的科学、完整的整体。因为预警的成功与否,首先取决于指标选择是否恰当,预警研究的关键在于构建完善的指标体系。

由于有多种指标从不同角度表征铁路运输企业的运营水平,为了从众多的指标中筛选出那些最灵敏的、便于度量且内涵丰富的指标来构建指标体系,在分析比较国内外关于指标体系构建原则的基础上,总结铁路运营监测预警指标体系构建的原则如下:

(1)指标内涵的要求:指标含义明确、清楚、简单,易于理解。

(2)在指标群落中的地位要求:指标计量的内容应当是重要的,或者在指标的权限范围内很有意义。

(3)指标的政策相关性要求:指标能够检查当前所采取的方针、政策的执行情况,能衡量出调控的现实效果。

（4）指标表现形式的要求：指标能够以精确的数量来进行计算、表达和操作，对一些定性的指标进行规范化、权重化处理，使其定量化，从而大大增强指标体系的可操作性。

（5）数据可得性的要求：指标已经具备数据形式或者能够以合理的成本/效益比取得；适当的建档资料且数据质量可靠；可以依据可靠的方式进行指标数据定期更新，以实现预警研究的持续和滚动。

（6）指标间关系的要求：这包括全面性和独立性两个方面。指标体系能从各主要侧面全方位表达铁路企业运营实际（发展规模、速度和水平），不忽略体现铁路运营状况的各重要方面。通过指标的相关性检验，降低指标数量。

警情可划分为五级，即无警、轻警、中警、重警、巨警。指标安全警限的确定原则主要有多数原则、半数原则、均数原则和负数原则。

铁路安全预警系统以现代安全系统工程学的理论方法为指导，在设计中综合运用事故树分析法、安全评价法、定量预测技术等多种安全事故预防控制技术来实现系统的安全预警功能。系统在运行过程中，动态监测铁路运输生产系统，及时分析数据信息，一旦发现铁路运输生产系统的某个环节的安全状况超出设定的警戒值，就及时警示铁路安全监察部门制定采取合理的对策。

铁路安全预警系统的应用，以保障铁路安全运营为目标，符合现今铁路安全监察工作的实际要求，实现了铁路安全监察工作从事后管理到事前预防、事中控制的本质性转变，尽可能地把铁路安全事故的发生率降到最低，确保人民群众生命财产的安全。

### 六、安全保障决策支持技术

决策是针对某一问题，根据确定的目标以及当时的实际情况制定多个候选方案，然后按一定的标准从中选出最佳方案的思维过程。决策过程最早由 Simon 提出，他把决策过程划分为四个阶段：情报活动、方案设计、选择活动和实现。随着决策学这门学科的发展，人们对决策过程、决策模式进行了深入的探讨，又提出了一种经过改进的决策过程模式，如图 7-17 所示。

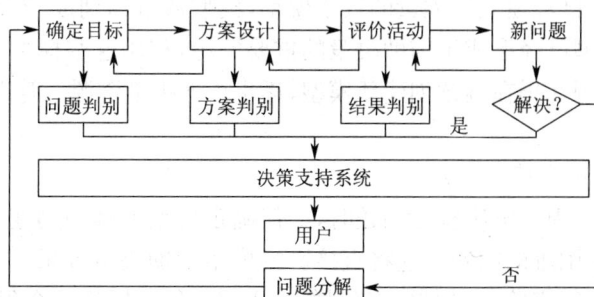

图 7-17　决策过程模式

改进后的决策过程模式,具有下述三个重要特点:

(1)决策过程可归结为一系列的判别过程,即对问题和决策目标的判别,对可解决问题方案的判别,对方案结果的判别及对方案是否达到预定目标的判别。这些判别过程,分别对应于Simon决策模式的各阶段。判别就是对事物状态及其内部规律的再认识过程,这个过程的实现是以获取、利用有关信息为前提的。对问题的判别,需要收集与决策问题、环境、条件有关的信息,以便认识决策问题、确立决策目标。对方案的判别和对方案结果的判别,同样是以信息的占有为基础来进行的。不过,此时的信息,大多数是知识性信息。模型、规则、方法、经验都是知识的表现形式。

(2)决策过程同专家求解问题的过程相一致,是一个将半结构化、非结构化的问题逐步结构化的过程。对于半结构化、非结构化问题,由于难以或无法用确定的模型和语言来描述其决策过程,所以很难直接求解,只能将其分解为一些更易理解、较为单纯的子问题,在解决了每一个子问题后,再逐步汇集这些子问题的结果,并以此来解决原来较为复杂的问题。对于结构化问题,这个过程只进行一次,即可完成问题的求解,对半结构化问题、非结构化问题,这个过程必须循环多次,将原问题不断分解,直到其所有问题可由模型、规则、经验或直觉解决为止。

(3)判别是决策者做出的,判别质量的高低不仅取决于决策者的知识、经验、直觉,而且在相当大约程度上取决于决策者对与决策问题相关的信息(解决问题的方法、知识、有关数据)的可获取程度。

在DSS发展历史中,决策支持是一个先导概念,决策支持的概念形成若干年后才出现决策支持系统。决策支持技术主要表现为以下几个方面:

## 1. 模型的决策支持

模型是对客观事物的特征和变化规律的一种科学抽象,通过研究模型来揭示客观事物的本质。对于数学模型,需要建立变量与参数构成的方程式。通过模型的算法,求出变量的值和方程的值。在实际中,若能实现和达到根据模型求出的值(变量的值和方程的值),就能取得模型方程所追求的目标。数学模型辅助决策就是要求决策者按模型所求出的值去做决策。经过专家学者的长期研究,已经建立了大量的数学模型,模型数量达到成千上万个,仅预测模型就有100多个。这些模型已经形成了辅助决策的重要资源,利用这些模型资源已经有效地解决了大量的决策问题。现在仍在继续创建新模型,逐步扩大决策资源。管理科学/运筹学是这种决策支持方式。

## 2. 模型实验的决策支持

在利用成熟的数学模型解决实际问题时,如何确定模型方程中的变量、系数、常数和方程个数等问题,也是一个困难的问题。这将直接影响模型辅助决策效果。为了解决这个不确定性问题,应该对模型进行实验。"如果,将怎样"(what…if)分析是一个很好的模型实验手段。以优化模型为例,初步建立模型并求出最优解后,再对决策问题进行深入的分析,即如何对不确定性情况做各种各样的假设,并反复通过模型计算后,对各种结果进行深入分析,研究最优解会有怎样的变化,这种分析称为"如果,将怎样"(what…if)分析。模型实验除用 what…if 分析外,还可以采用多个同类模型进行比较和综合等实验方法。原理性模型,如天体运行的开普勒三大定律、牛顿三大运动定律等均是建立在经过大量的实验基础上确定的。决策支持系统的初期是采用这种决策支持方式。

3. 决策方案的决策支持

模型是决策支持的重要手段,多模型组合形成决策问题方案能扩大单模型的决策支持能力。对于比较复杂的决策问题,难以用单模型辅助决策。这时,就需要用多模型的组合来形成决策方案实现辅助决策。每个模型所需要的数据都不相同,模型之间的数据转换也是一项很烦琐的工作。对于多模型的组合,一般的方法是对每个模型分别由计算机来计算。模型间的数据转换由人在计算机外手工来进行。

4. 数据的决策支持

现状数据只能反映现实的状况,提供给人一种掌握现状的作用,还不能上升为辅助决策。数据经过模型计算后产生的结果数据才是决策的依据,例如,优化模型计算出的决策变量值。不同层次的人员对数据的要求也不一样。普通管理者只关心具体的数据,中层管理员关心汇总数据,高层管理者关心高度汇总的数据。为辅助决策不但需要汇总数据,也需要对比数据。对企业来说,这就要求有企业内部数据和企业外部数据。随着决策需求的增加,对数据的要求会更多。

5. 知识推理的决策支持

知识和模型一样,也是一种决策资源。数学模型是对现实问题用数学方法进行描述,通过对数学模型的求解,得到数值结果,从而帮助决策者进行数量分析。

知识是从现实问题中抽取出来的,是现实问题中状态(概念)改变的描述。问题求解是从开始状态(概念)通过对知识的推理,建立从开始状态(概念)到目标状态(概念)的知识链,这是一种从定性分析角度的求解问题方法。它是一种符号处理方法,完全不同于数学模型的定量分析方法。知识推理是决策支持的定性分析手段。

知识推理是人工智能的核心。人工智能经过几十年的发展,已经形成了多种人工智能技术。专家系统是人工智能中应用最广、影响最大的人工智能技术。专家系统的知识有产生式规则、谓词逻辑、框架、语义网络等。其中,以产生式规则用得最多。专家系统通过知识的推理,达到人类专家解决问题的能力。神经网络也是人工智能的重要技术。神经网络是将人脑中神经元的信息处理和学习过程用 MP 模型和 Hebb 模型表示。现在,已建立大量的神经网络模型,用来解决模式识别、市场分析、决策优化、自适应控制等应用领域。神经网络的知识表现在神经元之间连接的权值、MP 模型和 Hebb 模型,可以看成是神经网络的推理。遗传算法是模拟生物遗传过程进行群体遗传,它对于优化问题的求解是非常有效的,它也是获取分类知识的重要技术。遗传算法中的三种遗传算子(选择、交叉、变异)可以看成是推理,它处理的对象是种群的个体。这些个体可以看成问题的初始解、中间解和目标解,是问题的知识。

这些人工智能技术都是以知识推理为核心,它们都从不同的角度达到决策支持的作用。知识推理的决策支持是区别于模型以及模型组合方案的决策支持,它属于智能技术的决策支持方式。

**6. 模型与知识结合的决策支持**

模型是以定量方式辅助决策,知识是以定性方式辅助决策。两者结合即完成定性与定量结合,既达到相互补充又达到提高辅助决策的效果。

模型辅助决策是在确定模型之后,通过计算得到辅助决策信息(模型输出数据)。如何确定模型是一个困难问题,特别是对于经验不足的新人就更困难了。智能决策支持系统(IDss)属于这种决策支持方式。

**7. 自动生成决策方案的决策支持**

决策问题方案一般由程序员根据决策问题的要求,选择解决该问题的模型、数据及多模型的组合方式,或者选择模型与知识的组合方式,再编制该问题的决策支持系统方案,通过计算得到该方案的解,并评价方案。由于不同的决策问题的决策方案是不同的,不具有通用性,每个决策问题方案只能分别由程序员编制程序并计算。

决策体系是指决策整个过程中的各个层次、各个部门在决策活动中的决策权限、组织形式、机构设置、调节机制、监督方法的整个体系。决策体系由决策系统、参谋(智囊)系统、信息系统、执行系统与监督系统这五大部分组成一个统一整体。决策体系中五大系统的关系以及整个体系的运行如图 7-18 所示。

决策体系运行过程可概括为参谋(智囊)系统利用信息系统制定决策方案,提供给决策系统,决策系统利用信息系统提供的信息对智囊系统提供的方案进行决策。决策系统的决策指令,在监督系统的监督下,由执行系统贯彻执行,执行的情况和结果又经过智囊系统和信息系统反馈到决策系统。智囊系统根据新情况,提供修补或修改方案给决策系统,决策系统对修改方案进行决策,作出修订指示,再由执行系统执行决策支持系统

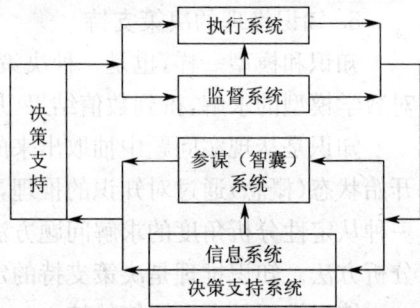

图 7-18　决策体系运行图

在决策体系中是一个重要组成部分,它与参谋系统具有同等重要的地位。它和参谋系统结合才能有效地使决策者进行科学决策。

**七、集成化的网络监控**

网络监控系统通过网络的载体综合应用计算及技术、通信技术和网络技术实现对监控节点的设备、系统和信息的监测和控制,监控系统的发展主要经历了两个阶段:

(1)集散系统

传统监测控系统是以单片机、PC、工控机为核心的多个分散单元的集合体。形成早期集

散控制系统的锥型。当总线出现以后,一般借助 S-100 或 PC 总线形成测控系统。但是由于连线过长和过多,用这些总线形成的测控系统的稳定性较差,抗干扰能力较弱,难以实现大范围的有效测控。随后出现的是集散控制系统(DCS),它由多台微处理机分散在现场的不同位置,彼此之间以高速数据通信进行连接。

(2)现场总线的形成

随着计算机局域网(LAN)的出现,产生了基于 LAN 的 TDCS 系统。与此同时,由两线制电流为 4-20 mA 六标准信号发展而来的智能化现场设备和控制自动化设备之间的通信标准的确立,使现场总线智能化测控仪器非常容易连接,随之使得网络监控得以形成。

现场总线网络既是一种信息网络,又是一种自动化系统。作为信息网络,它所传送的是数字,例如可以是接通电源、关断电源、开闭阀门等指令和数据;作为自动化系统,与原来的自动化系统相比,其在结构上有较大的变化,最显著特征是通过网络传送信号进行联络,可由单个节点或多个网络节点共同完成所要求的自动化功能。因此,它是一种由网络集成的自动化系统。由于现场总线适应了工业控制系统应具有分散化、网络化、智能化等特点的要求。同时许多国际际组织例如国际电子委员会(IEC)、美国仪表学会(ISA)和国际金融组织(IFC)等,多年来为制定现场总线标准做了大量的工作,结果出现了多种不同的现场总线标准。

集成化的网络监控系统在传统监控系统的基础上综合应用计算机网络技术、现场总线技术、信息传输技术、地理信息系统技术以及 Web Service 技术等实现对目标设备更大范围更全面的监控。计算机网络技术、现场总线技术以及信息传输技术在前面都已有介绍,这里着重介绍地理信息系统技术和 Web Service 技术。

1. 地理信息系统

地理信息系统(Geographical Information System,GIS)有时又称为"地学信息系统"或"资源与环境信息系统"。它是一种特定的十分重要的空间信息系统。它是在计算机硬、软件系统支持下,对整个或部分地球表层(包括大气层)空间中的有关地理分布数据进行采集、储存、管理、运算、分析、显示和描述的技术系统。地理信息系统处理、管理的对象是多种地理空间实体数据及其关系,包括空间定位数据、图形数据、遥感图像数据、属性数据等,用于分析和处理在一定地理区域内分布的各种现象和过程,解决复杂的规划、决策和管理问题。

地理信息系统具有以下四个方面的特征:

(1)具有采集、管理、分析和输出多种地理信息的能力,具有空间性和动态性;地理信息系统的成功依赖于空间分析模型的研究和设计。

(2)有计算机系统支持进行空间地理信息数据管理,并有计算机程序模拟常规的或专门的地理分析方法,作用于空间数据,产生有用信息,完成人类难以完成的任务。

(3)计算机系统的支持是地理信息系统的重要特征,因而使得地理信息系统能以快捷、精确、综合地对复杂的地理信息系统进行空间定位和过程动态分析。

(4)虽然信息技术对地理信息系统的发展起着重要的作用。但是,实践证明,人的因素在地理信息系统的发展过程中越来越具有重要的影响作用,地理信息系统许多的应用问题已经超出技术领域的范畴。

地理信息系统是有关空间数据管理和空间信息分析的计算机系统,依照其应用领域,地理信息系统可分为土地信息系统、资源管理信息系统、地学信息系统等;根据其使用的数据模型,可分为矢量、栅格和混合型信息系统;根据其服务对象,可分为专题信息系统和区域信息系统。

从计算机科学角度来看,地理信息系统由四个主要部分组成——计算机硬件系统、计算机软件系统、地理空间数据和系统管理操作人员,其核心部分是计算机软硬系统,空间数据库反映了 GIS 的地理内容,而管理人员和用户则决定系统的工作方式和信息表示方式。

地理信息系统的组成如图 7-19 所示。

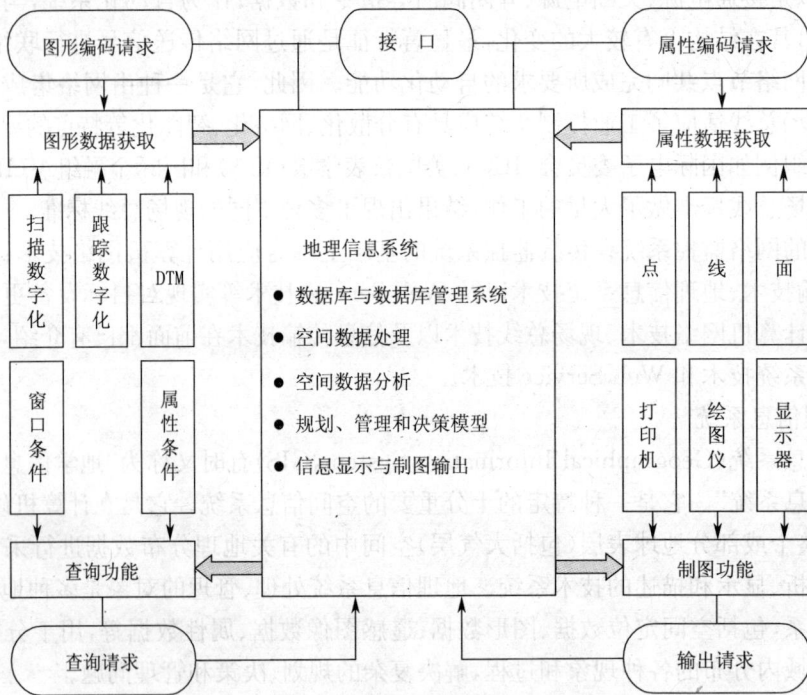

图 7-19　地理信息系统的组成

地理信息系统的功能主要包括:

(1)数据采集、监测与编辑。

(2)数据处理,初步的数据处理主要包括格式化、转换、概括。数据格式化是指不同数据结构的数据间的变换。数据转换包括数据格式转化、数据比例尺的变化等。

(3)数据存储与管理。这是建立地理信息系统的关键步骤,涉及到空间数据和属性数据的组织。栅格模型、矢量模型或栅格/矢量混合模型时常用的数据组织方法。空间数据结构的选择在一定程度上决定了系统所能执行的数据与分析的功能。在地理数据组织与管理中,最为关键的是如何将空间数据与属性数据融合为一体。目前大多数系统都是将二者分开存储,通过公共项来连接。这种组织方式的缺点是数据的定义与数据操作相分离,无法有效记录地物在时间域上的变化属性。

(4)空间查询与分析。空间查询是地理信息系统以及许多其他自动化地理数据处理系统应具备的最基本的分析功能,而空间分析是地理信息系统的核心功能,也是地理信息系统与其他计算机系统的根本区别,模型分析是在地理信息系统支持下,分析和解决现实世界中与空间相关的问题。地理信息系统的空间分析分为三个不同层次。第一是空间检索,包括从空间位置检索空间物体及其属性和从属性条件集检索空间物体。第二是空间拓扑叠加分析,工件拓扑叠加实现了输入要素属性的合并以及要素属性在空间上的连接。第三是空间模型分析,在空间模型分析方面,目前多数研究工作主要是地理信息系统与模型分析相结合。

2. Web Service 技术

Web Service 使用标准技术,通过它,软件应用程序资源在各网络上均可用。因为 Web Service 基于标准接口,所以即使是以不同的语言编写并且在不同的操作系统上运行,它们也可以进行通信。因此,Web Service 是生成必须适用于网络上不同系统的分布式应用程序的极好方法。

Web Service 使用的标准技术包括:

①通过 WSDL 文件公开描述其自身功能。

②通过 XML 消息(通常使用 SOAP 格式)与其他应用程序进行通信。

③使用标准网络协议,如 HTTP。

(1)WSDL 文件

Web Service 描述语言(Web Service Description Language,WSDL)使用标准 XML 格式描述 Web Service。WSDL 文件描述了特定的 Web Service,使其他软件应用程序可以与它进行交互。WSDL 通常可公开访问并且提供了充分的信息,潜在客户端仅根据 WSDL 文件即可了解如何来操作此 Web Service。如果某个 Web Service 将英语句子翻译成法语,则其 WSDL 文件将说明应该如何将英语句子发送到此 Web Service 以及法语译文将如何返回到请求的客户端。

(2)XML 和 SOAP

可扩展标记语言(Extensible Markup Language,XML)提供了一种公共语言,通过它,不同的应用程序可以在网络上彼此进行交互。大多数 Web Service 通过 XML 进行通信。客户端将包含请求的 XML 消息发送到 Web Service,然后 Web Service 使用包含操作结果的 XML 消息进行响应。大多数情况下,这些 XML 消息将根据 SOAP 语法设置格式。Simple Object Access Protocol(SOAP)指定了一种标准格式,使应用程序可以调用彼此的方法,在彼此之间传递数据。

（3）网络协议

Web Service 使用广泛使用的协议，如超文本传输协议（Hyper Text Transfer Protocol，HTTP）和 Java 消息服务（Java Message Service，JMS），接收请求并发送响应。Web Service 可以支持多个协议，它的不同方法可以支持不同的协议。Web Service 支持的协议在 WSDL 文件中进行发布。

# 第二节　监控预警技术

世界各国在铁路建设发展过程中，时刻以确保旅客生命财产和行车安全为核心，把安全技术作为铁路发展的先导型核心技术加以系统研究，并在实际运用中不断完善。通过实现基础设施高标准、技术装备高质量、运行管理自动化和安全监控实时化，力争达到高速运行、万无一失的目标。以日本、法国、德国为代表的铁路建设，针对其所处的自然环境、地理条件以及运营条件的不同，都分别采取了各自不同的安全监控预警技术及措施。

（1）日本

日本新干线早期的列车运营管理自动化系统（COMTARC）包括行车调度、车辆调度、旅客调度、电力调度、通信信号调度以及设备（线路）调度，其中的设备调度除负责线路的管理和维修保养外，还收集沿线气象、地震等信息，预防灾害的发生以及指挥修复与救援工作。其典型的安全监测系统为气象信息系统（MICOS）及智能地震预警系统（UREDAS），另外，1996 年东海道新干线开发采用了轨温监视系统。

（2）法国

法国高速铁路创造了当前世界上轮轨系交通的最高试验速度 515.3 km/h，运营速度达到 300～320 km/h，以机车信号为主的列车自动控制系统由 TVM-300，逐步发展为 TVM-400、TVM-430。在 TVM-430 系统中，增加了设备监测和报警子系统，进一步强化了列车运行安全的保障功能，其主要内容为接触网电压监测、热轴监测、降雨监测、降雪监测、大风监测、立交桥下落物监测等。

（3）德国

德国高速铁路不同于日、法两国，属客、货混运型，且隧道约占线路长度的 1/3。因此，隧道内的行车安全成为其安全保障的重点，除了采用安全监测系统外，还制定了严格有效的防范措施以及运营措施。此外，在高速线上也采用了防灾报警系统（MAS90），除可监督线路装备的运用状态外，还可识别和及时报告环境对行车安全的影响以及移动设备发生破损的情况。

我国普速和提速铁路的安全监控预警体系尚在不断完善之中，对雨量、洪水、风雪等自然灾害的监测和对轨温、长大隧道、桥梁、机车等设备状态的监测，大多采用人工、间歇收集信息的方式，信息的准确性、实时性差，不适于铁路发展的要求。因此，借鉴国外经验，进行全面系统的研究,加强在机车运行的过程中对人、机车和环境的安全监控预警是我国铁路发展和建设中的关键环节。亟须在综合应用上述安全保障基技术的基础上,构建机车车辆运行安全保障监控预警技术体系,主要包括机车车辆安全监控与故障诊断技术,轨道动态监测技术和道口状态检测技术环境监测技术等。

**一、机车车辆故障诊断技术**

机车车辆故障诊断是以机车运行中在某种激励下的响应作为诊断信息的来源,通过对所测得的参量(如振动位移、速度、加速度等)进行各种分析处理,并以此为基础,借助一定的识别策略对机车车辆的运行状态做出判断,进而对于诊断有故障的零部件并给出故障部件、故障程度以及故障原因等方面的信息。在机车车辆的故障诊断实践中,一个完整诊断过程,一般包括以下几个基本步骤:

(1)确定状态监测的内容

状态监测的内容主要包括监测参数、监测部位、监测方式等,它主要取决于故障形式,同时也考虑被监测对象的结构、工作环境等因素以及现有的测试设备条件,这是整个故障诊断工作的基础。

(2)构建故障信息测试系统

按照状态监测内容选取合适的传感器及数据采集装置,组成故障信息测试系统,收集故障诊断所需的信息。测试系统包括硬件和软件两部分,在构建测试系统时,应注意信号获取的灵敏度和精度等性能,同时要考虑测试系统的环境适应性以及如何在故障信息采集阶段进行降噪除噪等,以简化后续的信号分析处理过程。

(3)数据分析处理及故障特征信息提取

这一步骤的主要内容是对测试系统所获得的故障信息进行加工处理,包括滤波、异常数据的剔除以及各种分析算法等。其主要目的是从有限的采集数据中获得尽可能多的关于被诊断对象状态的有用信息,并从中提取故障的特征信息,这是机车车辆故障诊断的核心。

(4)状态监测、故障诊断及预报

该步骤是机车车辆故障诊断的最终目的工作和最重要环节,主要是根据列车各监测部件的结构特征,构造或选定有效的故障诊断判据,确定划分被诊断部件状态的各有关参量的槛值等内容,以此判定列车上被诊断对象的运行状态,并对其未来发展趋势进行预测。

1. 列车常见的故障信号及其分类

列车常见的故障信号,根据其能否用明确的数学表达式进行描述而将信号分为确定性信号和随机信号两大类。确定性信号是指能用数学表达式进行精确描述的一类信号,它可进一步分为周期信号和非周期信号;周期信号是指每隔一定的时间便重复发生一次的一类信号,简谐信号是最简单的周期信号。随机信号则是指其单次实验发生与否不能事先确定,而在大量的重复实验中则表现出某种统计特性的一类信号。工程实际中,特别是在列车故障诊断领域中,所测得的故障信息大都是确定性信号和随机信号的组合,因而总体上具有一定的随机性,因此往往把所测列车故障信号笼统地说成是随机信号。根据其统计特性的不同,可将随机信号分为平稳随机信号和非平稳随机信号两大类。平稳随机信号是指其统计特性不随时间起点的变化而改变的一类信号,其中,如果信号的各阶矩都不随时间的变化而改变,则称此信号是严平稳(强平稳)的;如果信号的统计特性中只有均值和方差不随时间的变化而改变,则称此信号是宽平稳(弱平稳)的。在大多数情况下,为诊断机械故障而测得的信号都属于平稳随机信号的范畴。各种信号的分类如图 7-20 所示,典型信号的时域波形如图 7-21 所示。

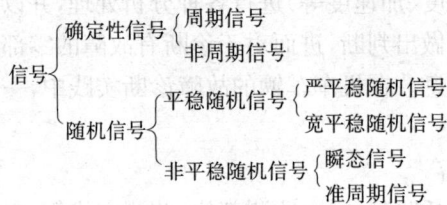

图 7-20　信号的分类

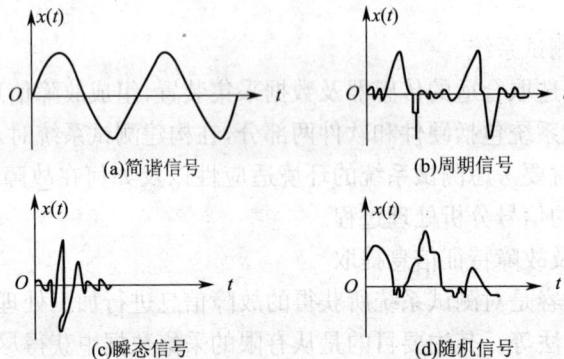

图 7-21　典型信号的时域波形

### 2. 列车故障信息的提取与分析处理

在列车车辆的状态监测与故障诊断中,为诊断故障而测得的信号多是时间的历程函数,它包含了列车运行中的各种状态信息、环境干扰、电磁干扰等。在实际应用中,所测得的信号大都是确定性信号和随机信号的组合,因此,测量信号的分析处理及故障特征信息的提取对机车车辆的故障诊断至关重要。

（1）故障特征参量的定义

在机车故障诊断实践中,将对故障灵敏、稳定可靠的物理参量称为故障特征参量。列车的故障类型千差万别,每一种故障类型,系统必定会通过一个或多个物理参量将其表征出来,每一种故障类型可以由一种或多种原因所引起。这就是说,列车故障表现与其特征参量和故障原因之间存在的对应关系为：

$$F = f(a_1, a_2, \cdots, a_n) \tag{7-7}$$

式中　　　$F$——某种列车故障类型；

$a_1, a_2, \cdots, a_n$——各特征参量或故障原因。

列车故障诊断就是要确定 $F$ 与 $a_1, a_2, \cdots, a_n$ 之间的某种对应关系 $f$，以便通过检测 $a_1$, $a_2, \cdots, a_n$ 来判断故障类型 $F$ 是否发生，或在已知 $F$ 发生的情况下去查明造成 $F$ 的原因 $a_1$, $a_2, \cdots, a_n$。

对于同一种故障类型，当它们发生在不同的列车分系统上时，其故障特征参量也不同。因此，在确定某种故障的特征参量时，应结合具体的分系统进行具体分析。例如：一般机器的轴承发生故障时，其温度会升高，此时温度可选为故障特征参量。然而，对于列车的轮对轴承，由于受到强风冷却，即使出现故障，温度也未必会有明显变化，此时就不宜选用温度作为轴承故障的特征参量。

（2）故障特征参量选取的原则

不同的故障类型有不同的故障特征与之相对应。即故障类型不同，其故障特征参量也不同。同一种故障类型，当其环境条件（包括故障主体）发生变化时，其故障特征参量也不同。因此，故障特征参量一般要通过理论分析和实验的方法来确定。

实践证明，选取故障特征参量应遵循以下原则：

①高度敏感性。列车系统或分系统状态的微弱变化应引起故障特征参量的较大变化。

②高度可靠性。故障特征参量是依赖于列车系统或分系统的状态变化而变化的，如果把故障特征参量取作应变量，列车系统或分系统状态取作自变量，则故障特征参量应是系统状态这个自变量的单值函数。

③实用性。故障特征参量应是便于检测的，如果某个物理参量虽对某种故障足够灵敏，但这个参量不易获得，那么这个物理参量也不便用作故障特征参量。

3. 故障特征信息的提取方法

在对列车状态监测时发现，有用的故障信息通常淹没在强烈背景噪声中，这给列车的故障诊断带来了很大难度。为准确可靠的诊断出列车零部件的故障，采取有效的方法提取零部件的故障特征信息是非常重要的。对于不同的故障特征信息有不同提取方法，对于列车机械零部件故障冲击的提取一般有硬件和软件两种实现方法，下面就硬件方法中的共振解调技术加以介绍。

（1）共振解调基本原理

共振解调技术（Deroodulated Resonance Technique，DRT）也称为早期故障探测法。其基本原理是：当列车的某一机械设备出现故障而产生周期为 $T_0$ 的冲击脉冲时，如图 7-22（a）所示，根据傅里叶级数理论，该脉冲串的频谱为包含基频 $f_0 = \dfrac{1}{T_0}$ 在内的一系列谐波分量，如

图 7-22(b)所示。其中某阶高次谐波若与结构系统或传感器的固有频率 $f_n$ 相吻合($f_n$ 应具有较高的频率,一般为 10 kHz 以上),则将激发起周期性的高频自由衰减振动如图 7-22(c)所示。该振动信号大周期为脉冲串的周期,而衰减振动的频率则为结构系统或传感器的固有频率。列车设备的其他工作振动频率都远低于该固有频率,对引起该频率的振动贡献极小,因而消除了其他振动信号的干扰。该高频自由衰减振动信号经检波和低通滤波后(称为解调),便得到一个与原脉冲串相对应的并经放大了的信号,如图 7-22(d)所示,根据该信号便可求出原脉冲串的周期和相应的幅值大小。

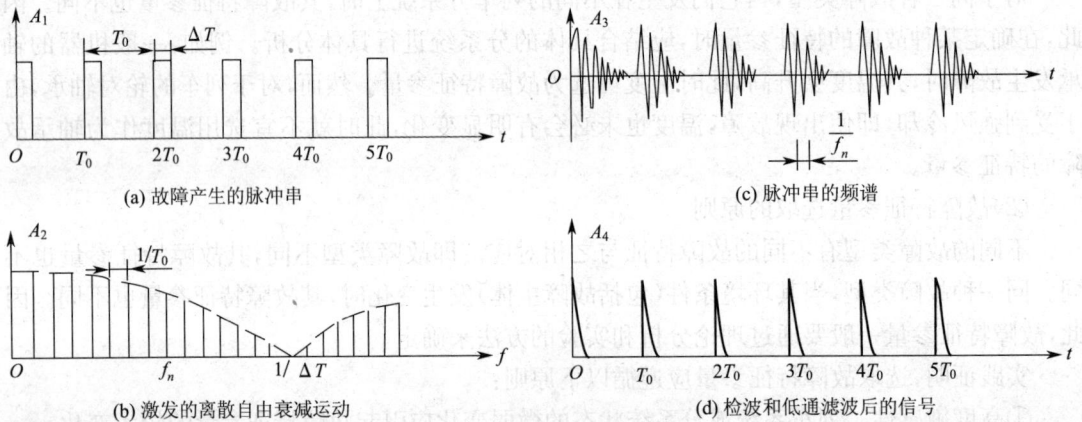

(a) 故障产生的脉冲串

(c) 脉冲串的频谱

(b) 激发的离散自由衰减运动

(d) 检波和低通滤波后的信号

图 7-22　共振解调原理

　　共振解调法诊断列车旋转机械损伤类故障的原理图 7-23 比较完整地概述:当旋转机械的(以轴承为例)某一元件表面出现局部损伤时,在受载运行过程中要撞击与之相互作用的其他元件表面产生冲击脉冲力。由于冲击脉冲力的频带很宽,必然包含轴承外圈、传感器甚至附加的谐振器(可以是机械式的或是电的)等到的固有频率而激起这个测振系统的高频固有振动。根据实际情况,可选择某一高频固有振动作为研究对象,通过中心频率等于该固有频率的带通滤波器把该固有振动分离出来。然后通过包络检波器检波,去除高频衰减振动的频率成分,得到只包含故障特征信息的低频包络信号,对这一包络信号进行频谱分析便可容易地诊断出轴承的故障来。

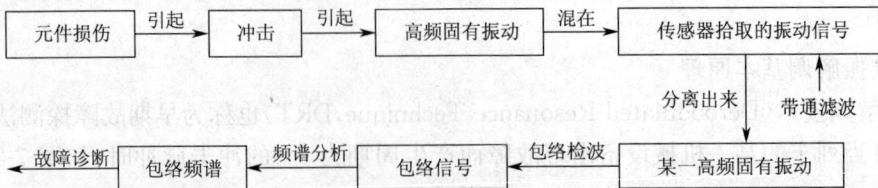

图 7-23　共振解调原理

（2）模拟信号预处理与离散化采样

由于列车运行过程中存在大量的各种不同类型的振动信号，故障信息往往隐藏在其中，这就给故障特征信息的提取带来很大的困难。实际工程系统中，在将由传感器检测到的振动模拟信号送 A/D 转换器之前，对信号进行适当的处理，以满足 A/D 转换的要求。下面以列车的振动冲击信号为例，说明信号的采样与预处理（其他信号也类似）。一般说来，信号处理包括以下几方面的内容：

①信号变换。诊断系统的传感器检测到的振动冲击信号采用电压、电流或电荷方式传输，为适应后续电路的要求，需将信号统一变换为一定范围的电压信号，同时，进行适当的放大以适应后续电路的电平要求。

②交直流分量分离。在列车故障诊断中，由传感器检测到的振动冲击信号包含了交流和直流分量。而对于不同故障元件有些信号中的直流分量是有用信息，而有些则是无用信息。为了使特征信号准确、客观地体现列车设备运行工况，在进行采样之前，需采用适当的电路将反映不同工况特征的交、直流信号分离开来并分别进行采样分析。

③抗混滤波。为了消除检测到的特征信号中的噪声污染及其对各种后续分析带来的负面影响，常采用特定的滤波器对检测信号进行滤波。滤波器一般分低通、高通和带通三种。每一种滤波器相当于对信号进行不同的频域加窗处理，只允许特定的频率信号通过，其他频率的信号均衰减。因此，合理选择滤波器的参数，对于保留故障诊断中有用的频率成分是十分重要的。

④信号放大。这主要是为了满足 A/D 转换的要求。如果 A/D 转换要求输入 ±5 V 范围内的电压信号，超出该范围则会产生截波，因此在经 A/D 转换之前需将信号放大到该范围内。此外，为保证转换精度，过小的模拟电压一般是不合适的。

⑤A/D 转换。A/D 转换是信号工况监测与故障诊断系统中的重要环节，其目的是将检测到的模拟信号转换成数字信号，便于计算机分析和处理。A/D 转换包括取样和量化两个步骤，取样是将模拟信号 $x(t)$ 按一定的时间间隔 $\Delta t$ 逐点取其瞬时值；量化是指从一组有限离散电平中取出一个近似采样点的信号 $x(k(\Delta t))$ 的实际电平幅值；这些离散的电平为量化电平，每一量化电平对应着一个二进制码。

⑥数字信号预处理。A/D 转换后的数字信号一般需要经过适当的预处理后方可由计算机处理，数字信号预处理包括异常值处理、随机噪声处理、高频背景噪声消除、基线归一化处理与标定等。

（3）故障信号分析处理的常用数学方法

在列车的状态监测与故障诊断中，为了更充分地利用所测得的信号，需要运用多种数学方法对故障信号进行加工处理，这个运算过程就是信号的分析与处理。目前，信号分析与处理的方法主要有以下几种：

①傅立叶变换

从时域到频域的变换或其逆变换，是频谱分析的工具。在列车故障诊断中，基于傅立叶变换算法的频谱分析方法已在列车振动分析和列车旋转机械故障诊断得到应用。关于傅立叶变换的定义、性质等,此处不再赘述,下面仅介绍列车故障诊断中常用的快速傅里叶变换(FFT)。

目前,FFT 算法已在数字序列的频谱分析、数字滤波、相关技术以及数字网络综合分析等方面广泛应用。FFT 的具体实现办法有多种,关于这方面的讨论可参阅数字信号处理等有关文献资料,此处只简要介绍其中的基 2 按时间抽取 FFT 算法和基 2 按频率抽取 FFT 算法的原理。

a. 基 2 按时间抽取 FFT 算法

基 2 按时间抽取 FFT 算法是 1965 年由 Coolev 和 Tukev 提出来的,所以又称为 Cooley—Tukey 算法,简记为 DIT,该算法的基本原理如下:

对于有限长时闻序列 $x(n)$,长度 $N=2^B$ 时,则原序列 $x(n)$ 可以分成含有偶数点和含有奇数点的两个 $N/2$ 点的序列,即

偶序列 $$g(r)=x(2r)$$

奇序列 $$h(r)=x(2r+1) \quad \left(r=0,2,\cdots,\frac{N}{2}-1\right)$$

因此,$x(n)$ 的 $N$ 点 DFT 可写成

$$
\begin{aligned}
X(k) &= \sum_{n=0}^{N-1} x(n)W_N^{nk} = \sum_{r=0}^{N/2-1} x(2r)W_N^{2rk} + x(2r+1)W_N^{(2r+1)k} \\
&= \sum_{r=0}^{N/2-1} g(r)W_N^{2rk} + W_N^k \sum_{n=0}^{N/2-1} h(r)W_N^{2rk} \\
&= \sum_{r=0}^{N/2-1} g(r)W_{N/2}^{rk} + W_N^k \sum_{n=0}^{N/2-1} h(r)W_{N/2}^{rk}
\end{aligned}
$$

所以

$$X(k)=G(k)+W_N^k H(k) \tag{7-8}$$

式(7-8)是 $k$ 从 $0\sim\frac{N}{2}-1$ 之间的 $N$ 点 $X(k)$ 序列的前一半,$X(k)$ 序列的后一半,即从 $\frac{N}{2}$ 到 $N-1$ 点之间的 $X(k)$ 序列,可利用 $DFT$ 及系数 $W_N^k$ 的周期性与对称性求得,即根据 $W_N^{k+N/2}=-W_N^k$ 和 $G\left(k+\frac{N}{2}\right)=G(k)$,$H\left(k+\frac{N}{2}\right)=H(k)$,得

$$X\left(k+\frac{N}{2}\right)=G\left(k+\frac{N}{2}\right)+H\left(k+\frac{N}{2}\right)W_N^{k+N/2}=G(k)-W_N^k H(k) \tag{7-9}$$

故按时间奇偶选抽 FFT 算法的基本公式为

$$
X(k)=\begin{cases} G(k)+W_N^k H(k), & k=0\to\dfrac{N}{2}-1 \\[2mm] G(k)-W_N^k H(k), & k=\dfrac{N}{2}\to N-1 \end{cases} \tag{7-10}
$$

上式的运算称为"蝶形运算",因为它的流图形状尤如蝴蝶,如图 7-24 所示。

计算表明:仅作一次分解,就可以比直接运算法节省约一半的运算量。由于 $N=2^B$,所以 $\frac{N}{2}$ 仍可被 2 整除,因此,$G(k)$ 和 $H(k)$ 的计算又可按奇偶分别再分解为两个导点的 DFT 算法

得到。如此继续分解下去,直至没有必要再分解为止,则总共可进行 $B$ 次分解,而最后一次,每个蝶形仅有两次加(减)法而没有乘法了(此时形 $W^0=1$),这样分解的结果,最后只需 $0.5\log_2 N$ 次复数乘法和 $N\log_2 N$ 次复数加法,比直接算法的 $N^2$ 次复数乘法和 $N(N-1)$ 次复数加法的运算量大为减少。图 7-25 所示为 $N=8$ 按时间选抽算法的计算流程图。

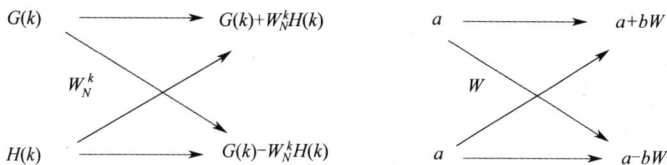

图 7-24 蝶形运算(时抽)

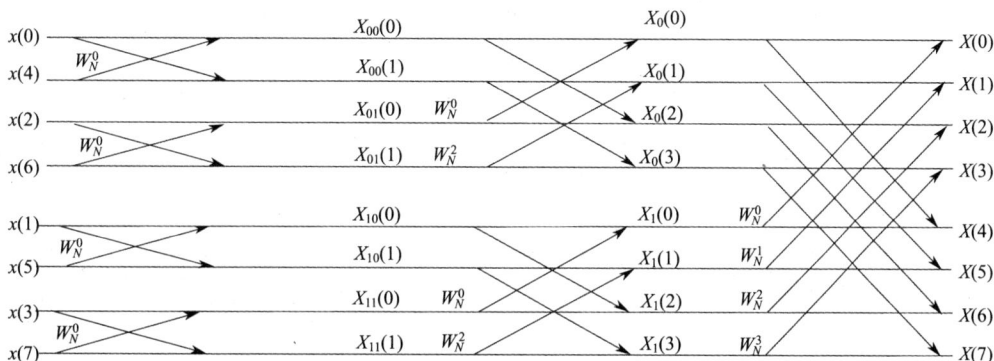

图 7-25 $N=8$ 按时间选抽算法的计算流程

b. 基 2 按频率抽取 FFT 算法

按频率抽取(DIF)是另外一种得到广泛应用的 FFT 算法。对于这种形式的 FFT,输入序列 $\{x[n]\}$ 要按下述方式分成两个各有 $N/2$ 个样本的序列。第一个序列 $\{x_1[n]\}$ 由 $\{x[n]\}$ 的前 $(N/2)$ 个点组成;而第二个序列 $\{x_2[n]\}$ 由 $\{x[n]\}$ 的后 $(N/2)$ 个点组成。因此

$$\begin{cases} x_1[n]=x[n] & n=0,1,\cdots,\dfrac{N}{2}-1 \\ x_2[n]=x\left[n+\dfrac{N}{2}\right] & n=0,1,\cdots,\dfrac{N}{2}-1 \end{cases} \tag{7-11}$$

现可将 $x[n]$ 的 $N$ 点 DFT 写成如下形式,即

$$\begin{aligned} X(k) &= \sum_{n=0}^{N/2-1} x(n)W_N^{nk} + \sum_{n=N/2}^{N-1} x[n]W_N^{nk} \\ &= \sum_{n=0}^{N/2-1} (x_1[n]+e^{-j\pi k}x_2[n])W_N^{nk} \end{aligned} \tag{7-12}$$

式(7-12)中利用了 $W^{N\frac{k}{2}}=e^{-j\pi k}$ 这一关系。如果现在分别考虑离散傅里叶变换(DFT)的偶数样本和奇数样本,则有下列关系,即

$$X(2k) = \sum_{n=0}^{N/2-1} (x_1[n] + x_2[n])(W_N^2)^{nk}$$

$$= \sum_{n=0}^{N/2-1} (x_1[n] + x_2[n]) W_{N/2}^{nk} \qquad (7\text{-}13)$$

$$X(2k+1) = \sum_{n=0}^{N/2-1} (x_1[n] - x_2[n]) W_N^{n(2k+1)}$$

$$= \sum_{n=0}^{N/2-1} \{(x_1[n] - x_2[n]) W_N^n\} W_{N/2}^{nk} \qquad (7\text{-}14)$$

式(7-13)和式(7-14)表明,DFT 的偶数样本和奇数样本可分别由 $\{x_1[n]\}$ 与 $\{x_2[n]\}$ 之和与之差乘以因子 $W_N^n$ 的两个 $N/2$ 序列的 DFT 得出。于是 $N$ 点 DFT 就转换成 $N/2$ 点 DFT 的问题。在图 7-26 以 $N=8$ 为例对此作了说明。

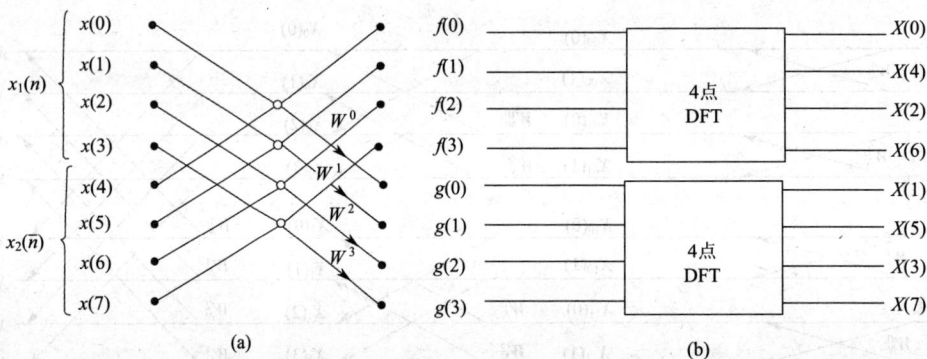

图 7-26  将 8 点 DFT 按频率抽取简化成 4 点 DFT

反复运用这一方法,将每个 $N/2$ 点 DFT 表示成两个 $N/4$ 点 DFT 的组合。图 7-27 和图 7-28示出将图 7-26 的 4 点 DFT 表示成两点 DFT 并最终直接算出两点 DFT 的简化结果。

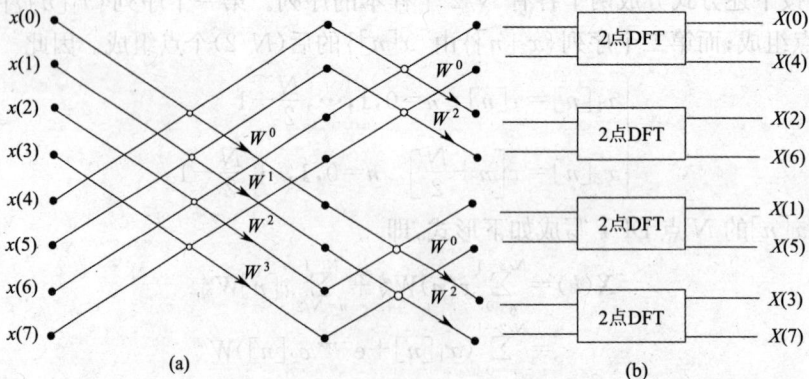

图 7-27  图 7-26 的进一步简化

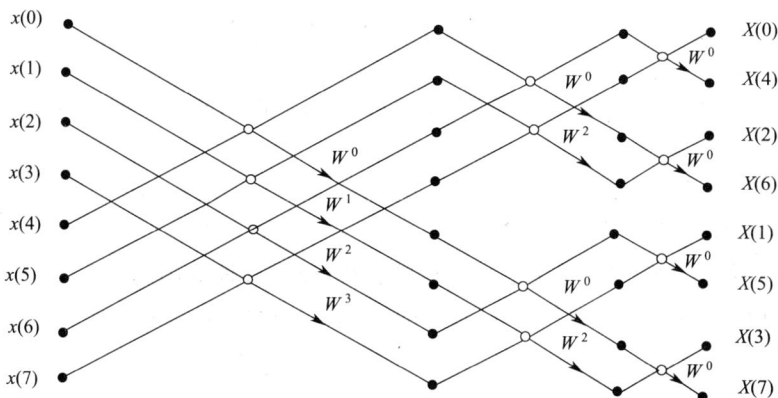

图 7-28　8 点按频率抽取的 FFT 结构

将图 7-27 与图 7-28 加以比较可以看出两种算法的区别：

对于 DIT，输入是混序的，而输出则按自然顺序。图 7-28 的 DIF 却正好相反，即输入是顺序的，而输出是混序的。不过 DIT 和 DIF 这两者都能从顺序数据变成混序数据，反之亦然，所以这不是实质性差别。

DIF 的蝶式运算和 DIT 的蝶式运算略有不同，其差别在于 DIF 中复数乘法出现于加减运算之后，如图 7-29 所示。

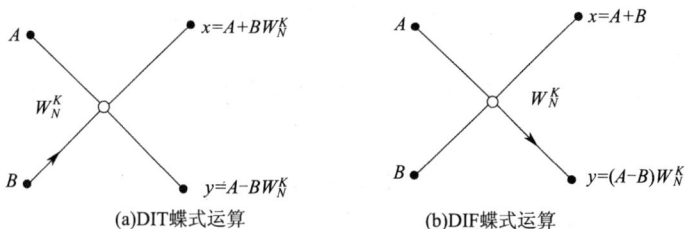

图 7-29　两种 FFT 算法的蝶式运算

②希尔伯特变换

希尔伯特变换是在傅里叶变换基础上的一种线性变换，它在同一域中把一个函数映射为另一人函数。希尔伯特变换的重要意义在于它提示了可实现的系统函数其实部与虚部之间的相互依赖关系，它们构成一个希尔伯特变换对。以希尔伯特变换作为理论基础，已研究成功了新型的通信系统和数字信号处理系统，且其影响日益广泛。有许多机械故障诊断的工作者正积极探索其在本领域的应用。

a. 希尔伯特变换的定义

设有实值函数 $x(t), t \in (-\infty, +\infty)$，它的希尔伯特变换定义为

$$\hat{x}(t) = \int_{-\infty}^{+\infty} \frac{x(\tau)}{\pi(t-\tau)} \, \mathrm{d}\tau \tag{7-15a}$$

常记作 $\hat{x}(t) = H[x(t)]$，即 $\hat{x}(t)$ 是函数 $x(t)$ 与 $\frac{1}{\pi t}$ 的卷积，故可写成

$$\hat{x}(t) = x(t) * \frac{1}{\pi t} \tag{7-15b}$$

b. 希尔伯特变换的性质

研究希尔伯特变换的性质是为了简化运算过程，以更好地应用这一工具。

(a)线性性质。若 $\hat{x}_1(t) = H[x_1(t)]$。$\hat{x}_2(t) = H[x_2(t)]$，且 $a$、$b$ 为任意常数，则有

$$H[ax_1(t) + bx_2(t)] = a\hat{x}_1(t) + b\hat{x}_2(t)$$

(b)移位性质，即

$$H[x(t-a)] = \hat{x}(t-a)$$

(c)希尔伯特变换的希尔伯特变换，即

$$H[\hat{x}(t)] = -x(t)$$

此性质表明，两重希尔伯特变换的结果仅使原函数加一负号。其推论为

$$H^{2n}[x(t)] = (j)^{2n} x(t)$$

(d)奇偶特性。如果原函数 $x(t)$ 是 $t$ 的偶(奇)函数，则其希尔伯特变换 $\hat{x}(t)$ 就是 $t$ 的奇(偶)函数，即

$$x(t)(偶) \leftrightarrow \hat{x}(t)(奇)$$
$$x(t)(奇) \leftrightarrow \hat{x}(t)(偶)$$

(e)相似性质，即

$$H[x(at)] = \hat{x}(at)，a \text{ 为常数}$$

(f)正交性质，即

$$\int_{-\infty}^{+\infty} x(t) \, \hat{x}(t) \mathrm{d}t = 0$$

(g)能量守恒。由帕斯维尔定理可知，$\int_{-\infty}^{+\infty} x^2(t) \, \mathrm{d}t = \int_{-\infty}^{+\infty} |X(f)|^2 \mathrm{d}f$ 和 $\int_{-\infty}^{+\infty} \hat{x}^2(t) \mathrm{d}t = \int_{-\infty}^{+\infty} |\hat{X}(f)|^2 \mathrm{d}f$，因而有

$$\int_{-\infty}^{+\infty} x^2(t) \mathrm{d}t = \int_{-\infty}^{+\infty} \hat{x}^2(t) \mathrm{d}t$$

(h)调制性质。对任意函数 $x(t)$，若其傅里叶变换 $X(f)$ 是带限的，即若

$$X(f) = \begin{cases} X(f) & \text{当 } |f| \leqslant f_m \text{ 时} \\ 0 & \text{其他} \end{cases}$$

则有

$$\begin{cases} H[x(t)\cos 2\pi f_0 t] = x(t)\sin 2\pi f_0 t \\ H[x(t)\sin 2\pi f_0 t] = x(t)\cos 2\pi f_0 t \end{cases}$$

(i)卷积性质,即

$$H[x_1(t)^* x_2(t)] = \hat{x}_1(t)^* \hat{x}_2(t)$$

(j)周期性。希尔伯特变换不改变原函数的周期性。

c. 逆希尔伯特变换

$$x(t) = H^{-1}[\hat{x}(t)] = -\int_{-\infty}^{+\infty} \frac{\hat{x}(\tau)}{\pi(t-\tau)} d\tau$$

即 $x(t)$ 为 $\hat{x}(t)$ 与 $-\dfrac{1}{\pi t}$ 的卷积。

③小波变换

小波变换是 20 世纪 80 年代中后期逐渐发展起来的一种数学分析方法,目前正受到数学界和工程界的极大重视。1984 年法国科学家穆勒(J. Molet)在分析地震波的局部特陡时首先使用了小波变换来对信号分析,并提出小波这一术语。所谓小波,就是小的波形,"小"指其具有衰减性,"波"指其具有波动性,具有振幅正负相间的振荡形式。小波分析是傅里叶分析思想的继承和发展。傅里叶分析最明显的不足之处在于缺乏空间局部性。小波分析发展了加窗傅里叶变换的局部化思想,它的窗口宽随频率增高而缩小,从而可实现对高频信号有较高的频率分辨率,而对低频信号有更长的时间分析长度,较好地实现了对信号全貌及其局部特征的双重分析。小波变换在机械设备故障诊断中的应用主要基于非平稳信号的优良分析性能。作为一门新兴的学科和分析工具,小波理论还将不断丰富和完善。

a. 小波分析原理

(a)小波及小波变换。所谓小波即是由满足条件

$$\int_{-\infty}^{+\infty} \varphi(x) dx = 0 \tag{7-16a}$$

的基小波 $\varphi(x)$ 经过平移和缩放而得到的一函数族

$$\varphi_{a,b}(x) = \frac{1}{\sqrt{a}} \varphi\left(\frac{x-b}{a}\right) \tag{7-16b}$$

式中　$a$——缩放因子;

　　　$b$——平移因子。

由式(7-16a)可见,$\varphi(x)$ 是时域有限[即 $x \to \pm\infty$,$\varphi(x) \to 0$]的函数。实际中,$\varphi(x)$ 应衰减很快,故称为"小的波"或"小波"。

模拟信号 $f(x)$ 小波变换定义为

$$W_f(a,b) = -\int_{-\infty}^{+\infty} f(x) \varphi_{a,b}(x) dx = \frac{1}{\sqrt{|a|}} \int_{-\infty}^{+\infty} f(x) \varphi^*\left(\frac{x-b}{a}\right) dx \tag{7-17}$$

式中　$\varphi^*\left(\dfrac{x-b}{a}\right)$——$\varphi\left(\dfrac{x-b}{a}\right)$ 的复共轭;

$W_f(a,b)$——对应于 $f(x) \in L^2(R)$ 在函数族 $\varphi_{a,b}(x)$ 上的分解，$L^2(R)$ 为定义在实域上的平方可积函数 $\left[即 \displaystyle\int_{-\infty}^{+\infty} f^2(x)\mathrm{d}x < \infty\right]$ 的集合。

模拟信号的积分小波变换如式（7-17），它是把信号限制在"时间窗" $[b+at^*-a\Delta_\phi, b+at^*+a\Delta_\phi]$ 的范围内。在信号分析中，这个过程称为"时间局部化"。其中，$t^*$ 为窗函数的中心，$\Delta_\phi$ 为窗函数的半宽，它们都有相应的计算公式，此处不予讨论。

由式（7-17）可见，当 $a$ 增大（减小）时，响 $\varphi\left(\dfrac{x-b}{a}\right)$ 在时间上扩展（收缩），由此即可计其长（短）的时间过程。大的 $a$ 可观察到信号的总体信息，小的 $a$ 可观察到信号的细微信息。

进一步的分析还表明：式（7-17）的运算还把模拟信号 $f(x)$ 的频谱限定在"谱窗" $\left[\dfrac{\omega^*}{a}-\dfrac{1}{a}\Delta_\phi, \dfrac{\omega^*}{a}+\dfrac{1}{a}\Delta_\phi\right]$ 范围内，此即对信号的"频率局部化"。其中，$\dfrac{\omega^*}{a}$ 为窗的中心，$\dfrac{1}{a}\Delta_\phi$ 为窗的半宽，它们都有相应的计算公式，此处也不予讨论。

因此，模拟信号的积分小波变换把信号限定在一个面积不变的"时间频率窗"之内，"时间频率窗"的图形如图 7-30 所示。由图可见，对于大的中心频率 $\dfrac{\omega^*}{a}$ 窗变窄；对于小的中心频率 $\dfrac{\omega^*}{a}$ 窗变宽。即对高频信号有较高的频率分辨力，而对低频信号有较大的时间分析长度。小波分析的这种特性限适合于对机械故障诊断中的非平稳信号的分析处理。

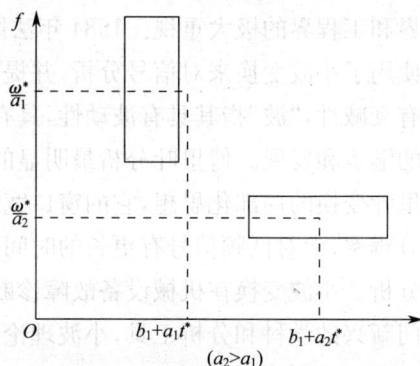

图 7-30　时间频率窗

（b）反演与重构。与傅里叶正逆变换相似，小波变换也可通过反演运算对原模拟信号进行重构（复原）。在信号分析中，通过对变换后的小波编辑再进行反演运算，可剔除/降低噪声的影响，提高信噪比。这一特性很适合于环境噪声较大的机械故障诊断领域的信号处理。

反演与重构的简单原理如下：

设 $\varphi \in L^1(R) \bigcap L^2(R)$ 为容许小波，即其满足如下容许条件，即

$$W_\varphi = \int_{-\infty}^{+\infty} \frac{|\varphi(\omega)|^2}{|\omega|}\mathrm{d}\omega < \infty \tag{7-18}$$

式中　$L^1(R)$——定义在实域上的绝对可积函数的集合（即满足 $W_\varphi = \displaystyle\int_{-\infty}^{+\infty}|f(x)|\mathrm{d}x < \infty$ 的函数 $f(x)$ 的集合）；

　　　　$\varphi(\omega)$——$\varphi(x)$ 的傅里叶变换。

对容许小波有如下的反演公式

$$f(x) = \frac{1}{W_\varphi}\int_{-\infty}^{+\infty}\frac{1}{a^2}W_f(a,b)\varphi_{a,b}(x)\mathrm{d}a\mathrm{d}b \tag{7-19}$$

b.小波变换的性质

小波变换的性质是多方面、多层次的,在此为了应用的方便,仅简单地列出其中几条与机械故障诊断有参考价值的性质:

(a)小波变换具有多重分辨率来描述信号的局部特性的能力,便于对信号的总体和局部进行刻画。

(b)利用其对信号的分解和重构特性,可有针对性地选取确关频带的信息和剔除/降低噪声干扰。

(c)在全频带内正交分解的结果,信息既无冗余也不疏漏。

## 二、列车运行安全监控技术

列车网络监控系统是保证列车运行安全、快捷、舒适性和节能所必需的系统,各国在发展铁路时都十分重视该系统的研究和开发。首先是在列车控制方面,许多拥有先进列车控制系统(Advanced Train Control)的国家研制了多种基础技术设备,例如列车超速防护系统、卫星定位系统、车载智能控制系统、车载微机自动监测和诊断系统等。目前,在世界高速铁路上的自动控制方式主要分为两类,一类是以设备为主、人控为辅的控制方式,以日本新干线采用的人机车自动控制方式为代表。另一类是人机共用、人控为主的方式,以法国 TGV 高速列车为代表,主要采用有 TVM300 型安全防护系统及改进的 TVM430 防护系统,还有德国 ICE 高速列车采用的 FRS 速差式列车信号和 LZB 型双轨条交叉电缆传输式列车控制设备。

1. 网络监控系统的主要功能

(1)对列车的运行状态进行全面统一的监测和控制,并把监测信息提供给司机。

(2)通过综合监测保证高速列车系统控制设备以及列车中每节车辆的各受控设备按照司机操纵和行车指挥命令,协调工作。

(3)迅速正确地检测出列车控制与诊断所需的各种信息,以便司机及时发现列车运行中可能出现的各种故障情况,包括显示确定故障部位以便司机采取相应的应急处理措施并通知地面车辆维修部门准备采取措施。

(4)对于列车所在线路绝对位置的检测。通常是利用电机的速度脉冲计算得到距离,并可利用地面标记和手动按键修正里程,不仅给司机提供信息,也给地面通讯网和行车调度随时提供列车位置的精确信息。

2. 联网结构

目前,我国已经建立了铁路列车运行安全的网络监控系统,该系统由三级联网、三级中心、三级应用组成。三级联网指铁道部与铁路局联网、铁路局与车辆段联网、车辆段与配属客车联网;三级中心指铁道部查询中心、铁路局监控中心、车辆段监控中心;三级应用指车辆段级应用、铁路局级应用和铁道部级应用,联网结构如图 7-31 所示。

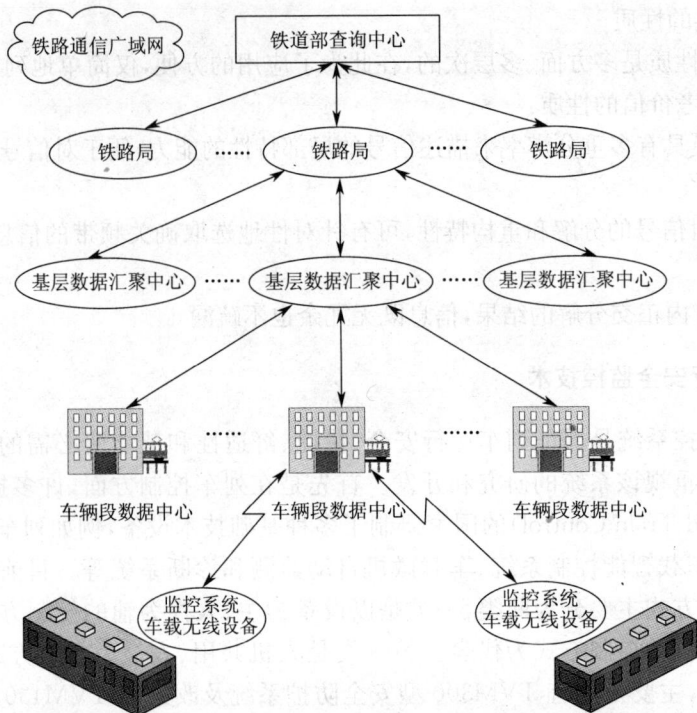

图 7-31 铁道部、铁路局、车辆段、列车联网结构

（1）三级联网、信息完全共享

在铁路运输管理系统的全国铁路通信网络的基础上，利用网络数据传输平台，将铁道部查询中心、铁路局监控中心、车辆段监控中心联系起来；在实时数据采集的基础上，利用现代无线通信技术，将车辆段与配属客车联起来，实现客车与地面的有机结合。车地无线联网实现列车和地面间的数据传输，地面信息网络实现各级中心间的数据传输。在三级联网的基础上，所有数据统一格式、统一标准，实现客车安全信息完全共享。

（2）三级中心、体现逐级管理

列车运行安全监控系统由铁道部查询中心、铁路局监控中心、车辆段监测中心三级中心组成。铁道部作为决策指挥中心，充分利用安全监控数据的分析结果，调整优化列车制造技术，把握铁路发展大方向，制定战略性决策和技术政策。铁路局作为运用管理中心，需要随时了解管内发生的重大事故，针对问题，做出正确的列车调度、车辆运用、故障处理的指导意见。对下属车辆段工作进行监督管理，对客车安全信息查询、汇总上报，对危险车辆报警，跟踪数据传输，执行铁道部下发任务。车辆段作为基层数据中心，首先要安排完成对管内车辆的日常维护、检修工作，需要对发生故障的车辆做出正确的处理，监督检修作业质量，还需要维护管内车辆的所有安全监控数据，向上级车辆部门及时反馈有效的车辆运用信息。

（3）三级应用、数据充分利用

车辆段级应用包括车地数据无线传输系统、地面专家系统、地面网络数据传输系统、数据中心后台支撑系统、数据中心控制台系统、列车运行状态电子地图实时跟踪系统、列车运行安全信息查询与统计报表支持系统等一组应用软件。路局级应用和铁道部级应用的应用软件构成和功能框架基本相似，只是后台软件的传输处理信息量和前台应用提供的各类可访问信息的范围、粒度存在差异，已开发和部署的软件包括地面网络数据传输系统、数据中心后台支撑系统、数据中心控制台系统、列车运行状态电子地图实时跟踪系统、列车运行安全信息查询与统计报表支持系统等一组应用软件。

车地数据无线传输系统实现客车运行监测数据的落地，包括报警、列车定位、速度、编组、设备状态等信息的实时发送，还包括到站后将列车在本次运行中所产生的所有监测数据进行批量下载。

地面专家系统以监测数据为依据，对客车状态进行评价、对设备的状态进行分析，发现并提示客车在运行中出现的问题或安全隐患，提供车辆检修建议，提高车辆检修效率。通过长期监测数据的积累，还可以形成对某类设备、某种型号客车的全面而客观的统计与评价，对于车辆部门制定车辆维护计划、设备故障检修、保证运输安全等具有重大意义。

地面网络数据传输系统建立在网络传输中间件的基础上，负责提供地面三级中心间可靠的数据传输服务。

数据中心后台支撑系统由一组后台数据处理模块构成，完成数据的装载、校验、数据重组、统计信息抽取等数据处理任务，为前台应用提供便于访问、查询效率高的数据环境。数据中心控制台系统通过集成化的中心系统管理操作界面，提供系统基础数据维护、系统配置、运行参数设置、用户和权限管理等系统管理配置功能。

列车运行状态电子地图实时跟踪系统主要以直观的电子地图形式，提供列车运行状态实时信息动态跟踪和运行轨迹历史回放，使车辆主管部门随时掌握在线运行客车状态，重演客车动态运行过程。

列车运行安全信息查询与统计报表支持系统主要为车辆管理部门提供全面、真实、可靠的实时信息、下载故障信息和相关基础数据查询，提供科学、直观、多角度透视的故障统计分析报表。在此基础上，车辆部门可以有针对性的实现配件储备、合理的安排检修人员、了解故障检修重点，并提出客车设备的科学改进的意见，促进车辆制造与运用技术的发展。

随着21世纪无线通信技术的突飞猛进，现阶段，运用比较先进和成熟的无线通信技术，实现列车与配属车辆段之间的联网，解决 TCDS 车地数据无线传输问题，已经成为可能。车地数据无线传输系统采用 GPRS 传输客车运行中实时监测的重要数据，采用 WLAN 完成列车整个运行过程中的所有监测数据的下载。

（1）实时信息的传输

为了保证车辆段运用部门及时掌握列车实际运行状态、避免和防止重大安全事故，列车运行安全监控系统主机在监测到监视项目异常或故障报警时,自动启动报警实时发送机制,将此信息通过 GPRS 实时发送出去。当系统工作正常时,系统主机定时通过无线 GPRS 接口向地面发送各系统状态信息和 GPS 定位信息。故障信息应包含发生故障列车的车次、车厢号、车号、故障发生时间、发生故障设备类型、故障描述、及相关数据。定时信息包括列车的车次、车厢号、车号、时间、监测项类型、监测项状态。

(2)过程数据的下载

为了支持地面专家数据库,对过程数据进行分析和故障诊断,以便于分析和查找事故原因,并进一步诊断数据和故障预警,将车载安全监测系统实时记录的过程数据,通过 WLAN 传输至地面,过程数据包括次、车厢号、车号、时间、本车监测项数目、本车监测项类型码、本车监测项数据内容长度、本车监测项心跳监视字节、监测项数据内容等。

地面数据传输网络利用铁路计算机通信网既有网络通道,充分利用铁路运输管理系统网络和铁道部、路局、站段三级局域网络,各级局域网通过广域网互联。

从整体上讲,列车运行安全监控系统功能包括了相关基础数据的维护与管理(各种单位字典、故障代码、车辆、车组字典和客车车辆运用检修信息等),故障报警的实时监控及处理,设备运行状态的监测及维修管理,监测信息的综合查询及安全监测统计分析等信息服务,数据传输、接收入库、数据组织集成、数据转储备份等一系列后台支撑功能,应用系统运行参数、联网节点配置、用户权限、数据传输监控、日志等系统运用管理功能。针对不同用户和各级应用,其功能组成和侧重点将有所不同。铁路客车运行安全联网监控应用系统总体功能结构如图 7-32 所示。

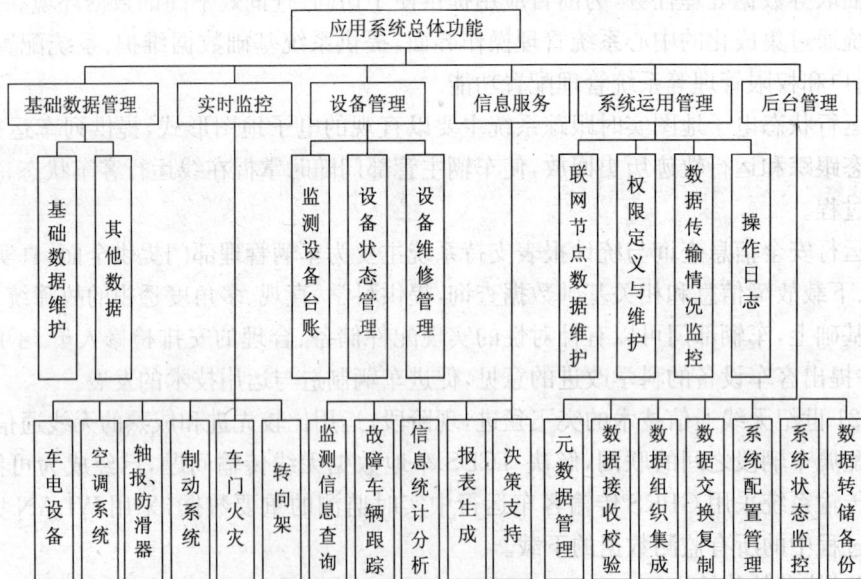

图 7-32  联网应用系统总体功能结构

### 三、轨道动态监测技术

我国对轨道的检测主要依靠轨道检查车,轨道检查车是检查轨道病害、指导轨道维修、保障行车安全等的大型动态检测设备,也是实现轨道科学管理的重要手段。

轨道检查车能检测轨道高低、轨向、轨距、水平、三角坑、车体垂直振动加速度、车体水平振动加速度及速度、里程等项目,还能提供曲线超高、曲率等轨道信息,对各检测数据能实时处理和事后分析处理,能实时打印公里小结表、区段总结报告表、曲线摘要报告表、三级超限报告表和轨道质量指数报告表,能摘取超限位置、超限项目、超限峰值及超限长度,能反映出曲线起止点、曲线长度、平均曲率(半径)、平均超高、平均加宽、曲线最高允许速度、曲线限制点等,同时能提供每200 m区段轨道测量指数,各检测项目结果实时显示在显示屏和波形记录纸上,并存储在磁带上。轨检车的使用为监控轨道质量、指导现场养护维修、保障行车安全提供了极为重要的技术手段,为进一步研究轨道状态变化规律、探索轮轨作用关系、实现轨道状态信息现代化管理打下了基础。

轨检车的技术特点包括:

(1)采用捷联式检测系统结构。检测系统将所有传感器信号经模拟信号预处理后直接由A/D转换成数字信号,然后全部送入计算机,利用计算机进行信息处理,误差补偿和修正、数字滤波后合成轨道几何参数,然后进行超限检测、加权计算、汇总统计并输出轨道状态图表。结构简单,具有很高的精度和可靠性。

(2)采用先进测量原理。轨检车采用惯性基准原理测量高低、水平和轨向,既能更真实地测量出轨道的实际状态,而且还可利用计算机将空间曲线转换成2.5 m、5 m、15 m等不同弦长的波形,以便于现场人员用弦绳测量轨道状态时核对。

(3)应用当代高新检测技术。轨检车测量系统涉及多种精密传感器、机械传动构件、模拟信号处理和数字信号处理系统等多学科技术,轨检车采用半导体激光器和伺服跟踪控制技术测量轨距;采用陀螺传感器和加速度补偿技术(CAS)测量水平和曲线超高;采用光电编码器测量速度和里程;采用模拟信号和数字信号混合处理技术测量高低和轨向,克服不同速度和正反向测量的影响。这一系列高新技术的应用,提高了轨检车的检测速度和精度,保证了轨检车连续动态测量的稳定性和可靠性。

(4)测量项目多、精度高。轨检车检测的项目包括:

①轨道高低、水平、轨向、轨距、三角坑、曲线超高、曲率等轨道几何参数。

②车体垂直振动加速度、车体水平振动加速度、轴箱振动加速度等车辆动力参数。

③列车运行速度及里程位置。

④检测公里标和百米标、道口、道岔、桥梁和轨距拉杆等线路标志。

轨检车检测系统由模拟信号处理系统和数字信号处理系统两部分组成,系统框图如7-33所示。

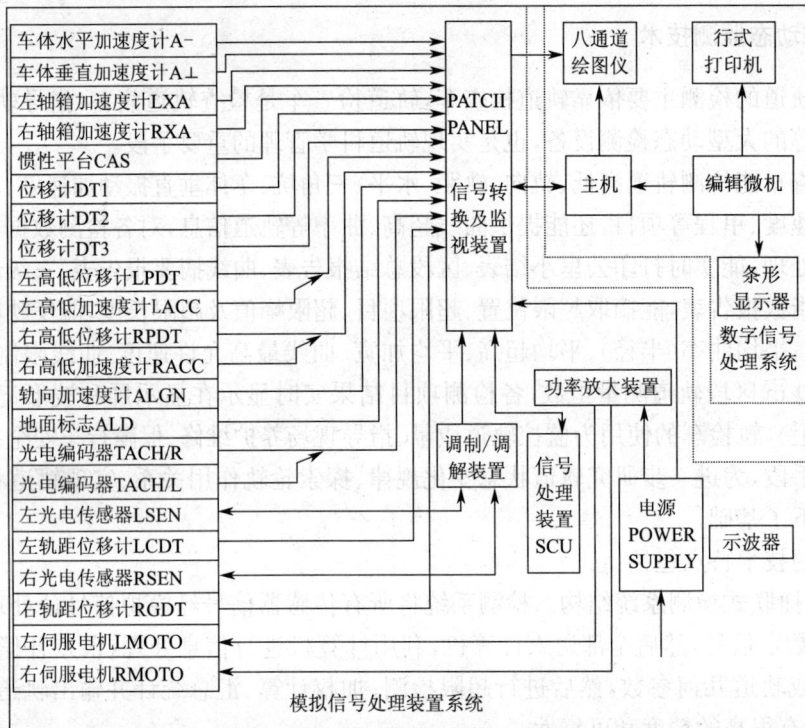

车体水平加速度计A-
车体垂直加速度计A⊥
左轴箱加速度计LXA
右轴箱加速度计RXA
惯性平台CAS
位移计DT1
位移计DT2
位移计DT3
左高低位移计LPDT
左高低加速度计LACC
右高低位移计RPDT
右高低加速度计RACC
轨向加速度计ALGN
地面标志ALD
光电编码器TACH/R
光电编码器TACH/L
左光电传感器LSEN
左轨距位移计LCDT
右光电传感器RSEN
右轨距位移计RGDT
左伺服电机LMOTO
右伺服电机RMOTO

PATCII PANEL
信号转换及监视装置
调制/调解装置
信号处理装置SCU
功率放大装置
电源 POWER SUPPLY

八通道绘图仪
行式打印机
主机
编辑微机
条形显示器
数字信号处理系统
示波器

模拟信号处理装置系统

图 7-33　轨检车检测系统框图

轨检车运用的技术手段包括：

（1）激光光电技术

在测量轨道几何形位变化及限界检测中（如大桥、长隧道的宽度有无变化），激光光电技术是主要测量技术。其主要原理是：激光器发出的激光经被测物体反射后，由线性扫描接收器根据光点位置变化确定被测物体的外形情况。

（2）图像处理技术

图像处理技术用于轨道各种不平顺的检测。另外在轨道部件状态的检测中，采用该技术可全面地监测轨道部件状态，如扣件脱落、螺栓松动、鱼尾板断裂、钢轨磨耗、道床路基水侵、坍落等异常状况。

（3）计算机技术

计算机技术的发展极大地推动了轨道检测技术的发展，不仅扩大了检测项目，而且提高了检测精度、工作稳定性和可靠性，实现了同步检测。它起到了两方面的作用：一是与传感器、模拟处理系统构成统一的模拟数字混合处理检测系统，完成轨道的检测；二是对测量结果进行统计分析及评价，为科学管理和维修决策提供科学依据。

（4）超声波探伤技术

超声波在固体、液体中有不同的传播速度，但在空气中则几乎不能传播。超声波探伤原理就是利用声波在不同介质中的传播特性进行工作。将20万Hz的声波射入钢轨中，当遇到钢轨伤损时，根据反射回来的讯号，即可判断伤痕的大小及位置。

（5）雷达测试技术

除了军事上的用途之外，现在雷达无损检测技术还广泛应用于隧道衬砌以及地质情况的检测方面。其实质是一种特高频电磁波发射与接收技术：利用自身激振产生的雷达波直接发射到道床和路基中，通过波的反射与接收得到道床和路基的采样信号，再经过硬件与软件及图文显示系统得到检测结果，可分析道床和路基的病害发生地点及变化趋势。

另外，轨温的升高使无缝线路钢轨的纵向应力加大，超过一定标准时会导致胀轨跑道事故，对行车安全有极大的危害，因此在现场设置钢轨及大气温度传感器，建立轨温监测报警系统，实时掌握钢轨温度，确定轨温控制标准，科学地进行轨温预报，为行车指挥提供决策依据。

轨温监测系统由以下几部分组成（如图7-34所示）：设置在现场的钢轨温度传感器，大气温度、湿度传感器；设置在养路工区（工务段）的信息处理器、显示器，道床状态信息输入设备（报警器、记录仪等）。

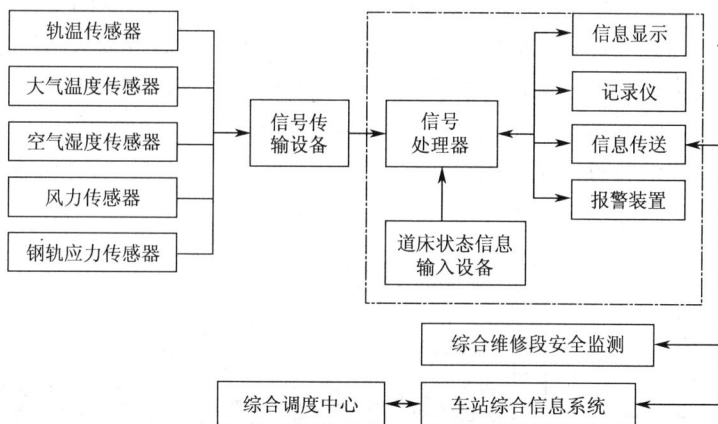

图7-34 轨温监测系统构成

轨温传感器一般放置在线路条件如路基、道床、曲线、坡度等不利的地点。由于轨温与气温有紧密的联系，一般认为70 km范围内的气温几乎相同，因此，一般情况下，每隔70 km设置一处轨温监测装置。在桥梁较多地段或曲线较多地段，可根据实际情况适当增设。同时在线路选定地点附近，设气象信息采集点，以便对比决策。

**四、道口状态监控技术**

在我国，无论是客运还是货运，铁路运输均占有举足轻重的地位。目前铁路还无法做到全封闭运行,必须每隔一段距离设置道口以便供行人或车辆通行,而在我国2万余处的道口中,80%还处于无人看守状态,另一小部分道口虽安排了专人看守,但不论是有人或无人值守,都时常会发生行人随意穿越道口或过往车辆抢行穿越道口造成的交通事故,导致人员伤亡和财产重大损失,严重影响了正常的铁路运输。因此,在道口设置必要的防护及监测设备,当检测到列车即将经过道口时及时发出警报,提醒过往车辆和行人注意避让,同时也提醒道口值班人员注意作好监护工作,这样就能有效地避免交通事故的发生。

**1. 监测系统分类**

目前应用和在研究铁路道口监测系统主要有四大类:接近点式、接近连续式、图像监控式和混合式。

**(1)接近式**

接近式一般设立几个采集列车运行状态的定点,将采集到的各点信息用电缆等送回控制中心,再经逻辑控制电路构成道口自动预警与防护系统。

①基于DSP和以太网的铁路道口监测系统

系统由监控中心子系统和分布在道口附近的多个监测站子系统构成,如图7-35所示。一个监测站子系统通过2个速度传感器获取列车运行状态的信息,传感器输出的冲击信号经过信号处理电路进行滤波和平滑后输入至信号处理器进行处理以判断列车运行方向、当前列车速度、车厢长度的信息。从而根据情况对报警信号进行控制,并通过以太网控制芯片实现网络传输。1个监测站子系统可完成对1条铁道上运行车辆的监控,监控中心子系统通过以太网接收各个监测站子系统的列车状态信息,并可对数据进行管理。系统实现了全面自动化监控,具有数字化及信息化的特点。系统内各子系统间相互独立,互不影响,并可实现"即插即用",有利于系统各部分的扩充与维修。

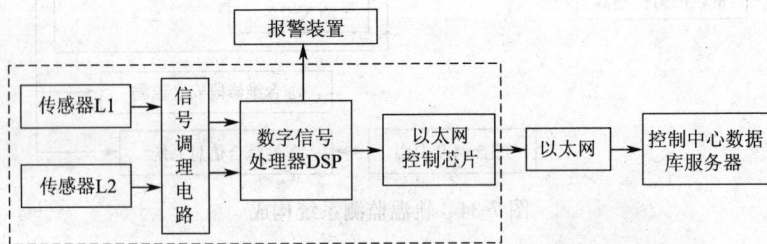

图7-35 基于DSP和以太网的铁路道口监测系统原理

②基于嵌入式系统的铁路道口报警系统

这一类道口报警控制设备引入了嵌入式系统,在平交道口铁路的上、下行方向各设置4个磁性踏板开关,当列车通过3个接近磁性踏板开关时,只有当2个或2个以上的开关动作时才确定列车到达,此时系统开始统计进入道口的列车轴对数。当列车通过出清磁性踏板时也同样统计列车轴对数,如列车出清计轴停止并与进入道口时统计的轴对数相等时才认为列车出清。列车到达时系统可进行报警以提醒道口周边人员,列车出清后报警停止。同时系统可对各部件故障进行监控,当零部件出现故障时,系统可自动给出故障提示。

(2)接近连续式

接近连续式利用轨道电路作为连续采集定点信息报警,依靠已有的有线传输通道传输采集到的信息,再经逻辑控制电路,实现自动预警。

基于轮轨激励声检测的列车接近报警系统,系统框图如图7-36所示。该系统是基于共振解调技术的车探测报警仪。共振解调技术能敏感反映车轮轨缝与钢轨踏面接触引起的冲击信息,如此可以在远端进行检测该有规律的冲击信号。系统由声传感器和振动传感器采集来车信号,通过传感器选择器分离出高频及中频振动信号,再分别经过解调器解调后送至单片机进行处理,从而控制声光报警器报警。

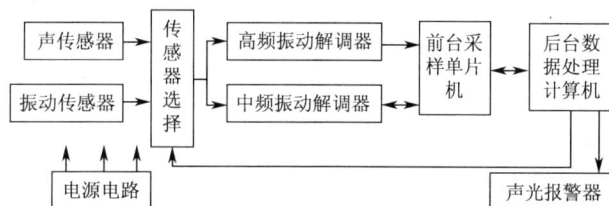

图7-36 列车接近报警系统原理

(3)图像监控式

铁路道口图像监控系统原理如图7-37所示。在列车即将到达道口的时间段内启动摄像头,拍摄道口实时情况并将采集到的视频图像通过A/D采样,得到动态序列图像帧并将这些图像帧送入数据缓存区。图像处理单元对图像帧进行预处理和分析并存储有价值的图像帧,将图像处理结果通过无线传输方式传给机车的特定接受设备,司机就可以根据接收到的信号了解前方道口的情况。该系统可实现自动控制,计算机不仅负责对拍摄到的图像进行分析、识别。同时还管理着整个系统的正常运行。系统具有实时性、精确性和稳定性等特点。

图7-37 铁路道口图像监控系统结构

(4)混合式

铁路道口安全微波自动监控系统如图7-38、图7-39所示。该系统将传感器检测与图像检测相结合。当机车驶进道口前1 500~2 000 m时。通过传感器检测到的机车信号通知道口报警器报警,与此同时开启系统所有设备。摄像机信号通过微波图像发射机、功率分配器及定向天线向空间发射微波信号,车载微波图像接收机则接收此图像信号,便于司机及时了解道口情况,以便及时采取减速、刹车等措施,这样便提高了系统的安全系数。经过实际测试,该系统设备体积小,功耗低,抗干扰能力好,图像传输效果好,可靠性较高。

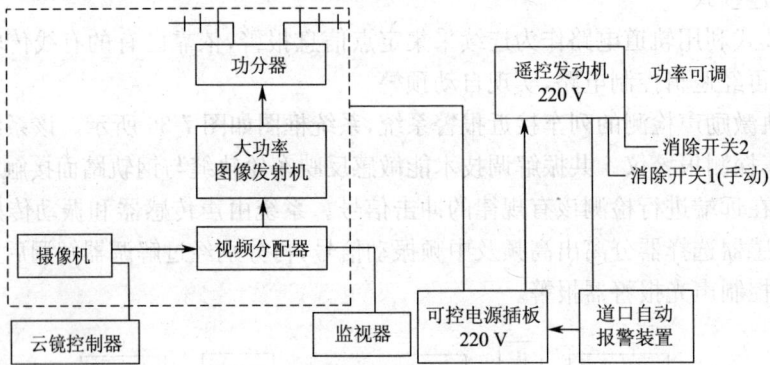

图 7-38　道口房设备结构图

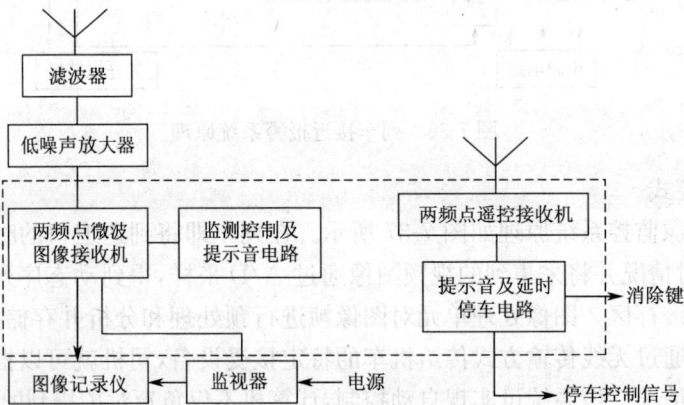

图 7-39　有遥控接收车载设备结构图

## 2. 系统检测方式

### (1) 来车信号检测方式

来车信号检测能够有效检测远处来车情况,并将所检测信号传递给系统后续设备,以便及时采取相应措施提醒行人、车辆避让,避免事故的发生。检测设备主要包括:

① 传感器

a. 声波传感器。测量钢轨中固体声变化来预报运行列车到达与否。

b. 磁传感器。当火车在钢轨上行驶时,车轮在水平方向切割磁力线,引起感应线圈磁通量的变化,感应线圈产生感生电动势,当有一列火车驶过时,则该传感器将感应输出一串电脉冲,以此来确定列车的到达。

c. 光纤传感器。

②无线电技术

利用同频率的无线电发射器和接收器在其有效的工作半径内可以相互感知的原理检测来车情况。

③视频技术(摄像头)

利用所拍摄的视频图像,进行视频处理、自动分析。

几种方式的优缺点比较见表 7-11。

**表 7-11　几种系统检测方式比较**

| 检测方式 | 优　点 | 缺　点 |
|---|---|---|
| 声波传感器 | 灵敏度高,探测距离远,因此可安装于道口附近,便于维修管理;由于靠近道口设备,故采集时可以采用多种传输方式 | 需用专用的适合铁轨专用振动频率的固体传声器,其对传感器精度、抗震器要求较高 |
| 磁传感器 | 对传感器精度要求相对较低;价格相对较低;可采用无线电传输 | 由于安装位置位于轮轨之下,机车高速多次作用于传感器,可能导致失灵,因此需要定期进行检查;若采用有线传输方式可靠性不高,易被破坏 |
| 光纤传感器 | 对电、磁及其他辐射的抗干扰性好;细、轻,能量损失少,因此在较恶劣的环境下也可正常工作 | 安装位置一般位于作业区外适当的距离,因此不便于管理及维修;若采用有线采集信号,可靠性不高,易被破坏 |
| 无线电技术 | 发射器及接收器体积可实现小型化,便于工作人员随身携带,有利于维修与管理;同时采用无线电传输方式 | 应避免周围环境对信号传输的干扰,以免造成不必要的误报警与错报警 |
| 视频技术 | 采用模式识别和图像处理技术,方式先进,备受国内外高科技部门关注;研发成功后稳定性较高,无需更多传感器和外围电路 | 可靠性还无法实现 100%,地处偏远地段的道口不宜使用视频检测模式,否则会造成监管和维护的成本过高 |

(2)道口障碍物检测方式

除检测机车外,还需检测道口附近区域有无障碍物。当检测到有障碍物时,则使有关信号机和特殊信号发光机动作,同时通知列车司机采取相应措施减速;如无障碍物则可通知列车正常通过。检测方式主要包括:

①光、电(光、红外线、激光)方式。在道口上布满光束,根据障碍物遮断光束来进行检测。

②环形线圈方式。在道口地面下埋设环形线圈,当汽车等金属物体压在环形线圈上时,环形线圈的电感便发生变化,以此来检测障碍物。

③超声波检测。若反射波返回时与路面门脉冲重合,则表示道口无车辆;若反射波与车辆检测门脉冲重合,则表示道口有车辆;若反射波连续 3 次以上既未与路面门脉冲重合,也未与

车辆检测门脉冲重合,则按道口内有车辆处理。

④图像检测。利用拍摄的视频图像,采用模式识别和图像处理技术,识别图像中的行人或车辆。

四种方式的优缺点比较见表 7-12。

**表 7-12  道口障碍物检测方式比较**

| 检测方式 | 优　点 | 缺　点 |
|---|---|---|
| 光、电方式 | 检测原理简单,便于安装、维修 | 下雪、下雾时,有可能使红外线光束的衰减量很大,导致误判;装安装位置在钢轨间,故使用除雪机的线路不便使用;需要花较多时间养护 |
| 环形线圈方式 | 可在积雪区使用,信号受车辆影响的变化很小,原理设计简单,便于开发 | 易受气温和湿度的影响;安装位置一般为地下,需将路面挖开施工,故安装和维修保养的工程费用较高 |
| 超声波方式 | 是一种全天候的障碍物检测方式 | 由于在道口需安装多个发射与接收器,故容易受到人为破坏;由于采用组件较多,容易发生误判;维修与保养时间和经费较高 |
| 图像处理 | 方式先进,备受国内外关注;适合于人流量大的道口精确检测,工作性能稳定,便于维修和及时发现故障;具备辅助功能 | 目前识别算法及并行处理的高速化问题还尚在研究当中,可靠处理性尚未证明可达 100%;地处偏远地段的道口不宜使用视频检测模式,否则会造成财力物力的浪费 |

## ？ 复习思考题

1. 什么是铁路安全保障技术体系?

2. 什么是传感器? 列举传感器的种类及其在铁路安全保障中的应用。

3. 简述轨道电路的原理及在铁路中的应用。

4. 什么是现场总线技术? 简述其在铁路中的主要应用。

5. 什么是 GSM-R? 请描述其原理及应用。

6. 列举铁路安全信息分析处理的方法并采用一种方法进行数据分析。

7. 简述风险评估方法的原理并进行实例分析。

8. 简述铁路安全预警的流程。

9. 简述决策支持技术的分类及流程。

10. 简述故障诊断的原理及方法。

11. 列举 5 种以上列车运行过程中实际应用的监控系统并简述其原理。

12. 描述我国现行铁路列车运行安全网络监控系统原理体系及结构。

13. 列举三种以上的道口监测技术,并进行优缺点比较。

# 第八章　铁路运输安全管理

本章主要研究铁路运输安全管理体制政策及执行,研究铁路安全教育与培训等内容,旨在通过建立先进的管理体制和采取有效的事故预防、应急措施等手段的有机结合,达到在时间、成本、效率、技术水平等条件下实现铁路运输系统的最佳安全水平的目的,具体内容包括铁路运输安全的概念及内容、铁路安全管理制度、铁路安全法规管理、人员安全管理、应急管理、铁路交通事故调查与处理等。

## 第一节　铁路运输安全管理概述

随着现代科学技术的高速发展,"安全"二字被赋予了新的概念和内涵。安全不是常识,而是一门科学,是一门"既软又硬"的新型科学。现代工业企业的安全管理体系由三大支柱构成:一是企业安全管理;二是安全工程技术;三是安全教育与培训。这三大支柱就像我们古代的"三足鼎"一样,任何一个支柱发生问题,三足鼎就会发生倾覆。

作为国家的基础运输设施,铁路运输既保证了国家重点物资,重要工程建设、重大科研基地及军事运输的需要,也为地方区域经济发展、招商引资和科技发展带来了生机和活力。铁路运输安全的可靠程度不仅直接关系到我国市场经济的健康发展和改革开放的进程,而且直接影响社会生产、社会生活和社会安定。从经济上说,实现安全生产是使生产能顺利进行,完成和超额完成的重要保障;也是搞好增产节约、增收节支、提高经济效益的有效措施。

### 一、铁路运输安全管理定义

铁路运输安全生产工作是指在铁路运输生产过程中,采取各种行之有效的安全措施,严格执行各种行之有效的规章制度,严格遵守劳动纪律和作业纪律,消除生产中的不安全因素,防止人身伤亡事故、行车事故、货运事故。

在铁路运输系统中,含有多个具有某种特定功能的子系统,铁路安全管理就是其中的一个。铁路安全管理(railway safety management)是以铁路安全为目的,进行有关决策、计划、组织和控制方面的活动,通过管理的手段,实现控制事故、消除隐患、减少损失的目的,使整个运输系统达到最佳的安全水平。

控制事故可以说是安全管理工作的核心,而控制事故最好的方式就是实施事故预防,即通过管理和技术手段的结合,消除事故隐患,控制不安全行为,保障劳动者的安全,这也是"预防为主"的本质所在。但根据事故的特性可知,由于受技术水平、经济条件等各方面的限制,有些事故是难以避免的。因此,控制事故的第二种手段就是应急措施,即通过抢救、疏散、抑制等手段,在事故发生后控制事故的蔓延,把事故的损失减少到最小。

事故总是带来损失。对于一个企业来说,一个重大事故在经济上的打击相当沉重,甚至是致命的。在实施事故预防和应急措施的基础上,通过财产、工伤、责任等保险,以保险补偿的方式,保证企业的经济平衡和事故后恢复生产的基本能力,也是控制事故的手段之一。

所以,也可以说,安全管理就是利用管理的活动,将事故预防、应急措施与保险补偿三种手段有机地结合在一起,以达到保障安全的目的。

**二、铁路运输安全管理主要内容**

铁路安全管理涉及面广、内容丰富,包括安全组织、安全法规、安全信息、安全技术、安全教育及安全资金管理等,如图 8-1 所示。

1. 铁路安全组织管理

安全组织管理是安全管理的实施主体,负责安全的组织领导、协调平衡、监督检查工作,使运输企业安全管理体制有效地正常运转,保证安全目标的实现。其主要内容有:

(1)安全计划管理,负责运输安全的中长期规划和近期计划的编制和组织实施,以及方针、目标和政策的制定与落实。

(2)安全行政管理,包括各级安全管理机构的设置和职责划分,安全工作组织领导的原则和方法的确定,以及保证职工安全生产的组织手段。组织手段包括:

①安全劳动管理,即对直接制约交通安全的关键因素如人员配备与组合、定员与班制、劳动定额和分配关系等合理地规定与协调。

②职工生活管理,即为保证职工以饱满的热情和旺盛的精力投入安全生产,在职工物质生活、精神生活和医疗卫生等方面做出妥善的安排。

③安全行为管理,主要是运用各种安全管理手段对个人行为、群体行为、管理行为及人际关系进行激励、约束和协调。

2. 铁路安全法规管理

安全法规管理通过严格遵循国家有关铁路安全的法律、法规等条文规定,对各种运输规章制度和作业标准进行研究、制订、修改、完善、贯彻和落实,使铁路运输安全管理工作做到有法

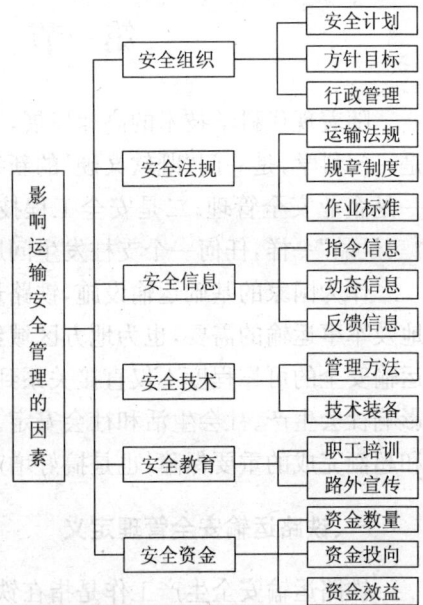

图 8-1 铁路安全管理的内容

可依、有章可循、违法必究、违章必查。其主要工作有以下两项：

（1）建立健全安全管理制度。安全法规要在尊重实践、尊重科学的基础上，通过建立、修订、补充逐步形成相对稳定、协调一致、切实可行的规章制度和作业标准体系。

（2）增加废止工作。技术条件和作业环境的变化，必然对交通安全规章制度和作业标准的针对性、有效性和规范性提出新的要求。在原有基础上，及时增加运输生产急需的规章规定和废止不适用的规章制度对安全运输具有同等重要作用，不可偏废。

3. 铁路安全信息管理

安全信息一般是指在运输生产过程中，对一切有利于安全生产的指令和系统安全状态的描述或反映。安全信息既是安全管理的对象，又是安全管理的重要支持。安全信息包括：

（1）安全指令信息，指各种交通安全法规和安全方针、政策、目标、计划和措施等。

（2）安全动态信息，指在完成运输任务和执行指令信息过程中的正面和负面效应的反映。

（3）安全反馈信息，从执行指令信息结果获得，能反馈用来调整和控制安全生产的信息。

（4）其他安全信息，如安全科学技术和管理信息等。

从某种意义上说，铁路安全管理就是准确、及时、经济地收集、加工、传递、存储、检索、输出一切对铁路安全有用有利的信息管理，并用铁路安全所需的安全指令信息、安全动态信息、安全反馈信息和其他先进的安全科技和管理信息，精心指挥、精心组织、精心管理运输生产，不断开创铁路安全生产的新局面。严密的组织和先进的手段，如建立健全各种信息中心和网络以及电子计算机和各种先进的信息处理技术是铁路安全管理的保证。

4. 铁路安全技术管理

铁路安全技术管理的任务是正确执行国家有关技术政策、标准、规程和铁路主要技术政策，为运输安全提供可靠的技术依据和技术措施；充分发挥科技是第一生产力的作用，不断吸收现代科技先进成果，促进运输安全管理科技含量提高。由此可见，铁路运输安全技术管理包括对铁路安全硬技术设备的维护与管理和对铁路安全软技术的开发与应用。

（1）铁路安全硬技术设备的维护与管理是指对运输基础设施和安全技术设备的研制、试验、引进、装配、维护和安全质量管理等。

（2）铁路安全软技术的开发与应用，包括与交通安全有关的各种操作办法、管理方法、交通安全管理基础理论及安全科学理论的研究与应用。

5. 铁路安全教育管理

为了实现铁路安全，必须通过各种形式和方法，对广大干部和职工进行经常性的安全教育，其内容主要有：

（1）安全思想教育，是安全教育的重点所在，内容包括安全生产方针、政策、重要意义；劳动纪律、作业纪律；各项规章制度和典型事故案例教育等。通过正反两方面的教育使基层作业人员和各级管理人员牢固树立"安全第一"的思想，强化"预防为主"的意识，正确处理好安全与效率、效益的关系。

（2）安全知识教育，包括安全生产技术知识和安全管理知识教育，目的是解决应知的问题。前者包括运输生产特点、安全特性、设备性能、各部门作业方法及规范要求、事故成因及预防等。后者主要是针对安全管理人员而进行的安全教育，内容包括交通安全管理体制和各部门安全管理体系的构成与运作、事故预测和预防；系统安全评价的基本原理和方法；人－机工程学、安全心理学、行为科学等有关知识与应用。

（3）安全技能教育，即通过对作业人员进行长期、反复训练及本人实践，把所学到的安全知识转化为动手能力，主要是解决应掌握的问题，内容包括岗位熟练操作、防止误操作和处理异常情况的技术、知识和能力。

（4）事故应急处理教育，一般应包括事故应急处理知识教育、自我保护和自救互援教育、事故现场保护方法教育和事故应急处理演习等。通过上述教育能有效地防止事故损失扩大，为清理事故和迅速恢复正常运输秩序创造有利条件。

此外，交通安全是一项全员参与的活动，对各种交通参与者进行的交通安全知识、交通安全常识及安全法制宣传、教育也是安全教育管理的重要内容，应与地方政府配合进行。

6. 铁路安全资金管理

要搞好铁路安全，必须有相应的安全资金保证。安全资金管理包括对保证交通安全所需资金的筹集、调拨、分配、使用、结算等，并进行安全投资的经济评价与经济分析，实行财务监督等。

### 三、铁路运输安全管理现状

铁路运输安全主要包括行车安全、施工安全、道口安全、货物装载安全和全路治安安全等内容。其中，铁路行车安全在运输安全中最为重要。因为人员伤亡、货物损毁、设备破坏等大多数是因为行车事故而造成的。行车安全状况好，旅客和货物运输的安全可靠度就高，反之亦然。因此，我国铁路在评价铁路运输安全工作好坏时，一般以铁路行车安全状况来衡量。

十多年来，我国铁路行车安全状况经历了几个起伏不定的动态变化过程，其中有许多综合治理、确保安全的成功经验，也有触目惊心、损失惨重的事故教训。铁路运输安全是一项长期而艰巨的任务，不可能一劳永逸，而是一个动态的发展过程，贯穿于运输生产发展的始终。所以，铁路各部门、各单位必须长期坚持不懈地抓好安全生产工作。

1. 行车安全

安全管理是一项复杂的工作，是搞好铁路安全运输的重要手段。我国铁路对安全管理工作比较重视，紧密结合铁路高（高度集中）、大（大动脉）、半（半军事性质）特点，采取了集中领导、统一指挥和分片管理的办法。

目前，我国已在机车上安装了先进的机车运行监控装置（又称"黑匣子"），使机车运行实现了"智能化"管理。它不仅有记录的功能，还有控制的功能。在客车机车上安装了先进的"卫星时钟"，使机车乘务员告别了掐秒表校准列车到发时间的历史，机车直接接受由卫星传送的标准时间，使机车时间误差由原来的 30s 降低为 1s。

不仅机车上有了"黑匣子",一种新型的旅客列车运行安全监测系统(客车"黑匣子")也正逐步应用。该系统能在列车运行中对关键部位进行监控和预警,使乘务员能了解全列车各车厢检测对象的运行状态,以便及时发现并排除故障,被称为车辆安全运行的"保护神"。

2. 施工安全

铁路既有线路运营方面的更新改造、大修施工、提速区段的更换道岔、道口立交、曲线改造以及工程方面的电气化施工、复线施工等任务很重,务必要把施工安全作为重中之重来抓。施工是长期以来影响行车安全的一大关键因素,对客车安全的危害大,需要积极探索以实现施工安全的突破。

近年来的施工事故表明铁路施工安全管理现状不容乐观,需要采取措施规范施工安全管理,强化工务安全基础。

(1)施工安全存在的问题

导致铁路施工安全管理水平不高的主要因素包含以下几个方面:

①运输效率与设备维修的尖锐矛盾。由于列车速度的提高和密度的增加,施工的时间安排遭遇很大的困难。特别是繁忙干线,有效施工作业时间严重不足,使得安全和质量难以保证。

②薄弱的施工现场作业控制。基建工程单位施工的安全措施不到位;设备管理单位缺乏监督检查,施工现场隐患很多。

③设备管理单位的维修施工作业分散,检查监控不力,违章蛮干突出。

(2)加强营业线施工安全管理的措施

铁道部制定了加强营业线施工安全管理的措施,要点如下:

①明确和严格落实安全责任制。对工程施工单位和设备管理单位的责任,都要进一步加以明确,施工单位对施工安全全面负责,对于因施工造成营业线设备损坏和影响行车安全构成行车事故的,视具体情况,施工单位要承担全部或主要责任。

②坚决实行"天窗"修制度。工务、电务、牵引供电等部门在营业线的大修、中修及可能影响行车安全的维修施工全部纳入施工"天窗"。在目前运能紧张的情况下,为保证设备质量和施工安全,铁道部作出实行"天窗"修的规定,这是维修制度的一个重大改革,也是确保施工安全的一项根本性措施。因此,各级运输部门要与施工部门密切配合,确保这项制度落到实处。

(3)严格施工安全奖惩制度

①工程单位发生责任事故的,要区别情况,给予停工整顿、清理施工队伍、一定期限内取消投标权等处罚。

②运营部门施工中造成行车事故,按《事规》及有关规定处理。

③所有的因施工造成的行车责任事故,对事故责任者和责任单位要严肃处理,按规定追究其经济、行政、法律责任。

3. 道口安全

由于各级领导的重视,道口安全工作取得了一定的成绩,但由于列车速度提高、旅客列车

密度加大、机动车辆不断增多,使得道口安全问题越来越突出。当前道口存在的主要问题有:

(1)部分提速干线平改立进展缓慢,一些道口改造没有如期完成。

(2)部分平改立道口排水力度差,车、马、行人无法通过。

(3)大量区间人行过道没有拆并,站内平过道管理薄弱。

(4)部分平交道口看守和监护不力,安全隐患仍然很大。

根据上述存在的问题,各单位必须要把道口安全摆在突出位置,集中力量攻克难点,从根本上解决道口安全问题。当前主要抓好以下几项工作:

(1)加快道口平改立进度。各铁路局必须按计划精心组织,解决好与地方政府协调、资金保证等关键问题,尽快在提速区段消灭平交道口,并完成线路封闭。

(2)尽快解决平改立后"立而不通"的问题,领导和技术人员要深入现场,调查研究,找出道口排水的有效办法。

(3)大力推进区间人行过道和站内平过道的拆、并、改,取缔非法道口,最大限度减少平过道数量,拆除的道口必须清理彻底。

(4)对暂时还没有实现立交的提速区段平交道口严格看守,把道口的安全装备配齐,看护人员配强,强化检查监督,确保道口行车安全和行人、车辆的安全。

4. 货物装载

随着市场经济的发展,部分货主受利益驱动,不择手段利用超载获利,这不仅造成铁路运输收入的大量流失,也给运输安全埋下了重大隐患。货车偏载、捆绑加固不良等普遍,特别是原木装载不良,对提速客车危害相当大,令人十分担忧。铁道部决定,解决货物装载问题,全路要认真落实以下几个方面的措施:

(1)控制源头,管住装车。对重点货物、重点站和专用线装车以及危险品装车进行严格的检查监督。

(2)强化货检,途中把关。各铁路局应按照双人双面检查的要求,配齐货运安全检查人员。有的铁路局将商检作为行车主要工种,纳入运转管理,但业务管理不变。严禁编解作业中超速连挂和禁溜车溜放。

(3)增加设备,网络监控。按铁道部的规划对重点装车站和重点货场配齐轨道衡,并在主要干线编组站配齐超偏载仪。

(4)从严考核,加重奖惩。凡因装车站责任造成途中换装整理的,由装车站到发生站负责处理,或由发生站处理,费用全部由装车站负担。对问题严重的通报全路,停装整顿,并给予一定的经济处罚。凡因货运责任造成的行车事故,又确属货检检查职责范围的,同时追究装车站和货检站责任。各单位对装载加固问题,一定要加以高度重视,通过加强管理和监控手段,使之尽快得到有效控制。

5. 全路治安问题

当前,铁路治安存在许多复杂和尖锐的问题,炸毁铁路的案件接连发生;以颠覆列车为目的的破坏案件呈增加趋势;扒车、盗货、破坏行车设备设施案件危害严重;列车火灾事故增多;危及行车安全的治安案件接连不断;群体性拦车断道事故屡有发生。这些,对运输安全特别是提速客车安全的危害相当严重,净化治安环境的任务摆在全路面前。

根据目前治安方面存在的突出问题,各单位必须把整顿铁路治安秩序作为今后相当长的一段时间的重点工作来抓。主要抓好以下几方面的工作:

(1)以防爆炸、防破坏、打击货盗为重点,严厉打击各种刑事犯罪。公安机关要克服一切困难,运用科学手段,打击犯罪分子的嚣张气焰,消除重大隐患。

(2)对治安不好的区段和车站进行专项治理和整顿,大力减少"关、提、拔、摆、拆"等治安案件。

(3)深入开展创建"安全文明铁道线"活动,充分依靠地方政府和公安机关的支持,发挥护路联防组织作用,加强铁路治安综合治理。

**四、安全管理制度**

在我国企业必须建立安全生产责任制、安全技术措施计划、安全生产教育、安全生产定期检查以及伤亡事故的调查和处理制度,它们构成了我国企业安全管理基本制度,称为"五项制度"。在此基础上,国家又制定了建设项目安全审查制度。

安全生产责任制度规定各级领导应对本单位安全生产负总的领导责任以及各级工程技术人员、职能科室和生产工人在各自的职责范围内,对安全生产应负的责任。

安全生产责任制度根据"管生产的必须管安全"的原则,对企业各级领导和各类人员明确地规定了在安全生产中应负的责任。它是企业岗位责任制度的重要组成部分,是企业中一项最基本的安全生产制度,也是安全管理制度的核心。

我国企业实行以"一把手"负责制为核心的安全生产责任制。企业法人代表对整个企业的安全生产负责,各部门、单位的"一把手"对自己管辖部门、单位的安全生产负责。他们的任务是贯彻执行国家有关安全生产的法令、制度和保持管辖范围内的职工安全和健康。在管理生产、经营的同时,必须负责管理安全工作,做到"五同时",即在计划、布置、检查、总结、评比生产的时候,同时计划、布置、检查、总结、评比事故预防工作。在明确了"一把手"的安全生产责任的基础上,规定各级人员的安全生产责任。

# 第二节　安全管理的方法与措施

**一、人员安全管理**

(一)人员心理与生理管理

1. 增强安全意识

牢固的安全意识是交通安全的重要前提和保证,是广大干部和职工对交通安全的认识、情感和态度发展到严于律己时的思维定势,是形成安全动机和行为的先决条件。增强个人安全

意识可确保安全自控,增强群体安全意识可实现安全互控和联控。其主要途径有:

①坚持正面教育。不断进行安全教育和定期培训,使广大职工正确认识并处理好安全与效率、效益的关系;安全与国家、集体、个人之间的关系;安全与自控、互控、联控之间的关系,使安全意识的能动性得到充分发挥。

②强化三种安全管理意识。一是人本意识,人是安全生产中最富有主观能动性、创造性和积极性的要素。二是长远意识,警钟长鸣,长治久安是安全运输的根本所在,来不得半点松懈和麻痹。三是辩证意识,硬性制度、严格检查和加大奖惩力度是必要的,但更需要在提高职工队伍综合素质及促进安全习惯行为的养成上下工夫。

③通过典型示范。使班组成员学模范比贡献,牢固树立"安全生产光荣,违章违纪可耻"的观念,自觉为安全生产多作贡献。

④利用从众心理。充分发挥班组优良作风和集体荣誉的作用,加大制度和纪律的约束力,增强群体一致向上的凝聚力,形成"要我安全变成我要安全"的氛围。

2. 激励安全动机

激励是指运用精神和物质手段去激发人的动机的心理过程。一个人有多种多样的动机,各种动机因强度不同,对人的行为所起的支配作用也不同,交通安全管理必须通过强有力的激励措施,使安全动机在职工心理上占有主导地位。对安全生产进行激励的目的是通过激励引导职工的安全需要,强化安全动机,促成安全行为。在职工角色定位(职责、任务等)和一定思想业务素质条件下,运用激励手段,鼓励他们忠于职守、努力工作,在安全生产上取得成绩,并获得应有的奖励,从而使他们在精神和物质上得到暂时的满足。如果因违章违纪造成事故损失受到惩罚后,通过认真总结经验教训,避免事故再次发生。然而,不论是暂时满足还是吸取教训,都会使职工面对新的机遇和挑战,调整自己的行为。

随着经济和社会发展,激励的手段和方法呈多元化趋势,主要有奖励与惩罚、竞赛与升级、职工参加民主管理和对管理行为实施监督等。交通安全生产的长期实践证明,竞赛与奖励相结合的方法是激励广大干部和职工安全生产积极性的有效途径。

应该指出的是,在激励安全动机的同时,还要注意遏制不安全的动机。如少数职工为图省事而简化作业程序,为逞强好胜而故意违章违纪,为逃避事故惩罚而推卸责任或隐瞒事故等。消除这些消极行为,对防患于未然是十分重要的。

3. 提高技术业务能力

能力是一个人比较稳定的心理特征,与知识、技能关系密切。知识是人类历史经验的总结和概括,对个人来说是学习的结果;技能是实际的操作技术,是训练的结果。知识和技能是人的能力形成的基础,并能促进能力的发展。为了提高职工的技术业务能力,必须坚持教育和实践。

(1)持续开展全员业务知识、安全知识和安全技能教育,尤其要将新职工、班组长作为培训重点,强化非正常情况下的作业应变能力,进行系统超前培训,严格"先培训、后上岗"制度。

（2）对职工教育应坚持重现场需要、重实际操作、重实际成效的原则，大力改进培训方式、方法。借鉴国际劳工组织推出的先进的模块式技能培训方式（MES法），结合实际，对交通运输各业务工种的实际操作技能分解成单项模块式教学内容，进行组合式培训。

（3）经常性地开展学标、对标、达标活动。本着"干什么学什么"的原则，组织各工种所有在岗职工按照作业标准，反复学、反复教、反复练，直到熟知熟练为止。

4. 改善交通安全环境

（1）交通安全的工作环境。一定的工作环境会使人们产生一定的心理状态，而心理状态决定人们工作的竞技状态。良好的工作环境，能使人们以饱满的热情，充沛的精力投入安全生产。如果室温不宜、噪声严重超标、照明太亮或过暗，就会使人感到烦燥、或因疲劳导致操作失误。因此，应根据人的感知、注意、记忆、思维、反应能力在不同环境因素下的变化规律，对不同作业场所的照明、色彩、温度、湿度、粉尘、布局等，从对人的心理产生积极影响的效果出发进行设计和安排。

（2）交通安全的内部社会环境。在运输生产过程中，除了人与自然的关系即工作环境外，还有人与人之间的关系或称人际关系，即运输系统内部的社会环境问题。不同的人际关系会引起不同的情绪体验，产生不同的安全生产效果。融洽的人际关系，良好的内部社会环境是保证交通安全的重要条件。这除了与职工个人修养有直接关系外，主要取决于领导的管理行为所营造的宽松环境。

在运输生产过程中，各级组织对安全工作的领导必须坚持"严字当头、严格要求、严肃管理"，但同时也要正确处理好人与人之间的关系，包括领导、干部与职工之间的关系。协调干群关系的关键在于要树立廉洁奉公的干部形象，切实转变干部作风，重点解决好作风不实、工作飘浮、官僚主义、形式主义和好人主义的问题，真心实意地关心职工生活，满腔热情地体察职工的思想、情感和困难，尽最大努力满足他们多层次的需要，帮助他们解除后顾之忧，使广大职工身体健壮、精力充沛、情绪饱满地投身到运输生产中去。

（二）团队合作

1. 团队合作的意义

在现代的交通管理中团队合作是十分重要的问题。良好的团队合作对组织的每个成员都有激励和约束作用。在交通运输的各个系统中，都要求团队发挥整体的工作效能，由此形成了各种作业"班组"的概念。随着交通运输系统变得越来越复杂，自动化程度越来越高，分工越来越细，反过来抑制了团队的工作和交流。交通作业本身涉及多方面的知识和技能，例如，航空运输中，完成起落架维修可能涉及多个专业，包括液压、电气和装配技能，班组正是适应这种要求建立的。一个作业班组（如航空器维修班组）具有为完成某个工作目标包含的大量任务所必需的各种技能，小组成员间需要不断相互支持和进行信息沟通，从而激发思考和创新。

通常在小组成员间还存在一定的竞争以获得领导地位，这可成为改善小组表现的积极动力。在团队合作中,强调信息沟通、领导能力、判断和决策以及应激管理等,这对改善工作质量,调动小组成员的主观能动性,积极性和创造性,使他们认识到工作的重要性和价值,并参与决策,想方设法完成工作具有重要的作用。

## 2. 班组资源管理

### (1)班组成员的搭配

任何两名工作人员,无论个人性格、工作经验、业务技能、调配习惯、工作作风都不尽相同。每名工作人员都有自身的优点,也有各自的缺点。在工作实践中发现,好的班组能分工合作、协调配合、相互提醒、相互弥补,从而使班组形成多层次安全防护系统;而不好的班组互相冲突、互相制约,即使每个人员都极其优秀,班组依然十分脆弱。加强对班组成员的合理搭配,可从以下方面入手:

①性格互补。每名工作人员都有自己不同的个性,气质不同,性格也不同。有的性格粗犷,有的温和雅致;有的内向,有的外向;有的急躁冲动、性情激烈,有的处事冷静、不温不火。假如班组成员都是急性子、躁脾气,必然很难相处;同样,班组成员都性格内向,则很难沟通,久而久之势必难以配合。班组中,各成员的性格会相互作用,相互影响,有的相互促进,有的相互妨碍,互补搭配应是一种较好的配置。

②能力互补。不同的人员在能力上有各自的特点。有的理论知识扎实,有的特殊情况处置经验丰富。建立一个智能互补型的班组,有利于人员之间的知识互用,优势能力互补,扬长避短,有利于整个班组发挥整体效能。

③形成团结的班组气氛。两名工作人员在生活中有了矛盾,在矛盾化解之前,如果安排他们搭配工作,结果势必是 $1+1<1$。这就是说,对班组成员的搭配,必须事先作出调查分析,了解人员之间的人际关系,考虑到人员搭配在一起是互相猜测、挑剔、妒忌、怨恨、拆台,还是互相帮助、体贴、关心,能否形成和谐、融洽、宽松、团结、谦和的工作环境。

④年龄、性别互补。年龄、性别不同的成员,不仅身体状况、心理状况、工作资历、人生经历不同,而且智力、体力、能力、作用也不一样。而同一年龄段、同一性别的人员又常常表现出相同的特点。班组的组建以老、中、青相互搭配的年龄结构比较理想。

⑤职位、资历、能力成梯度搭配。对于职位、资历、能力而言,有的人员高,有的低。当高者与低者落差相当大时,即使高者的指令不当,低者慑于高者的威望,一般不敢提出自己的主张,达不到交叉监视和检查的目的。而低者在指挥过程中,往往畏畏缩缩,没有自信心,时刻担心出错,心理压力很大,过于平坦的搭配,有可能互相挑剔,谁也不服谁,产生逆反心理,反其道而行之。不合理的梯度使工作人员产生微妙的心理效应,干扰班组成员正常的交流协作,合理的匹配梯度是工作人员之间有一定的梯度,但不能过于陡峭或平坦,班组长应是资历和能力综合素质的最高者。

### (2)班组资源的实施

班组资源管理体现了集体的智慧和力量。避免和减少人员差错最有效的办法就是组建协调默契的班组。虽然个人会犯错误,但集体的力量、团队和班组的行为可以弥补个人的失误,班组资源的优点在于 $1+1>2$。

职工的个人素质是交通安全管理的基础,也是班组资源的基础。班组的建设和班组资源是降低交通事故率和保证安全的关键。不同的职工,其知识和技能不尽相同,且对信息的获取及情况的判断难免有偏差失误,长时间的工作难免有疏漏,处置特殊情况也难免顾此失彼。只有班组分工合作、协调配合、相互提醒、取长补短、相互弥补,才能发挥班组整体强有力的安全堡垒作用。所以安全系于班组整体,而不是个别成员。

加强班组资源管理,首先必须明确班组成员之间保证安全的责任完全相同,发生交通事故、差错时承担的责任完全相同,立功受奖人人相同。只有这种责任共担的制度才能消除各人管各人的现象,才能保证组员之间形成既有分工、又有合作的局面。

①切忌固执己见。交通管理工作虽然有分工,但目标是一致的,即保证交通安全。必须明确在具体交通管理工作中,有的人员不愿意接纳他人正确的意见,不仅会造成管理失误,还会影响班组的团结。

②大胆陈述自己的观点和疑问。交通管理过程中,当我们对交通动态和组员的调配存在疑问或者有好的建议,应坦诚、公开、及时地提出来,供大家商讨和参考。

③先接受补救措施,再追究个人失误原因。对于其他人员提出的安全隐患、事故苗头,主管应无条件,不带半点情绪和侥幸心理,立刻做出反应,挽回局面,至于查找个人失误原因则在其次。

④不过分干涉组员力所能及的工作,多建议,少命令和指责。鼓励组员公开讲明自己的意图,形成透明的工作环境,以便于组内监督和配合。

⑤鼓励组员在模棱两可的情况下,执行建议者的指挥意图。无论是接受建议还是向别人建议,努力做到减少个人情感的参与。谁是正确的并不重要,重要的是什么是正确的。

## 二、铁路应急管理

### 1. 应急管理概述

应急管理是指政府及其他公共机构在突发事件的事前预防、事发应对、事中处置和善后管理过程中,通过建立必要的应对机制,采取一系列必要措施,保障公众生命财产安全,促进社会和谐健康发展的有关活动。

应急管理是对重大事故的全过程管理,贯穿于事故发生前、中、后的各个过程。应急管理是一个动态的过程,包括预防、预备、响应和恢复四个阶段,见表 8-1。在实际情况中,这些阶段往往是交叉的,但每一阶段都有自己明确的目标,而且每一阶段又是构筑在前一阶段的基础之上。因而,预防、预备、响应和恢复相互关联,构成了重大事故应急管理的循环过程,如图 8-2 所示。

表 8-1 应急管理四个阶段的内容

| 应急管理的阶段 | 内　容 |
|---|---|
| 预防：从应急管理的角度出发，防治紧急事件或事故的发生、避免应急行动的相关工作 | · 根据铁路特点，进行铁路应急规划<br>· 制定安全法律、法规<br>· 制定各种安全管理制度，安全技术标准和行业规范<br>· 对铁路内的企业和社会公民进行应急宣传与教育<br>· 进行安全技术研究 |
| 预备：事故发生前采取的行动，目的是应对事故发生，并提高应急行动能力、推进有效的响应工作，其任务集中在制定应急计划及完善应急保障系统 | · 建立并完善应急管理体系<br>· 成立区域应急救援中心，建立应急联动系统<br>· 制定区域应急预案、企业应急互助协议、特殊应急计划<br>· 准备充足的应急资源<br>· 应急培训与演习 |
| 响应：事故发生后立即采取的行动，目的是保护生命，使财产损失、环境破坏减小到最小程度，有利于恢复 | · 启动应急预案，向社会发出应急通告，迅速通知各应急部门<br>· 迅速开展各种应急救援行动，控制事态恶化<br>· 迅速开展营救和搜寻，提供应急医疗服务<br>· 疏散和避难 |
| 恢复：在响应结束后立即进行，目的是使生产、生活恢复到正常状态或得到进一步改善 | · 清理废墟、消毒、去污<br>· 评估损失、保险赔付<br>· 复查应急预案<br>· 区域灾后重建 |

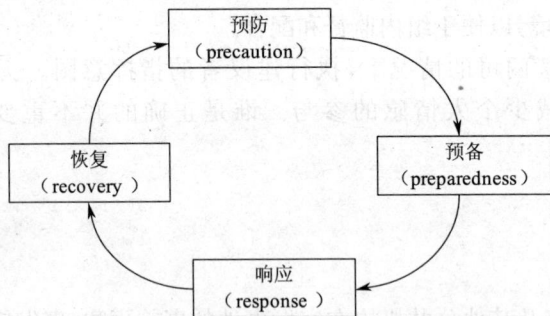

图 8-2 铁路应急管理的内涵

由于大多事故发生具有突然性、影响范围大且难于防护，使得应急救援工作复杂而繁重。应急管理的基本职责概括起来主要有以下几点：

①预测与控制事故。应急管理工作的首要任务是防止事故发生，将事故消除在萌芽中。事故一旦发生，要及时有效的实施应急救援行动，防止事故进一步发展。

②资源协调。应急资源是实施紧急救援和事故恢复的基础，应急管理组织应该在合理布

局本区域应急资源的前提下,建立科学的资源共享与调配机制,以有效利用区域内外的可用资源,防止在应急中出现资源短缺的情况。

③抢险与营救。在应急救援行动中,及时、有序、科学地实施现场抢救和伤员安全转送,降低伤亡率、减少事故损失也是应急管理的重要任务。

④信息发布。应急信息是应急管理组织以现代信息技术为支撑发布信息,协调各部门、各单位的工作,避免引起公众恐慌。

⑤事故善后。事故发生后,应急管理工作的重点应该放在安抚受害人员及其家属,稳定局面,清理、清除事故或受灾现场,尽快使系统功能恢复或者部分恢复上;并在事故灾害发生后应及时调查事故的发生原因和事故性质,估算事故波及范围和危险程度。

2. 铁路应急预案管理

2005 年至今,按照《铁道部关于实施铁路突发公共事件应急预案的决定》要求,各铁路局、专业运输公司编制了各类铁路突发公共事件应急预案、应急预案目录、应急预案编制修订标准和各类、各级应急响应标准;规范铁路应急预案中应急机构的名称和组成;加强应急领导小组办公室职能;规范突发公共事件评价报告;规范突发公共事件应急响应启动程序。青藏铁路公司 2007 年发布的《关于做好铁路突发公共事件应急预案编制修订的通知》,指出应规范公司应急预案指导目录,并提出建立应急预案审核公布制度。《铁路运输站段总体应急预案编制框架指南》,对站段预案编制工作提出了明确要求,推动运输站段应急预案的编制工作有序进行。

2007 年发布的《关于下发 2008 年度应急管理工作培训和应急救援演练安排的通知》和《应急救援培训制度》,明确了培训范围、培训计划安排、培训内容、培训的方式方法、培训总结、培训效果评估、建立培训档案等要求。

3. 铁路的应急资源管理

资源保障体系是铁路应急管理体系运转的物质保证条件,它为实现系统资源的合理布局和动态调配进行资源配置、储备及维护等,以提高资源的综合利用和使用效能,同时提供资源状态信息,保障整个系统的正常运行,有效应对重大事故。该体系直接与关系到整个应急体系运行的有形资金和具体物资打交道,资源供应的准确、及时、丰富与否直接与应急管理的成效挂钩。

因此,应急管理部门需要根据应急预案切实做好应对重大事故的人力、物力、财力、交通运输及医疗卫生等保障工作,保证应急响应的顺利进行,其中人力、物资和资金资源是保证应急救援工作顺利进行的必备条件。

(1)人力资源保障

作为执行应急救援工作的主体,人力资源的充裕程度、素质的高低、知识结构以及配备的合理程度对及时、有效的重大事故应急救援工作的开展起着举足轻重的作用。因此,人力资源应该自成系统,科学管理各种人才,为整个应急管理体系提供智力支持和组织保证,促进体系正常运转从人力资源构成层次和人员具体职责不尽相同的角度出发,该系统可对人力资源实施分类管理。

①应急管理人员。铁路系统由于从事事故管理方面的工作人员大部分都为兼职,需要经过系统的职业训练和专业化教育,才能培养出不同类型的应急管理人才,因此,要对机关和直属单位的应急管理机构工作人员进行系统应急管理培训,提高应急工作能力、效率和公共安全意识。

②应急专家。各单位应急机构可以设立专家委员会(非常设),吸收社会各方面专家为应急工作提供专业咨询,通过学术活动促进对国内外应对突发重大事件经验教训的研究,寻找科学途径,减少应急代价。

③应急专业人员,主要指消防、公安、急救、医疗等专业队伍和单位,要以提高现场工作效率为中心,熟练掌握和运用专业技术、专业装备,依托医院等专业机构进行基地化建设。

④应急人力动员。为应对大规模突发事件,还要做好社会人力资源动员,即充分调动和发挥应急救援的专业队伍、社会团体、企事业单位以及志愿者、国际社会、社区以及军队与武警等五种力量,列出各类应急响应的人力资源,做好先期处置队伍、第二处置队伍、增援队伍的组织与保障方案以及应急能力保持方案等。

(2)物质资源保障

作为开展应急救援工作的工具和手段,物质资源保障如果做得不到位,则很可能会严重影响救援工作的效果,使得救援人员不能及时控制灾难的扩大。

因此,需要逐步建立应急物资的储备、调配网络,及时进行市场监控,保证处理各类事故所需的重点设备及物资,如医疗救护设备、救治药品、日常生活用品等物资的供应。在保证一定数量的营救必需物资存储基础上,积极探索结合商业合同的物资储备机制,将重点由实物储备向生产潜力储备转变,通过建立应急生产启动运行机制,实现救灾物资动态储备。同时应与非铁路部门建立物资调剂供应渠道,以备本地区物资短缺时,能迅速调入,保障应对各类重大事故的物资保障。应急救援队伍应根据专业和服务范围按照有关规定和标准配备装备、器材,各地在指定应急救援基地、队伍或培训演练基地内储备必要的特种装备,保证本地应急救援特殊需要。

铁路企业应该按照有关规定和标准针对本企业可能发生的事故特点在本企业内储备一定数量的应急物资,各级部门应对本范围内易发生的重特大事故类型和分布,在指定的物资储备单位或物资生产、流通或使用企业和单位储备相应的应急物资,形成分层次、覆盖本区域各领域各类事故的应急救援物资保障系统,保证应急救援需要。

(3)应急资金保障

如果说物质资源保障系统是应急资源保障体系的杠杆,那么应急资金保障便是杠杆的支点,没有它固然不行,但是对其定位的不合理同样也会严重影响系统功能的发挥。

因此,从铁道部到铁路局,财务部门要加大应对重大事故工作的资金投入力度,完善财政预备费的拨付及使用制度,建立重大事故应急救援专项资金制度以及中长期重大事故应急准备基金,强化重大事故政府投资主渠道的保障作用。

同时积极吸收来自国内外企业、非政府组织、个人和国际组织的赞助和捐款,完善社会保障、医疗保险、商业保险等的投资与管理机制,培育和发展社会共同参与的危机管理能力保障机制。保证对受事故影响较大的行业、企事业单位和个人给予相应的补偿或救助,并对财政应急保障资金的使用和效果进行监管和评估。

4. 铁路应急演练

铁道部应急管理办公室负责组织编制铁路应急演练指南,提出规范铁路各类突发事件应急演练的组织与实施的方法,指导地方各级铁路运输单位开展铁路应急演练活动。

铁路应急预案制定机关或单位应制定应急演练规划,规划应急演练频次和演练内容,确保所有相关单位参与铁路应急演练,确保铁路应急预案中所有有关铁路突发事件预防与应急准备、监测与预警、应急处置与救援、事后恢复与重建等活动的安排得到检验。

铁路应急预案制定机关或单位应通过铁路应急演练活动,检验铁路应急预案与实际铁路应急需要的适用程度。

部级铁路应急预案的综合性演练周期应每两年至少开展一次。路局级及站段级铁路应急预案的综合性演练周期应每年至少开展一次。

铁路应急演练组织单位应开展演练评估工作,总结分析铁路应急预案适用性和发现的问题,并向铁路应急预案制定机关或单位提出建议。

综上,应急演练是检测重大事故应急管理工作的最好度量标准,但是由于演练的成本很高,不可能经常进行,绩效评估则可以弥补上述缺陷。因此,应急管理体系绩效检验应将两个方面结合起来,起到相互补充的作用,从而达到较好的评估效果。

### 三、安全考核的主要指标

铁路运输安全是铁路管理水平和各项工作质量的综合反映。铁路运输安全的内容包括:行车安全、货运安全、客运安全、设备安全、人身安全、路外伤亡等。它们有不同的考核指标,下面就主要考核指标分别予以介绍。

1. 铁路行车安全考核的主要指标

铁路行车安全是保证铁路正常运输的重要条件,因而,行车安全是铁路运输质量的主要指标。正因为行车安全的重要性,各国铁路无一例外地把搞好铁路行车安全工作放在十分突出的重要地位,几乎所有国家都把行车安全的好坏作为衡量铁路运输工作的重要质量指标,我国也不例外。

铁路运输安全的好坏是用事故发生概率来反映的。事故发生概率低,说明安全情况就好;反之,特别是特别重大、重大、大事故频发,安全情况就不好。目前,全路行车安全考核指标有事故件数、安全天数、百万机车走行公里行车事故件数(即事故率)。

凡在行车工作中,因违反规章制度、违反劳动纪律、技术设备不良及其他原因,造成人员伤亡、设备损坏、影响正常行车或危及行车安全的,均构成行车事故。按照事故性质、损失及对行车造成的影响,分为特别重大事故、重大、较大事故和一般事故。

(1)行车特别重大、重大、较大事故件数

行车特别重大、重大、较大事故件数是各站段、铁路局或全路在一定时期内(一旬、一月、一季、半年、全年)所发生行车特别重大、重大、较大事故的总件数,由铁路各级安全监察室负责进行统计。

由于特别重大、重大、较大事故的性质严重,其后果不仅带来大的经济损失,而且带来严重的社会影响,所以铁道部、铁路运输企业及其所属有关站段都要考核。

(2)无事故天数

行车安全无事故天数是指站段、铁路局连续安全生产无事故天数。站段与铁路局要求不同,站段无事故天数是指无一般行车事故的连续天数;铁路局是以无特别重大、重大、较大事故来计算连续安全天数的。

(3)事故率

事故率是机务段、铁路局或全路在一定时期内每百万机车走行公里平均发生的行车事故件数,其计算公式为:

$$每百万机车走行公里事故率 = \frac{x}{y} \tag{8-1}$$

式中　$x$——一定时期发生的行车事故总件数,包括特别重大事故、重大事故、较大事故和一般事故,也可按五种事故的件数分别计算事故率;

　　　$y$——发生 $x$ 件行车事故同时期完成的机车总百万走行公里。

(4)用事故评价安全状况的弊端

目前我国铁路行车安全状况是根据事故指标来衡量的,属于"事后"安全评价的范畴。从事故出发评价安全,导致了我国铁路行车安全评价工作存在许多弊端,主要有:

①以特别重大、重大、较大事故评价行车安全状况,忽视了一般事故的统计评价,忽视了潜在的危险性。

②以事故率来评价安全,虽然考虑了工作量的影响,但该指标带有很大程度的偶然性。有时安全工作做得很好,事故率不一定明显下降,甚至反而增高。因此,仅凭事故率指标来评价安全工作的好坏,不仅会产生"一俊遮百丑,一丑掩百俊"的不合理现象,而且会使部分人滋长侥幸心理。

③以安全百日衡量一个单位的安全状况并同经济挂钩,虽然有利于调动职工安全生产的积极性,但是由于"百日"关系到单位的荣誉及职工经济上的切身利益,在缺乏正确认识和管理不严的情况下,容易出现隐瞒事故,大事化小、小事化了等问题,其结果既不利于真正接受教训,又不能切实采取对策。

④忽视了与事故发生有直接关系的人员、设备和环境等因素,因为人的不安全行为,物的

不安全状态均是导致事故的直接原因;忽视了对安全管理工作的评价,管理不严,管理不善,不能很好地起到协调行车安全有关各环节、各部门之间关系的作用,行车安全状况难以好转。

此外,仅仅以事故指标作为评价安全的依据也导致了我国铁路目前被动的行车安全管理现状,即把安全工作的重点放在事故后的追查处理上。对于事故的预防,也仅限于防止已发生事故的再次发生,头痛医头,脚痛医脚,没有由表及里地按照行车安全保障系统的结构和功能去进行深入的系统分析。

随着我国铁路现代化的发展,不断采用新技术、新设备,行车速度也不断提高,与此同时将会产生一系列的安全问题,对此由于缺乏经验,预防起来是较为困难的。并且,通过事故后果来获得关于安全的经验和教训,代价太大,应当尽量避免。

可见,仅仅以事故指标作为评价安全的依据,不仅不能客观地、全面地反映铁路运输安全状况,也难于真正系统地揭示铁路运输安全的薄弱环节。

2. 铁路货运安全考核的主要指标

通常货运安全的考核指标有货运责任事故件数、货运责任事故赔偿金额和货物逾期运到率。

(1)货运责任事故件数。它是指车站、铁路局在一定时期内结案的由于本单位责任所造成的货运事故的总件数。它包括本单位结案属于本单位的责任货运事故件数,还包括外单位结案属于本单位责任的货运事故件数。

货运责任事故的件数还可以用事故率来表示,即用平均每千车(整车)、每万批(零担)事故件数来表示。

实际上用事故率这个指标更能准确反映一个站段、一个铁路局的货运工作质量。

(2)货运事故赔偿金额。凡因铁路责任造成的货损,铁路必须负责赔偿。货损赔偿金额是从经济方面来反映铁路运输质量的。所以,它也是运输质量的一个重要指标。

(3)货运责任事故赔偿金额,是指车站、铁路局或全路在一定时期内结案的所支付责任货损赔款金额,其计算公式为:

$$责任货损赔偿金额(元)＝每万元货运收入赔款金额(元)×货运收入(万元)$$

(4)货物逾期运到率。铁路运输生产过程中,要求在时间上准确,这也是铁路运输质量管理的一项重要内容。时间上如不准确,不仅造成铁路自身运输秩序的混乱,而且会影响国民经济其他部门正常生产的进行。货物逾期运到率就是从时间方面来反映运输质量的。

货物逾期运到率是指在一定时期内逾期运到货物批数与到达货物总批数之比,计算公式如下:

$$货物逾期运到率＝\frac{逾期运到货物批数}{到达货物总批数}×100\%\qquad(8-2)$$

货物实际运到日数,超过规定的运到期限时,按《铁路法》有关规定,铁路运输企业应当支付违约金,支付的违约金在《铁路货物运输规程》中有明确规定。

### 3. 铁路客运安全考核的主要内容

铁路旅客运输安全管理包括在运输过程中保证旅客的人身安全,不发生人身伤亡事故,而且要求对旅客造成心理和生理机能的影响程度尽可能减少,使之愉快、舒适地度过旅行生活;保证行李、包裹运输的安全,也是旅客运输安全管理的内容之一。铁路客运部门的广大干部、职工要站在"三个代表"的高度,广泛开展文明生产、优质服务、礼貌待人,严格执行《铁路旅客运输管理规则》的有关规定,做好客运工作,确保旅客和行李、包裹运输的安全,这是关系到广大旅客生命财产安全的大事,是十分重要的政治问题。

## 第三节　铁路运输安全法规

### 一、安全法规的意义

#### 1. 安全法规的本质

(1)安全法规是劳动者意志的体现

安全生产是保证人民幸福、社会安定、经济繁荣的重要前提,安全生产是劳动者自身的第一需要。每个劳动者都希望自己有一个舒适而又安全的工作环境。人们在生活中的衣、食、住、行离不开安全,在生产活动以及工程设计、科学研究等方面也都要讲究安全。为了将劳动者的这些意愿得以实现,国家经过一定的立法程序将其加以规范、条文化,由国家强制力保证执行,形成安全法规。

(2)安全法规是社会关系的调整器

安全法规通过调整社会生产、生活中人与人的关系,特别是人与自然的关系,保证整个社会生产、生活和其他活动所必须的安全环境和正常秩序,使社会作为一个整体协调发展。安全法规有一个显著的特点就是将调整人类与自然关系的安全技术规范的特定内容移植到法律条文中而具有法律规范的性质。遵守、执行这些安全技术规范是一种法律义务。在工业生产中,有关安全的法规涉及到劳动保护法规、安全技术规程、劳动卫生规程、环境保护法规等各个方面。《中华人民共和国宪法》第一章总纲中第十四条指出:"国家通过提高劳动者的积极性和技术水平,推广先进的科学技术,完善经济管理体制和企业经营管理制度,实行各种形式的社会主义责任制,改进劳动组织,不断提高劳动生产率和经济效益,发展社会生产力。"

(3)安全法规建立在一定的经济基础之上

安全法规的性质是由一定的社会经济基础决定的,劳动者的意志不是天生的,也不是为所欲为的主观臆断,而是由劳动者所处的物质生活条件决定的。离开了一定的物质条件,劳动者的意志无所依托,安全法规也就无法产生。

#### 2. 安全法规的特征

安全法规的特征是其本质在各个方面的外部表现,是反映安全法规本质的法的现象。

（1）安全法规是一种特殊的社会规范

安全法规规定了人们在某种情况下，可以做什么，应该做什么和禁止做什么。向人们提供了非常明确的行为模式、标准和方向。

（2）安全法规由国家制定或认可

安全法规由国家制定或认可是指它具有国家意志性或国家权威性。国家制定，是指国家立法机关，通过一定的法律程序，创立新的，修改、废止过去的安全法规。国家认可，是指国家根据需要，对社会生产活动中已经存在的某些行为规范加以确认，赋予法律的效力。

（3）安全法规由国家强制力保证实施

用国家的强制力来保证安全法规的实施，这就是安全法规的国家强制性，也是区别于其他社会规范的最根本特征。如《中华人民共和国刑法》第一百一十四条规定："工厂、矿山、林场、建筑企业或其他企业、事业单位的职工，由于不服管理，违反规定制度，或者强令工人违章冒险作业，因而发生重大伤亡事故，造成严重后果的，处三年以下有期徒刑或者拘役；情节特别恶劣的，处三年以上，七年以下有期徒刑。"

3. 安全法规的法律规范

法和法律规范是紧密联系又相互区别的两个概念。如果说法是法律规范的整体，那么法律规范就是构成法的细胞。

（1）安全法规法律规范的结构和种类

①安全法规法律规范的概念和结构

安全法规规范是由国家制定或认可，反映劳动者意志的，并由国家强制力保证实行的一般行为规则。

安全法规有自己特定的结构，就是指形成安全法规内容的各要素及其相互关系。安全法规的规范结构可以分为条件、行为模式和后果（包括制裁和奖励）三要素。条件就是指适用该规范的必要条件，只有当这种条件出现的情况下才能适用该规范；行为模式就是规范本身的基本要求，也就是规定人们应该做什么，允许做什么，禁止做什么，是规范的中心部分；后果就是对违反规范所导致的法律后果的规定。

安全法规的法律规范是通过一定的法律条文来表现的。但是法律条文并不等于法律规范。构成安全法规规范的三要素，并不一定都明确规定在同一法律条文或同一法律文件中，也不是任何一条安全法规规范都必须具备三个要素。

②安全法规规范的种类

安全法规规范从不同的角度，按不同的特征，有不同的分类方法：按照调整的性质和方式可分为义务性规范（要求人们必须做出一定的行为的法律规范）、禁止性规范（禁止人们做出一定行为的法律规范）和授权性规范（规定人们有权作出一定行为的法律规范）；按照表现形式和强制程度可分为强制性规范（规定人们必须做出或禁止做出一定行为的法律规范）和任意性规范（允许人们在规定的范围内自行确定权利和义务具体内容的法律规范）；按照内容的明确程度可分为确定性规范(明确规定某一行为规则的内容和制裁方式的法律规范)和非确定性规范(没有明确规定行为规则内容,而只是指出由某一专门机关来加以规定的法律规范)。

(2)安全法规规范的效力和解释

①安全法规规范的效力

安全法规规范的效力就是指其适用的范围,也就是安全法规规范在什么地方、什么时间、对什么人发生效力。正确理解安全法规的效力,是正确运用安全法规的必要条件。

时间效力指安全法规何时生效、何时失效等问题。

空间效力指安全法规适用的地域范围。这里所说的地域,一是指国家的全部领域;二是指拥有立法权的地方国家机关所管辖的行政区域。

对人的效力指安全法规对什么人有效的问题。

②安全法规的解释

安全法规的解释就是指对其内容以及使用的术语、概念和定义所做的解说、注释。安全法规是概括性的、原则性的,不可能对生产活动中所涉及的一切安全情况都做出详尽的规定。同时,在具体实施过程中,各地、各企业的具体情况不同,人们对它的理解也不尽一致。因此,安全法规的解释对于正确运用是十分必要的。安全法规的解释按解释的主体和效力不同可分为有权解释和无权解释。

4. 安全法规的法律关系

安全法规的适用和遵守,都是为了将其规范中设定的权利和义务转化为现实生产活动中的权利和义务关系,从而实现劳动者的意志,达到调整社会关系的目的,建立稳定的安全生产秩序。

安全法规的法律关系就是安全法规规范所确认的人与人之间的权利和义务关系。它是一种特殊的社会生产关系。安全法规的法律关系必须具有主体、客体和内容三要素。

主体,是指安全法规的法律关系的参加者,也就是在法律关系中享有权利并承担义务的人。

客体,是指安全法规的法律关系主体的权利和义务所指的对象。如果没有客体,权利和义务就失去了目标,成为无实际内容、不能落实的东西。客体主要包括物、行为、精神产品。

内容,就是指安全法规的法律关系主体所享有的权利和应尽的义务。

5. 安全法规的法律责任

安全法规的法律责任就是指违法者应该承担的具有强制性的法律责任。法律责任是因违法行为而引起的法律后果,追究法律责任只能由国家专门机关进行,任何人、任何团体都没有这个权力。

法律责任和违法、法律制裁具有内在的联系。法律责任和法律制裁都是以违法为前提的。对违法行为要追究法律责任,而追究法律责任一般导致法律制裁。法律责任是法律制裁的根据。根据违法行为的性质、情节和法律责任不同,法律制裁可分为刑事制裁、民事制裁、经济制裁和行政制裁。

## 二、铁路安全法规的作用

铁路安全法规的作用是它的本质和特征的外在表现和具体化，可以从规范作用和社会作用两个方面来认识。

1. 铁路安全法规的规范作用

（1）指引作用

用安全法规对人们的行为加以指引，明确告诉人们应该怎样做，不应该怎么做，鼓励人们实施安全法规允许的行为，防止或杜绝人们违反安全法规的行为。

（2）预测作用

安全法规的指引作用扩大到人们的相互关系上，就是一种预测作用。安全法规使人们能够预测自己和别人依法行事的方式和后果，也就同时能够预测别人对自己依法行事的反应。

（3）评价、教育作用

安全法规也是判断衡量人们行为是否合法的标准。人们可用这个标准去评价任何人的行为。在评价的同时，也带来教育作用。安全法规的实施、宣传和学习对人们是一种教育。

（4）强制作用

对违反安全法规的行为进行制裁，这是一种强制作用。安全法规的强制作用是对上述作用的保证。

2. 安全法规的社会作用

经济建设是国家的中心任务。任何物质的生产都需要保护生产力。然而，事故的发生却造成人员伤亡或机器设备的损坏，直接破坏生产力。搞好安全生产便可有效地保护生产力，也就有力地促进了经济建设。

马克思主义政治经济学认为，商品价值由不变资本补偿、可变资本补偿和剩余价值所组成。厂矿企业发生事故，产品价值的基本构成不变，但各个组成部分的数值发生了变化。例如，发生事故损坏了设备，需要增加不变资本的补偿；造成人员伤亡，需要增加可变资本的补偿额。由于增加了不变资本和可变资本的补偿额，其经济损失只能由剩余价值来承担，这是与企业的生产目的（即增加经济效益）相违背的。随着我国经济体制改革的不断深入，安全生产与经济规律的关系更加重要，安全法规的社会作用也就越加明显和重要。

## 三、主要铁路运输安全法规

在社会与经济等活动中，法规是国家法律、行政法规和行政规章的统称。与铁路运输安全及其管理相关的法规是由国家立法机关、行政机关和铁道部制订的国家法律、行政法规和行政规章中，有关运输安全的各种限制性规定和专项要求，它们是铁路运输及其安全管理的法治依据，是广大铁路员工的行动准则。其种类和数量繁多，以下仅作重点介绍。

1.《中华人民共和国铁路法》（以下简称《铁路法》）

《铁路法》是我国管理铁路的第一部大法，是进行铁路运输和建设的基本法律。运用法律手段保障铁路运输安全是《铁路法》需要解决的重点问题。《铁路法》中有约 30 条的篇幅专门规定了有关"铁路安全与保护"方面的法律问题。

《铁路法》针对危害铁路运输安全的违法行为，规定了相应的行政责任、刑事责任和民事责任。它们是同违法行为进行斗争，建立良好的铁路运输秩序，保证铁路运输畅通无阻的有力武器。

2. 国务院颁布的与铁路运输有关的安全法规

国务院颁布的与铁路运输安全及其管理有关的安全法规，是经国务院办公室会议通过并以国务院总理令颁发的行政法规，如《铁路运输安全保护条例》、《特别重大事故调查程序暂行规定》。国务院发布的《民用爆炸物品管理方法》、《放射性物品管理办法》和《化学危险物品安全管理条例》等，对制定与执行《铁路危险货物运输管理规则》起着重要指导作用，还有《关于特大安全事故行政责任追究的规定》于 2001 年 4 月 21 日由国务院发布并施行。

3. 铁道部制定的与确保运输安全有关的规程、规则

（1）与行车安全及其管理有关的规程、规则

①《铁路技术管理规程》（简称《技规》）

《技规》是我国铁路技术管理的基本法规。在《技规》中规定了铁路各部门、各单位从事运输生产时，必须遵循的基本原则、工作方法、作业程序和相互关系；确定了铁路技术设备的基本要求和标准；明确了铁路工作人员的主要职责和必须具备的基本条件。

②《行车组织规则》（简称《行规》）

《行规》对《技规》的补充主要表现在：《技规》中明文规定应由《行规》规定的事项。如：枢纽地区的列车运行方向，超长列车的运行办法等铁路局规定。

③《车站行车工作细则》（简称《站细》）

《站细》是车站根据《技规》和《行规》等有关规定，结合本站具体情况编制的，也是对《技规》和《行规》的补充。主要内容包括：车站的性质、等级和任务；车站技术设备的使用和管理；接发列车和调车工作组织等。

④《铁路交通事故调查处理规则》（简称《事规》）

为了及时处理行车事故，恢复正常的运输秩序，减轻或避免事故损失，铁道部制定了《事规》作为正确处理行车事故的依据。行车事故发生后，应按《事规》要求，采取积极措施，迅速组织抢救，尽量减少损失。要依靠群众，调查研究，找出原因，分清责任，吸取教训，制订对策，防止同类事故再次发生。

⑤《行车安全监察工作规则》

《行车安全监察工作规则》是行车安全监察机构维护铁路行车安全法规的实施，加强安全管理，保证运输安全，严格实行监察制度的重要依据。

⑥《铁路交通事故应急救援和调查处理条例》(简称《救规》)

《救规》是为了加强对铁路行车事故救援工作的管理,适应铁路运输发展的需要,及时处理行车事故,迅速开通线路,恢复正常运输生产秩序而特别制定的救援规则。

⑦《电气化铁路有关人员电气安全规则》

该规则是铁道部为强化电气化铁路运输安全管理,确保电气化铁路运输安全和人身安全而制定的。

(2)与客货运输安全及其管理有关的规程、规则

①《铁路旅客运输规程》(简称《客规》)

《客规》是铁路旅客运输的基本法规,在"旅客运输"、"行李包裹运输"和"运输事故的处理"等章节中都制定有与客运安全有关的规章制度,它们是进行旅客运输安全管理的依据。

②《铁路货物运输规程》(简称《货规》)

《货规》是铁路货物运输的基本法规,其中的规则、办法则是对一些货运组织工作中,与货运安全密切相关的技术问题和某些货物特殊运输条件做出的相应规定。

③《铁路货物运输管理规则》

《铁路货物运输管理规则》是明确货物运输各作业环节内容和质量要求的基本规定。

④《铁路货物运输事故处理规则》

《铁路货物运输事故处理规则》是加强货运安全管理,明确铁路内部处理货运事故的原则、程序和责任划分的重要依据。主要内容包括:货运事故处理的原则要求;货运事故种类和等级等。

4. 国家技术监督局和铁道部制定的作业和人身安全标准

作业标准是延伸的规章制度,一般是指与重复进行的生产活动直接相关的作业项目和程序,在内容、顺序、时限和操作方法等方面,依据作业规章制度所做的统一规定,是组织现代化大生产的主要手段。

(1)《铁路调车作业标准》

《铁路调车作业标准》是国家技术监督局发布的国家标准(GB/T 7178.1~7178.9—1996),本标准是根据《技规》规定、调车设备类型和调车作业中的经验与问题,对原有标准进行修订后的结果。

(2)《接发列车作业标准》

《接发列车作业标准》是铁道部发布的行业标准(TB/T 1500—2003~TB/T 1506—2003),系根据《技规》,不同的信号、闭塞、连锁设备类型和接发列车作业中的经验和问题,对原标准进行修改制定的。

(3)《铁路车站行车作业人身安全标准》

《铁路车站行车作业人身安全标准》(TB 1699—85)是铁道部为保证作业人员自身安全而发布的标准。

(4)《电气化铁路有关人员电气安全规则》

该规则是铁道部为强化电气化铁路运输安全管理,确保电气化铁路运输安全和人员安全而制定的。

5. 铁路应急管理法律法规

铁路在制定自己的应急预案时,以国家级别的相关法律法规为基本,同时参考了其他行业的法律法规。目前,我国铁路应急预案管理相关的法律法规有:《中华人民共和国安全生产法》《中华人民共和国铁路法》《中华人民共和国突发事件应对法》《铁路运输安全保护条例》《铁路运输调度规则》《铁路救援列车管理办法》《铁路交通事故应急救援规则》《铁路交通事故应急救援和调查处理条例》《铁路技术管理规程》《车站行车工作细则》等。

总之,与铁路运输安全有关的国家法律和安全法规对规章制度和作业标准的制订与执行起着权威性、原则性的指导作用,而后者又是前者的制定依据,随着形势发展和条件变化,都需要适时予以修订、补充和增删、以便使运输安全管理水平不断有所提高。

# 第四节　铁路运输企业安全文化的建设

铁路运输企业实施安全文化建设,必须着眼于以人为本的安全运输生产活动,在科学发展观的指导下,构建和谐企业,实现铁路快速发展。

其实,企业安全文化建设是一项系统的管理工程。它有三个层面:表层主要是指包括站容站貌、职场环境等可见的文化建设;中层主要是指包括组织机构、规章制度、作业标准等安全管理制度及其运作和落实机制的建设;深层主要包括安全思维方式和行为准则、安全道德观和价值观等沉淀于铁路企业及广大干部职工心灵中的安全意识形态建设。

深层安全文化是这一系统工程建设的核心,起着决定表层和中层安全文化建设的作用,而表层和中层的安全文化建设也会促进和推动深层安全文化建设,三个层次相互作用,有机统一,是不可分割的整体。把安全文化建设作为系统的管理工程才是其本质。只有抓住事务的本质,才能把握事物的现象,防止安全文化建设走过场。有的职工认为安全文化建设就是岗位上的文化,或说是上班文化。工作不出事、行车无事故,就是安全第一,就是一好百好。

铁路运输事故问题确实发生在岗位上,但安全文化建设不能仅仅放在岗位上,还要放在出安全事故后的经验总结上。要把安全文化建设放在全方位、多视角的安全体系中去思索、去实践。

这也就是说,安全文化建设不仅有岗位上文化建设,也有岗位下文化建设,辐射职工的职业道德、业务技能、工作情绪、身体状况、家庭环境和社会交往等一系列的问题。

行车事故发生在岗位上,看似偶然,实则必然。因为偶然性背后隐藏着必然性,必然性通过偶然性表现出来,并通过偶然性为自己开辟道路,所以在安全文化建设中,要抓住每一个偶然,揭示其背后必然的、规律的东西,在安全生产中树立安全文化价值观。

企业安全文化的层次结构原则是以安全文化的层次结构为基础的,其层次结构如图 8-3 所示。

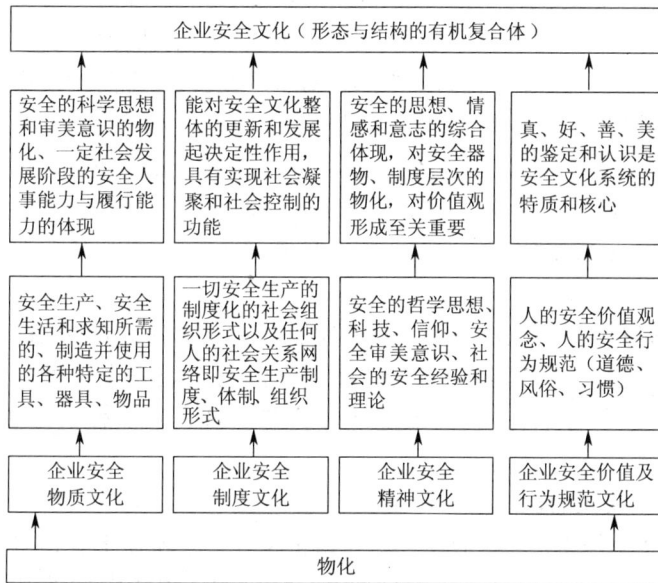

图 8-3　企业安全文化层次结构示意图

### 一、铁路运输企业安全文化建设的内容

铁路企业安全文化建设就是要在企业的一切方面、一切生产经营活动的过程中,形成一个强大的安全文化氛围。建设企业安全文化,就是用安全文化造就具有完善的心理素质、学习思维方式、高尚的行为取向和文明生产活动秩序的现代人,使企业内的每个成员,在正确的安全心态支配下,在安全化的环境中高度自觉地按照安全制度与准则规范自己的行为,并能有效地保护自己和他人的安全与健康,同时又能确保各类生产作业活动的顺利进行。

铁路企业的安全文化是多层次的复合体,由安全物质文化、安全制度文化、安全精神文化、安全价值和规范文化组成。企业安全文化是以人为本,提倡"爱"与"护",以职工安全文化素质为基础所形成的群体和企业的安全价值观(即生产与人的价值在安全取向上的统一)和安全行为规范,表现于职工的激励安全生产的态度和敬业精神。铁路企业的安全文化建设包括:

1. 物质安全文化建设

物质安全文化建设的目标是实现机、物、环境系统的本质安全化,这是人类长期追求的,也是企业安全文化建设的必然要求。进行物质安全文化建设,就需要依靠企业的技术进步和技术改造,来不断提高系统本质安全化程度,主要包括三个方面:

（1）工艺过程本质安全化。工艺过程主要是指，对生产、操作、质量等方面的控制过程工艺过程本质安全文化应做到：操作者不仅要了解物料、原料的性质，还要正确地控制好温度、压力、质量等参数，必须严格的执行工艺规范和技术管理制度。企业应当落实科室和专人负责日常工艺过程管理，认真监督、检查操作规程、制度和工艺规范的执行情况。

（2）设备控制过程的本质安全化。应当加强对生产设备、安全防护设施的管理。主要内容包括：设备的设计、制造、订货等都要考虑其防护能力、可靠性和稳定性，要大力推广和开发应用安全新技术、新产品、新设施和先进的安全检测设备，抓设备"正确使用、科学检修、技术攻关、革新改造"的同时，要抓好设备、工艺、电气的连锁和静止设备的安全措施。

（3）整体环境的本质安全化。主要是为作业环境创造安全、良好的条件。

2. 制度安全文化的建设

制度安全文化是指与物质、心态、行为规范安全文化相适应的组织机构和规章制度的建立、实施及控制管理的总和，其主要包括：建立强健的企业安全管理制度，建立完善企业安全管理各项基本法规、标准，并且高效地运作这些法规、标准，使其真正落实到安全生产的实处。

3. 员工心态安全文化的建设

员工心态安全文化是指安全文化中精神层次的文化。从本质上看，它是人的思想、情感和意志的综合表现，是人对外部客观世界和自身内心世界的认识能力与辨识结合的综合体。其目的就是要提高职工的安全意识和安全思维。

安全意识来源于人们安全生产经验和安全管理科学知识相结合的实践，又反过来支配安全生产的复杂心理过程。它包括认识、情感和意志为基础的有机整体，从个体的安全防护意识层次上分析，大致可以归纳为三个层次，即应急、间接和超前的安全保护意识。

（1）应急安全保护意识。主要体现在，当事故以显性危害方式出现时，能对这种直接的危害迅速觉察、避让和采取应急措施。这种应急保护意识是自发的、本能的、快速的反应，一般说来，职工的表现都比较强烈，但表现的正确与否和职工的安全技术素质有很大的关系。

（2）间接安全保护意识。主要体现在，当危险因素以隐性的危害方式出现时，对间接的慢性的伤害及其所造成的后果，一般说来，人们往往认识不清；对这种隐性的危害应采取的防护、隔离等安全措施，需经过安全教育与培训方可逐步形成。

（3）超前的安全保护意识。主要体现在，由于"安全管理的缺陷"造成人的态度、情绪与不安全行为，需要采取预防与控制的手段，一般说来，人们在这方面的安全意识比较薄弱，对潜在危险因素的洞察性、预防性和控制性都比较差。

促使人们树立正确的安全意识最有效的手段是通过各种形式的宣传教育方法，并从安全哲学、安全科学、安全文学、安全艺术等角度对职工进行安全文化渗透，唤醒人们对生命安全的重视，从而从根本上提高对安全的认识，增强应急安全保护意识、间接安全保护意识和超前安全保护意识。

4.员工行为规范安全文化的建设

员工行为规范安全文化是指人的安全价值观和行为规范,公认的价值标准存在于人们的内心,制约其行为。其具体表现为道德、风俗、习惯等。安全道德就是人们在生产劳动过程中维护国家和他人利益、人与人之间共同劳动生产工作(生活)的行为准则和规范。

缺乏安全道德的行为表现,是中国伤亡事故高发的重要原因之一。对企业劳动安全卫生构成最大、最直接的危害,有的还造成了无可挽回的巨大损失。进行员工的行为规范安全文化建设,就是要提倡树立安全道德,具体做法如下:

(1)树立集体主义的精神风貌。这是安全道德的基本原则,也是人们在劳动安全生产过程中体现出人与人之间的关系所应当遵循的根本指导原则。

(2)安全道德宣传工作的开展,靠社会舆论、环境氛围和人们的内心信念的力量,来加强安全道德的修养。

(3)做好安全道德教育,培养人们安全道德的情感,树立安全道德的信念,坚决执行由安全道德所引导的正确的行为动机,以养成良好的安全道德的行为习惯。只要把人伦和道德有机地结合起来,在没有人监督的情况下,人人都能够自觉地按照安全道德的内容去做,把安全道德规范转化为人们的道德力量,就能有效地控制伤亡事故的发生,这就是行为规范安全文化建设的最终目的。

**二、铁路安全文化建设的意义**

铁路文化是社会主义文化的重要组成部分,铁路安全文化是铁路文化的重要组成部分,是铁路文化的核心内容和显著特点。近年来,各铁路局各级组织坚持用安全文化的理论和方法塑造企业共同安全价值观,坚持把安全文化的理念引入到企业安全生产工作之中,运用文化的力量为铁路运输安全持续稳定提供了有力支撑。

1. 把提高认识作为关键,奠定安全文化建设的思想基础

安全文化是安全理念、安全价值观、安全行为准则的总和,是安全意识形态的理性概括。加强安全文化建设就是以科学理论为指导,深入挖掘蕴藏在安全生产实践中的文化内涵,把先进文化与安全管理融为一体,精心培育干部职工共同遵守的安全价值理念,提升安全管理水平,提升干部职工素质和能力,培养良好的职业习惯,在企业形成规则统一、目标一致、团结奋斗的生动局面,保证铁路安全畅通。

推进安全文化建设,关键是认识。现在各铁路局通过领导宣讲、召开会议、下发文件、安全文化征文、安全生产理论研讨会、举办骨干培训班、邀请专家学者进行高端知识讲座、召开"安全文化建设推进会",掀起了安全文化建设的新高潮。在各个铁路局,作为领导干部,不懂得、不重视安全文化建设,就不是一个有素质的合格的领导干部;作为抓安全的干部,不抓安全文化,就抓不好安全。从而,达成了建设安全文化是"四个需要"、"四个有利于"和"三个一"共识。"四个需要",即加强安全文化建设是落实科学发展观的需要,是构建社会主义和谐社会的需

要,是落实以人为本原则的需要,是铁路运输的本质要求;"四个有利于",即加强安全文化建设有利于实现思想文化的融合,强化干部职工的安全意识,构筑安全生产的思想防线;有利于借助文化的力量,进一步规范和提高新体制下的安全管理水平;有利于激发职工保安全的内在动力,解决安全管理中的深层次问题,进一步打牢安全生产基础;有利于贯彻政治工作"融入中心、服务大局"的要求,加强和改进思想政治工作,提高企业文明建设水平。"三个一",即加强安全文化建设可以为我们进一步深化对安全工作的认识,从文化的层面提供了一个新的视角,为加强和规范新体制下的安全管理提供了一个新的助手,为党政工团各级组织团结协作、形成合力、共同确保全局安全稳定提供了一个新的平台。广大干部职工明确了安全文化建设既是做大做强站段的当务之急,也是实现安全发展的治本之策,从而,增强了建设安全文化的自觉性。

2. 对建设方案进行攻关,制定富有特色安全文化建设框架

安全文化建设没有固定的模式,会因企业性质的不同而不同,特别是铁路行业的特性决定了铁路安全文化建设有别于矿山、民航、石化等行业。

铁路是一个大联动机,影响铁路安全的因素很多。安全是一个控制过程,事故就在失控的那个环节中,任何时候都不能放松;安全是一门管理科学,有规律可循,无捷径可走;安全是一个系统工程,缺少哪个方面的配合都不完整;安全掌握在每一名职工手中,稍有疏忽就使全局安全成为泡影;安全是每个人的基本需求,不伤害自己,不伤害别人,不被别人伤害是铁路职工恪守的职业道德准则。铁路局经过多方论证和调研,认为安全理念、设备质量、规章制度、职工素质、环境因素是制约铁路安全的关键,便从"理念、设备、制度、素质、环境"五个方面,明确了安全文化建设的重点任务和要求。理念文化建设主要解决安全责任意识问题,树立正确的安全观,构筑安全生产的思想基础;制度文化建设主要解决落实制度的自觉性问题,彰显规章制度的刚性和威严,让执行标准成为习惯;设备文化建设主要解决人机关系问题,实现人机互补、人机制约、人机和谐;素质文化建设主要解决对铁路严格管理的认同问题,提高职工的职业素养;环境文化建设主要解决职场和人际环境的优化问题,增强环境对于安全生产的影响力。同时明确了安全文化建设的指导思想、工作原则、目标要求和具体任务,使安全文化建设有了"参照",增强了安全文化建设的操作性。

3. 准确切入,合力共建,使安全文化建设扎实推进

安全文化建设是一项系统工程。在制定安全文化建设实施措施的基础上,各铁路局每年制定安全文化建设推进方案,每半年对运输生产站段安全文化建设进行考核,形成了领导重视,合力共建,系统推进安全文化建设的局面。

(1)领导重视,亲自组织。安全文化建设成效取决于党政领导的重视程度,党政正职必须要做安全文化建设的积极倡导者和组织者。明确安全文化建设由党政主要领导共同负责,各级党委主抓,宣传部门和安监室牵头组织协调,各职能部门加强配合、分工落实,基层党组织和群众组织积极发挥作用,形成了齐抓共管的工作格局。

（2）提炼安全价值理念。安全理念是安全文化的核心。在挖掘历史资源、探索铁路安全规律、把握安全特点的基础上，各铁路局确定了安全文化十大实物景观，初步提炼形成了安全生产的核心价值理念体系。一是明确了安全生产的核心理念，"安全第一，生命至上"。把安全摆在第一位置，把对生命的尊重作为至高无上的追求，形成了安全工作的基本价值判断。二是明确了安全文化建设的具体目标，"使安全发展成为信念，使执行标准成为习惯，使精益求精成为追求，使严格管理成为共识"。三是明确了职工职业素质的基本要求，即"强烈的安全责任意识，对严格管理的普遍认同，以及熟练的操作技能"。四是明确了职工的职业道德操守，即"不伤害自己，不伤害别人，不被别人伤害，发现可能伤害他人的危险及时制止"等等。

（3）规范科学管理制度。管理制度体现着安全文化的鲜明特征。生产力布局调整后，各单位从管理制度整合入手，广泛吸收原单位安全管理经验，尊重各地区不同的工作习惯和文化差异，修订各项安全管理制度，形成了有本单位特点的安全生产管理制度体系，使新体制下安全管理的活力和效能初步显现。

（4）开展形式多样的安全教育。各单位探索的人性化情感教育法，彰显了安全文化的感染力和影响力。一是发挥家属的作用，构筑第二道防线。许多单位征集职工家属安全赠言，朴实的话语承载着对安全生产的挂念、期待和嘱托，产生一种感人肺腑的力量。二是搭建自我教育的平台，启发职工对安全的认知，引导职工对铁路安全深层思考。三是单位、个人、家属共同参与，形成三位一体教育网。开展"安全文化艺术节""安全文化巡回演出""小品比赛"等，强化了安全文化氛围。把理性的说教和感性的启发结合起来，把有形的载体和无形的力量结合起来，不仅增强了安全教育的有效性，也提升了安全教育的文化品位。

（5）丰富文化载体。站段合并后，管理跨度增大，人员增多，各单位党政领导重视文化传播渠道和宣传阵地建设，初步形成了主导企业舆论的文化载体和宣传阵地。宣传的内容也更具人性化、更有亲和力。一是网络信息传输渠道得到充分运用；二是各站段自办的报刊发挥了重要作用；三是车间（中间站）班组的文化室、宣传栏成为一线职工文化活动和宣传教育的重要阵地；四是岗位警示牌、适度的宣传标语和揭示浓厚了场区安全文化氛围。五是纪念馆、段史馆等爱国主义教育基地，是安全文化建设的重要资源。

（6）加强考核。没有考核的管理是无效的管理。各铁路局把安全文化建设与安全管理过程融为一体，纳入安全质量管理体系，纳入年度安全评估考核，纳入日常管理考核，实现安全文化建设考核的日常化、制度化、规范化，做到安全文化建设与安全工作同研究、同部署、同检查、同考核、同奖惩，定期对安全文化建设的绩效进行考评和奖惩，为确保提速安全持续稳定提供可靠的文化保证。

4. 立足实效，着眼长远，实现企业安全发展、和谐发展

安全文化建设，可对促进安全生产发挥积极作用。

（1）精心培育安全理念，共保安全的思想基础不断强化。价值理念是安全文化的核心。各单位把培育安全价值理念作为关键环节来抓，在深入挖掘、广泛征集的基础上，总结提炼出具

有本单位特色的安全生产价值理念体系,并采取多种方式进行安全理念的宣传教育,引导干部职工深刻理解"安全发展"、"和谐发展"、"安全第一,生命至上"的内涵和意义,努力使安全理念深入人心,成为共同确保安全生产的思想基础。

(2)制度文化融入管理,落实规章制度更为自觉。针对生产力布局调整后的变化,针对动车组开行、新技术新装备投入运用的实际情况,把安全文化渗透到管理制度整合和重建之中,形成了适应新的要求、具有本单位特点的安全生产管理制度体系。针对运输组织变化后的实际情况,狠抓思维方式和作业方式的转变,纠正不良习惯,促进了作业标准化落实。

(3)紧密围绕设备整治,人机关系更加和谐。面对第六次大提速的严峻考验,各单位以建设提速安全标准线为载体,以大面积提速施工为契机,在加大安全科技装备的应用、加大线路设备整治力度的同时,以"精雕细刻、精益求精、精细管理"为标准,努力提高干部职工对新技术、新设备、新的维修管理方式的认知水平,提高干部职工的维修养护能力和使用技能,促进了设备质量的提高,确保了第六次提速的持续安全。

(4)教育培训加大力度,职业素养有了新的提升。广泛开展技术业务大练兵活动,各铁路局涌现出一大批高素质的技术业务能手;全面强化职工业务技术培训,提高了干部职工的职业技能。通过加强素质文化建设,各铁路局职工队伍的职业素养有了新的提高。

(5)不断优化安全环境,共保安全的氛围更加浓厚。各单位高度重视环境对安全生产的影响,投入一定力量整治和美化环境,使人文景观独具特色,有较高的文化含量,职工的工作、生活、学习条件得到进一步改善。还注重软环境建设,积极营造安全和谐的氛围。

# 第五节　铁路运输事故调查与处理

## 一、铁路交通事故调查

1. 事故调查的目的和意义

事故调查是在事故发生后,为获取有关事故发生原因的全面资料,找出事故的根本原因,防止类似事故的发生而进行的调查。

事故调查是一门科学也是一门艺术。说它是一门科学,是因为事故调查工作需要特定的技术和知识,包括事故调查专门技术的掌握,如飞机事故调查人员既应熟悉事故分析测定技术,也应了解飞机的结构、原理及相关设备;说它是一门艺术,是因为事故调查工作需要具有丰富的经验及综合处理信息并加以分析的能力,有时甚至要凭直觉,这些并不是简单的教育培训所能达到的。因而,真正掌握事故调查的过程及方法,特别需要理论与实践的紧密结合。

(1)事故调查与安全管理

概括起来,事故调查工作对于安全管理的重要性可归纳为以下几个方面:

①事故调查工作是一种最有效的事故预防方法

事故的发生既有它的偶然性,也有必然性,即如果潜在事故发生的条件(一般称之为事故隐患)存在,则什么时候发生事故是偶然的,但发生事故是必然的。因而,通过事故调查的方法,可以发现事故发生的潜在条件,包括事故的直接原因和间接原因,找出其发生发展的过程,防止类似事故的发生。

②为制定安全措施提供依据

事故的发生是有因果性和规律性的,事故调查是找出这种因果关系和事故规律的最有效的方法,掌握了这种因果关系和规律性,就能有针对性地制定出相应的安全措施,包括技术手段和管理手段,达到最佳的事故控制效果。

③揭示新的或未被人注意的危险

任何系统,特别是具有新设备、新工艺、新产品、新材料、新技术的系统,都在一定程度上存在着某些尚未了解、掌握或被忽视的潜在危险。事故的发生给了人们认识这类危险的机会,事故调查是人们抓住这一机会的最主要的途径,只有充分认识了这类危险,才有可能防止其产生。

④可以确认管理系统的缺陷

事故是管理不佳的表现形式,而管理系统缺陷的存在也会直接影响到企业的经济效益。事故的发生给了人们将坏事变成好事的机会,即通过事故调查发现管理系统存在的问题,加以改进后,就可以一举多得,既控制事故,又改进管理水平,提高企业经济效益。

⑤事故调查工作是高效的安全管理系统的重要组成部分

安全管理工作主要是事故预防、应急措施和保险补偿手段的有机结合,且事故预防和应急措施更为重要。事故调查的结果对于事故预防和应急计划的制定均有重要价值,因此,在安全管理系统中要具备事故调查处理的职能并真正发挥其作用,否则安全管理工作的目的和对象就会在人们的头脑中变得模糊起来。

当然,事故调查不仅仅与企业安全生产有关。对于保险业来说,事故调查也有着特殊的意义。因为事故调查既可以确定事故真相,排除骗赔事件,减少经济损失;也可以确定事故经济损失,确定双方都能接受的合理的赔偿额;还可以根据事故的发生情况,进行保险费率的调整,同时提出合理的预防措施,协助被保险人减少事故,搞好防灾防损工作,减少事故率。另一方面,对于产品生产企业来说,对其产品使用、维修乃至报废过程中发生的事故的调查对于确定事故责任,发现产品缺陷,保护企业形象,搞好新一代产品开发都具有重要意义。

(2)事故调查的目的

必须首先明确的是,无论什么样的事故,一个科学的事故调查过程的主要目的就是防止事故的再发生。也就是说,根据事故调查的结果提出整改措施,控制事故或消除此类事故。事实证明,只有通过深入的调查分析,查出导致事故发生的深层次原因,特别是管理系统的缺陷,才有可能达到事故调查的首要目的,即防止事故的再发生。

同时,对于重大、特大事故,包括死亡事故,甚至重伤事故,事故调查还是满足法律要求,提供违反有关安全法规的资料,是司法机关正确执法的主要手段。这里当然也包括确定事故的相关责任,但这与以确定事故责任为目的的事故责任调查过程存在本质上的区别。后者仅仅以确定责任为目的,不可能控制事故的再发生;前者则要分析探讨深层次的原因,如管理系统的缺陷,为控制此类事故奠定良好的基础。

此外,通过事故调查还可以描述事故的发生过程,鉴别事故的直接原因与间接原因,从而积累事故资料,为事故的统计分析及类似系统、产品的设计与管理提供信息,为企业或政府有关部门安全工作的宏观决策提供依据。

2. 事故调查的基本步骤

(1)事故报告

事故发生后,事故现场的铁路运输企业工作人员或者其他人员应当立即报告邻近铁路车站、列车调度员或者公安机关。有关单位和人员接到报告后,应当立即将事故情况报告事故发生地铁路管理机构。

铁路管理机构接到事故报告,应当尽快核实有关情况,并立即报告国务院铁路主管部门;对特别重大事故、重大事故,国务院铁路主管部门应当立即报告国务院并通报国家安全生产监督管理等有关部门。

发生特别重大事故、重大事故、较大事故或者有人员伤亡的一般事故,铁路管理机构还应当通报事故发生地县级以上地方人民政府及其安全生产监督管理部门。

事故报告应当包括下列内容:

①事故发生的时间、地点、区间(线名、公里、米)、事故相关单位和人员。

②发生事故的列车种类、车次、部位、计长、机车型号、牵引辆数、吨数。

③承运旅客人数或者货物品名、装载情况。

④人员伤亡情况,机车车辆、线路设施、道路车辆的损坏情况,对铁路行车的影响情况。

⑤事故原因的初步判断。

⑥事故发生后采取的措施及事故控制情况。

⑦具体救援请求。

事故报告后出现新情况的,应当及时补报。

(2)事故现场处理

事故现场处理是事故调查的初期工作。对于事故调查人员来说,由于事故的性质不同及事故调查人员在事故调查中的角色的差异,事故现场处理工作会有所不同,但通常现场处理应进行如下工作:

事故发生后,列车司机或者运转车长应当立即停车,采取紧急处置措施;对无法处置的,应当立即报告邻近铁路车站、列车调度员进行处置。

为保障铁路旅客安全或者因特殊运输需要不宜停车的,可以不停车;但是,列车司机或者运转车长应当立即将事故情况报告邻近铁路车站、列车调度员;接到报告的邻近铁路车站、列车调度员应当立即进行处置。

（3）事故现场勘察

有关单位和个人应当妥善保护事故现场以及相关证据，并在事故调查组成立后将相关证据移交事故调查组。因事故救援、尽快恢复铁路正常行车需要改变事故现场的，应当做出标记、绘制现场示意图、制作现场视听资料，并做出书面记录。

任何单位和个人不得破坏事故现场，不得伪造、隐匿或者毁灭相关证据。

## 二、铁路交通事故处理

铁路事故发生后，应按照"四不放过"的原则进行调查处理。对于事故责任者的处理，应坚持思想教育从严，行政处理从宽的原则。但是对于情节特别恶劣，后果特别严重，构成犯罪的责任者，要坚决依法惩处。处理铁路交通事故是铁路各个管理机关的主要职责之一。遵循统一的事故处理程序，是事故处理人员在处理事故中，正确执行国家法律和其它铁路有关法律，明确职责权限，提高办案效率的前提和保证。各级行车安全监察机构是铁路行车事故调查处理的主管部门。铁道部安全监察特派员办事处根据《事规》参与所辖区域发生的行车重大、大事故调查，并提出定性、定责建议。行车事故处理的主要工作包括：事故通报、调查处理、责任判定、统计分析、总结报告等。

1. 行车事故的通报

事故发生后，事故现场的铁路运输企业工作人员或者其他人员应当立即向邻近铁路车站、列车调度员、公安机关或者相关单位负责人报告。有关单位和人员接到报告后，应立即将事故情况向企业负责人和事故发生地安全监管办安全监察值班人员报告，安全监管办安全监察值班人员按规定向安全监管办负责人报告。

铁路运输企业列车调度员要认真填写《铁路交通事故（设备故障）概况表》（安监报1），分别向事故发生地安全监管办安全监察值班人员、铁道部列车调度员报告。

事故发生地安全监管办安全监察值班人员接到"安监报1"或现场事故报告后，要立即填写《铁路交通事故基本情况表》（安监报3），并向铁道部安全监察司值班人员报告。报告后要进一步了解事故情况，及时补报"安监报3"。涉及其他安全监管办辖区的事故，发生地安全监管办安全监察值班人员应及时将"安监报3"传送至相关安全监管办的安全监察部门。

铁道部列车调度员接到事故报告后，应及时收取或填写"安监报1"，并立即向值班处长和安全监察司值班人员报告；值班处长、安全监察司值班人员按规定分别向本部门负责人、铁道部办公厅部长办公室报告，由部门负责人向部领导报告。事故涉及其他部门时，由办公厅部长办公室通知相关部门负责人。

发生特别重大事故、重大事故，由铁道部办公厅负责向国务院办公厅报告，并通报国家安全生产监督管理总局等有关部门。

发生特别重大事故、重大事故、较大事故或者有人员伤亡的一般事故，安全监管办应向事故发生地县级以上地方人民政府及其安全生产监督管理部门通报。

事故现场通话按"117"立接制应急通话级别办理。

铁道部、安全监管办、铁路运输企业应向社会公布事故报告值班电话,受理事故报告和举报。

2. 行车事故调查

(1)组织领导

特别重大事故按《条例》规定由国务院或国务院授权的部门组织事故调查组进行调查。

重大事故由铁道部组织事故调查组进行调查。调查组组长由铁道部负责人或指定人员担任,安全监察司、运输局、公安局等部门和铁道部派出机构、相关安全监管办等部门(单位)派员参加。

较大事故和一般事故由事故发生地安全监管办组织事故调查组进行调查。调查组组长由安全监管办负责人或指定人员担任,安全监管办安全监察部门、有关业务处室、公安机关等部门派员参加。

铁道部认为必要时,可以参与或直接组织对较大事故和一般事故进行调查。

(2)调查组调查

事故调查组在事故发生后应当及时通知相关单位和人员;一般 B 类以上、重大以下的事故(不含相撞的事故)发生后,应当在 12 h 内通知相关单位,接受调查。

事故调查组到达现场前,组织事故调查组的机关可指定临时调查组组长,组成临时调查组,勘察现场,掌握人员伤亡、机车车辆脱轨、设备损坏等情况,保存痕迹和物证,查找事故线索及原因,做好调查记录,及时向事故调查组报告。

事故调查组到达后,发生事故的有关单位必须主动汇报事故现场真实情况,并为事故调查提供便利条件。事故发生单位的负责人和有关人员在事故调查期间应当随时接受事故调查组的询问,如实提供有关资料和物证。

事故调查组有权向有关单位和个人了解与事故有关的情况,并要求其提供相关文件、资料,有关单位和个人不得拒绝。

事故调查组根据需要,可组建若干专业小组,进行调查取证。

事故调查中需要对相关的铁路设备、设施进行技术鉴定或者对财产损失状况以及中断铁路行车造成的直接经济损失进行评估的,事故调查组应当委托具有国家规定资质的机构进行技术鉴定或者评估。技术鉴定或者评估所需时间不计入事故调查期限。

各专业小组应按调查组组长的要求,及时提交专业小组调查报告。调查组组长应组织审议专业小组调查报告,并研究形成《铁路交通事故调查报告》,由调查组所有成员签认。调查组成员意见不一致时,应在事故报告中分别进行表述,报组织调查的机关审议、裁定。

事故调查中发现涉嫌犯罪的,事故调查组应当及时将有关证据、材料移交司法机关。

事故调查组形成《铁路交通事故调查报告》,报组织事故调查的机关同意后,事故调查组的工作即告结束。铁道部、安全监管办的安全监察部门应在事故调查组工作结束后 15 d 之内,根据事故报告,制作《铁路交通事故认定书》,经批准后,送达相关单位。

一般 B 类以上、重大以下事故(相撞事故为较大事故)的档案材料,应报铁道部备案(3份)。

铁道部发现安全监管办对事故认定不准确时,应予以纠正。必要时,可另行组织调查。

3. 事故责任的判定

(1)责任分类

事故分为责任事故和非责任事故。

事故责任分为全部责任、主要责任、重要责任、次要责任和同等责任。

(2)责任划分

铁路运输企业或相关单位发布的文电,违反法律法规、铁道部规章或铁路相关技术标准和作业标准等,直接导致事故发生的,定发文电单位责任。

因设备管理不善造成的事故,定设备管理单位责任。

因产品质量不良造成事故,属设计、制造、采购、检修等单位责任的,定相关单位责任;应采用经行政许可或强制认证的产品而采用其他产品的,追究采用单位责任;采购不合格或不达标产品的,追究采购单位责任。

自然灾害原因导致的事故,因防范措施不到位,定责任事故。确属不可抗力原因导致的事故,定非责任事故。

营业线施工中发生责任事故,属工程建设、设计、监理、施工等原因造成的,定上述相关单位责任;同时追究设备管理单位责任。

已经竣工验收的设备,因质量问题发生责任事故,确属工程建设、设计、施工、监理等单位责任的,定上述相关单位责任;属设备管理不善的,定设备管理单位责任。

涉嫌人为破坏造成的事故,在公安机关确认前,定发生单位责任事故;经公安机关确认属人为破坏原因造成的,定发生单位非责任事故。

机车车辆断轴造成事故,由于探测、监测工作人员违章违纪或设备不良、管理不善等原因造成漏报、误报或预报后未及时拦停列车的,定相关单位责任。由于货物超载、偏载造成车辆断轴事故,定装车站或作业站责任。

因列车折角塞门关闭造成事故,无法判明责任的定发生地铁路运输企业责任事故。

错误办理行车凭证发车或耽误列车事故的责任划分:司机起动列车,定车务、机务单位责任;司机发现未动车,定车务单位责任;通过列车司机未及时发现,定车务、机务单位责任;司机发现及时停车,定车务单位责任。

应停车的客运列车错办通过,定车站责任;在区间乘降所错误通过,定机务单位责任。

因断钩导致列车分离事故,断口为新痕时定机务单位责任(司机未违反操作规程的除外),断口旧痕时定机车车辆配属或定检单位责任;机车车辆车钩出现超标的砂眼、夹渣或气孔等铸造缺陷定制造单位责任。

未断钩造成的列车分离事故根据具体情况进行分析定责。

因货物装载加固不良造成事故,定货物承运单位责任;属托运人自装货物的,定托运人责任,货物承运单位监督检查失职的,追究货物承运单位同等责任。因调车作业超速连挂和"禁溜车"溜放等造成货物装载加固状态破坏而引发的事故,定违章作业站责任;因押运人员在运输途中随意搬动货物和降低货物装载加固质量而引发的事故,定押运人员所在单位责任,货物承运单位管理失职的,追究同等责任;货检人员未认真履行职责的,追究货检人员所在单位同等责任。因卸车质量不良造成事故,定卸车单位责任,同时追究负责检查的单位责任。

自轮运转设备编入列车因质量不良发生事故时,定设备配属单位责任;过轨检查失职的,定检查单位责任;违规挂运的,定编入或同意放行的单位责任。

因临时租(借)用其他单位的设备设施、人员,发生事故,定使用单位责任。

产权单位委托其他单位维修设备设施,因维修质量不良造成事故,定维修单位责任;产权单位管理不善的,追究其同等责任。

凡经铁道部批准或铁路运输企业批准并报铁道部核备后的技术革新项目、科研项目在运营线上试验时,在限定的试验期限内确因试验项目本身原因发生事故,不定责任事故;但由于违反操作规程以及其他人为因素造成的事故,定责任事故。

事故发生后,因发生单位未如实提供情况,导致不能查明事故原因和判定责任的,定发生单位责任。

事故涉及两个以上单位管理的相关设备,设备质量均未超过临修或技术限度时,按事故因果关系进行推断,确定责任单位。

事故调查组未及时通知有关单位接受事故调查,不得定有关单位责任。有关单位接到通知后,应派员而未派员接受事故调查的,事故调查组可以直接定责。

作业人员发生伤亡,经二级以上医院、急救中心诊断或经法医检验、解剖,证明系因脑溢血、心肌梗塞、猝死等突发性疾病所致,并按事故处理权限得到事故调查组确认的,不定责任事故。医院等级不够的,须经法医进行尸表检验或尸体解剖鉴定。法医尸检或解剖鉴定报告结论不确定的,定责任事故。

作业人员伤亡事故原因不清,或公安机关已立案但尚无明确结论的,定责任事故。暂时不能确定事故性质、责任的,按待定办理。若跨年度仍不能确定或处理时间超过法定期限的,定伤亡人员所在单位责任。在年度统计截止前,该事故已查清并作出与原处理决定相反结论的,可向原处理部门申请更正。

铁路机车车辆与行人、机动车、非机动车、牲畜及其他障碍物相撞造成事故,按以下规定判定责任:

①事故当事人违章通过平交道口或者人行过道,或者在铁路线路上行走、坐卧造成人身伤亡,定事故当事人责任。

②事故当事人逃逸或者有证据证明当事人故意破坏、伪造现场、毁坏证据,定事故当事人

责任。

③事故当事人违反国家法律法规,有明显过失的,按过错的严重程度,分别承担责任。

铁道部、安全监管办有关部门及其人员未能依法履行职责,发生下列情形之一的,应当追究其行政责任,涉嫌犯罪的,移送司法机关处理:

①违反国家公布的技术标准或铁道部颁布的规章、技术管理规程和作业标准,擅自公布部门技术标准,导致事故发生的,追究相关部门及其人员的责任。

②在实施行政许可、强制认证、技术审查或鉴定,以及产品设备验收等监督管理职责的过程中,违反法定权限、法定程序和有关规定,或对相关产品设备等监督检查不力,造成不合格、不达标产品设备等投入运用,导致事故发生的,追究相关部门及其人员的责任。

4. 行车事故损失费用的赔偿

事故相关单位要如实统计、申报事故直接经济损失,制作明细表,经事故调查组确认后,在《铁路交通事故认定书》中认定。

下列费用列入事故直接经济损失:

(1)铁路机车车辆、线路、桥隧、通信、信号、供电、信息、安全、给水等设备设施的损失费用。报废设备按报废设备账面净值计算,或按照市场重置价计算;破损设备设施按修复费用计算。

(2)铁路运输企业承运的行包、货物的损失费用。

(3)事故中死亡和受伤人员的处理、处置、医治等费用(不含人身保险赔偿费用)。

(4)被撞机动车、非机动车、牲畜等财产物资,造成的报废或修复费用。

(5)行车中断的损失费用。

(6)事故应急处置和救援费用。

(7)其他与事故直接有关的费用。

有作业人员伤亡的,直接经济损失统计范围、计算方法等按《企业职工伤亡事故经济损失统计标准》(GB 6721—1986)执行。

负有事故全部责任的,承担事故直接经济损失费用的100%;负有主要责任的,承担损失费用的50%以上;负有重要责任的,承担损失费用的30%以上、50%以下;负有次要责任的,承担损失费用的30%以下。

有同等责任、涉及多家责任单位承担损失费用时,由事故调查组根据责任程度依次确定损失承担比例。

负同等责任的单位,承担相同比例的损失费用。

5. 行车事故统计分析及总结报告

(1)铁道部、安全监管办、铁路运输企业及基层单位应按规定建立事故统计分析制度,健全统计分析资料,并按规定及时报送。

铁路各级安全监察部门应建立《铁路交通事故登记簿》(安监统 1)、《铁路交通事故统计簿》(安监统 2)、《铁路运输企业安全天数登记簿》(安监统 3)、《铁路作业人员伤亡登记簿》(安监统 4)和《铁路交通事故分析会记录簿》。

铁路运输企业专业部门、各基层站段应分别填记《铁路交通事故登记簿》(安监统 1),并建立《铁路交通事故分析会记录簿》。

(2)有关部门、单位应按以下规定填写、传送、管理各种事故表报:

①各级安全监察部门须建立《铁路交通事故(设备故障)概况表》(安监报 1)和《铁路交通事故基本情况表》(安监报 3)的管理制度,规范统计、分析、总结、报送及保管工作。要及时补充填记"安监报 3"各项内容,事故结案后,必须准确填写。铁路运输企业调度部门应当及时、如实填写《铁路交通事故(设备故障)概况表》(安监报 1),建立登记簿,进行统计分析,并制定管理制度。铁路运输企业的专业部门应当建立"安监报 1"登记簿,认真统计分析。

②安全监管办须建立《铁路交通事故处理报告表》(安监报 2)管理制度。基层单位按要求做好填记上报。"安监报 2"保管 3 年。

③安全监管办于月、半年、年度后次月 5 日前填写《铁路交通事故报告表》(安监报 4),报铁道部。"安监报 4"长期保存。

④安全监管办于月、半年、年度后次月 5 日前填写《铁路交通事故路外伤亡统计分析表》(安监报 5),报铁道部。"安监报 5"长期保存。

⑤有从业人员伤亡的事故,事故发生单位填写《铁路作业人员伤亡概况表》(安监报 6-1),上报安全监管办;一般 B 类以上事故,安全监管办填写《铁路作业人员伤亡概况表》(安监报 6-1),上报铁道部。

⑥安全监管办于次月 5 日前(次年 1 月 10 日前),填写《铁路作业人员伤亡统计报表》(安监报 6-2),报铁道部。

⑦铁道部所属铁路运输企业每月 27 日前将本月安全分析总结报铁道部安全监察司。企业内部各业务部门须按月、半年、年度,对本系统事故进行分析总结,向上级主管部门报告,并抄送安全监管办安全监察部门。

⑧合资铁路、地方铁路、专用铁路须按月、半年、年度,对本单位事故进行分析,并报安全监管办。

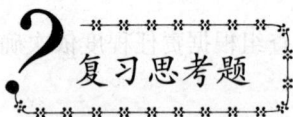

## ❓ 复习思考题

1. 何谓铁路安全管理?主要内容有哪些?
2. 简述我国现行铁路安全生产管理体制。
3. 铁路交通安全法规和其他有关法律、法规相比具有哪些突出特点?
4. 简述铁路交通安全与心理现象间的关系。
5. 安全教育的内容有哪些?意义是什么?

6. 什么是应急管理？主要内容有哪些？

7. 应急管理四阶段的内容有哪些？

8. 如何保障铁路应急资源管理？

9. 安全管理的措施有哪些？

10. 简述铁路安全法规的本质、特征及意义。

11. 铁路运输主要安全法规有哪些？

12. 安全文化的层次结构有哪些？

13. 试述安全文化建设的意义、安全文化与安全教育的关系。

14. 铁路安全文化的特点有哪些？

15. 如何建设铁路安全文化体系？

16. 简述事故调查的基本步骤。

17. 简述铁路事故处理的工作程序。

18. 当前铁路运输安全生产面临的挑战是什么？

# 参考文献

[1]　刘澜,王琳,刘海旭,等. 交通运输系统分析. 成都:西南交通大学出版社,2008.

[2]　林伯泉,张景林. 安全系统工程. 北京:中国劳动保障出版社,2007.

[3]　隋鹏程,陈宝智,隋旭. 安全原理. 北京:化学工业出版社,2005.

[4]　肖贵平,朱晓宁. 交通安全工程. 北京:中国铁道出版社,2004.

[5]　曹琦. 铁路安全系统工程简明教程. 四川:西南交通大学出版社,1998.

[6]　顾正洪. 交通运输安全. 南京:东南大学出版社,2009.

[7]　谢庆森,牛占文. 人机工程学. 北京:中国建筑工业出版社,2005.

[8]　何旭洪,黄祥瑞. 工业系统中人的可靠性分析:原理、方法与应用. 北京:清华大学出版社,2007.

[9]　刘景良. 安全管理. 北京:化学工业出版社,2008.

[10]　王凯全,邵辉. 事故理论与分析技术. 北京:化学工业出版社,2004.

[11]　李树刚. 安全科学原理. 西安:西北工业大学出版社,2008.

[12]　陈森发. 复杂系统建模理论与方法. 南京:东南大学出版社,2005.

[13]　方美琪,张树人. 复杂系统建模与仿真. 北京:中国人民大学出版社,2005.

[14]　李士勇. 非线性科学与复杂性科学. 哈尔滨:哈尔滨工业大学出版社,2006.

[15]　宜慧玉,张发. 复杂系统仿真及应用. 北京:清华大学出版社,2008.

[16]　操龙兵,戴汝为. 开放复杂智能系统. 北京:人民邮电出版社,2008.

[17]　刘兴堂. 复杂系统建模理论、方法与技术. 北京:科学出版社,2008.

[18]　易剑波. 我国铁路运输系统的复杂性分析. 铁道经济研究,2008.

[19]　于志利. 铁路行车作业安全模型与事故致因分析. 铁道劳动安全卫生与环保,1998.

[20]　王志伦. 浅析铁路运输事故的原因和对策. 上海铁道科技,2006.

[21]　钟永光. 系统动力学. 北京:科学出版社,2009.

[22]　Software R. 可靠性实用指南. 陈晓彤,等,译. 北京:北京航空航天大学出版社,2005.

[23]　姜兴渭. 可靠性工程技术. 哈尔滨:哈尔滨工业大学出版社,2005.

[24]　赵宇,杨军,马小兵. 可靠性数据分析教程. 北京:北京航空航天大学出版社,2009.

[25]　车颖涛. 时间约束下的应急资源调度模型及算法研究. 河南大学,2007.

[26]　郭丽丽. 博弈论在应急管理资源配置中的应用. 北京交通大学,2008.

[27]　何建敏. 应急管理与应急系统——选址、调度与算法. 北京:科学出版社,2007.

[28]　刘春林,何建敏,施建军. 一类应急物资调度的优化模型研究. 中国管理科学,2001.

[29]　方磊,何建敏. 城市应急系统优化选址决策模型和算法. 管理科学学报,2005.

[30]　罗云,樊运晓,马晓春. 风险分析与安全评价. 北京:化学工业出版社,2004.

[31]　苏为华. 多指标综合评价理论与方法问题研究. 厦门大学,2000.

[32]　叶义成,柯丽华,黄德育. 系统综合评价技术及其应用. 北京:冶金工业出版社,2006.

[33]　郭亚军. 综合评价理论与方法. 北京:科学出版社,2002.

[34] 沈祖培,黄祥瑞. GO 法原理及应用——一种系统可靠性分析方法. 北京:清华大学出版社,2004.

[35] 赵吉山,肖贵平. 铁路运输安全管理. 北京:中国铁道出版社,1999.

[36] 陈信,袁修干. 人—机—环境系统工程总论. 北京:北京航空航天大学出版社,2000.

[37] 高等院校安全工程专业教学指导委员会. 安全系统工程. 北京:煤炭工业出版社,2002.

[38] 高等院校安全工程专业教学指导委员会. 安全工程概论. 北京:煤炭工业出版社,2002.

[39] 何学秋,等. 安全工程学. 北京:中国矿业大学出版社,2000.

[40] 沈斐敏. 道路交通安全. 北京:机械工业出版社,2007.

[41] 龚力. 铁路行车安全管理. 北京:中国铁道出版社,2001.

[42] 谷志节,丛国权. 交通事故处理及其预防. 北京:中国人民公安大学出版社,2002.

[43] 刘铁民,张兴凯,刘功智. 安全评价方法应用指南. 北京:化学工业出版社,2005.

[44] 陈喜山. 系统安全工程. 北京:中国建材工业出版社,2006.

[45] 韩买良. 铁路行车安全管理. 北京:中国铁道出版社,2006.

[46] 鲍枫,唐祯敏. 铁路安全与人为失误问题的研究. 中国安全科学学报,2003.

[47] 王为林. 铁路线路设备安全评价和病险治理技术发展分析. 铁道运输与经济,2008.

[48] 宾任祥,石瑛,黄方林. 现代铁路运输设备. 成都:西南交通大学出版社,2006.

[49] 赵矿英. 铁路行车组织. 北京:中国铁道出版社,2007.

[50] 于殿宝. 事故管理与应急处置. 北京:化学工业出版社,2008.

[51] 蒋国荣,顾彩霞. 铁路运输安全必读. 北京:中国铁道出版社 ,2003.

[52] 刘兰阶. 铁路行车安全. 北京:科学技术文献出版社,1993.

[53] 郑大钟,赵千川. 离散事件动态系统. 北京:清华大学出版社,2001.

[54] 铁道部安全监察司. 2002 年铁路行车事故案例. 北京:中国铁道出版社,2003.

[55] 铁道部安全监察司. 2003 年铁路行车事故案例. 北京:中国铁道出版社,2004.

[56] 铁道部安全监察司. 2004、2005 年铁路行车事故案例(合订本). 北京:中国铁道出版社,2004.

[57] 薛殿玉,朱志刚. 警钟长鸣:铁路事故二百例. 沈阳:辽宁大学出版社,1986.

[58] 史峰,黎新华. 单线列车运行调整的最早冲突优化方法. 北京:中国铁道科学,2005.

[59] 渡边,郁夫. 可靠的铁路信号系统. 变流技术与电力牵引,2005.

[60] 李开成. 国外铁路通信信号新技术纵览. 北京:中国铁道出版社,2005.

[61] 曾庆元. 列车脱轨的力学机理与防止脱轨理论. 铁道科学与工程学报,2004.

[62] 松本陽. 车辆脱轨、颠覆的机理及其安全性研究. 国外铁道车辆,2006.

[63] 曾庆元. 列车脱轨分析理论与应用. 长沙:中南大学出版社,2006.

[64] 肖矜,何志勇,胡永乐,等. 车辆脱轨机理及预防脱轨的对策. 华东交通大学学报,2005.

[65] 马俊伶. 铁道货车超偏载检测装置的管理与应用.铁道技术监督,2011.

[66] 陈士谦,冯其波. 铁路列车超载偏载检测技术. 北方交通大学学报,2003.

[67] 彭冬亮,文成林,薛安克. 多传感器多源信息融合理论及应用. 西安:西安电子科技大学出版社,2010.

[68] 余成波,聂春燕,张佳薇. 传感器原理与应用. 武汉:华中科技大学出版社,2010.

[69] 赵勇,胡涛. 传感器与检测技术. 北京:机械工业出版社,2010.

[70] 李英顺. 现代检测技术. 北京:中国水利水电出版社,2009.

[71] 陈在平,等. 现场总线及工业控制网络技术. 北京:电子工业出版社,2008.

[72] 王振明,等. SCADA(监控与数据采集)软件系统的设计与开发. 北京:机械工业出版社,2009.

[73] 郭进，魏艳，刘利芳. 铁路信号基础设备. 成都：西南交通大学出版社，2008.

[74] 张维，李新东，于文涛. 铁路无损检测与地面安全监测技术. 成都：西南交通大学出版社，2008.

[75] 梅遂生. 光电子技术. 北京：国防工业出版社，2008.

[76] 陈永甫. 红外探测与控制电路. 北京：人民邮电出版社，2004.

[77] 汪增福. 模式识别. 合肥：中国科学技术大学出版社，2010.

[78] 孙亮，禹晶. 模式识别原理. 北京：北京工业大学出版社，2009.

[79] 朱德恒，严璋，等. 电气设备状态监测与故障诊断技术. 北京：中国电力出版社，2009.

[80] 李弼程，邵美珍，黄洁. 模式识别原理与应用. 西安：西安电子科技大学出版社，2008.

[81] 李映红. 高速铁路信号系统. 成都：西南交通大学出版社，2009.

[82] 张智文. 射频识别技术理论与实践. 北京：中国科学技术出版社，2008.

[83] 周晓光，王晓华，王伟. 射频识别（RFID）系统设计、仿真与应用. 北京：人民邮电出版社，2008.

[84] 慈新新，王苏滨，王硕. 无限射频识别（RFID）系统技术与应用. 北京：人民邮电出版社，2007.

[85] 王邠，等. 铁路通信技术. 北京：中国铁道出版社，2008.

[86] 蒋笑冰，卢燕飞，吴昊，等. 现代铁路通信新技术. 北京：中国铁道出版社，2006.

[87] 李开成. 现代铁路信号中的通信技术. 北京：中国铁道出版社，2010.

[88] 于佳亮，于天泽. 铁路通信网概论. 北京：人民邮电出版社，2009.

[89] 倪文波，王雪梅. 高速列车网络与控制技术. 成都：西南交通大学出版社，2008.

[90] 彭代渊. 铁路信息安全技术. 北京：中国铁道出版社，2010.

[91] 曹文明，王瑞. 传感器网络覆盖定位模糊信息处理方法. 北京：电子工业出版社，2010.

[92] 李弼. 信息融合技术及其应用. 北京：国防工业出版社，2010.

[93] 李明，王燕，年福忠. 智能信息处理与应用. 北京：电子工业出版社，2010.

[94] 姚建刚，肖辉耀，章建. 电力安全评估与管理. 北京：中国电力出版社，2009.

[95] 吴宗之，高进东，魏利军. 风险评价方法及其应用. 北京：冶金工业出版社，2001.

[96] 张曙光. 高速铁路系统生命周期安全评估体系的研究. 铁道学报，2007.

[97] 王菲，等. 高速铁路信号系统的安全评估研究. 中国铁路，2009.

[98] 苗宇，蒋大明. 高速铁路安全保障体系及灾害监测报警子系统. 铁道通信信号，1999.

[99] 姚宣德，王梦恕. 对城市轨道交通工程风险评估体系框架的研究. 中国安全科学学报，2005.

[100] 孙佰清. 智能决策支持系统的理论及应用. 北京：中国经济出版社，2010.

[101] 高洪深. 决策支持系统(DSS)理论与方法. 北京：清华大学出版社，2009.

[102] 黄采伦，樊晓平，陈特放. 列车故障在线诊断技术及应用. 北京：国防工业出版社，2006.

[103] 韩清凯，于晓光. 基于振动分析的现代机械故障诊断原理及应用. 北京：科学出版社，2010.

[104] 胡小平，韩泉东，李京浩. 故障诊断中的数据挖掘. 合肥：中国科技大学出版社，2009.

[105] 李海军，等. 贝叶斯网络理论在装备故障诊断中的应用. 北京：国防工业出版社，2009.

[106] 屈梁生，张西宁，沈玉娣. 机械故障诊断理论与方法. 成都：西南交通大学出版社，2009.

[107] 郭世明. 动车组检测与故障诊断技术. 成都：西南交通大学出版社，2008.

[108] 马拉特. 信号处理的小波导引. 北京：机械工业出版社，2002.

[109] 陈东生，田新宇. 中国高速铁路轨道检测技术发展. 铁道建筑，2008.

[110] 王今朝. 铁路在线检测技术应用及其对策. 铁道技术监督，2007.

[111] 侯卫星. 0号高速综合检测列车. 北京：中国铁道出版社，2010.

[112] 石嵘. 城市轨道交通钢轨伤损检测技术. 北京:中国铁道出版社,2010.

[113] 邓学通,叶一鸣. 准高速轨检车检测原理及应用. 北京:中国铁道出版社,2004.

[114] 杨冰梅,薛骏,等. 铁路道口预警与防护系统综述. 铁道技术监督,2007.

[115] 罗云,黄毅. 中国安全生产发展战略. 北京:化学工业出版社,2005.

[116] 宾任祥. 铁路运输安全管理概论. 成都:西南交通大学出版社,2002.

[117] 吴宗之,刘茂. 重大事故应急救援系统及预案导论. 北京:冶金工业出版社,2006.

[118] 高等学校安全工程学科教学指导委员会. 安全工程师任职资格培训教材. 北京:中国石化出版社,2005.

[119] 蔡国强,周莉茗,李熙,等. 基于 GO 法的城市轨道交通车门系统可靠性分析. 西南交通大学学报,2011-04.

[120] Cai Guoqiang,Liang Yu,Rail Traffic Specialty Educational Practice to Overall Quality,International Conference on Information and Network Technology. 2011.

[121] Cai Guoqiang,Li Xi,Jia Limin,Qin Yong,Zhou Liming. Interconnecting approach of train network in marshalling. International Conference on e-Education,e-business,e-Management and e-Learning. 2011.

[122] Cai Guoqiang,Yao Dechen,Jia Limin. Railway Rolling Bearing Fanlts Diagnosis Based on Wavelet Packet and Probabilistic Normal Network. International Conference on Management Science and Engineering. 2010.

[123] Cai Guoqiang,Yang Jianwei,Zhou Liming,Jia Limin. Reliability Analysis of Passenger Brake system of Metro Vehicles Based on FTA. International Conference on Modeling. Simulation and Optimization. 2009.